Das Ende des Kasino-Kapitalismus?
Globalisierung und Krise

Blätter für deutsche
und internationale Politik (Hg.)

Das Ende des Kasino-Kapitalismus?

Globalisierung und Krise

Edition Blätter 2009
Blätter Verlagsgesellschaft mbH, Berlin

Blätter für deutsche und internationale Politik

www.blaetter.de

1. Auflage Juli 2009

© Blätter Verlagsgesellschaft mbH
Berlin 2009
Alle Rechte vorbehalten.
ISBN 13: 978-3-9804925-5-3
Gestaltung und Satz: tinbrain, Berlin
Druck und Buchbindearbeit: Moeker Merkur Druck GmbH & Co. KG, Köln

I.   DIE BUBBLE-ÖKONOMIE UND IHRE FOLGEN

II.   WER PROFITIERT, WER HAFTET?

III. DIE NEUE WELTUNORDNUNG

IV. WELTKRIEG ODER WELTGESELLSCHAFT

V. ALTERNATIVE STRATEGIEN

EDITORIAL

Die Weltwirtschaftskrise, die von der Immobilienkrise in den Vereinigten Staaten ausging und sich mit dem Zusammenbruch der amerikanischen Großbank Lehman Brothers am 15. September 2008 zur Weltfinanzkrise auswuchs, hat die kapitalistische Welt in ihren Grundfesten erschüttert. Und noch immer sind die Folgen der neuen „Großen Depression" nicht in Gänze absehbar. Fest steht bislang lediglich, dass der herrschende Neoliberalismus die Welt an den Abgrund geführt hat. Offen ist indes, wohin die weitere Reise geht.

Denn erschwerend kommt hinzu, dass wir es nicht „nur" mit einer Wirtschaftskrise zu tun haben. Im Gegenteil: Auch wenn diese derzeit die öffentliche Diskussion beherrscht, bleiben doch die „anderen" Krisen, bleiben die Welthungerkrise, die Energiekrise, die Klima- und Umweltkrise nicht nur bestehen, sondern sie verschärfen sich in Folge des ökonomischen Abschwungs sogar noch. In Wirklichkeit sehen wir uns also mit einer mehrdimensionalen Krise konfrontiert, deren Auswirkungen die Frage aufwerfen, ob die viel gepriesene Globalisierung der Weltwirtschaft überhaupt noch eine Zukunft hat.

Der vorliegende Band fragt nach den Ursachen und Folgen der Krise(n). Wie weit reicht der wirtschaftliche Absturz? Wie dramatisch sind Energie-, Klima- und Umweltkrise; was sind die größten Gefahren, die vor uns liegen? Welche Länder und Regionen werden am stärksten davon betroffen sein? Und wie hätten wirksame Alternativen zum vorherrschenden Paradigma permanenten Wirtschaftswachstums auszusehen?

Alle Anzeichen sprechen für den epochalen Charakter der aktuellen Krise. Damit stellt sich nicht länger die Frage, ob sich die Politik weiter auf die Rolle als Reparaturbetrieb des neoliberalen Kapitalismus beschränken darf. Stattdessen sind grundlegende, an die Wurzeln gehende Reformen des Wachstumsmodells und eine neue, gerechte Verteilung des globalen Reichtums geboten. Nur eine Revision des vorherrschenden Wachstumsparadigmas und die Entwicklung eines neuen, sozial-ökologisch verträglichen Wohlstandsmodells wird die Perspektive einer friedlichen Zukunft eröffnen.

Die in diesem Band versammelten Autorinnen und Autoren möchten hierzu einen Beitrag leisten. Damit knüpfen wir an den „Sound des Sachzwangs. Der Globalisierungsreader" an, der ebenfalls in der edition Blätter erschienen ist – in diesem Jahr bereits in vierter Auflage. Im Folgenden werden die Artikel des vorliegenden Bandes, die sämtlich aus den „Blättern für deutsche und internationale Politik" stammen, in Kürze vorgestellt.

I.   DIE BUBBLE-ÖKONOMIE UND IHRE FOLGEN

Eric Janszen: Die Bubble-Ökonomie. Wie man die Märkte für den großen Crash von morgen präpariert

Eine zentrale Ursache der Immobilienblase in den USA, wie auch der New-Economy-Blase vor wenigen Jahren, war die immer ungezügeltere Spekulation. Eric Janszen analysiert die Ursachen und Folgen solcher Spekulationsblasen. Nach seiner Diagnose handelt es sich dabei um „spekulative Wahnvorstellungen", die regelmäßig erst in einen Finanzcrash und dann zur Wirtschaftskrise führen. Kurzum: Nach der Blase ist vor der Blase.

Heiner Flassbeck: Die Panik im Finanzkasino und ihre Folgen

Die Idee einer „unsichtbaren Hand", die den Finanzmarkt im Gleichgewicht hält, hat sich aufgrund der anhaltenden Krise als naiv erwiesen. Daher darf nichts mehr so sein, wie es vorher war, meint Heiner Flassbeck. Vielmehr müsse nun die regulierende Hand des Staates eingreifen, um der demokratiegefährdenden Logik und den sozialen Verwerfungen der Finanzmärkte ein Ende zu bereiten.

Robert Misik: Schumpeter versus Keynes. Das Ende des heroischen Unternehmers

Mit dem Crash des globalen Finanzsystems brach auch ein Weltbild zusammen: der Neoliberalismus. Der Kapitalismus aber überlebte – weil der Staat ihn gerettet hat. Robert Misik zeigt, wie mit der neoliberalen Ideologie auch das Schumpetersche Ideal des heroischen Unternehmers kollabierte. Deshalb müsse eine auf Keynes gestützte „Kritik des Eigennutzes" den Marktliberalen ihren gesellschaftlichen Nährboden entziehen. Denn das „heroische" Glück weniger darf nicht auf dem Unglück vieler anderer basieren.

II.   WER PROFITIERT, WER HAFTET?

David Harvey: Der Finanzstaatsstreich: Ihre Krise, unsere Haftung

Signalisiert die gegenwärtige Krise tatsächlich das Ende des Neoliberalismus? Oder bleibt alles beim Alten? David Harvey sieht in den staatlichen Maßnahmen zur Rettung der Banken einen Finanzstaatsstreich. Der Neoliberalismus als erfolgreiches Projekt der herrschenden Klasse werde aus der Krise gestärkt hervorgehen – sofern es Linken und sozialen Bewegungen nicht gelingt, Einfluss auf die Verwendung des gesellschaftlichen Mehrprodukts zu erlangen und neue Formen urbaner Demokratie zu entwickeln.

Friedhelm Hengsbach: Nach der Krise ist vor der Krise. Die Komplizenschaft von Staat und Kapital

Auf dem G 20-Gipfel von London im Frühjahr 2009 suggerierten die Regierungschefs, Antworten auf die Finanz- und Wirtschaftskrise gefunden zu haben. Friedhelm Hengsbach zeigt demgegenüber, dass die eigentlich erforderlichen Reformen einmal mehr ausgeblieben sind – gerade auch in der Bundesrepublik. Denn die Regierung leugnet weiterhin, dass die Finanz- und die soziale Krise nur zwei Seiten derselben Medaille sind: nämlich einer grundlegend verfehlten Wirtschafts-, Finanz- und Sozialpolitik.

Thilo Bode und Katja Pink: Kapitalismus ohne Haftung

Wer haftet für die Schäden aus der Finanzkrise? Können Banker und Manager für falsche oder unterlassene Entscheidungen in Regress genommen werden? Thilo Bode und Katja Pink diskutieren den schwierigen Prozess juristischer Haftbarmachung der wirtschaftlich Verantwortlichen. Sie kritisieren den „Kapitalismus ohne Haftung", in dem Manager selbst bei Fehlkalkulationen in Milliardenhöhe straffrei bleiben. Bode und Pink fordern verbindliche Regeln gegen die Verantwortungslosigkeit der Finanzjongleure.

Dieter Klein: Wo bleibt der Reichtum?

Während Unternehmen und Kapitalbesitzer ihren Anteil am gesellschaftlich produzierten Reichtum in den letzten Jahren beträchtlich steigern konnten, sind die Armen und die von Armut Bedrohten weiter zurückgefallen – eine Entwicklung, die sich durch die Wirtschaftskrise noch zu verschärfen droht. Dieter Klein analysiert die Quellen der Reichtumsvernichtung sowie ihre dominante Ideologie, die da lautet: Sozialisierung der Verluste und Privatisierung der Gewinne.

Nancy Fraser: Feminismus, Kapitalismus und die List der Geschichte

War es bloßer Zufall, dass Neue Frauenbewegung und Neoliberalismus gleichzeitig, sozusagen als Tandem, in Erscheinung traten und gediehen? In ihrer Bilanz der letzten 40 Jahre zeigt Nancy Fraser, wie der Neoliberalismus Elemente der feministischen Gesellschaftskritik in den Dienst kapitalistischer Verwertung stellte. Ihr Fazit: Nur eine Rückbesinnung auf die eigenen radikalen Ursprünge kann die Frauenbewegung aus dieser Umarmung befreien und damit zu einer Überwindung des Neoliberalismus beitragen.

Ingrid Kurz-Scherf: Monopoly-Kapitalismus – Reservat der Männlichkeit

Mit dem Strukturwandel vom Industrie- zum Dienstleistungssektor war auch die Hoffnung auf einen Abbau der Geschlechterhierarchien im Erwerbssektor verbunden. Ingrid Kurz-Scherf dekonstruiert diese Illusion: Die patriarchale Struktur der kapitalistisch organisierten Verwertungs- und Versorgungsökonomie wurde keineswegs aufgehoben, sondern lediglich transformiert – mit höchst negativen Folgen für die Frauen.

III.   DIE NEUE WELTUNORDNUNG

Saskia Sassen: Die Dialektik von Welt und Nation. Zur Transformation von Territorium, Autorität und Recht

In der politischen Öffentlichkeit gelten Globalisierung und Nationalstaat weithin als Gegensätze. Saskia Sassen macht demgegenüber deutlich, dass es sich nicht um ein Nullsummenspiel handelt, sondern dass beide Seiten hochgradig miteinander verflochten sind. Im Zuge der globalen Transformationen entstehen, so ihre These, neue politische Topographien – im und jenseits des Nationalstaates –, in denen Territorium, Autorität und Recht in neuartigen Formen miteinander verschmelzen.

Janna Greve: Die Ware Mensch. Sklaverei im 21. Jahrhundert

Obwohl seit Jahrzehnten offiziell abgeschafft, sind Sklaverei und Sklavenhandel bedrückend aktuell. Wie Sklaverei entsteht, sich entwickelt und verbreitet, kurz: wo und warum sie boomt, analysiert Janna Greve. Ihr Fazit: Sklaverei als eklatantes Verbrechen gegen die Menschlichkeit kann nur durch eine konzertierte, multilaterale Aktion bekämpft werden. Andernfalls bleibt ihre Abschaffung auch weiterhin ein uneingelöstes Versprechen.

Samir Amin: Weltmacht Indien? Der Subkontinent zwischen kolonialem Erbe und globalem Aufstieg

Angesichts anhaltend hoher wirtschaftlicher Wachstumsraten und neuer geopolitischer Konstellationen gilt Indien vielen Beobachtern als kommende Großmacht. Aber ist diese Sicht tatsächlich gerechtfertigt? In seinem Porträt der indischen Entwicklungsgeschichte seit der Unabhängigkeit unterzieht Samir Amin diese Wahrnehmung einer scharfen Kritik. Angesichts des anhaltenden Massenelends, der inneren Konflikte und der regionalen Disparitäten könne von einer Weltmacht auf absehbare Zeit keine Rede sein.

Christa Wichterich: Wachstum und Widerstand. Der Kampf der chinesischen Wanderarbeiter

Der Nationale Volkskongress beschloss im Oktober 2007, China sei eine „harmonische Gesellschaft". Dieser Behauptung steht insbesondere die Lebensrealität des „neuen Proletariats" der über 200 Millionen Wanderarbeiter im Land entgegen. Am Beispiel der Arbeiter im Perlflussdelta berichtet Christa Wichterich von ihrem Kampf für bessere Arbeitsbedingungen, die sie nicht nur gegen chinesische Unternehmer, sondern auch gegen westliche Einflussnahme durchsetzen müssen.

Joachim Becker: Osteuropa in der Finanzkrise: Ein neues Argentinien?

Die Auswirkungen der Finanz- und Wirtschaftskrise auf Osteuropa sind gewaltig; einzelne Länder wie Ungarn und die Ukraine standen bereits am Rande der Zahlungsunfähigkeit. Joachim Becker diskutiert die – durchaus unterschiedlichen – Folgen für die jeweiligen Volkswirtschaften. Während einzelne Länder weniger stark betroffen sind, droht sich in jenen Staaten, die ihr Wirtschaftswachstum primär mittels Auslandsverschuldung finanziert haben, das argentinische Krisenszenario der Jahrhundertwende zu wiederholen.

IV. WELTKRIEG ODER WELTGESELLSCHAFT

Harald Schumann und Christiane Grefe: Weltkrieg oder Weltgesellschaft

Die Globalisierung hat die Völker und Nationen der Menschheit einander so nahe gebracht wie nie zuvor in ihrer Geschichte. Gleichzeitig bedrohen Kriege, wachsende Ungleichheiten und die globale Apartheid die Evolution einer Weltgesellschaft. Harald Schumann und Christiane Grefe analysieren die Dialektik der Globalisierung während des letzten Jahrhunderts, ihren Umschlag von Wohlstandsmehrung in -zerstörung. Eines ist sicher: Die Zeit für eine grundlegende Re-Regulierung drängt, der globale Countdown läuft.

Elmar Altvater: Die kapitalistischen Plagen. Energiekrise und Klimakollaps, Hunger und Finanzchaos

Die biblischen Plagen erleben ihre Wiederauferstehung im realexistierenden Kapitalismus: Unter diesem Leitmotiv diskutiert Elmar Altvater die immensen Herausforderungen der Gegenwart. Dabei kritisiert er die aktuellen Krisenstrategien, aber auch – unter ökologischen Vorzeichen – die Fallstricke der keynesianischen Nachfragepolitik. Seine These: Nur wenn man die Krisen im Zusammenhang versteht und bekämpft, kann man ihren verheerenden Folgen politisch wirksam begegnen.

Hauke Ritz und Otto Wiesmann: Peak Oil – Der globale Krieg ums Öl

In der gegenwärtigen Ökologie-Debatte fristet die Peak-Oil-Theorie bisher nur ein Schattendasein. Ihr zufolge werden die globalen Ölreserven ihren Gipfel in einem sehr engen Zeitfenster erreicht haben und dann rapide zur Neige gehen. Hauke Ritz und Otto Wiesmann weisen jedoch nach, dass die Öl-Börsen längst auf der Basis dieser Theorie operieren. Peak Oil werde dramatische geopolitische Folgen und eine Phase globaler Verteilungskriege nach sich ziehen.

Ernst Ulrich von Weizsäcker: Klima, Ressourcen und Krieg

Im Jahre 2008 kletterte der Preis für Öl in ungeahnte Höhen von weit über 100 US-Dollar pro Fass. Trotz des aktuellen Rückgangs der Rohstoffpreise bleibt die Tendenz langfristig steigend. Grund genug für Ernst Ulrich von Weizsäcker zu fragen, wie angesichts endlicher natürlicher Ressourcen und unübersehbarer Klimaveränderungen eine nachhaltige Politik aussehen müsste, die die bereits heute absehbaren kriegerischen Konflikte doch noch verhindert.

Harald Welzer: Klimakriege

Die Klimaerwärmung, ein Ergebnis des unstillbaren Hungers nach fossiler Energie in den frühindustrialisierten Ländern, trifft die ärmsten Regionen der Welt am härtesten. Ursache und Wirkung sind im Klimawandel auseinandergerissen – diejenigen, die die Folgen verursacht, und diejenigen, die sie zu bewältigen haben, sind keine Zeitgenossen. Harald Welzer analysiert das Ausmaß und die gewaltsamen Folgen dieser globalen Bedrohung.

V. ALTERNATIVE STRATEGIEN

James K. Galbraith: Lehren des New Deal. Was wir von Roosevelt lernen können

Die gegenwärtige Krise wird oft mit der Großen Depression Anfang der 30er Jahre verglichen. In diesem Kontext erfährt auch der New Deal verstärkte Aufmerksamkeit. James K. Galbraith wendet sich gegen den in den Vereinigten Staaten aufkommenden Abgesang auf Roosevelts Antikrisenpolitik. Die direkte Intervention der Politik ins Wirtschaftsgeschehen habe damals unmittelbar positive Wirkungen gezeigt – und zwar gerade dort, wo sie sich über die Partikularinteressen der Geschäftswelt hinwegsetzte.

Hans-Jürgen Urban: Die Mosaik-Linke. Vom Aufbruch der Gewerkschaften zur Erneuerung der Bewegung

Der Neoliberalismus taumelt, aber er ist noch lange nicht überwunden. Hans-Jürgen Urban diskutiert gewerkschaftliche Antworten auf die Krise im Spannungsfeld von strukturellem Konservatismus und strategischen Innovationen. Er optiert für die Hinwendung zu einer neuen ökologisch und sozial orientierten Wirtschaftsdemokratie. Entscheidende Bedeutung gewinnt dabei eine als pluralistischer Akteur verfasste „Mosaik-Linke".

Gianni Vattimo: Postmoderner Kommunismus

Können wir uns den Fetischismus des Wirtschaftswachstums angesichts der Krise noch länger leisten? Gianni Vattimo sieht die Notwendigkeit für einen radikalen Bruch mit der ökonomistischen Logik des Kapitalismus. Stattdessen plädiert er für die Wiedergeburt eines „idealen Kommunismus" – in scharfer Abgrenzung vom Kommunismus Stalinscher Prägung, aber auch vom Reformismus der etablierten Linken.

Thomas L. Friedman: Code Green. Warum wir eine grüne Revolution brauchen

Die Insolvenz des größten US-Autobauers General Motors hat schlagartig gezeigt: Es ist Zeit für einen Umbau. Thomas L. Friedman verlangt deshalb einen entschlossenen Wandel in der Umwelt- und Klimapolitik. Mehr noch: Er fordert nichts weniger als eine „grüne Revolution", um den Herausforderungen der Zukunft entgegenzutreten – weil wir nicht länger so dumm sein dürfen, wie wir wollen.

Mike Davis: Wer wird die Arche bauen? Das Gebot utopischen Denkens im Zeitalter der Katastrophen

Unsere gute alte Erde, die in den letzten 12 000 Jahren unsere Heimat war, existiert nicht mehr. Mike Davis skizziert die – immer noch unterschätzten – dramatischen Folgen der urban-industriellen Lebensweise und die ökologische Schuld des globalen Nordens. Zugleich ruft er dazu auf, dem Pessimismus des Intellekts mit einem Optimismus der Phantasie zu begegnen. Gerade die utopische Kritik der modernen Stadt biete die Möglichkeit, die sozialen und ökologischen Probleme der Gegenwart doch noch beherrschbar zu machen.

Die Bubble-Ökonomie

Wie man die Märkte für den großen Crash
von morgen präpariert

Von **Eric Janszen**

Bei einer Finanzblase[1] handelt es sich um eine von Regierung, Finanzwelt und Industrie gemeinsam herbeigeführte Fehlentwicklung des Marktes, eine spekulative Wahnvorstellung, die in einen Finanzkrach und dann zur Wirtschaftskrise führt. Früher kam es nur selten zu derartigen Blasen – etwa alle 100 Jahre. Das genügte, um die Politiker angesichts wütender, weil unverhofft verarmter Bürgerscharen zu motivieren, gesetzliche Neuregelungen zu suchen, die eine Wiederholung derartiger Vorkommnisse ausschließen sollten. Nehmen wir den Südsee-Börsenschwindel von 1720, die *South Sea Bubble*. Sie hatte in Großbritannien eine Gesetzgebung zur Folge, die es ein Jahrhundert lang ermöglichte, die Herausbildung neuer Spekulationswellen weitgehend zu verhüten.[2]

Heute kommen wir zwischen zwei derartigen Irrsinnsanfällen kaum noch zu uns. Auf den *dot-com crash* zu Beginn des 21. Jahrhunderts hätten Jahrzehnte der Besinnung folgen sollen. Stattdessen verbreitete sich, noch bevor die Luft aus der vorigen Blase völlig entwichen war, schon eine neue Manie. Diesmal ging sie von dem in Amerika tief verwurzelten Glauben aus, dass es zu sozialer Harmonie und allgemeinem wirtschaftlichen Wohlergehen führt, wenn möglichst alle ihr eigenes Haus besitzen. Angespornt durch die Politik der US-amerikanischen Notenbank, der *Fed*, und finanziert mittels exotischer Kreditderivate und Schuldverbriefungen weitete ein schon vorher gewaltiges Immobilienmarkt-Programm sich bis zu dem Punkte aus, dass selbst die Ärmsten und Schwächsten mit Hypothekenkrediten geradezu überschüttet wurden. So verquickten sich deren Probleme mit denen der Zahlungskräftigeren.

---

1   Ich benutze die gängige Bezeichnung „Blase" als eine Art Abkürzung, weise aber darauf hin, dass sie Ursache und Wirkung verwechselt. Besser, wenn auch nicht schöner, wäre es, von einer „asset-price hyperinflation" zu sprechen, einer Inflation der Vermögenspreise. Gemeint ist der enorme Höhenflug der Preise für bestimmte Vermögenswerte, der das Ergebnis eines perversen, aber eine gewaltige Eigendynamik freisetzenden Glaubenssystems darstellt, welches das Urteilsvermögen der meisten Marktteilnehmer vernebelt. In einem bestimmten Stadium der Marktentwicklung setzt dann, sobald die Umstände reif sind, eine Hyperinflation bestimmter Anlagen- und Vermögenswerte ein. Die Blase wiederum ist das *Ergebnis* dieses finanziellen Irrsinns, der erst dann wahrgenommen wird, wenn sich der Nebel lichtet.
2   Die erste Fassung dieses Beitrages, den wir hier in eigener Übersetzung präsentieren, erschien in „Harper's Magazine", 2/2008.

Dass in einem Zeitraum von gerade mal zehn Jahren zwei Hyperinflationen, erst die Internet- und dann die Immobilienblase, entstanden und, bevor sie platzten, jeweils fiktiven Reichtum im Werte von Billionen Dollar schufen, ist in meinen Augen erst der Anfang. Es wird – und muss – zu vielen weiteren Blasen dieser Art kommen, denn ohne sie funktioniert die US-Wirtschaft nicht mehr. Der Spekulationsblasen-Zyklus ersetzt den Konjunkturzyklus.

Die Folgen der Großen Depression von 1929

Ein solcher Wandel erfolgt nicht über Nacht. Nach dem Ersten Weltkrieg stellte die Wall Street Schecks aus, um neue Firmen zu finanzieren, die kriegsbedingte Erfindungen wie elektrische Kühlgeräte und das Radio als Konsumartikel vermarkten wollten. Die Verbraucher aus der aufsteigenden Mittelschicht waren kaufwillig, hatten aber nicht genug Geld. Also stellten die Banken neue Kreditformen bereit, besonders in Form des *installment plan,* also der Ratenzahlung. Nach einer kurzen Rezession im Jahr 1921 förderte die Finanzpolitik die Entwicklung, indem sie die Zinssätze unter der Inflationsrate hielt. Die Fachgelehrten jubelten über ein „neues Zeitalter" des Wohlstands, bis dann der 29. Oktober 1929 kam, der *Black Tuesday.*[2]

Der Börsenkrach, die Große Depression (alias Weltwirtschaftskrise) und der Zweite Weltkrieg erteilten Politik, Wissenschaft, Wirtschaft, Wall Street und Presse bittere Lektionen. Die nächsten 60 Jahre hindurch gelang es dieser gestraften Generation, sich die Nebelschwaden spekulativen Irrsinns und faule Kredite vom Leibe zu halten. Der Wirtschaftswissenschaftler John Maynard Keynes avancierte zum Anstifter einer neuen ökonomischen Schule, die dauerhaftes Wirtschaftswachstum ohne Ende versprach. Keynes' Doktrin besagte: Wenn ein Konjunkturzyklus seinen Höhepunkt überschritten hat und die Talfahrt beginnt, muss man die Staatsausgaben steigern, Steuern und Zinssätze senken, um die Geldversorgung zu verbessern und den Kredit auszuweiten. *Deficit spending* und billiges Geld beleben die Nachfrage und verhüten auf diese Weise eine Rezession. 1932 etikettierte man dieses Ensemble wirtschaftspolitischer Annahmen als „Reflation".

Die erste Reflation à la Keynes wurde verpfuscht. Fairerweise sollte man wohl berücksichtigen, dass sie unter dem Goldstandard nicht funktionieren konnte, denn zu dem Zeitpunkt, als die Fed endlich einzugreifen versuchte, war die Schuldenkrise bereits außer Kontrolle geraten.[3] Banken gingen pleite, Kredit wurde knapp, und das Bruttoinlandsprodukt schrumpfte. In der Wirtschaft drehten sich die Räder rückwärts, die Keynesschen Anreize verpufften.

---

2   Der „Schwarze Dienstag" und mit ihm die Weltwirtschaftskrise im Gefolge des Börsenkrachs vom 24. Oktober 1929, dem vorausgegangenen „Black Thursday", der in Europa zeitversetzt als „Schwarzer Freitag" notiert wird. – D. Übs.

3   Die Historiker streiten darüber, ob Notenbank und Kongress seinerzeit genügend – und früh genug – interveniert haben, um das Tempo der Schuldenliquidation abzubremsen. Die meisten stimmen jedoch darin überein, dass monetäre Stimuli via Zentralbank-Zinsmanagement nicht mehr wirken konnten, sobald die Inflationsrate ein negatives Vorzeichen annahm; schließlich konnte die Fed die Zinssätze nicht unter null Prozent absenken. 60 Jahre später geriet die japanische Notenbank in eine ähnliche Zwickmühle.

1933 zog Präsident Franklin D. Roosevelt privaten Goldbesitz ein und fixierte den Preis neu.[4] Er hoffte, der Test würde die Richtigkeit der Keynesschen Theorie erweisen, derzufolge Inflation die Nachfrage anregt. Tatsächlich begann die Wirtschaft wieder zu wachsen. Doch wirkliche Erholung brachte der US-Ökonomie erst der Zweite Weltkrieg als ein äußerst wirksames öffentliches Arbeitsbeschaffungsprogramm, das defizit- und schuldenfinanziert für einen gewaltigen Nachfrageschub sorgte. So bewirkte der Krieg, was mit einer fehlerhaften Anwendung der Keynesschen Theorien nicht zu erreichen war.

Einige Wochen nach der alliierten Landung in der Normandie trafen sich die Verbündeten im Mount Washington Hotel in Bretton Woods, New Hampshire, um über die Zukunft des Weltwährungssystems zu befinden. Verhandlungen im eigentlichen Sinne gab es nicht. Die westlichen Volkswirtschaften lagen in Trümmern, und das internationale Finanz- und Währungssystem war seit dem Beginn der Weltwirtschaftskrise durcheinander. Als die nunmehr dominierende Wirtschafts- und Militärmacht konnten die Vereinigten Staaten sich mit der Forderung durchsetzen, die Währungen der Teilnehmerstaaten künftig an den Dollar zu binden, der seinerseits zu einem Festkurs in amerikanisches Gold eingelöst werden konnte.

Fortan konnten die Amerikaner mit ihrem Geld so weise oder töricht umgehen, wie es die Politik in Washington vorgab, und ungeachtet der Bedürfnisse anderer Nationen, die Dollarreserven hielten, so viele *Greenbacks* drucken, wie sie wollten. Doch schließlich begann das US-Außenhandelsdefizit Unruhe auszulösen. Im zweiten Quartal 1971 erreichte es (inflationsbereinigt) eine Höhe von 3,8 Mrd. US-Dollar – kein Vergleich mit dem im zweiten Quartal 2007 aufgelaufenen Defizit von 204 Mrd. US-Dollar, gewiss, doch vor 1971 hatten die Vereinigten Staaten stets Überschüsse erwirtschaftet. Die Mitglieder des Bretton-Woods-Systems, allen voran Frankreichs Präsident Charles de Gaulle, befürchteten, die USA könnten beabsichtigen, das Loch in ihrer Handelsbilanz zu stopfen, indem sie ihre Schulden mit abgewerteten Dollar zurückzahlten. Ein derart „exorbitantes Privileg" lehnte General de Gaulle entschieden ab, er verlangte Gold. Angesichts des entstandenen Ungleichgewichts der Zahlungsbilanz musste Richard Nixon, der neu gewählte US-Präsident, einen Ansturm auf die amerikanischen Goldvorräte befürchten. Seine Lösung war originell. Er kündigte nämlich die Verpflichtung, Dollar in Gold einzulösen, einseitig auf und erklärte die USA so – mit anderen Worten – für zahlungsunfähig.

Es folgte ein über zehnjähriges Wirtschafts- und Finanzmarktchaos, weil der Dollar zwar die Welthandelswährung blieb, aber kein absolutes Wertmaß mehr besaß. Nicht nur in den USA, sondern weltweit kam es zur Inflation, was den Wert vieler Firmen im Aktien- und Effektenhandel abschmelzen ließ. Die *Fed* trieb die Zinssätze in zweistellige Höhen, womit sie zwei Rezessionen auslöste. Schließlich wurden neue internationale Standards und Verfahren zur Ermittlung der Inflationsrate sowie variable Wechselkurse eingeführt. Seit 1975 gab es kein Jahr mehr, in dem die Vereinigten Staaten einen

---

4   Von 1933 bis 1973 war in den USA der private Besitz von Gold – abgesehen von Schmuck und Münzsammlungen – untersagt. – D. Übs.

Außenhandelsüberschuss erzielen konnten. Die Vorherrschaft der hochwertige Fertigwaren erzeugenden Industriezweige, insbesondere der Stahl- und der Automobilindustrie, ging zu Ende. In der neuen Wirtschaft dominierten Finanzunternehmen, Versicherungen und das Immobiliengeschäft, auf Englisch: *finance, insurance, real estate,* oder abgekürzt *FIRE.*

Der unkontrollierte Machtzuwachs des FIRE-Sektors

FIRE ist nichts anderes als eine kreditfinanzierte Anlagen-Preis-Inflationsmaschine, die um eine einzige Grundannahme kreist: nämlich dass der Wert meiner Vermögensanlagen, dessen Entwicklung für gewöhnlich vom Konjunkturzyklus und den Finanzmärkten abhing, nunmehr (von kurzfristigen Unterbrechungen abgesehen) nur noch in eine Richtung tendiert: aufwärts. Auf FIRE-Kurs hatten die Vereinigten Staaten – vom Goldstandard befreit – fortan enorme Spielräume, ihre Defizite mit der eigenen Währung zu finanzieren. Damit genossen sie „exorbitante Privilegien" hoch drei. Die US-Außenverschuldung wuchs gewaltig, während ihre Handelspartner, insbesondere die Öl produzierenden Länder und Japan, ihre Überschüsse durch den Ankauf amerikanischer Finanztitel ausglichen.[5] Die Finanzierung des US-Defizits durch ausländische Privat- und Staatsgelder entwickelte ihre Eigendynamik, denn würde irgendeiner der größten Gläubiger der Vereinigten Staaten seine Anlagen in US-Währung vermindern, so würde er den Dollarkurs unter Druck setzen – und damit zugleich den Wert seiner verbleibenden Dollarguthaben und -anlagen. Schlimmer noch: Würden nicht genügend US-Finanztitel nachgefragt, so würde die Fähigkeit der Vereinigten Staaten, ihre Importe zu finanzieren, Schaden nehmen. Wir haben es ganz einfach mit der alten Faustregel in Sachen Banken und Schulden zu tun, diesmal im internationalen Format: Schuldet jemand der Bank drei Milliarden, so gehört er der Bank. Aber wenn er der Bank zehn Billionen schuldet, dann gehört die Bank ihm.

Der anhaltende, unkontrollierte Machtzuwachs des FIRE-Sektors ging einher mit dem Niedergang der Güter produzierenden Industrien. Die Finanzblase der 20er Jahre war, so glaubte man, durch die Interessenkonflikte unter Banken und Wertpapierhändlern entstanden. In den 90er Jahren hingegen wurden unter der Regie des Fed-Chefs Alan Greenspan die Bank- und Wertpapiermärkte dereguliert. 1999 verlor der Glass-Steagall Act aus dem Jahre 1933 – ein Gesetz, das Bankaktivitäten und Märkte reguliert hatte – seine Geltung, und eine servile Zinspolitik der Fed beschleunigte den Gang der Dinge auf ihre Weise. Während FIRE immer mächtiger wurde, stieg zugleich eine neue Generation von Politikern, Bankern, Ökonomen und Journalisten auf, die sich gewillt zeigte, „kreative" Rechtfertigungen dieses Systems zu erfinden und desgleichen die Vorhaben zu rechtfertigen, die seiner Finanzierung dienten – von der Immobilienblase bis zum Irakkrieg. Ihren Gipfel erklomm

---

5   Das hatte teilweise politische Gründe: Bei Saudis, Japanern und Taiwanern sind die USA besonders hoch verschuldet; nicht zufällig handelt es sich um Nationen, die unter dem militärischen Schutz der Vereinigten Staaten stehen.

diese Art Schönrednerei, als das Cato Institute einen Report unter dem Titel: „America's Record Trade Deficit: A Symbol of Strength" vorlegte – das exorbitante Außenhandelsdefizit der Vereinigten Staaten also zum Zeichen der Stärke verklärte. Freiheit hatte sich in Sklaverei verwandelt und das Dauerdefizit in Wirtschaftsmacht.

Die Internet-Spirale

Oft ist es eine neue Erfindung oder Entdeckung, welche die *bubble machine* in Gang setzt. Die ab 1993 verfügbare grafische Suchmaschine (Mosaic) verwandelte das Internet nach und nach in ein Ensemble vernetzter Seiten. Plötzlich war es ganz leicht, Websites einzurichten, und noch leichter, sich im Netz zu bewegen. Nun schalteten sich die Lobbyisten ein, um Deregulierungsmaßnahmen und gezielte Steueranreize durchzusetzen. 1995 war es soweit: Das Internet stand den Profitjägern offen. Und vier Jahre später öffnete ein Umsatzsteuer-Moratorium dem *E-Commerce* alle Schleusen. Zwar *verursachen* gesetzliche Regelungen wie diese die „Blase" nicht, doch ohne derartige Hilfestellung ist es noch nie zu einer Blase gekommen.

Abbildung 1: Gesamtmarktwert des Nasdaq

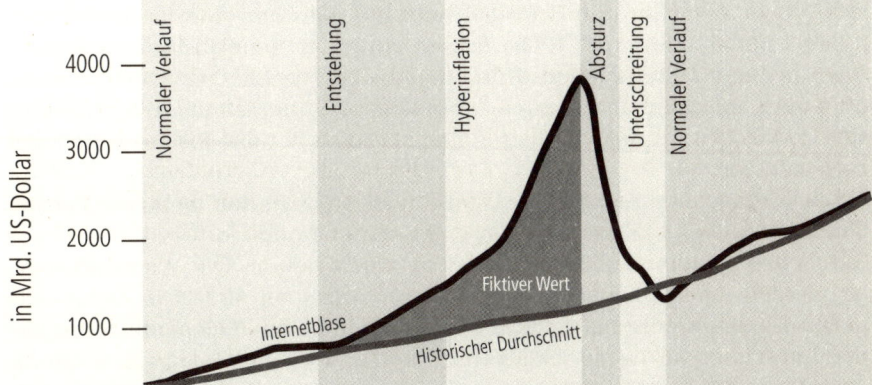

Elf Prozent jährliches Wachstum, abgeleitet von Vor-Blasen-Bewertung; Höchstwert am 10.3.2000, als der Nasdaq den Wert von 5132,52 erreichte und zum Börsenschluss bei 5048,62 stand.

Bei der Internetaktien-Manie Ende der 90er Jahre hatte ich selbst einen Platz in der ersten Reihe, denn damals arbeitete ich als Geschäftsführer bei Osborn Capital, einer von Jeffrey Osborn gegründeten Risikokapitalfirma zur Anschubfinanzierung von Neugründungen im „seed stage",[6] und saß deshalb

---

6 Risikokapitalfirmen definiert man nicht danach, wo, sondern wann sie ihr Kapital einsetzen; eine „Seed-Stage"-Firma stellt gewöhnlich sehr jungen Unternehmen das Startkapital zur Verfügung

bei über einem halben Dutzend Technologiefirmen im Vorstand. Ich konnte miterleben, wie ansonsten vernünftige Männer und Frauen der Faszination einer reißenden, aber allgemein für risikolos gehaltenen Geldflut erlagen. Die Gesetze der Logik und historische Erfahrungen ließ man links liegen. Ich erinnere mich, wie der Geschäftsführer einer Partnerfirma mir felsenfest überzeugt erklärte, selbst wenn die Gesellschaft, in die wir da investierten, scheiterte, so blieben ihr doch zumindest „hard assets". Er meinte damit die – bekanntermaßen rapidem Wertverlust unterliegende – Computerausstattung, die besagte Gesellschaft im Austausch gegen Aktien erhalten hatte. Ein Jahr nach dem Platzen der Blase überschwemmten derartige „hard assets" natürlich den Markt.

Dank der Deregulierung stand die Kirche; nun war reichlich Startkapital gefragt, damit die Gemeinde wachsen konnte. Die Finanzierungsmechanismen fallen bei jeder neuen Blase anders aus, worauf es ankommt, ist allein, dass das System astronomisch große Geldströme zu kanalisieren und neue *securities* im Wert von Billionen Dollar zu schaffen vermag. Im Fall des Internet kam das Geld für die *Startups* von Risikokapital-Investoren. Anfangs waren Internet-Gründungsfirmen nur Teil eines ganzen Spektrums aus Unternehmenssoftware- und anderen Technologiefirmen, in die Risikokapital-Investoren ihr Geld steckten.

Dann gingen einige der Neugründungen wie etwa Netscape an die Börse und fanden regen Zuspruch. Diese Form der Kapitalbeschaffung verbreitete sich immer schneller. Ein Kreislauf entstand: Gewinne aus Erstemissionen („initial public offerings", IPOs) flossen zurück in neue Risikokapitalfonds, dann in neue Unternehmensgründungen, um anschließend wiederum als IPOs zum Vorschein zu kommen, wobei die ursprünglich investierten Mittel sich inzwischen vervielfacht hatten und abermals in neue Risikokapitalfonds zurückflossen.

Die Medien bejubelten das Ganze und produzierten hektisch Porträts 20jähriger „*Wunderkinder*" (so im englischen Original, d. Übs.), die gerade ihre ersten hundert Millionen Dollar geschafft hatten. Die Wirtschaftsblätter wurden immer dicker und quollen vor Anzeigen über. Die Details der neuen Glaubenslehre hinterfragten die Medien kaum. Gelegentlich erschienen Interviews mit nachdenklicheren Köpfen, aber im Allgemeinen sah die Öffentlichkeit sich den Glaubenssätzen der einzig wahren Religion in ständiger Wiederholung ausgesetzt. Die Politik schaute zu – schließlich gab es für die Legislatoren keine Anreize, sich einzumischen. Kongressmitglieder mit Einfluss auf jene Behörden, die sich um Marktregulierung kümmern, haben unverhoffte Steuereinnahmen noch nie verschmäht, und der FIRE-Sektor verfügt über ziemlich tiefe Taschen. Der Website *opensecrets.org* zufolge, die das Spendenwesen verfolgt, hat FIRE allein für die Wahlen im Jahr 2008 146 Mio. US-Dollar gespendet, seit 1990 insgesamt über 1,9 Mrd. Dollar – fast doppelt

und übernimmt bei dieser Investition eine aktive Rolle. Jeffrey Osborn hatte sowohl vor wie nach der gesetzlichen Neuregelung eine Führungsfunktion beim kommerziellen Internet-Provider UUNet inne; vor der Neuregelung wurde dort für weniger als vier Mio. US-Dollar gebucht; wenige Jahre später beliefen sich die Aufträge auf mehr als zwei Mrd. US-Dollar.

so viel wie Anwälte und Lobbyisten spendeten und mehr als das Dreifache der Wahlkampfspenden von Gewerkschaftsseite.

Zu meinen beruflichen Aufgaben gehörte es seinerzeit, ein Auge darauf zu haben, wann sich das Ende abzuzeichnen begänne, damit die Firma ihre Gewinne maximieren und sich vor unverhofften Verlusten schützen konnte, wenn die Blase schließlich platzte. Im März 2000 kam das Signal. Eine unserer Gesellschaften versuchte gerade den richtigen Zeitpunkt für ihren Börsengang herauszufinden; ihr Managementteam setzte auf den April 2000. Aber die Vertreter einer der Investmentbanken, mit denen wir sprachen, gaben uns eine überraschend klare Empfehlung, die eindeutig allem widersprach, wozu die Banken während der vorausgegangenen fünf Jahre geraten hatten: Sie warnten die Gesellschaft davor, im April an die Börse zu gehen. Im Kontext anderer Indikatoren verstanden wir diese Empfehlung als deutliches Signal dafür, dass die Wende bevorstand. Also trennten wir uns in den folgenden Monaten von Anteilen an Aktiengesellschaften, die wir im Ergebnis früherer IPOs besaßen. Kurze Zeit später verkauften dann Millionen Anleger, deren Gewinnerwartungen sich nicht erfüllt hatten, ihre Fondsanteile, weil sie zur Abgeltung der Gewinnsteuern Bares brauchten. Diese Massenverkäufe lösten eine Panik aus, und die Blase platzte. Jede Blase führt zur Vernichtung fiktiven Wertes,[7] sobald die Marktteilnehmer in ihren quasireligiösen Überzeugungen zu wanken beginnen – wenn ihr Irrglaube ebenso schnell zerstört wird, wie er entstanden war. Seit Anfang der 80er Jahre hat die Marktorthodoxie der Chicago-Schule die Politik beherrscht – solange der Konjunkturzyklus aufwärts wies und die Wirtschaft boomte; doch jetzt, im Abstieg, sind wir plötzlich alle Keynesianer geworden: Die Fed kürzt die Zinssätze, der Kongress senkt die Steuern, und die Zufluchtnahme sowohl zu *deficit spending* wie zur Dollarabwertung nimmt geradezu gigantische Ausmaße an.

Zwar macht der Technologiesektor nur einen kleinen Teil der US-Wirtschaft aus, aber die Entlassungswelle dort, die Kürzungen und der Zusammenbruch des Technologieaktienmarktes erfassten seinerzeit die Gesamtwirtschaft und bewirkten Anfang 2001 eine kurze Rezession, obwohl Bundesbank und Kongress sie in einer konzertierten Aktion zu vermeiden gesucht hatten. Zurück blieb ein folgenschweres Dilemma: Was tun gegen den Verlust dieser sieben Billionen Dollar an fiktivem Wert, den die Blase geschaffen hatte?

Die Immobilienkrise

Der Internetboom hatte sich um die Verwandlung von Luftschlössern in steigende Aktienpreise gedreht. Der neue Traum blieb auf dem Boden und han-

---

7 Unter „fiktivem Wert" ist die Ausbeulung zu verstehen, die sich zwischen der Verlaufskurve einer Vermögenswerte-Hyperinflation einerseits und dem historisch belegten langfristigen Wachstumstrend herausbildet (vgl. Abb. 1 und 2). Ein anonymer Kommentator der South Sea Bubble erklärte es seinerzeit so: „Nach den Regeln der gewöhnlichen Arithmetik ergibt Eins plus Eins niemals Dreieinhalb; folglich muss all der fiktive Wertzuwachs auf Kosten anderer Beteiligter gehen, der Ersten oder der Letzten. Das einzige Mittel dagegen, dass es einen selbst trifft, besteht darin, rechtzeitig zu verkaufen, so dass der Teufel dann die Letzten holt."

delte von Billighäusern, von Holz, Nägeln und Plattenbau. Auch die infla-
tionäre Preisentwicklung folgte durchaus herkömmlichen Mustern: Es gab
eben viel zu viel Hypothekengeld auf Häuserjagd, während es unter diesen
Umständen viel zu wenig Häuser gab. Auf dem Höhepunkt der Blase war fik-
tiver Reichtum im Umfang von zwölf Billionen Dollar entstanden – ein Betrag,
dessen Höhe sogar die Staatsschuld überstieg.

Abbildung 2: Gesamtmarktwert der Immobilien

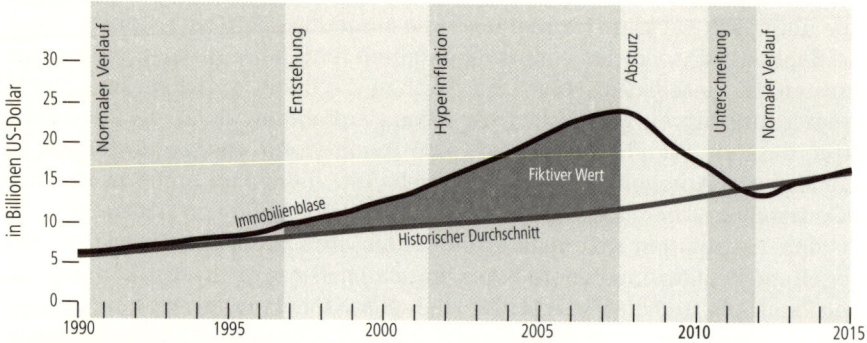

Tatsächlicher Marktwert nach „Federal Reserve Flow of Funds Accounts of the United States"; historischer Trend nach Robert J. Schiller, Irrational Exuberance, ²2005.

Wir hätten es zweifellos vorher wissen können. Im historischen Durchschnitt
hatte der Anstieg der amerikanischen Häuserpreise in etwa der jährlichen
Inflationsrate entsprochen. Wie Robert Shiller, Wirtschaftswissenschaftler an
der Yale University, zeigen konnte, betrug dieser Preisanstieg seit 1980 – lässt
man den Wohnungsbauboom nach dem Zweiten Weltkrieg einmal beiseite –
jährlich ungefähr 3,3 Prozent. Weshalb aber kam es dann plötzlich zu einer
Hyperinflation der Häuserpreise? Nun, die Eigenkapitalreserve-Vorschriften
für die US-Banken wurden gelockert, und 1994 schuf man spezielle *„sweep"*
accounts – Geldmarktkonten, welche für Verrechnungs- und für Investitions-
zwecke bestimmte Bankkonten miteinander verknüpfen. Auf diese Weise
verfügten die Banken über mehr Liquidität, was bedeutete, dass sie mehr
Kredite anbieten konnten. So wurden die Voraussetzungen unserer Blase
geschaffen. Im Gefolge der Krise der New Economy senkte dann die Fed den
Leitzins zwischen 2001 und 2002 schrittweise von 6 auf 1,24 Prozent, was zu
vergleichbaren LIBOR-Einschnitten[8] führte, welche den Banken dazu dient,
die Zinssätze für *adjustable-rate mortgage rates* (ARMs), also variabel verzins-
liche Hypotheken, festzulegen. Die drastische Senkung dieser ARM-Zinsen
bedeutete, dass in den Vereinigten Staaten die monatlichen Hypotheken-
kosten für ein 500 000-Dollar-Haus jetzt kaum mehr höher lagen als die entsprechenden Kosten eines zwei Jahre zuvor erworbenen 250 000-Dollar-

---

8 Das heißt bei der London Interbank Offered Rate und bezeichnet den Zinssatz, zu dem sich die Banken
   untereinander kurzfristig Geld ausleihen. – D. Übs.

Hauses. Die Nachfrage explodierte, obwohl die Bauindustrie absehbarerweise Jahre dafür brauchen würde, die Produktion entsprechend anzukurbeln.

Da weit mehr Kredit zu haben war als Häuser, stiegen, wie vorherzusehen war, die Preise – und zwar rapide. Es bedurfte lediglich der Zufuhr neuen Kapitals, damit die Blase ungehemmt wachsen konnte. Beim Internet-Boom war dieses Geld durch Erstemissionen und Risikokapital-Investoren mobilisiert worden. Für die Immobilienblase, die um das Jahr 2003 entstand, kam es aus der Verwandlung von Schulden in neuartige Finanzierungsinstrumente.

Das sogenannte *securitizing* bedeutet, dass man aus vorhandenen Obligationen neue Kreditvehikel macht, indem man vergleichbare Finanzinstrumente wie Darlehen oder Hypothekenkredite miteinander vermischt, um auf diese Weise etwas Neues zu kreieren, das berechenbarer und weniger risikoträchtig ist als die Summe seiner Bestandteile. Viele dieser durch Hypotheken besicherten Wertpapiere (*„Pass-Thru"-Securities*) wurden zu dem Zweck geschaffen, dass Banken sich möglichst weitgehend auf eine Vermittlerrolle zurückziehen konnten. So würde, wenn einige Hausbesitzer pleite gingen, aber der Rest weiterhin zahlte, die Bank, die solche Wertpapiere verkauft hatte, selbst kaum Schaden nehmen – oder jedenfalls viel weniger, als wenn sie die Hypotheken in den eigenen Büchern gehalten hätte. Theoretisch hatte man auf diese Weise Risiken, die sich zuvor unmittelbar in der jeweiligen Bankbilanz niedergeschlagen hatten, über die Finanzmärkte breit gestreut und unter erfahrenen, finanzkräftigen institutionellen Anlegern sicher verteilt.[9]

Die amerikanische Hypothekenkrise erhielt das Etikett „subprime mortgage crisis", aber „minderwertige Hypothekenkredite" kamen in Wirklichkeit erst recht spät und auf einem Nebenschauplatz ins Spiel, nämlich erst dann, als der *Housing-Bubble*-Kreditmaschine die kreditwürdigen Darlehensnehmer ausgingen. Das eigentliche Event bestand in der Hyperinflation der Wohnimmobilien-Preise. Die Risiken stecken in der Preisentwicklung und drohender Zahlungsunfähigkeit. Selbst wenn der Glaubenseifer, der die Blase erzeugte, erlischt, werden auch nach dem offenen Ausbruch der Krise Ursache und Wirkung weiterhin durch irrige Vorstellungen verschleiert.

Aus dem Giftschrank der Finanzinstrumente

Erinnern wir uns an die Chemieindustrie vor 40 Jahren, als man Schadstoffe wie die polychlorierten Biphenyle (PCB) praktisch unkontrolliert in die Luft

---

9 Wie bei den meisten Blasen wurde auch diesmal ein ausgezeichneter Einfall extrem überzogen. Im Fall der Immobilienblase war das neu konzipierte Produkt, das die Schlussrunde einläutete – den heute so genannten *subprime meltdown*, das heißt das Dahinschmelzen der faulen Kredite –, die *collaterized debt obligation* (CDO). CDOs zählen zu den sogenannten Kreditderivaten; es handelt sich, genauer gesagt, um ein Derivat aus einem Pool vermögenswertebesicherter Schuldverschreibungen. Teile derartiger Pools, beispielsweise solche Kredite, bei denen die Rückzahlungsfähigkeit der Schuldner als eher fraglich eingestuft wurde – in sogenannten *Junk*- oder Ramsch-Kategorien (beispielsweise „BB") –, wurden passend zugeschnitten und als CDOs neu verpackt, was ihnen zu einer besseren Einstufung in weniger riskante Kategorien wie etwa „AAA" verhalf. Sie wurden dann zur Finanzierung der „kreativeren" Hypotheken benutzt – solcher, die auf dem „angegebenen Einkommen" beruhen und auch als „Lügnerdarlehen" bezeichnet werden. Heute hören wir nun, dass sie den Erwartungen der Kreditgeber nicht ganz gerecht werden.

und in Gewässer abließ. Viele Jahre hindurch hielt die Industrie sich an das Mantra: „Die Lösung des Problems der Schadstoffemission heißt Verdünnung." Man nahm an, die Vermischung von Giftstoffen mit gewaltigen Mengen von Luft oder Wasser neutralisiere die ersteren. Jahrzehnte später ist uns, angesichts von missgebildeten Fröschen, verseuchtem Grundwasser und mysteriösen Krebserkrankungen klar, dass diese Logik nicht stimmte. Doch nun haben die Banker unserer Tage den Fehler auf die Finanzwelt übertragen. Je mehr zweifelhafte Kredite seit Ende der 90er Jahre bis in den Sommer 2007 hinein vergeben wurden, desto mehr mussten sämtliche Teilnehmer des globalen Finanzsystems fürchten, durch die Risiken dieser Praxis in Mitleidenschaft gezogen zu werden.

Die Gefährdung lässt sich als eine Art ökonomisches Gift begreifen. Theoretisch sind die Schadstoffe, die Kreditrisiken, bis zur Unkenntlichkeit verdünnt im Ozean der Weltschuldenmärkte verschwunden; die Magie der Verbriefung hat sie entgiftet, so dass von ihnen keine Systemgefährdung ausgeht. Doch in Wirklichkeit bedrohen die Kreditschadstoffe unsere Wirtschaft ebenso, wie toxische Chemieabfälle unsere Umwelt gefährden. Wie die chemischen Schadstoffe drohen auch die Kreditrisiken sich in den schwächsten und verletzlichsten Teilen des Systems, in diesem Fall des Finanzsystems, zu konzentrieren. Dort treten die toxischen Auswirkungen folglich zuerst in Erscheinung: Der Zusammenbruch des amerikanischen Subprime-Hypothekenmarktes war sozusagen das Seveso, die Urkatastrophe des sich ausbreitenden Finanz-Giftskandals – die Folgen dieses Crashs sind bekannt.

Aber wie geht es weiter? Spekulationsblasen wirken in den Wirtschaftszweigen, die sie befallen, ganz ähnlich wie in der Forstwirtschaft ein Kahlschlag wirkt. Nach einigen Jahren der Rezession beginnt die betroffene Branche schließlich wieder zu wachsen, aber das dauert – so hatte beispielsweise der Nasdaq, der im März 2000 mit 5048 Punkten im Zenit stand, Anfang 2007 erst wieder die Hälfte des damaligen Wertes erreicht. Wenn diese Dollarbillionen erst einmal sterben und in den Geldhimmel auffahren, trägt die gesamte Wirtschaft schwarz.

Die Immobilienblase hinterlässt uns in einem beklagenswerten Zustand, weit schlimmer als nach der Technologieaktien-Blase, als der Fed-Leitzins sechs Prozent betrug, der Dollarkurs den höchsten Stand seit Jahrzehnten hielt, der Bundeshaushalt einen Überschuss verzeichnen konnte und die Steuersätze relativ hoch lagen. Das alles ließ damals die *Reflation* – Zinssatzsenkungen, Dollarabwertung, erhöhte Staatsausgaben bei Steuerkürzungen – relativ schmerzlos verlaufen. Inzwischen aber wurde der Leitzins im Zuge der Finanzkrise auf lediglich 0,25 Prozent gesenkt. Der Dollarkurs liegt so niedrig wie seit Jahrzehnten nicht mehr, und im Bundeshaushalt klafft ein gigantisches Loch. Das chronische Außenhandelsdefizit, die plötzliche Entwertung unserer Währung und der Mangel an ausländischen Kaufinteressenten für Amerikas Staatsschuld wird die US-Regierung perspektivisch vermutlich zwingen, neues Geld zu drucken, schon allein zur Finanzierung der eigenen Aktivitäten und um ihre 22 Millionen Beschäftigten entlohnen zu können.

Unsere Volkswirtschaft steckt also in ernsten Schwierigkeiten. Sowohl in den Produktions- und Konsumbranchen als auch im FIRE-Sektor weiß man, dass wir am Rande einer Verschuldungs-Deflations-Katastrophe stehen. Und in beiden Sektoren betet man, der Himmel möge noch rechtzeitig ein Wunder schicken – eine neue Blase, die die Wirtschaft davor bewahrt, in eine tiefe Depression abzurutschen.

Die kommende Blase

Wir haben gelernt, dass es bei jeder neuen Spekulationsblase Hunderte oder Tausende von Einzelunternehmen geben muss, deren Finanzierung nicht Milliarden, sondern Billionen von Dollar in Gestalt neuer Wertpapiere erfordert, kreiert und vermarktet von der Wall Street. Wie es auf dem Häuser- und Wohnungssektor schon seit Ende der 90er Jahre geschah, so muss sich auch jetzt der neue Spekulationssektor bereits zu einer Zeit herausbilden und wachsen, in der die vorherige Blase noch abschwillt. Gesetze, die diejenigen fördern, die in den neuen Sektor investieren – ihnen Steuervorteile und andere Investitionsschutz- und -förderungsmaßnahmen garantieren –, sollten bereits in Kraft oder jedenfalls in Arbeit sein. Vor allem aber muss der neue Wirtschaftszweig populär, sein Name in aller Munde sein, in der Politik ebenso wie in den Medien. Er sollte allen, die die Fernsehnachrichten verfolgen oder Zeitungen lesen, vertraut sein.

Es gibt eine ganze Reihe von Kandidaten für die nächste Blase, aber nur wenige erfüllen alle Kriterien zugleich. Das Gesundheitswesen muss ausgebaut werden, um die Bedürfnisse der jetzt ins Seniorenalter einrückenden geburtenstarken Nachkriegsjahrgänge zu befriedigen, aber Regierung und Gesetzgebung haben bisher keine einschlägigen Maßnahmen ergriffen, die der Spekulation im Gesundheitswesen den Weg bahnen könnten; das Gleiche gilt für die pharmazeutische Industrie, in der an eine Hyperinflation erst dann zu denken wäre, wenn die Food and Drug Administration (die US-Behörde für Lebensmittelsicherheit und Arzneimittelzulassung) entmachtet würde. Ein zweiter Technologieboom unter dem Etikett „Web 2.0" beruht eher auf Fortschritten bereits vorhandener Technologien als auf irgendwelchen Neuentdeckungen. Die kapitalintensive Biotechnologie taugt zu keiner Blase, weil sie zu viel Spezialwissen erfordert.

Aber es gibt einen Sektor, der alle Voraussetzungen erfüllt: nämlich *alternative Energien* – die Entwicklung von Produkten, die weniger Energie verbrauchen, echte Alternativen zum Öl, darunter Wind-, Solar- und geothermische Energie, in Verbindung mit der Nutzung der Atomenergie zu dem Zweck, nachhaltigen Ersatz fürs Erdöl zu schaffen, beispielsweise aus Wasser flüssigen Wasserstoff zu gewinnen. Und tatsächlich wird die nächste Blase bereits seit einiger Zeit lanciert. So besann sich das Magazin „Wired" sozusagen auf seine Wurzeln, als es im Oktober 2007 Äthanol (Äthylalkohol) marktschreierisch auf seiner Titelseite platzierte und dabei den Lesern zurief: *Forget Oil!* Das Fernsehnetzwerk NBC veranstaltete im November 2007 eine „Green Week", eine

Reihe von Shows, die sich jeweils um ein ökologisches Thema drehten. Selbst Al Gore trat als Gast in der Sitcom *30 Rock* auf. Ja, Al Gore droht, man glaubt es kaum, zum *poster boy,* zum Reklamehelden der allerneuesten New Economy zu werden: Er trat in die legendäre Risikokapitalfirma Kleiner Perkins Caufield & Byers ein, die einst Amazon und Google aus der Taufe heben half, und will sich dort um die „Klimawandel-Lösungsgruppe" kümmern. Gore steuert somit eine kräftige Dosis Nobelpreisträger-Glaubwürdigkeit bei, die sich als überaus nützlich erweisen dürfte, sobald die Firma einer glaubensstarken Meute die ersten Investitionsangebote in Sachen Alternative Energien vorsetzt. Andere Risikokapitalfirmen – etwa Lazard Capital Markets, Generation Investment Management, Nth Power, EnerTech Capital und Battery Ventures – finanzieren ein ganzes Spektrum aufstrebender Unternehmen, die sich mit Fortschritten bei Solarzellen, der Produktion von Biokraftstoffen, Batterien, Software fürs „Energie-Management" und dergleichen befassen.

2008 sprachen alle wichtigen Präsidentschaftskandidaten, Barack Obama und Hillary Clinton ebenso wie John McCain, gern von „Energiesicherheit". Früher war eher von der „Unabhängigkeit" in Energiefragen die Rede. Vielleicht deutet dieser Wandel der Begrifflichkeit darauf hin, dass künftig ein Teil des „Heimatschutz"-Budgets für alternative Energien eingesetzt werden soll, als Ansporn für einschlägige Unternehmensgründungen und generell für FIRE.

Doch wertvoller als Wahlkampfreden sind konkrete Gesetze. Der Energy Policy Act von 2005 etwa – ein umfangreiches Gesetzespaket, morgendlichen Pendlern vor allem wegen der Ausdehnung der Tageslicht-Energiesparzeiten vertraut – bietet unter anderem Kreditgarantien für geschäftliche Aktivitäten im Bereich alternativer Energien, darunter auch für Atomenergietechnologien. Das Gesetz sieht 200 Mio. Dollar jährlich für saubere Steinkohlenutzung vor, hebt die Deckelung der Flächengröße prospektiver Kohleabbaugebiete von bisher 160 Acres (rund 65 Hektar) auf, offeriert den Erzeugern von Windenergie und anderen alternativen Energieformen Subventionen und verspricht, während seiner Geltungsdauer jährlich 50 Mio. US-Dollar für ein Biomasse-Programm bereitzustellen.

Auch für „innovative Technologien" wie fortgeschrittene Atomreaktor-Baumuster gibt es Kreditgarantien. Eine freundlichere, „sanftere" Atomwirtschaft scheint vor der Tür zu stehen. Der *Price-Anderson Nuclear Industries Indemnity Act* mit Haftungsvorschriften aus dem Jahre 1957 soll bis 2025 in Kraft bleiben, und der Energieminister wurde angewiesen, sich an die Atomenergie-„Roadmap" von 2001 zu halten. Für die Entwicklung eines Kernreaktors, der sowohl Elektrizität als auch Wasserstoff erzeugt, stellt das Energieministerium bereits 2007 1,25 Mrd. US-Dollar bereit. Die Zukunft des Transportwesens könnte statt von Solar- oder Äthanol-Antrieben von zahlreichen kleinen Atomreaktoren abhängen, die außer Strom auch Wasserstoff für den Nahverkehr liefern. Sowohl auf einzelstaatlicher als auch auf kommunaler Ebene sind entsprechende Gesetze bereits beschlossen oder in Arbeit; mit dem Amtsantritt von Präsident Barack Obama hat dieser Wandel nun auch die Ebene der Bundespolitik erreicht.

Auftrieb wird der Alternative-Energien-Blase auch der Infrastrukturboom geben, der im Verkehrs- und Kommunikationssystem ebenso ansteht wie bei der Wasser- und Energieversorgung. Schon 2005 hat der Ingenieursverband American Society of Civil Engineers ein Fünfjahresprogramm im Umfang von 1,6 Bio. Dollar verlangt, um die – von ihm als viertklassig (Kategorie „D") eingestuften – Vereinigten Staaten wieder auf die Höhe der Zeit zu bringen. Jahrzehnte der Vernachlässigung haben die Kategorie „A" für unser Land in dollarbillionenweite Ferne gerückt.

Natürlich braucht unser Land sowohl alternative Energien als auch Infrastrukturverbesserungen. Aber genau darin liegt die Gefahr, denn auf lange Sicht erweisen sich Hyperinflationen immer als destruktiv. Seit den 70er Jahren hat sich die Abhängigkeit der USA von Energieimporten zu einem ernsten Wirtschafts- und Sicherheitsproblem ausgewachsen, und unsere überalterten Straßen sind das Kreislaufsystem der Nation. Ohne funktionierende Zirkulation benzin- oder dieselgetriebener Trucks auf unseren Überlandstrecken gäbe es weder Wal-Mart noch andere Supermärkte und auch keine morgendlichen FedEx-Zustellungen. Ja, ohne „Energiesicherheit" und die Überholung unserer „zerbröckelnden Infrastruktur" wäre es um Amerikas Konkurrenzfähigkeit geschehen.

Die nächste Spekulationsblase muss daher also groß genug sein, um die Verluste aus der geplatzten Immobilienmarktblase zu kompensieren. Wie schlimm wird es beim nächsten Mal kommen? Meine erste, grob kalkulierte Vorausschätzung:[10] Der Marktwert aller Unternehmen, die zur Entwicklung hydroelektrischer, geothermischer und nuklearer Energien, von Windräderparks, Sonnen-energie und Technologien der Wasserstoffwirtschaft insgesamt benötigt werden, liegt – unter Einschluss der erforderlichen Infrastruktur – zwischen zwei und vier Billionen US-Dollar. Angenommen, die Spekulationsblase kommt zustande, so könnte die Hyperinflation weitere zwölf Billionen fiktiven Wertes hinzufügen. In einer Hyperinflation wird das Tempo der Infrastrukturerneuerung sich beschleunigen und den großen Vertragsfirmen der Regierung, die aus dem niedergehenden Irakgeschäft flüchten, reichlich neue Chancen eröffnen. Von daher können wir mit der Schaffung weiterer acht Billionen an fiktivem Wert rechnen, was uns auf geschätzte 20 Billionen US-Dollar Spekulationsvermögen bringt – und dieses Geld wird zwangsläufig weniger dazu dienen, „Energiesicherheit" herzustellen, als die Aktienkurse hochzutreiben. Wenn die Blase dann schließlich platzt, werden wir wiederum vor der Aufgabe stehen, die Trümmer einer verwüsteten Branche abzuräumen. Und FIRE wird zwischenzeitlich bereits die nächste Großaktion austüfteln. Wenn man sieht, in welchem Zustand sich unsere Ökonomie gegenwärtig befindet, wäre nur eines schlimmer als eine neue Blase: keine neue Blase.

---

10 Zu diesen grob geschätzten Zahlen bin ich auf folgendem Wege gekommen: Zunächst habe ich die erforderliche Marktkapitalisierung existierender Unternehmen studiert und danach abzuschätzen versucht, wie viele Unternehmen es geben muss, damit sich eine Spekulationsblase herausbilden kann. Dabei dienten mir die Technologie- und die Immobilienblase als Präzedenzfälle. Mein Modell geht von der Entwicklung neuer Kreditinstrumente aus, die die nächste Hyperinflation finanzieren werden. Die Irrtumsmarge meiner Voraussage ist offensichtlich beträchtlich, aber die Präzedenzfälle und – wichtiger noch: die *Notwendigkeit* der Spekulationsblase – sind unbestreitbar gegeben.

In den „Blättern" schrieben bisher

Wolfgang **Abendroth**
Elmar **Altvater**
Samir **Amin**
Katajun **Amirpur**
Günther **Anders**
Franziska **Augstein**
Uri **Avnery**
Egon **Bahr**
Etienne **Balibar**
Wolf Graf **Baudissin**
Fritz **Bauer**
Yehuda **Bauer**
Ulrich **Beck**
Peter **Bender**
Norman **Birnbaum**
Ernst **Bloch**
Norberto **Bobbio**
E.-W. **Böckenförde**
Thilo **Bode**
Susanna **Böhme-Kuby**
Heinrich **Böll**
Pierre **Bourdieu**
Karl D. **Bredthauer**
Micha **Brumlik**
Andreas **Buro**
Noam **Chomsky**
Ernst-Otto **Czempiel**
Ralf **Dahrendorf**
György **Dalos**
Mike **Davis**
Frank **Deppe**
Dan **Diner**
Walter **Dirks**
Rudi **Dutschke**
Daniel **Ellsberg**
Wolfgang **Engler**
Hans-M. **Enzensberger**
Erhard **Eppler**
Gøsta **Esping-Andersen**
Iring **Fetscher**
Heiner **Flassbeck**
Ernst **Fraenkel**
Norbert **Frei**
Thomas L. **Friedman**
Erich **Fromm**
Georg **Fülberth**
James K. **Galbraith**

Heinz **Galinski**
Johan **Galtung**
Timothy **Garton Ash**
Bettina **Gaus**
Günter **Gaus**
Heiner **Geißler**
Uli **Gellermann**
Susan **George**
Sven **Giegold**
Peter **Glotz**
Daniel J. **Goldhagen**
Helmut **Gollwitzer**
André **Gorz**
Walter **Grab**
William **Greider**
Propst Heinrich **Grüber**
Jürgen **Habermas**
Sebastian **Haffner**
Stuart **Hall**
H. **Hamm-Brücher**
Heinrich **Hannover**
Amira **Hass**
Christoph **Hein**
Arthur **Heinrich**
Friedhelm **Hengsbach**
Detlef **Hensche**
Ulrich **Herbert**
Seymour M. **Hersh**
Hermann **Hesse**
Katrina vanden **Heuvel**
Rudolf **Hickel**
Eric **Hobsbawm**
Axel **Honneth**
Jörg **Huffschmid**
Inge **Jens**
Walter **Jens**
Hans **Joas**
Tony **Judt**
Robert **Kagan**
Petra **Kelly**
Robert M. W. **Kempner**
George F. **Kennan**
Paul **Kennedy**
Navid **Kermani**
Ian **Kershaw**
Parag **Khanna**
Michael T. **Klare**

Dieter **Klein**
Naomi **Klein**
Alexander **Kluge**
Jürgen **Kocka**
Eugen **Kogon**
Otto **Köhler**
Michael R. **Krätke**
Walter **Kreck**
Ekkehart **Krippendorff**
Adam **Krzeminski**
Erich **Kuby**
Jürgen **Kuczynski**
Reinhard **Kühnl**
Charles A. **Kupchan**
Ingrid **Kurz-Scherf**
Oskar **Lafontaine**
Claus **Leggewie**
Gideon **Levy**
Sabine **Leutheusser-S.**
Hans **Leyendecker**
Jutta **Limbach**
Birgit **Mahnkopf**
Peter **Marcuse**
Mohssen **Massarrat**
Ingeborg **Maus**
Margit **Mayer**
Bill **McKibben**
Ulrike **Meinhof**
Manfred **Messerschmidt**
Harold **Meyerson**
Robert **Misik**
Hans **Mommsen**
Wolfgang J. **Mommsen**
Albrecht **Müller**
Walther **Müller-Jentsch**
Herfried **Münkler**
Adolf **Muschg**
Gunnar **Myrdal**
Wolf-Dieter **Narr**
Klaus **Naumann**
Oskar **Negt**
Oswald v. **Nell-Breuning**
Martin **Niemöller**
Bahman **Nirumand**
Dieter **Oberndörfer**
Claus **Offe**
Reinhard **Opitz**
Cem **Özdemir**
Valentino **Parlato**
Volker **Perthes**
William **Pfaff**
Claudia **Pinl**
Elizabeth **Pond**
Samantha **Power**

Heribert **Prantl**
Ulrich K. **Preuß**
Karin **Priester**
Avi **Primor**
Tariq **Ramadan**
Uta **Ranke-Heinemann**
Adam **Rapacki**
Jan Philipp **Reemtsma**
Jens G. **Reich**
Helmut **Ridder**
Rainer **Rilling**
Romani **Rose**
Rossana **Rossandra**
Werner **Rügemer**
Irene **Runge**
Bertrand **Russell**
Yoshikazu **Sakamoto**
Saskia **Sassen**
Fritz W. **Scharpf**
Hermann **Scheer**
Robert **Scholl**
Karen **Schönwälder**
Friedrich **Schorlemmer**
Harald **Schumann**
Gesine **Schwan**
Jürgen **Seifert**
Dieter **Senghaas**
Richard **Sennett**
Alfred **Sohn-Rethel**
Dorothee **Sölle**
Kurt **Sontheimer**
Wole **Soyinka**
Gerhard **Stuby**
Emmanuel **Todd**
Alain **Touraine**
Frank **Unger**
Hans-Jürgen **Urban**
Gianni **Vattimo**
Gore **Vidal**
Georg **Vobruba**
Immanuel **Wallerstein**
Franz **Walter**
Hans-Ulrich **Wehler**
Ernst U. von **Weizsäcker**
Harald **Welzer**
Christa **Wichterich**
Charlotte **Wiedemann**
Rosemarie **Will**
Naomi **Wolf**
Bodo **Zeuner**
Moshe **Zimmermann**
Moshe **Zuckermann**

...und viele andere.

Die Panik im Finanzkasino und ihre Folgen

Von **Heiner Flassbeck**

Wenn ich in den vergangenen Jahren an den unterschiedlichsten Plätzen in der Welt über Island gesprochen habe, wurde ich immer angeschaut, als hätte ich nicht alle Tassen im Schrank. Island, sagten die Zuhörer, warum redet der über Island, ein Miniland im Nordmeer, das niemanden interessiert. Doch in den letzten Wochen des Jahres 2008 waren die deutschen Zeitungen voll von Geschichten über Island, weil da offenbar ein ganzes Land von den Finanzmärkten in den Ruin getrieben wurde.

Warum hat niemand sonst darauf geachtet, warum hat kein Finanzminister dieser Welt Alarm geschlagen, warum hat kein Forschungsinstitut vorher erklärt, dass das nicht gutgehen kann? Die Antwort ist einfach: Weil die Meisten schon gar nicht mehr hinschauen und wenn sie hinschauen, schauen sie gleich wieder weg, weil es ja so peinlich wäre, wenn man sagen müsste, da macht ein Markt vollkommenen Blödsinn, da läuft etwas fundamental schief, obwohl es der globale Finanzmarkt mit all seinen smarten Bankern ist, der da das Ruder in der Hand hat.

Ein anderes Beispiel: In Deutschland hatten wir mal so etwas wie einen Generationenvertrag. Die Gesellschaft insgesamt sollte dafür sorgen, dass mit Hilfe einer wachsenden Wirtschaft und steigender Einkommen eine angemessene Rente für die Alten im Land gezahlt wird. Das aber war plötzlich altmodisch. Wir wollten individuell werden und ansparen, unser Geld also selbst mit Hilfe der Finanzmärkte in die Zukunft transportieren und nicht auf ein staatliches Versprechen für die Zukunft setzen.

Wenn jeder sein Geld am Aktienmarkt investiert, so die wunderbare Idee, erzielt man höhere Erträge und man hat wirklich etwas in der Hand. Dass man aber Geld gar nicht in die Zukunft transportieren kann, hat niemand gesagt. Dass das Geld immer da bleibt, dass wir es nur anderen Leuten in die Hand geben, die damit ihr Glück versuchen oder sich im Glückspielen versuchen, wollten wir nicht wahrhaben. Man hätte ja sagen müssen, die Banken sind auch nicht besser als der Staat, die können auch nur etwas versprechen und wenn sie ihr Versprechen nicht halten, gibt es keine Rente. Wer hätte so was schon sagen wollen in den modernen Zeiten der Individualität? Dann aber musste doch der Staat einspringen, weil die Spieler in den Banken das schöne Geld verzockt hatten. Das ist die Logik der modernen Finanzwelt: Zuerst verdammt man den Staat, und am Ende bettelt man, dass der Staat die Zeche zahlt.

Und tatsächlich: In dem Moment, wo alles zusammenzubrechen drohte, griff, zuerst in den Vereinigten Staaten, der Staat hart und konsequent durch. Man hatte erkannt, dass der Markt sich nicht selber heilen kann. Das System ist instabil. Nur „Vater Staat" kann die Finanzkrise unter Kontrolle bekommen.

Der Glauben an den Markt

Dabei waren gerade die USA, was den Glauben an die Finanzmärkte betrifft, immer hochgradig dogmatisch. Erst im Angesicht der Krise handeln sie nun so pragmatisch, wie es schon lange vorher erforderlich gewesen wäre. Vor der Krise dagegen glaubte man bedingungslos an die Kraft der Märkte. Frei nach dem Motto: Die kriegen das von allein hin, die funktionieren und regulieren sich quasi von selbst. Das war aber auch in ihrem eigenen Denken ein systematischer Fehler: Der berühmte Liberale Friedrich August von Hayek hat die Überlegenheit des marktwirtschaftlichen Systems stets damit begründet, dass hier Millionen von Marktteilnehmern zusammentreffen, die alle über unterschiedliche und voneinander unabhängige Informationen verfügen, die der Markt dann in einen einheitlichen Preis für ein Gut verwandelt. Keine Regierung dieser Welt sei zu einer solchen Effizienz in der Lage.

Was aber weder in den Wirtschaftswissenschaften noch in der Politik verstanden wurde: Die Kapitalmärkte funktionieren anders als der Handel mit Kartoffeln und Maschinen – wie wir angesichts der gegenwärtigen Finanzmarktkrise eindringlich erleben. Bei den „wirklich großen Spielen" um Zinsen, Wechselkurse, Aktien, Immobilienpreise und Rohstoffe kommt eine Handvoll privilegierter Akteure zusammen, die alle nicht mehr wissen, als der Staat weiß. Alle sind ferngesteuert von ein paar Informationen, die, für jeden zugänglich, permanent über die Bildschirme jagen und von allen Beteiligten in ähnlicher Weise gedeutet werden.

Wenn also bestimmte Ereignisse eintreten, wie beispielsweise eine Rohstoffpreishausse, oder sich irgendwo Zinsdifferenzen zwischen Staaten auftun, dann springen fast alle Spieler gleichzeitig auf diesen Zug und versuchen, sich eine goldene Nase zu verdienen. Das geht genau so lange gut, bis sie den Preis oder den Wechselkurs so weit weg von dem Wert getrieben haben, den die reale Welt, also die richtigen Menschen, zu verkraften in der Lage sind, bis es nicht mehr geht. Dann kollabiert das ganze Spielsystem, das meist nichts anderes ist als ein Kettenbriefsystem, bei dem jeder versucht, nicht der Letzte zu sein.

Dieses Spiel im großen Kasino namens Finanzmarkt wird dadurch noch absurder und natürlich riskanter, dass die gierigen Finanzmarktzocker und ihre Banker die eigenen Gewinne dadurch in die Höhe jubeln, dass man den Großteil der Spekulation mit Schulden finanziert. Man leiht sich also zu dem Geld, das man ohnehin schon in der Tasche hat, noch viel mehr Geld dazu und investiert es in Anlagen, die eine etwas höhere Rendite erbringen als der Zins, den man den anderen Banken oder den braven Anlegern zahlt. Das ist der große Hebel, mit dem Banken, Hedgefonds und sogenannte Private-Equity-

Fonds die Rendite auf das Eigenkapital in ungeahnte Höhen treiben können, wenn sie nur genügend Kredit bekommen.

Das Schlimme ist, dass niemand gesehen hat, dass hier Spiele gespielt werden, bei denen immer der eine nur gewinnen kann, was ein anderer verliert. Wären alle Spekulanten mit dem geliehenen Geld lediglich ins Spielkasino gegangen, wäre der Spuk schnell zu Ende gewesen, genauer: Man hätte ihnen gar kein Geld geliehen. Die Methode, die Renditen mit Schulden zu heben, funktioniert für das gesamte globale Finanzsystem nur dann eine Weile, wenn alle Spieler bestimmte Objekte finden, bei denen sie sich mit einer gewissen Plausibilität einreden können, sie würden hohe Renditen bei geringem Risiko bieten, weil die Preise für immer steigen oder der Wechselkurs immer in eine Richtung geht, weil die Zinsdifferenzen für immer bestehen bleiben.

So ein Objekt war der amerikanische Häusermarkt in den letzten zehn Jahren, so ein Objekt war auch Island, weil es scheinbar risikolos hohe Zinsen und eine starke Währung bot. In den 20er Jahren übernahmen diese Rolle Aktien neu aufgekommener Konsumgüterhersteller und in den 90er Jahren Aktien der Telekommunikation. Auch Unternehmen mit hohem Eigenkapitalanteil zu kaufen, ist neuerdings beliebt, weil man die Rendite allein dadurch hochjubeln kann, dass man Eigenkapital durch Schulden ersetzt. Letzteres tun sogenannte Private-Equity-Firmen, also Unternehmen, die genau das Gegenteil dessen tun, was ihr Name sagt: Sie vermindern nämlich systematisch das Eigenkapital, statt solches zur Verfügung zu stellen.

Das ist primitiv und kann doch kurzfristig hoch profitabel sein. Unterstützer gibt es viele. Die „Wissenschaft" hat über Jahre die „hohe Effizienz der Kapitalmärkte" gelobt,[1] die Politik ist wie bei der Rente vor den „Werteschaffern" in den Banken und Versicherungen in die Knie gegangen und die Öffentlichkeit hat sich einreden lassen, wenn man nur spekuliert, bräuchte man eigentlich nicht mehr arbeiten, man würde mit dem schnellen Geschäft an den Finanzmärkten quasi ohne Risiko reich werden.

Schließlich haben die Medien diese Kampagne in einer Weise mitgemacht, dass man den Verdacht haben muss, dass einige Spindoktoren daran gut verdient haben. Wie man der deutschen Öffentlichkeit gegen jede Vernunft weisgemacht hat, ihre Rente könnte wegen der Alterung nur mit dem großen Spiel an den Finanzmärkten sicher gemacht werden, war wahrlich genial. Dass auch öffentlich-rechtliche Sender dazu übergegangen sind, jeden Abend mehrfach in den Nachrichten dümmliche Meldungen aus dem Kasino zu übertragen, spricht Bände.

Der Schein des „Produkts"

Was wir endlich begreifen müssen: Banken produzieren nichts. Die Volksverdummung hat schon damit begonnen, dass man das, was Banken ihren Kunden anbieten, als „Produkte" bezeichnet. Das klingt so, als seien Banken

---

1 Vgl. Heiner Flassbeck, Glasperlenspiel oder Ökonomie. Der Niedergang der Wirtschaftswissenschaften, in: „Blätter", 9/2004, S. 1071-1079.

ebenso innovativ wie Produktionsunternehmen und würden alle paar Wochen ein „neues Produkt" auf den Markt werfen. Banken machen aber immer das Gleiche: Sie leihen Geld über relativ kurze Fristen und verleihen es über längere Fristen. Dabei ist Geld zu verdienen, weil die Zinsen für lange Fristen meist höher sind als die für die kurzen. Dabei geht man aber auch ein Risiko ein, weil die pünktliche Rückzahlung von Krediten an die Banken über lange Fristen nie so sicher ist wie die kurzfristige Verpflichtung der Banken gegenüber den Einlegern. Insgesamt ist es ein Geschäft – aber sicher kein Bombengeschäft, bei dem man systematisch und auf längere Zeit Renditen von 25 Prozent erzielen kann, wie es wieder offensiv von der größten deutschen Bank propagiert wird.

Wenn ein Anleger in den letzten Jahren zur Bank ging, wurde ihm in der Tat weisgemacht, dass richtiges Arbeiten sinnlos ist. Sein Geld muss man arbeiten lassen und wenn man keines hat, muss man es halt leihen. So hat man den Menschen in den 90er Jahren argentinischen Dollarbonds mit 15 Prozent Zinsen mit dem Hinweis verkauft, das sei vollkommen sicher, weil es ja vom argentinischen Staat garantiert wird. So hat man in Ungarn und in anderen Ländern Osteuropas den Menschen eingeredet, man könne sich ruhig in Schweizer Franken verschulden (weil da der Zins niedriger war), auch wenn man selbst nur ungarische Forint verdient. Und wenn dabei auch der ungarische Forint noch steigt, umso besser, weil das die Hypothek verkleinert. Dass mit dem Steigen der eigenen Währung aber die eigenen Arbeitsplätze obsolet werden, hat niemand gesagt.

Das ist nun zu Ende, und das ist gut so. In großen Teilen der Finanzwelt war jedes Gefühl dafür verloren gegangen, dass das „Spiel" mit dem ersparten Geld von Menschen, die nicht verstehen, was auf den Finanzmärkten geschieht, nicht nur moralisch verwerflich ist, sondern auch wirtschaftlich in eine Krise führen muss, sobald die Wetten in großem Stil nicht aufgehen. Das aber ist immer dann der Fall, wenn irgendwo ein Schock ausgelöst wird, wenn sich die Konjunktur zu überhitzen droht und die Zinsen von den Notenbanken hochgezogen werden – oder wenn einfach offensichtlich wird, dass es nicht nur Gewinner geben kann.

Privatisierte Gewinne, sozialisierte Verluste

Was ist zu tun? Die raschen Interventionen der Zentralbanken waren zwar angebracht, weil sonst weit größere Schäden gedroht hätten. Aber das darf nicht heißen, dass der Staat, nachdem er wieder einmal Banken und andere Spekulanten vor dem Schlimmsten bewahrt hat, zur Tagesordnung übergeht. Damit provoziert er nur die nächste Krise, weil die Spieler im Kasino dann damit rechnen, dass es schon nicht so schlimm kommen wird. Wer, wie die Deutsche Bank, mit 25 Prozent Rendite protzt, dem muss man auch abverlangen, dass er 25 Prozent Verlust hinnimmt, ohne nach dem Staat zu schreien.

Hier liegt das Dilemma der leider notwendigen Rettung: Eigentlich müssen bei den Banken endlich auch Verluste auflaufen. Die Manager und Investoren müssen merken, dass es so nicht weitergeht. Strafe muss sein, wenn auch dosiert.

Andernfalls bekommen wir das eminent große Systemrisiko nicht in den Griff. Heute haben die Banker jedes Gefühl dafür verloren, was ein kalkulierbares Risiko ist und was nicht – mit denkbar extremen Folgen, ohne dass sie je das Risiko trifft. Josef Ackermann etwa forderte noch eine Woche vor dem Zusammenbruch der US-Bank Lehman Brothers, dass hohe Renditen erzielt werden müssen, weil die Erwartungen der Investoren wieder steigen. Ackermann hat bis heute nicht begriffen, dass in einer funktionierenden Marktwirtschaft niemand, aber auch wirklich niemand einen Anspruch auf eine bestimmte Rendite hat. Ein Unternehmen hat sich anzustrengen, und dann wird man am Ende sehen, wie viel Rendite dabei rausspringt. Die unendliche Gier der Investoren schon im Voraus befriedigen zu wollen, stellt das marktwirtschaftliche System auf den Kopf.

Der Schwachsinn mit den „Ansprüchen des Kapitals" hat aber schon viel früher angefangen. Bereits zu Anfang der 80er Jahre sprach der deutsche Sachverständigenrat von Ansprüchen, die man befriedigen müsse, wenn man vernünftige Angebotspolitik macht. Mit dem Ende des Keynesianismus waren alle Dämme gebrochen, alles, was dem Kapital diente und die Arbeiter knechtete war gut. Das beste Beispiel für die Perversionen, die dieses Denken hervorgebracht hat, ist die Tatsache, dass deutsche Großunternehmen jahrelang nicht wussten, wie sie ihre riesigen Gewinne anlegen sollten und sich in vollkommen unrentable Abenteuer stürzten, wie etwa der Chryslerkauf von Daimler oder ähnliche Transaktionen, statt für ihre Arbeiter die Löhne ordentlich zu erhöhen, so dass diese sich ein Auto der eigenen Firma kaufen konnten.

Kontrolliert die Banken und Agenturen

Dennoch konnte der Staat vor der Dramatik der Krise nicht die Augen verschließen, weil ansonsten eine erhebliche Ansteckungsgefahr für gesunde Institute gedroht hätte. Aber grundsätzlich muss der Staat den Banken schon lange vorher auf die Finger klopfen: nämlich dann, wenn sie mit völlig unrealistischen Renditezielen in aller Öffentlichkeit protzen.

Zum anderen muss die Politik beginnen zu verstehen, dass die großen Spiele, die da rund um den Globus gespielt werden, für die reale Wirtschaft vollkommen nutzlos sind. Dass die Hypothek eines amerikanischen Häuslebauers noch 23 Mal auf den internationalen Finanzmärkten in der Form irgendwelcher „Produkte" verscherbelt wurde, war ja sogar schädlich für das amerikanische Häuserbauen. Es schien nur deshalb eine Zeitlang den Markt zu beflügeln, weil man die Häuslebauer im Unklaren über ihre Zinsbelastung gelassen und die Anleger hinsichtlich der zu erzielenden Rendite systematisch getäuscht hat. Spiele am Devisenmarkt wie in Island, Ungarn oder Rumänien sind in aller Regel unmittelbar und in massiver Weise schädlich für die reale Wirtschaft, weil sie die Wechselkurse ebenso systematisch in die falsche Richtung treiben.

Kredit für die wirklich investierenden Unternehmen können auch Banken schaffen, die sich solcher Kasinoaktivitäten vollständig enthalten. Man sollte nicht vergessen, dass es zu Zeiten des deutschen Wirtschaftswunders noch selbstverständlich war, das Zinsgebahren der Banken streng zu kontrollieren. Auch ein Land wie China hat sein noch größeres Wirtschaftswunder bei strenger Kontrolle des Staates über Soll- und Habenzinsen geschafft. Begreifen kompetente Wirtschafts- und Finanzpolitiker nun solche Zusammenhänge wieder, ist es ein Leichtes, die eklatanten regulatorischen Lücken zu schließen.

Auch die Lücken in der internationalen Finanzaufsicht sind offensichtlich. Die besten Vorschriften über die Hinterlegung von Bankaktivitäten mit Eigenkapital, wie sie beispielsweise bei der Bank für Internationalen Zahlungsausgleich formuliert werden, nutzen nichts, wenn die Einschätzung von Risiken allein einer kleinen Gruppe von Ratingagenturen überlassen wird, die wiederum aufgrund von Unfähigkeit oder Unwissen die wildesten Derivatkonstruktionen mit hohen Qualitätsmerkmalen versehen. Auch hier müssen die staatlichen Organe selbst Hand anlegen und dafür sorgen, dass solche Ratings von nicht interessengebundenen Institutionen wie einer Finanzaufsicht kritisch überprüft und nötigenfalls korrigiert werden. Jedes medizinische oder chemische Produkt wird von staatlichen Aufsichtsbehörden genehmigt, nur die gängigen „finanziellen Massenvernichtungswaffen" (Warren Buffet) darf bislang jeder vertreiben, ohne dass der Staat einschreitet.

Es ist ein Skandal, dass die Bankenaufsicht in vielen Ländern einschließlich Deutschlands geduldet hat, dass die Banken hochriskante Geschäfte außerhalb der Bilanzen laufen lassen. Dabei war doch klar, dass die Bank am Ende für Verluste bei diesen Geschäften haftbar gemacht würde.

Da aber die beteiligten Ratingagenturen sich ohnehin auf den rechtlichen Standpunkt zurückziehen, ihre Risiko-Einschätzungen seien eben nur eine Meinung, und sonst nichts, kann man eigentlich getrost auf sie verzichten. Besser überließe man es den Banken selbst, die Einschätzung der Risiken von allen in ihrem Besitz befindlichen Papieren vorzunehmen. Das würde immerhin dazu führen, dass auch Bankvorstände endlich (besser) verstehen, wovon sie reden.

Schließt das Wechselkurs-Spielkasino

Schließlich muss das größte Kasino – dasjenige nämlich, in dem internationale Währungen gehandelt werden – schlicht geschlossen werden. Es geht weniger denn je an, dass der wichtigste Preis einer Volkswirtschaft, der Wechselkurs, den kurzfristigen Gewinninteressen internationaler Spekulanten und Finanzhaie überlassen wird.

Insgesamt gesehen ist es eigentlich ganz einfach: Finanzmärkte braucht man, aber man muss sich darüber im Klaren sein, dass sie massiv reguliert werden müssen. Denn sie erzeugen gefährliche Spielzeuge, indem Leute in ihrer Gier nach kurzfristigem Gewinn auf unverantwortliche Weise mit dem Geld anderer Leute spekulieren in der Hoffnung, dass es genügend Dumme auf der Welt gibt, die nicht merken, wie sie von smarten Bankern über den Tisch gezogen werden.

In Zukunft muss jedes Prahlen mit extremen Renditen von der Finanzaufsicht, den Finanzministerien und den Zentralbanken sofort zum Anlass genommen werden zu prüfen, zu wessen Lasten die übermäßigen Gewinne des betreffenden Finanzinstituts gehen. Auch für die Gehälter von Vorständen und Aufsichtsräten müssen staatlicherseits Grenzen gesetzt werden, weil es ja offensichtlich ist, dass diese Vorstände und Aufsichtsräte systematisch eine Beteiligung des Staates an den Verlusten erwarten. Wäre das nicht so, würden sie viel gründlicher prüfen, woher ihre Gewinne kommen und mit welchen Risiken sie behaftet sind.

Nichts wird – und darf – mehr so sein wie früher

Noch ist das Ende der Finanzkrise bei weitem nicht absehbar. Wir werden es aber erst dann wirklich erreichen, wenn wir zu begreifen beginnen, dass Finanzmärkte ganz anders funktionieren als Gütermärkte. Dann begreifen wir nämlich auch sofort, dass Finanzmärkte niemals sich selbst überlassen werden dürfen. Erforderlich ist eine gewaltige Anstrengung, den gesamten Markt neu aufzustellen und die Regulierung ganz neu zu organisieren. Nichts darf mehr so sein wie vorher. Bestimmte Geschäfte mit sehr komplizierten Finanzmarktprodukten müssen einfach verboten oder mit so hohen Hürden versehen werden, dass sie sich nicht mehr lohnen.

Das jetzt konservative Zentralbanker die Verstaatlichung des gesamten Bankensystems diskutieren, zeigt den ganzen Irrsinn des Systems: Erst nehmen die Banken die Bürgerinnen und Bürger aus, indem sie wahnwitzige Renditen erzwingen und sich unglaubliche Gehälter leisten. Und am Ende ist der Staat gezwungen einzugreifen, damit diese Spielsüchtigen nicht das ganze System zugrunde richten.

Die langfristige Folge der Krise liegt bereits derzeit – Ende 2008 – auf der Hand: der dramatische Einbruch des Wachstums. Es ist kaum vorstellbar, dass die amerikanischen Bürger so weiter konsumieren, wie sie es in den vergangenen zehn Jahren getan haben. Sie werden sich extrem zurückhalten, und auch die Banken werden sich, zu Recht, bei der Vergabe von Krediten stark beschränken.

Auch in Deutschland müssen wir uns deshalb auf eine ganz andere Zeit einstellen. Der Aufschwung war schon vorbei, als es an den Finanzmärkten erstmals so richtig gekracht hat. Schon damals hätten Politik und Europäische Zentralbank (EZB) dagegen halten müssen. Jetzt spricht alles dafür, dass es noch schlimmer kommen wird. Der Dollar wird vermutlich weiter sinken, und die gesamte Weltwirtschaft wird in eine tiefe Rezession abgleiten, wenn sie nicht schon längst darin steckt.

Hier beginnt die besondere Verantwortung Europas. Doch weder die EZB noch die deutschen Finanzpolitiker haben begriffen, was die Stunde geschlagen hat. Sie haben lange nicht zur Kenntnis genommen, dass Europa diesmal nicht mehr auf die USA als Lokomotive der Weltwirtschaft setzen kann, sondern selbst die Nachfrage steigern muss. Viel zu lange weigerte sich die EZB, die Zinsen rasch und nachhaltig zu senken, und die Hoffnung vieler Finanzminister, sie könnten mit einem blauen Auge bei der Staatsverschuldung davonkommen, lässt hier das Schlimmste befürchten. Viel zu lange wurde aufgrund einer Inflationsrate von drei Prozent der Zins hochgehalten, obwohl inzwischen jeder weiß, dass die Inflation bei fallenden Rohstoffpreisen im kommenden Jahr wieder zurückgehen wird. Jetzt zeigt sich nämlich auch: Die Preise an den Rohstoffmärkten waren spekulativ überhöht (wie ich bereits vor fünf Monaten sagte, auch dabei einsamer Rufer in der Wüste). Inzwischen ist es aber deutlich sichtbar.

Nach der Krise wird man das Mandat der Europäischen Zentralbank fundamental in Frage stellen müssen. Sie hat versagt, weil sie sich immer darauf zurückziehen kann, ihr einziges Ziel sei die Inflationsbekämpfung. Das führt zu einer dauernden überoptimistischen Einschätzung der wirtschaftlichen Lage, weil jede Gefahr eines Abschwungs in den Augen der Zentralbanker die „Gefahr" eines Drucks auf die Bank auslöst. Das ist, wie ich schon 1998 in der Krise des damaligen Bundesfinanzministers mit der Bundesbank gesagt habe, zwar das Verhalten von kleinen Kindern, die umso uneinsichtiger werden, je mehr man Druck auf sie ausübt, aber wenn Notenbanker sich wie Kinder verhalten, muss man sie auch wie Kinder behandeln. Das heißt, dass man ihnen das gefährliche Spielzeug einfach wegnimmt.

Doch nur wenn durch energische Expansionsmaßnahmen verhindert wird, dass die reale Wirtschaft in ein tiefes Loch fällt, kann man hoffen, dass die für die Stabilisierung der Banken aufgebrachten Milliarden nicht alle verloren sind. Nur bei einer Erholung der Realwirtschaft werden die jetzt wertlosen Papiere in den Tresoren der Banken wieder an Wert gewinnen.

Dann werden die staatlichen Bürgschaften nicht gebraucht, und der Staat wird – sollten seine Vertreter in der Bundesregierung zumindest in diesem Punkt Mindeststandards eingehalten haben – an dem Gewinn beteiligt sein. Wenn jedoch am Ende dieser Krise all jene Bürgerinnen und Bürger die Zeche zahlen müssen, die an der grassierenden Maßlosigkeit der Banken völlig unbeteiligt waren, wird die Demokratie in Deutschland gewaltigen Schaden nehmen.

Das Ende des heroischen Unternehmers

Von **Robert Misik**

Am 15. September 2008 erlebte die letzte Großideologie des 20. Jahrhunderts ihr Waterloo. An diesem Tag meldete das New Yorker Investmenthaus Lehman Brothers Insolvenz an – und die Regierung von US-Präsident George W. Bush ließ die Bank tatsächlich zusammenkrachen.

Damit eskalierte die globale Finanzkrise und löste eine Abwärtsspirale aus, wie es sie seit dem Crash des Jahres 1929 nicht mehr gegeben hatte. Schockwellen verbreiteten sich binnen weniger Sekunden über die internationalen Finanznetzwerke.

Gleichzeitig war dies der Auftakt zu einer beispiellosen Rettungsaktion: Weil die Kernschmelze des globalen Finanzsystems drohte, wurden von Washington bis London, Paris bis Berlin, Tokio bis Brüssel Hilfspakete geschnürt. In Großbritannien stieg der Staat gewissermaßen als „Aktionär" in die Banken ein, die Notenbanken pumpten hunderte Milliarden frisches Geld in den Markt. Die deutsche Regierung legte einen 480-Mrd.-Euro-Rettungsfonds auf. Auch Österreich hat ein 100-Mrd.-Euro-Hilfspaket geschnürt.

Der Kapitalismus überlebte – weil der Staat ihn gerettet hat. Eine hübsche Pointe, nachdem man uns 30 Jahre lang mit der Irrlehre „Mehr Privat, weniger Staat" bombardiert hatte.[1] Nimmt man die Summen, die im Spiel waren, als Referenzwert, war es wohl die größte Staatsintervention- und Verstaatlichungswelle seit Lenins Oktoberrevolution – meist in heller Panik von jenen durchgeführt, die bis zum Vortag noch die Gralshüter der neoliberalen Marktideologie waren. Wohlgemerkt: Dies wurde notwendig, damit das System überhaupt noch funktioniert. Damit überhaupt noch irgendjemand irgendwem etwas leiht. Damit es weiter so etwas wie einen Kreditmarkt gibt, so dass Firmen überhaupt noch Geld bekommen können, wenn sie investieren wollen.

2 000 000 000 000 US-Dollar, also 2000 Milliarden, das galt – vorsichtig geschätzt – als der zusätzliche Kapitalbedarf amerikanischer und europäischer Banken, damit das Finanzsystem wieder liquide und die bisher sehr dünne Kapitaldecke der Institute etwas stabiler wird. Übrigens: 8 200 000 000 US-Dollar, 8,2 Mrd., – so viel haben die Banker von Lehman Brothers in den zwei Jahren vor dem Kollaps allein an Bonus-Zahlungen kassiert. Wahrscheinlich für ihre genialen Geldanlageideen, die die Bank in den Bankrott gestürzt haben.

---

1   Vgl. hierzu weitergehend: Robert Misik, Politik der Paranoia. Gegen die neuen Konservativen, Berlin 2009.

Mit dem Crash des globalen Finanzsystems brachen nicht nur ein paar Banken zusammen, es verloren nicht bloß sehr viele Leute sehr viel Geld, und die Liquiditätsengpässe der Investitionsmärkte brachten nicht allein die globale Ökonomie in die Gefahrenzone einer lang andauernden Depression. Es brach auch ein Weltbild zusammen und ein mächtiges Leitmodell.

Gewiss, ein marktwirtschaftliches System braucht Banken und institutionelle Investoren. Aber in den vergangenen Jahrzehnten wurde der raffinierte Investor, der wendige Zocker, regelrecht zur Kultfigur. Der Broker, der coole Banker, war die paradigmatische Leitgestalt eines halben Zeitalters. Die Banker haben ja nicht nur kräftig verdient, sie hatten auch eine Rolle, ihnen wurde gesellschaftliche Bedeutung zugeschrieben, wie der Soziologe Sighard Neckel formuliert: „Sie waren die ‚masters of the universe‘.“ Noch mehr als Geld häuften sie Status und symbolische Macht an. Risikogeist wurde mit Individualität verbunden – man galt als etwas Besonderes, wenn man mit hohen Summen zockte. Die Entwicklung immer obskurerer Finanzinstrumente – sogenannter Derivate – galt als Ausweis von Genialität. Gerissenheit wurde zur Tugend erklärt, und der Gerissene war, wenn er zu Reichtum gelangte, nicht nur reich, er galt, „Leistungsträger“ genannt, sogar als moralische Autorität.

Die Leitkultur: Wer kein Geld hat, ist nichts, wer Geld hat, das aber zum Eckzinssatz aufs Sparbuch legt, gilt als hoffnungslos uncool. Wer Eigeninitiative und Selbstverantwortung zeigen will, muss sich Aktien kaufen. Wenn jeder an sich denkt, geht es uns allen besser. „Der Stärkere, der sich in der freien Wildbahn der Konkurrenzgesellschaft durchsetzt, darf sich diesen Erfolg als persönliches Verdienst anrechnen“ und „mental den Rest der Gesellschaft unter sich lassen“, formulierte Jürgen Habermas, der Doyen der deutschen Sozialphilosophie. Eine amoralische Ideologie, die aber ihre eigene Moral hat: Selbstverantwortung galt als moralischer Wert.

Erst in der Krise zeigte sich, dass die lautesten Propagandisten dieser Moral nahezu die einzige Bevölkerungsgruppe im zeitgenössischen Kapitalismus bilden, die keine „Selbstverantwortung“ übernehmen muss. Die größten Gewinner, die Bankmanager und Fondsjongleure, die sich jährliche Bonuszahlungen in der Höhe von 100 Mio. Euro und mehr genehmigen – sie sind die Einzigen, die überhaupt kein Risiko tragen. Sie zocken mit dem Geld ihrer Einleger, und wenn sie es im großen Stil verzockt haben – dann lassen sie sich vom Staat retten. „Unternehmerisches Risiko“ muss heute jeder tragen, der seine Ersparnisse in einem Rentenfonds anlegt, jeder Ladenbetreiber und Firmeninhaber ohnehin. Und wer in einer solchen Firma arbeitet, der trägt im Schadensfall das größte Risiko – er landet, mit wenig mehr als kümmerlichem Arbeitslosengeld, auf der Straße. Nur die Finanzjongleure, die tragen kein „unternehmerisches Risiko“ – wenn sie ihre Institute in den Ruin getrieben haben, werden sie schlimmstenfalls entlassen, womit die vertraglich vereinbarten üppigen Pensionsregelungen fällig werden wie bei den Dödelbankern eines deutschen Investmenthauses, das gebündelte faule US-Immobilienkredite kaufte und dann Vorstandsmitglieder mit 40 000 Euro Monatspension in den Ruhestand schickte. Einen „ironischen Kommentar“ zum Begriff „Risikogesellschaft“ hat das der slowenische Philosoph Slavoj Žižek genannt.

Schumpeter: Der Unternehmer als Held und Weltschöpfer

Gleichzeitig kennt die bürgerliche Welt noch eine andere, weit ältere Heldengestalt: den Unternehmer. Er gilt als der, der Neues entdeckt und Kontinente erobert, der sich über das Mittelmaß erhebt, der das Unmögliche wagt und Risiken eingeht. Gerade in den vergangenen beiden Jahrzehnten, in denen viel von „Innovation" und „ökonomischem Wandel" die Rede ist, in denen aber von konservativer Seite auch mit einer gewissen Herablassung die „Vollkaskomentalität" bemäkelt wird, die sich in den modernen Wohlfahrtsstaaten angeblich breit gemacht habe, wird der Unternehmer zu einer Art „Held der Wirtschaft" stilisiert.

Und so wurde ein Ökonom wieder entdeckt, der lange Zeit fast ausschließlich nur in Expertenkreisen rezipiert worden war: der österreichische Volkswirt Joseph Schumpeter. Schumpeter kam am 8. Februar 1883 im mährischen Triesch als Sohn eines Tuchfabrikanten zur Welt. Es ist eine der ironischen Koinzidenzen der Geschichte, dass in jenem harten Winter Karl Marx in seinem Haus in London saß, mit Kehlkopfentzündung, Bronchitis, Schweißausbrüchen und sich auch noch einen Lungenabzess dazuschlug. Schumpeter wurde geboren, als Karl Marx starb. Hatte Marx die Pfennigfuchserei und das Krämerische des kapitalistischen Gewinnstrebens analysiert, so sollte Schumpeter eine Arie auf den kapitalistischen Unternehmer singen. Hatte Marx den Unternehmer als „Charaktermaske", als Ausdruck seiner Zeit und somit als durchaus uninteressantes Individuum gesehen, das sich einfach der ökonomischen Rationalität seiner Epoche entsprechend verhält, so faszinierte Schumpeter gerade „der Unternehmer".

Dem Kapitalismus mag das „unternehmerische Denken" angemessen sein, dennoch seien nur wenige Menschen zu dieser Unternehmer-Mentalität fähig, meinte Schumpeter. Sein Unternehmer ist ein Held: „Wo andere vor Unbekanntem zurückweichen, macht er sich daran, neue Wege zu beschreiten", fasst Annette Schäfer in ihrer Schumpeter-Biographie die Lehre des Ökonomen zusammen.[2] „Die fehlenden Informationen und Erfahrungen gleicht er durch seine Intuition und den Blick für das Wesentliche aus." Was ihn charakterisiert, ist „sein starker Wille, seine überdurchschnittliche Energie". Eine Reihe von Antrieben, so Schumpeter, zeichnen den Unternehmer aus: Der „Traum und der Wille, ein privates Reich zu gründen", aber auch die Neigung, „wirtschaftliches Handeln als Sport" zu sehen, der Freude am Erfolg des Erfolges wegen. Weiter: Die „Freude am Gestalten und am Tun", die kreative Ader, die Risiko und Veränderung liebt.

Der Unternehmer, so Schumpeter, ist ein „Neuerer". Er schafft, vielleicht nicht ex nihilo, aber er ist ein Weltschöpfer, so wie die Reichsgründer früherer Zeiten. Es geht beim Unternehmer nicht um die neuen Ideen, sondern darum, die neuen Ideen in die Wirklichkeit umzusetzen. „Der Erfinder bringt Ideen hervor; der Unternehmer ‚setzt Taten'." Die ganze Wirtschaftsgeschichte des Kapitalismus, schreibt Schumpeter, „wäre eine andere, wenn neue Ideen

---

2   Annette Schäfer, Die Kraft der schöpferischen Zerstörung, in: Joseph A. Schumpeter. Die Biographie, Frankfurt a. M. 2008, S. 59.

sofort und reibungslos von all jenen Unternehmungen gleichsam selbstverständlich übernommen worden wären, für deren Geschäftserfolg sie von
Bedeutung waren. Dies war aber nicht der Fall. In den meisten Fällen ist es
nur ein einzelner oder sind es nur einige wenige, die die neuen Möglichkeiten
erkennen."[3]

Der Unternehmer gerät für Schumpeter gewissermaßen zur Führerfigur
einer Ära, in der das Heldentum durch den Geschäftssinn ersetzt wurde. Was
den Unternehmer von den zum Unternehmertum weniger Befähigten unterscheidet, ist die „Scheidung zwischen Führern und Geführten", die letztlich „auf Unterschieden der individuellen Befähigungen beruht, wobei das
Gewicht erst in zweiter Linie auf intellektuellen Eigenschaften (Weite des
Gesichtskreises, ‚Aufgewecktheit' usw.), in erster Linie jedoch auf Willens-
eigenschaften liegt. [...] Das Wesen der Führerschaft ist Initiative."[4]

Dieser Menschentypus vollbringt das, was charakteristisch ist am Kapitalismus: die beständige Mutation, die Abfolge ökonomischer und industrieller Revolutionen, die stetige Umwälzung des heute Bewährten, das morgen
schon wieder veraltet wäre. Dieses Wesentliche, schrieb Schumpeter in einer
Wendung, die bald zu einer geflügelten Formel werden sollte, sei der „Prozess
der ‚schöpferischen Zerstörung'".

Das Eigenleben der Theorie

Schumpeter war gewiss ein origineller Kopf, und seine Beobachtungen über
die Mentalität des unternehmerischen Typus sind durchaus hellsichtig und
nicht von der Hand zu weisen. Aber Theorien führen ein eigenes Leben. Sie
emanzipieren sich von ihren Autoren, vor allem dann, wenn sie in den politischen Weltanschauungsstreit einsickern. Und so ist das auch mit Schumpeters
Gedanken über den Unternehmer.

Die neuen Konservativen, von Hans-Olaf Henkel über Meinhard Miegel bis
Hans-Werner Sinn, haben in den letzten Jahrzehnten Schumpeter für sich entdeckt, weil ihnen seine Gedanken nützlich waren. Sie wollen das wohlfahrts-
staatliche System zerstören, dabei ist natürlich eine Theorie sehr willkommen,
die das „Schöpferische" an der Zerstörung nachweist. Wo früher noch die linken Verfassungsfeinde publizistisch gejagt wurden, in der „Frankfurter Allgemeinen Zeitung" etwa, da werden nun schon seit Jahren „die Systemveränderer" gefeiert. „Sie schwenken keine Mao-Bibeln und keine roten Fahnen",
heißt es etwa in einem Kommentar des Blattes vom Main aus dem Jahr 1996.
„Sie halten nichts vom Kommunistischen Manifest, aber viel vom Kapital. [...]
Sie sind die Systemveränderer unserer Tage. [...] Sie verbindet nur eines: die
Entschlossenheit zum Wandel." Was ist die Aufgabe dieser Unternehmer-
Umstürzler? „Gesellschaften von innen heraus zu revolutionieren", ein Werk
von „schöpferischer Zerstörung" zu vollbringen. Etwas schwülstige Prosa,
gewiss, die aber im Klartext heißt: Ein Manager, der 3000 Angestellte ent-

3   Joseph A. Schumpeter, Beiträge zur Sozialökonomik, Wien 1987, S. 186.
4   Ebd., S. 149.

lässt, obwohl sein Unternehmen durchaus positiv bilanziert, ist kein unsozialer Geizhals, sondern ein heldenhafter Unternehmer-Abenteurer. Schließlich ist das unsentimentale Zerstören alter Strukturen die Voraussetzung für das Schöpfertum, dem der Entrepreneur verpflichtet ist. „Das menschliche Wesen, das heute überall am meisten gepriesen wird, ist der junge Unternehmer", formulierte vor einigen Jahren der französische Sozialforscher Alain Touraine mit einer gehörigen Prise Sarkasmus.[5]

Mit dem Heldenepos, das auf den Unternehmer gesungen wird, zieht ein neotragischer Sound in die Diskurse ein. Es mag für den Einzelnen hart sein, unter die Räder der „schöpferischen Zerstörungsmaschine" zu geraten, doch gibt es dazu eben keine Alternative – der Kapitalismus hat etwas Schicksalhaftes. Er bringt Härte ins Leben – und zum Glück für die Tragiker aus der unternehmerfreundlichen Publizistik meist Härte in das Leben der anderen.

Der neue Machismo und der neu-alte Sozialdarwinismus

Mit der Heldenmetapher zieht überdies ein machistischer Ton ein. Thomas Assheuer hat das in der „Zeit" folgendermaßen beschrieben: „Was sich nicht ändern lässt, muss man ‚männlich' bejahen. […] Bisweilen scheint es, als betrachte der Tragiker die Logik des Sachzwangs mit stillem Wohlgefallen und grimmigem Einverständnis. In seinen Augen ist der brutale Veränderungsdruck nämlich sehr zu begrüßen. Er bringt den existenziellen Ernst ins Leben zurück. Er macht Schluss mit der Spaßgesellschaft, Schluss mit Hedonismus und postmoderner Oberflächlichkeit. Kurzum, der Tragiker feiert den ökonomischen Ernstfall, weil er […] den Schaumteppich zerstört, den der Sozialstaat über die ‚natürliche Härte' des Daseins gelegt hat. […] Der Tragiker verherrlicht die Macht als die einzige Wahrheit, die im Leben wirklich zählt. Was das angeht, ist er unbelehrbar und steht bereits mit einem Bein im Sumpf des Sozialdarwinismus."[6] So wird auch die Ökonomie zum Schlachtfeld, auf dem die Stahlgewitter toben.

Was Schumpeters Unternehmer-Typologie so anziehend für die neuen Konservativen macht, ist der Umstand, dass sie sich bestens in ihr Menschen- und Gesellschaftsbild fügt, dessen Prinzipien lauten: Die Erfolgreichen sind erfolgreich, weil es sich bei ihnen um starke Charaktere handelt. Die Schwachen sind schwach, weil ihnen die Eigenschaften fehlen, die den Siegertypen zum Siegertypen machen. Rutschen sie ins Elend, gehen sie vollends unter. Doch auch das hat sein Gutes, weil die Härte eben dazugehört zum Werden und Vergehen der „schöpferischen Zerstörung". Starke Figuren brauchen so etwas wie „Gesellschaft" nicht. Der Unternehmer ist ein *Selfmademan*, er ist höchstens in einem weiten Sinne mit anderen verbunden, und zwar im Sinne jener Verbundenheit, die nur in der Konkurrenz besteht. Jeder ist sein eigener, einsamer Entrepreneur-Abenteurer in einer riskanten Welt.

---

5   Zit. nach Donald Sassoon, One Hundred Years of Socialism. The West European Left in the Twentieth Century, London 1997, S. 560.
6   Thomas Assheuer, In den Stahlgewittern des Kapitalismus, in: „Die Zeit", 11/2005.

Sozialstaatliche Regularien sind aus dieser Perspektive Fesseln, die den Helden gängeln, oder federweiche Polster, die die notwendige Härte aus dem Leben vertreiben und die Menschen zu verzärtelten Wohlfahrtsbürgern machen.

Gegenspieler Keynes: Kritik des Eigennutzes

Das Paradoxe an diesem Loblied auf den Praktiker, Tatmenschen und Willenstypen ist der Umstand, dass Schumpeter selbst genau das nicht war: Er nahm nicht als Tatmensch, sondern als Denker praktischen Einfluss auf den Lauf der Welt. Das ist ja das Geheimnis der erfolgreichen Theorien: Wenn sie zu Weltbildern werden, wenn sie in den Alltagsverstand hinabsinken, dann sind sie nicht nur in dem Sinne einflussreich, dass sie Einfluss auf die geisteswissenschaftliche Debatte haben, sondern sie bestimmen das Handeln von Menschen, auch von Leuten, die sich selbst als Praktiker sehen und gar nicht merken, wie sehr sie unter dem Einfluss von Ideen stehen, die andere Menschen hatten.

„Die Ideen von Ökonomen und politischen Philosophen, sowohl wenn sie recht haben als wenn sie falsch liegen, sind mächtiger als wir allgemein annehmen. Tatsächlich wird die Welt von kaum etwas anderem regiert. Praktische Männer, die glauben, sie seien unberührt von irgendwelchen intellektuellen Einflüssen, sind üblicherweise die Sklaven von einem verstorbenen Ökonomen."[7] So schrieb ein anderer großer Volkswirtschaftler, der britische Nationalökonom John Maynard Keynes, dessen Lehre exakt den gegensätzlichen Fluchtpunkt von Schumpeters hat.

Schumpeters Lehre vom Unternehmer legte allen Ton auf den solitären Helden, der kein Risiko scheute und dessen Abenteuerlust sich auf mirakulöse Weise zum Nutzen aller verwandelte, für Keynes dagegen steht unser Glück auf wankendem Boden, wenn es auf dem Unglück anderer basiert. Deshalb wurde die keynesianische Ökonomie zum wesentlichen Orientierungspunkt progressiver Sozialreformer.

Keynes ist allerdings genauso wenig ein linker Ideologe, wie Schumpeter ein verbohrter Konservativer war. Er sah im Kapitalismus eine ökonomische Ordnung, die sozialen Fortschritt, Wachstum des Wohlstandes und wirtschaftliche Dynamik ermöglicht und neben unbestreitbaren Vorteilen auch einige schlagende Mängel hat, etwa die Unfähigkeit, für Vollbeschäftigung zu sorgen, die ungerechte Verteilung von Einkommen und Vermögen sowie, nicht zuletzt, die chronische Instabilität. Freie Märkte schaffen nicht nur Werte, sie tendieren immer auch zu einer unnötigen Zerstörung von Reichtümern und Talenten. Der Kapitalismus führt, lässt man ihn unreguliert, zu Krisen und damit zu Elend inmitten allen Reichtums.

Für Keynes ist der Unternehmer kein einsamer Held. Die kapitalistische Wirtschaft, so zeigte er, besteht aus Wirtschaftssubjekten: aus Unternehmern,

---

7   John Maynard Keynes, The General Theory of Employment, Interest and Money, Cambridge 1973, S. 383.

Arbeitnehmern, Produzenten, Konsumenten, Investoren, Sparern usw. Keiner von ihnen agiert allein, alle sind miteinander verbunden. Arbeitnehmer sind Lohnempfänger und Konsumenten. Sie können Sparer sein, aber auch Investoren. Auf den Finanzmärkten werden meine Spareinlagen zu Investitionen. Was ich konsumiere, ist auf Seiten des Unternehmers der Absatz. Was ich spare, kann ich nicht konsumieren. Selbst wenn ich auf kapitalistischen Märkten rational agiere, kann ich nicht alle Umstände im Auge haben und nicht alle möglichen Folgen und Nebenfolgen meines Tuns voraussagen. Das betrifft den „kleinen Mann", aber auch den Unternehmer von Weltrang.

Es sei einfach nicht wahr, dass das Streben der Einzelnen nach mehr und mehr Eigennutz notwendigerweise zu allgemeinem Wohlstand führe, meinte Keynes: „Dass der aufgeklärte Eigennutz immer im öffentlichen Interesse handle, ist aus den Grundsätzen der Volkswirtschaft nicht korrekt abzuleiten."[8] Er hielt es für kurios und rätselhaft, dass die Doktrin der freien Märkte lange Zeit so erfolgreich war. „Dass sich mit ihr eine Menge sozialer Ungerechtigkeiten und eindeutiger Grausamkeit als unvermeidliche Begleiterscheinung im Rahmen des Fortschritts erklären und der Versuch, diese Dinge zu ändern, als wahrscheinlich mehr Schaden als Gutes stiftend hinstellen ließ, trug ihr das Wohlwollen der staatlichen Autorität ein. Dass sie Rechtfertigungsgründe für die freie Betätigung des einzelnen Kapitalisten lieferte, brachte ihr die Unterstützung der hinter der Autorität stehenden herrschenden Kräfte ein."[9] Wenn Wirtschaftssubjekte auf freien Märkten Risiken eingehen, hat das eben nicht nur positive Effekte, so Keynes: „Viele der schlimmsten wirtschaftlichen Übel unserer Zeit sind die Früchte des Risikos, der Unsicherheit und der Unwissenheit."

Am Beispiel des amerikanischen Immobilienbooms lässt sich diese Diagnose exakt belegen: Jeder wusste, dass der US-Häusermarkt hoffnungslos überbewertet war und viele Hausbesitzer ihre Kredite nicht mehr bedienen können, wenn der Markt, wie das so schön heißt, einmal „bereinigt" wäre und die Häuser realistisch bewertet würden. Dennoch versuchte jeder daran zu verdienen, solange die Blase nicht geplatzt war. Die Banken schoben ihre faulen Kredite anderen Banken zu oder wälzten sie auf Versicherer ab, die Versicherer wiederum drehten ihr Risiko anderen Investoren an, so dass sich der Virus über die ganze Welt ausbreitete. All das war irrational und rational zugleich. Mit den bekannten, ganz praktischen Auswirkungen. Dass der „Eigennutz" des Einzelnen nützliche Auswirkungen zeitigt, werden im Lichte der jüngsten Erfahrungen wohl nur mehr Phantasten behaupten.

Betrachten wir also noch einmal Schumpeters Helden, die Unternehmer. Auch sie sind in ihrem Agieren, etwa in ihren Investitionsentscheidungen, nie wirklich frei – sie agieren in einem Umfeld. Die Aussichten, ob sich ihre Investitionen lohnen werden, bestimmen ebenso ihr Handeln wie die Infrastruktur, die sie bereits vorfinden. Kein Unternehmer ist deshalb in einem eminenten Sinn ein „Selfmademan" – selbst das größte Glückskind nicht. Um das an einem modernen Exempel zu illustrieren: Bill Gates hat mit Compu-

8   Ders., The End of Laissez-faire, in: Essays in Persuasion, New York und London 1963, S. 312.
9   Ders., The General Theory, a.a.O., S. 32 f.

tern, Betriebssystemen und der avancierten Internet-Technologie viel Geld verdient. Aber er hat das Internet nicht erfunden – das globale Web gäbe es nicht, hätte der amerikanische Staat nicht die Infrastruktur dafür entwickelt; das öffentliche Bildungssystem hat für eine breite Schicht gut ausgebildeter Arbeitskräfte gesorgt; und Bill Gates könnte seine Produkte nicht verkaufen – oder zumindest nicht massenhaft verkaufen –, wenn es nicht genügend Menschen gäbe, die genügend Geld haben, sie zu erwerben.

Wirklichkeit versus Konstruktion

Der entscheidende Unterschied zwischen Keynesianern und konservativen Ökonomen besteht laut Jörg Bibow und Laszlo Goerke somit darin, „dass Keynesianer die beobachteten Tatbestände unvollkommener Märkte und daraus resultierenden Marktversagens in der realen Welt zum Ausgangspunkt ihrer theoretischen Analyse machen, statt modelltheoretisch postulierte, ideelle Konstrukte einer vollkommenen Welt mit vollkommenen Märkten, in der es grundsätzlich nur zu Problemen kommen kann, wenn irrationale Agenten, wie zum Beispiel Regierungen, diesen postulierten Idealzustand stören, zur Erklärung der ökonomischen Geschehnisse auf diesem Planeten zu bemühen".[10] Berühmt wurde Keynes' Diktum, wonach es besser sei, ungefähr recht zu haben, als genau falsch zu liegen.

Doch bei aller Vagheit zeigt Keynes „realistische" Ökonomie im Unterschied zu den „Idealmodellen" der freien Marktwirtschaft, die von den neuen Konservativen favorisiert werden, eines nachdrücklich: Wenn der Staat oder gesellschaftliche Akteure, beispielsweise Gewerkschaften, die Lebenssituation der schwächsten Mitglieder einer Gesellschaft zu verbessern versuchen, hat das auch ökonomisch produktive Auswirkungen. Pointiert gesagt: Sogar der Kapitalismus profitiert von mehr Gerechtigkeit.

Die praktischen Vorschläge, die die neuen Konservativen in den vergangenen Jahrzehnten ohne Unterlass propagierten, gehen dagegen in eine andere Richtung: Wenn die Wirtschaft stockt, fordern sie Lohnzurückhaltung; wenn die Arbeitslosigkeit wächst, schlagen sie den Abbau sozialer Sicherungsmaßnahmen vor; wenn das Wachstum schwächelt, suchen sie das Heil in mehr Sparsamkeit, in Budgetdisziplin und Kürzung staatlicher Ausgaben. All dies trägt nicht nur dazu bei, dass die Gesellschaften ungerechter werden, es ist auch ökonomisch vollkommen kontraproduktiv: Haben weniger Menschen Arbeit, heißt das ohnehin, dass die gesellschaftliche Nachfrage zurückgeht, spart dann auch noch der Staat, bricht die Nachfrage vollends weg; hat der Staat Steuerausfälle wegen einer wachsenden Zahl von Menschen ohne Job zu beklagen, führen weniger Investitionen zu noch höherer Arbeitslosigkeit und noch mehr Steuerausfällen. Die konservativen Vorschläge sind also ein *Lose-Lose*-Rezept".

10 Jörg Bibow und Laszlo Goerke, Ökonomische Theorie und Wirtschaftspolitik im Lichte der General Theory von John Maynard Keynes, in: dies. (Hg.), Maynard Keynes. Ein Moderner Klassiker? (=„Homo Oeconomicus", Bd. 13.3), München 1996, S. 307.

Einzelne Personen können sich „reich sparen", eine Gesellschaft als Ganzes kann sich nur „reich investieren". Spart der Staat, setzt er einen Domino-effekt des Reichtumsverlustes in Gang: „Wann immer jemand seine Ausgaben verringert", erklärte Keynes auf seine bemerkenswert volksbildnerische Art, „sei es als Einzelperson oder als Stadtrat oder als Regierungsbehörde, so wird am nächsten Morgen jemand feststellen, dass sein Einkommen entsprechend gekürzt worden ist, und das ist noch nicht das Ende vom Lied. Denn wer eines Morgens feststellt, dass sein Einkommen sich verringert hat oder dass ihn genau diese Einsparung um seinen Arbeitsplatz gebracht hat, sieht sich seinerseits gezwungen, seine Ausgaben zu drosseln. [...] Hat der Verfall einmal eingesetzt, ist er nur sehr schwer zu stoppen."[11]

All das heißt natürlich nicht, dass die unternehmerische Initiative leichtfertig abgetan werden soll. Unternehmer sind zwar nicht unbedingt Helden, aber ohne ihr Engagement wäre unsere Welt wohl weniger reich und entschieden farbloser. Das Gewinnstreben allein führt jedoch nur zum Recht des Stärkeren – den Preis dafür hat die Mehrheit der Menschen zu zahlen, profitieren wird davon nur ein kleiner Kreis der Reichsten. Und dieser Preis besteht nicht nur in Ungerechtigkeit, sondern auch in Instabilitäten und reduziertem Wachstum – genau diesen Preis haben wir alle zu entrichten, seit die neuen Konservativen wesentlichen Einfluss auf die Gestaltung der Wirtschaftspolitik nehmen. „Wir müssen das", sagte Keynes einmal, „wenn möglich, so beheben, dass wir dabei nicht die konstruktive Energie des einzelnen Kopfes behindern, nicht die Freiheit und Unabhängigkeit des Einzelnen beeinträchtigen."[12]

Aus Opfern werden Schuldige

Eigentlich ist das für jeden gut nachvollziehbar. Aber nicht für die konservative Phantasie-Ideologie, die sich ihre eigene Welt schafft. Wie obskur und gleichzeitig menschenverachtend diese ist, führte unlängst der Redakteur des deutschen „manager magazins", Christian Rickens, in seinem Buch „Die neuen Spießer" aus. Als Mitte der 70er Jahre der lange Nachkriegsaufschwung zu Ende ging und es erstmals wieder einige hunderttausend, dann bald über eine Million Arbeitslose gab, wurden die Erwerbslosen als Opfer angesehen, als Menschen, die „um ihre Arbeit gebracht worden seien", die ein schweres Schicksal zu tragen hätten, die unsere Solidarität verdient hätten.

Und heute? Heute, bei gut drei Millionen Arbeitslosen mehr, hat sich der Blick auf die Erwerbslosen deutlich gewandelt. Die Neokonservativen haben den verächtlichen Blick auf den „Sozialhilfeadel" durchgesetzt, auf die „neue Unterschicht", die es sich in der „Wärmestube" des Sozialstaats bequem macht – auf „unsere" Kosten. Rickens: „Vom Opfer zum Schuldigen in gut 20 Jahren. Was für eine paradoxe Karriere des deutschen Arbeitslosen! War es bei einer Million Arbeitslosen nicht viel wahrscheinlicher, dass die weni-

---

11 John Maynard Keynes, On Air. Der Weltökonom am Mikrofon der BBC. Hamburg 2008, S. 80.
12 Ebd., S. 100.

gen Betroffenen eine gewisse Mitschuld an ihrem Schicksal trifft als bei vier Millionen?"[13]

Der Neokonservativismus präsentiert Arme als Täter. Wer von staatlicher Wohlfahrt abhängig ist, wird als faul und moralisch verkommen dargestellt, als Falott, der „uns" auf der Tasche liegt. Kein Wunder, dass sich die bürokratischen Organisationen der „Armenverwaltung" – Arbeits- und Sozialämter – immer mehr zu Ämtern entwickelt haben, die, nach einem Wort des französischen Sozialforschers Loïc Wacquant, die Bedürftigen „wie Kriminelle behandeln". Wer Sozialhilfe bezieht, unterliegt einem ausgeklügelten Kontrollregime, wird mit Sanktionen für jede Form nichtkonformen Verhaltens bedroht, ist intensiven Überwachungsprogrammen unterworfen, die an „Bewährungsstrafen für Verurteilte oder auf Bewährung Entlassene" (Wacquant) erinnern. Wer Bezieher von Wohlfahrtsleistungen ist, erlebt den Staat als Obrigkeitsstaat, der ihn anhält, jede Arbeit anzunehmen.

Neokonservative Doppelstrategie: unsichtbare Hand, eiserne Faust

Wenn es um die Armen und die ganz unten geht, ist vom schlanken, liberalen, zurückgenommenen Staat plötzlich keine Rede mehr. Eher fährt der Neokonservativismus eine Doppelstrategie: unsichtbare Hand, eiserne Faust. Deswegen sind die neuen Konservativen auch so besessen von der „Kriminalitätsbekämpfung". „Volle Härte", plakatierte Österreichs konservative Volkspartei im vergangenen Wahlkampf. Frankreichs Präsident Nicolas Sarkozy schaffte seinen kometenhaften Aufstieg, weil er sich als „Law-and-Order"-Politiker positionierte. Aus den USA kommen seit Jahren Politikrezepte mit schneidigem Namen: „Null Toleranz" oder „Three Strikes And You Are Out". „Null Toleranz" forderte auch Hessens Ministerpräsident Roland Koch. Kriminalitätsbekämpfung, brutalstmöglich.

Dabei sind Gewaltverbrechen seit Jahren rückläufig– entgegen dem subjektiven Eindruck der Bürgerinnen und Bürger, die durch den Sensationalismus verblendet sind, der von Revolverblättern und Sicherheitsbehörden seit Jahren geschürt wird. Die Botschaft lautet: Die da unten können sich nicht mehr benehmen. Bilden Banden, knacken Autos, schlagen Fensterscheiben ein.

Zugegeben: All das geschieht. Aber all das hat es immer schon gegeben. Doch es gab auch eine Zeit, in der man versuchte, die zerstörerischen und selbstzerstörerischen Energien der Unterschichten zu zähmen, indem man den Habenichtsen eine Zukunft gab. Die Neokonservativen, die den ökonomischen und sozialen Minimalstaat prägen, wollen davon nichts mehr wissen. Deswegen favorisieren sie den strafenden Staat, der nicht den Kampf gegen die Armut führt – sondern gegen die Armen.

---

13 Christian Rickens, Die neuen Spießer. Von der fatalen Sehnsucht nach einer überholten Gesellschaft, Berlin 2006, S. 83.

Der Finanzstaatsstreich:
Ihre Krise, unsere Haftung

Von **David Harvey**

Signalisiert die gegenwärtige Krise tatsächlich das Ende des Neoliberalismus? Die Antwort auf diese Frage hängt davon ab, was man unter Neoliberalismus versteht.

Für mich handelt es sich um ein Klassenprojekt, das heute eingekleidet in viel Rhetorik über Individualismus, Freiheit, Verantwortung der Einzelnen, Privatisierung und freie Märkte daherkommt. Diese Rhetorik hat als Mittel der Restauration und Konsolidierung von Klassenmacht gedient; in diesem Sinne war das neoliberale Projekt ein Riesenerfolg.

Eines seiner Grundprinzipien wurde in den 70er Jahren konzipiert. Es besagt, dass die Staatsmacht Finanzinstitutionen um jeden Preis schützen muss. Dieses Prinzip wurde während der Haushaltskrise von New York City Mitte der 70er Jahre entwickelt und international erstmals 1982 angewandt, als Mexiko bankrottzugehen drohte. Das hätte die New Yorker Investmentbanken ruiniert, weshalb das US-Finanzministerium und der Internationale Währungsfonds (IWF) sich zusammentaten und Mexiko finanziell aus der Patsche halfen. Doch im gleichen Zuge verordneten sie der Bevölkerung Mexikos einen Kurs eisernen Sparens. Sie schützten, anders gesagt, die Banken und schädigten die Menschen – eine Praxis, die seither IWF-Standard ist. Bei der gegenwärtigen Rettungsaktion für das Finanzsystem handelt es sich um die gleiche alte Geschichte, neu aufgelegt, nur in viel größerem Maßstab.

Denn was ist in den Vereinigten Staaten passiert? Acht Männer haben ein Dokument von drei Seiten vorgelegt und wie mit vorgehaltener Pistole gesagt: „700 Milliarden Dollar her, oder ...!“ Für mich war das so etwas wie ein Finanzstaatsstreich, gerichtet gegen die Regierung und die Bevölkerung der USA. Und das bedeutet: Am Ende dieser Krise wird keine Krise der Kapitalistenklasse stehen; diese Klasse wird vielmehr weit stärker aus der gegenwärtigen Krise herauskommen als aus früheren. Am Ende wird es in den Vereinigten Staaten vier oder fünf Großbanken geben und sonst gar nichts. An der Wall Street brummen viele schon jetzt. Lazard beispielsweise verdient, weil man sich dort auf Fusionen und Aufkäufe spezialisiert, gigantische Summen. Einige Akteure werden verbrennen, aber insgesamt gesehen kommt es zu einer massiven Konsolidierung finanzieller Macht. Es gibt eine großartige Formulierung von Andrew Mellon (US-Banker und von 1921 bis 1932 Finanzminister): In einer Krise, sagte er, kehren die Vermögenswerte zu ihren rechtmäßigen

Eigentümern zurück. Eine Finanzkrise ist ein Mittel zur Rationalisierung dessen, was irrational ist – wie etwa der gewaltige Crash in Asien 1997/98, der zu einem neuen Modell kapitalistischer Entwicklung führte. Störungen führen zu einer Neuaufstellung, einer neuen Form der Klassenmacht. Doch das kann, politisch gesehen, auch schiefgehen. Die Bankenrettung war im US-Senat hart umkämpft. Es kann also sein, dass die politische Klasse nicht ohne weiteres mitzieht – es kann zu Blockaden kommen. Nicht so in diesem Fall: Schlussendlich hat man doch klein beigegeben.

Ebendies kann jedoch zu einer Vertiefung der politischen Auseinandersetzungen führen: Steht doch unverkennbar die Frage im Raum, warum wir ausgerechnet jene Leute ermächtigen, die uns den ganzen Schlammassel beschert haben. Viele fragen sich, ob Obama die richtigen Wirtschaftsberater hat – mit einem Larry Summers beispielsweise, der gegen Ende der Clinton-Administration Finanzminister war, also just zu dem Zeitpunkt, als eine Menge Dinge wirklich danebenzugehen begannen. Aus welchem Grunde holt man jetzt so viele dieser Figuren, die pro Wall Street und pro Finanzkapital sind und damals genau das taten, was das Finanzkapital wollte? Womit ich durchaus nicht behaupten will, das diese Leute jetzt nicht daran gehen werden, die Finanzarchitektur neu zu entwerfen, denn ihnen dürfte schon klar sein, dass sie umgebaut werden muss. Es fragt sich nur, für wen da umgebaut wird. In der Bevölkerung sind viele enttäuscht über Obamas Wirtschaftsteam, selbst in den Mainstream-Medien.[1]

Das Verhältnis zwischen Staat und Finanzwelt muss in der Tat neu geordnet werden. Dabei glaube ich nicht, dass alle bestehenden Einrichtungen wie die Bank für Internationalen Zahlungsausgleich (BIZ) oder selbst der IWF einfach abgeschafft werden sollten. Ich denke, wir werden sie noch brauchen, aber sie müssen revolutionär verändert werden. Die große Frage ist, wer sie künftig kontrolliert und wie ihre Struktur aussehen soll. Wir werden Leute brauchen, Experten, die etwas davon verstehen, wie diese Institutionen arbeiten und arbeiten *können*. Gleichzeitig liegt genau darin eine große Gefahr. Denn bei der Suche, wer helfen könnte zu verstehen, was an der Wall Street los ist, denkt man staatlicherseits, wie wir gerade erleben, das könnten nur die Wall-Street-Leute selber sein.

Die Arbeitskraftfrage als wichtigstes Hindernis fortgesetzter Kapitalakkumulation

Ob wir auch anders aus dieser Krise herauskommen können, hängt ganz wesentlich vom Kräfteverhältnis zwischen den Klassen ab. Es hängt davon ab, ob und wie entschieden die Bevölkerung insgesamt sagt: „Genug ist genug, ändern wir dieses System!" Lässt man aus heutiger Sicht Revue passieren, was die letzten 50 Jahre den abhängig Beschäftigten beschert haben, so muss man feststellen: Für sie hat dieses System unterm Strich so gut wie nichts gebracht.

---

1   Vgl. hierzu auch Harold Meyerson, Die Beerdigung der Reagan-Ära. Die ersten 100 Tage Barack Obamas im Weißen Haus, in: „Blätter", 5/2009, S. 47-52. – D. Red.

Aber sie sind nicht aufgestanden, sie revoltieren nicht. In den Vereinigten Staaten hat sich die Situation der arbeitenden Klassen im Lauf der letzten sieben oder acht Jahre insgesamt verschlechtert, aber es ist zu keiner Massenbewegung gegen diese Verschlechterung gekommen. Es kann durchaus sein, dass der Finanzkapitalismus auch die gegenwärtige Krise überlebt, aber das hängt ganz und gar davon ab, ob und in welchem Ausmaß die Bevölkerung gegen das, was da vorgeht, revoltiert. Und ob es zu einem wirklich nachdrücklichen Versuch kommt, grundsätzlich zu überdenken, wie die Wirtschaft funktioniert und funktionieren *sollte*.

In den 60er und frühen 70er Jahren bestand eines der größten Hindernisse fortgesetzter Kapitalakkumulation in der Arbeiterfrage. Es gab sowohl in Europa als auch in den Vereinigten Staaten einen Mangel an Arbeitskräften, und die Arbeitnehmerseite war damals gut organisiert und politisch einflussreich. Im Interesse einer weiteren Akkumulation des Kapitals musste seinerzeit also die Frage beantwortet werden: Wie kann das Kapital an billigere und willigere Arbeitskräfte kommen? Es fanden sich mehrere Antworten.

Eine dieser Antworten bestand darin, die Einwanderung zu erleichtern. In den Vereinigten Staaten kam es 1965 zu einer grundlegenden Revision der Immigrationsgesetze, die den USA im Ergebnis Zugang zum weltweiten Bevölkerungsüberschuss verschaffte (vorher hatte man nur Weißen und speziell Europäern die Einwanderung gestattet). Ende der 60er Jahre subventionierte die französische Regierung den Import maghrebinischer Arbeitskräfte, die Deutschen holten die Türken ins Land, die Schweden die Jugoslawen und die Briten schöpften aus dem Potential des eigenen Empire. Allenthalben bildete sich also eine einwanderungsfreundliche Politik heraus – als Teil der Bemühungen, mit dem Arbeiterproblem fertig zu werden.

Zweitens setzte man auf den beschleunigten technischen Wandel, der Arbeitskräfte auf die Straße setzt. Drittens fanden sich Leute wie Reagan und Thatcher oder Pinochet, die die Organisationsmacht der Arbeiterbewegung zerschlugen oder aushöhlten. Und schließlich ging das Kapital *offshore*, wanderte also dorthin ab, wo es Arbeitskräfte im Überfluss gab. Wesentlich erleichtert wurde dies durch die technische Reorganisation der Transportsysteme: Eine der größten Umwälzungen dieser Periode bestand in der Einführung der Frachtcontainer, die es ermöglichte, Autoteile etwa in Brasilien herzustellen und sehr billig nach Detroit oder sonst wohin zu verschiffen. Zugleich entstanden neue Kommunikationssysteme, die die Einrichtung straff organisierter Warenproduktionsketten ermöglichten.

Die Arbeiter in der Verschuldungsspirale

Dies alles löste das Arbeiterproblem des Kapitals. Etwa 1985 war es so weit: Das Kapital hatte kein Problem mit dem Faktor Arbeit mehr. Es mag in einigen Gebieten spezifische Schwierigkeiten geben, aber global gesehen steht ihm ein gewaltiges Arbeitskräftepotential zur Verfügung. Durch den plötzlichen Zusammenbruch der Sowjetunion und die Transformation großer Teile Chinas wuchs das Weltproletariat binnen 20 Jahren um etwa zwei Milliarden Menschen an.

Der Faktor Arbeit ist heute also problemlos verfügbar, mit dem Ergebnis, dass die Arbeiterseite im Verlauf der letzten 30 Jahre weitgehend entmachtet wurde. Doch wenn die Arbeiterseite schwach ist, erhält sie niedrige Löhne. Und wer sich auf einkommenspolitische Repression verlegt, schränkt Absatzmöglichkeiten ein. Also bekam das Kapital zunehmend Probleme mit seinen Märkten. Daraufhin geschah zweierlei. Erstens wurde die wachsende Kluft zwischen dem, was Arbeiter verdienten, und dem, was sie ausgaben, durch den Aufstieg des Kreditkartengeschäfts und die zunehmende Verschuldung der Privathaushalte überdeckt. In den USA hatte ein Durchschnittshaushalt 1980 ungefähr 40 000 Dollar Schulden; jetzt sind es 130 000 Dollar pro Haushalt, Hypotheken eingerechnet. Die Verschuldung der Haushalte explodierte also, und das führt uns zum Stichwort *financialisation*. Das handelt davon, wie man die Finanzinstitute veranlasst, die private Verschuldung von Angehörigen der Arbeiterklasse, deren Einkommen nicht steigt, zu fördern. Anfangs konzentriert man sich auf den respektablen Teil dieser Klientel, aber dann, etwa ab dem Jahr 2000, kommen diese *Subprime*-Hypotheken in Umlauf. Ein neuer Markt soll geschaffen werden. Also beginnt der Finanzsektor die Verschuldung von Leuten zu fördern, die über so gut wie kein Einkommen verfügen. Doch wäre das nicht geschehen, was wäre dann aus den Bauträgern geworden, aus den Anbietern, die die Häuser bauten? Also versuchte man den Markt zu stabilisieren, indem man diese Art der Verschuldung finanzierte.

Der Druck auf die Löhne bewirkte zweitens, dass die Reichen seit den 80er Jahren noch sehr viel reicher wurden. Man erzählt uns, dass sie deshalb in neue Wirtschaftsaktivitäten investieren würden, aber genau das tun sie nicht. Die meisten von ihnen verlegen sich darauf, in Vermögensanlagen zu investieren, werfen also Geld auf den Aktienmarkt. Die Aktienkurse steigen, folglich denken die Anleger, das Geschäft lohnt sich, und investieren immer mehr Geld in Aktien. So entstehen diese Blasen auf den Aktienmärkten. Die Preise der Anlagewerte werden hochgetrieben, die Aktienkurse ebenso wie die Preise für Immobilien sowie im Freizeit- und Erholungssektor. Es kommt zur *financialisation*, das heißt die Entwicklung konzentriert sich auf Investitionen im Finanzsektor. Doch wenn man die Preise der Vermögensanlagen hochtreibt, greift dies auf die Gesamtwirtschaft über. Um nur ein Beispiel zu nennen: In Manhattan zu leben, wurde so gut wie unmöglich, wenn man sich nicht unglaublich verschuldete. Jedermann geriet in den Sog dieser Inflation der Vermögenswerte. Und am Ende stehen wir vor einem Scherbenhaufen: Die Preise der Vermögensanlagen sind kollabiert, der Häuser- und Wohnungsmarkt ist kaputt, der Aktienmarkt ebenso.

Das Problem der Surplus-Anlage

Das Missverhältnis zwischen Vorstellung und Wirklichkeit ist kein neues Problem. Wer Schulden macht, hat es mit Annahmen über den zukünftigen Wert von Gütern und Dienstleistungen zu tun. Angenommen wird, die Wirtschaft werde die kommenden 20 oder 30 Jahre hindurch immer weiter wachsen. Stets steckt eine Erwartungshaltung darin, eine dann im Zinssatz fixierte, in die Zukunft hinein diskontierte Abschätzung. Dass der Finanzsektor seit den 70er Jahren so ausgeweitet wurde, hat eine Menge mit einem anderen Schlüsselproblem zu tun – dem Mehrwert- oder Surplus-Absorptionsproblem des Kapitalismus, wie ich es nennen möchte.

Wie die Mehrwerttheorie lehrt, erwirtschaften die Kapitalisten ein Surplus, einen Mehrwert, den sie zu einem Teil entnehmen, rekapitalisieren und reinvestieren müssen, um weiter zu expandieren. Und das bedeutet, dass sie immer neue Expansionsfelder finden müssen. In einem „Das Recht auf die Stadt" betitelten Aufsatz habe ich unlängst dargelegt, dass in den letzten 30 Jahren ein enormer Teil der Kapitalüberschüsse in die Urbanisierung floss und auf diese Weise absorbiert wurde: durch Umbau der Städte, Expansion und Spekulation.[2] Jede Stadt, in die ich komme, ist ein gewaltiger Bauplatz zur Absorption des Kapital-Surplus. Aber diese Methode der Mehrwert-Absorption wirft, längerfristig betrachtet, zunehmend Probleme auf. Im Jahre 1750 betrug der Gesamtwert der Weltproduktion und -dienstleistungen ungefähr 135 Mrd. US-Dollar (in konstanten Preisen gerechnet). Bis 1950 steigt er auf vier Billionen Dollar, bis 2000 auf 40 Billionen und heute liegt er bei etwa 50 Billionen Dollar. Und wenn Gordon Brown sich nicht irrt, wird dieser Wert sich im Laufe der nächsten zwei Jahrzehnte verdoppeln, auf 100 Billionen Dollar.

Die ganze Geschichte des Kapitalismus hindurch lag die allgemeine Wachstumsrate im Schnitt bei rund 2,25 Prozent per annum. Auf das Jahr 2030 projiziert würde das heißen, dass man dann profitable Anlagemöglichkeiten für drei Billionen US-Dollar finden müsste – eine enorme Größenordnung! Wie das immer weiter anwachsende Surplus-Volumen in die Realwirtschaft, die Produktion, überführt und absorbiert werden soll, ist besonders seit 1970 zu einem ernsten Problem geworden. Denn immer weniger fließt in die tatsächliche Produktion, immer mehr in die Spekulation mit Vermögensanlagen, was die zunehmende Häufigkeit und Tiefe der Finanzkrisen, die wir erleben, erklärt: Es sind sämtlich Vermögensanlagekrisen.

Das heißt: Auch dann, wenn die Krise schon bald überwunden wäre und es zu einer Kapitalakkumulation mit dreiprozentiger Wachstumsrate käme, hätten wir jede Menge Probleme. Der Kapitalismus nähert sich mit hohem Tempo sehr ernst zu nehmenden Barrieren – er stößt an ökologische Grenzen, an Marktgrenzen, an Profitabilitätsgrenzen. Der letzthin erfolgte *turn to financialisation*, die starke Orientierung auf Finanzgeschäfte, erfolgt aus Notwendigkeit, als eine Methode, mit dem Surplus-Absorptionsproblem fertig zu werden. Aber es handelt sich um eine Methode, die ohne periodisch wiederkehrende Entwertungsschübe nicht funktionieren kann. Eine solche Entwertung erleben wir eben jetzt, mit Verlusten an Vermögenswerten in der Höhe mehrerer Billionen US-Dollars. Die Rede vom *national bail-out* – der großen Rettungsaktion für das ganze Land – ist deshalb ungenau, denn das beste-

---

2   David Harvey, The right to the City, in: „New Left Review", 5/2008, S. 23-40.

hende Finanzsystem wird nicht etwa zur Gänze entschuldet – nein, es sind nur die Banken, die man herauspaukt, die Kapitalistenklasse. Denen erlässt man ihre Schulden, ihnen werden ihre Sünden vergeben – und nur ihnen.

Das Geld bekommen die Banken, aber nicht die Häuschenbesitzer, die man auf die Straße gesetzt hat – und langsam keimt Wut darüber auf. Die Banken wiederum benutzen das Geld nicht, um es an irgendwen auszuleihen, sondern zum Aufkauf anderer Banken. Sie konsolidieren ganz einfach ihre Macht.

Akkumulation durch Enteignung

Der Zusammenbruch der Kreditversorgung für die arbeitende Bevölkerung bedeutet zugleich, dass es mit der *financialisation* als Lösung der Absatzkrise vorbei ist. Das wird zu einer gewaltigen Beschäftigungskrise und zum Zusammenbruch vieler Industriezweige und Unternehmen führen, wenn nicht energisch auf eine Änderung der Situation hingearbeitet wird. Damit wären wir bei der laufenden Debatte über eine Rückkehr zum Keynesianismus und bei Obamas Vorhaben, in enorme staatliche Beschäftigungsprogramme und grüne Technologien zu investieren, also in gewisser Weise zum New Deal zurückzukehren und eine Lösung in dessen Sinn zu suchen.

Um die gegenwärtige Lage wirklich begreifen zu können, müssen wir über die Entwicklung im Bereich von Arbeit und Produktion hinausgehen und uns dem Beziehungsgeflecht zwischen Staats- und Finanzsektor zuwenden. Wir müssen uns darüber klar werden, dass und auf welche Weise Staatsverschuldung und Kreditwesen von Anfang an zentrale Instrumente der ursprünglichen Akkumulation – der Akkumulation durch Enteignung, wie ich es nenne – gewesen sind.[3] Die Bauindustrie liefert das schlagende Beispiel.

In meinem Artikel über das „Recht auf die Stadt" habe ich dargestellt, wie im Paris Napoleons III. der Kapitalismus dadurch revitalisiert wurde, dass Staat und Bankiers sich in einer neuartigen Liaison Staat-Finanzkapital zusammenfanden, um die französische Hauptstadt zu modernisieren. Das erbrachte Vollbeschäftigung – und zugleich die Boulevards, die Trinkwasserver- und Abwasserentsorgung sowie neue Verkehrssysteme. Auch der Bau des Suezkanals wurde mit Hilfe derartiger Mechanismen organisiert. Das alles war großenteils kreditfinanziert. Nun hat diese Verbindung von Staat und Finanzkapital seit den 1970er Jahren einen massiven Wandel erfahren. Sie ist viel internationaler geworden und hat sich für Finanzinnovationen aller Art geöffnet, darunter Derivate und spekulative Operationen. So entstand eine neue Finanzarchitektur.

Und was machen diese Akteure heute? Ich denke, sie suchen nach einem anderen Finanzarrangement, um aus der entstandenen Situation herauszukommen – nicht im Interesse der arbeitenden Menschen, sondern der Kapitalistenklasse. Ich denke, für die Kapitalisten wird sich eine Lösung finden, und wenn der Rest von uns dabei aufs Kreuz gelegt wird – sei's drum. Kopfzerbre-

3   Vgl. David Harvey, Der „neue" Imperialismus: Akkumulation durch Enteignung, Hamburg 2005.

chen würde den Akteuren nur eines bereiten: Wenn wir aufstehen und uns wehren. Solange wir nicht revoltieren, werden sie das System erneut ganz auf die eigenen Klasseninteressen zuschneiden.

Wie diese neue Finanzarchitektur aussehen wird, ist noch nicht klar. Wenn wir uns genauer anschauen, was während der seinerzeitigen Finanzkrise in New York City geschah, zeigt sich, dass die Banker oder Finanziers wahrscheinlich gar nicht wussten, was genau zu tun war. Sie tasteten sich schrittweise vor, und was schließlich herauskam, war eine „bricolage", eine Art Bastelei. Sie stellten Teile auf neue Weise zusammen, stückweise, und am Ende hatten sie eine Neukonstruktion. Doch welche Lösung auch immer sie heute finden mögen: Sie wird allein auf sie zugeschnitten sein, es sei denn, wir schalten uns ein und sagen unüberhörbar, dass wir etwas fordern, das *uns* passt. Wir Wissenschaftler haben eine Schlüsselrolle zu spielen, wenn es darum geht, die richtigen Fragen zu stellen und die Legitimität der Entscheidungen, die heute gefällt werden, zu bestreiten. Wir müssen ganz klar analysieren, wie das Problem entstanden ist und wie mögliche Lösungen aussehen können.

Das heißt nicht weniger als dass wir anfangen müssen, unser Recht auf die Stadt, die öffentlichen Dinge, auch auszuüben. Wir müssen die Frage aufwerfen, was wichtiger ist: der Wert der Banken oder der Wert der Menschen? Das Bankensystem sollte den Menschen dienen und nicht etwa auf ihre Kosten leben. Der einzige Weg aber, auf dem wir tatsächlich fähig werden, unser Recht auf die Stadt auszuüben, ist der, das Problem der kapitalistischen Surplus-Absorption selbst in die Hand zu nehmen. Wir müssen den Kapitalüberschuss sozialisieren und für immer aus der Sackgasse der dreiprozentigen Akkumulationsrate herauskommen. Wir haben nämlich inzwischen ein Stadium erreicht, in dem eine immerwährende Wachstumsrate von drei Prozent so gewaltige Umweltkosten und so ungeheuren Druck auf die gesellschaftlichen Verhältnisse bewirkt, dass wir von einer Krise zur nächsten taumeln.

Gibt es Alternativen?

Das Kernproblem besteht darin, wie kapitalistische Überschüsse sich auf produktive und gewinnbringende Art absorbieren lassen. Meiner Auffassung nach müssen die sozialen Bewegungen sich um die Idee herum vereinigen, mehr Kontrolle über das Mehrprodukt zu erlangen. Auch wenn ich nicht für die Rückkehr zu einem keynesianistischen Modell der Art eintrete, wie wir es in den 60er Jahren hatten, steht für mich doch fest, dass es damals ein weit höheres Maß sozialer und politischer Kontrolle über Erzeugung, Nutzung und Verteilung des Surplus gab.

Das verfügbare Mehrprodukt wurde in den Bau von Schulen, Krankenhäusern und Infrastruktureinrichtungen gesteckt. Genau dies war es, was die Kapitalistenklasse empörte und gegen Ende der 60er Jahre eine Gegenbewegung auslöste: dass sie nicht genügend Kontrolle über das Surplus ausüben konnten. Nun hat sich aber, wie die Statistik ausweist, der Anteil des von staatlicher Seite absorbierten Surplus seit 1970 gar nicht so sehr verändert. Was die

Kapitalistenklasse erreichen konnte, war, eine Fortsetzung der Surplus-Vergesellschaftung zu stoppen. Außerdem schaffte sie es, dem Begriff *Government* – also Regierung, Staat – die Bedeutung *Governance* unterzuschieben, was die Unterscheidung zwischen staatlichen und geschäftlichen Tätigkeiten porös werden ließ. Dies ermöglichte die Entstehung einer Situation, wie wir sie heute etwa im Irak haben.

Mir scheint, wir steuern auf eine Legitimationskrise zu. 30 Jahre lang hat man uns, um Margaret Thatcher zu zitieren, erzählt, „there is no alternative" – es gäbe keine Alternative zu einer neoliberalen Welt der Marktfreiheit und Privatisierung, und dass wir selber schuld seien, wenn wir in einer solchen Welt nicht zurechtkämen. Nun ist es aber angesichts einer Zwangsvollstreckungskrise ziemlich schwierig geworden zu sagen, man müsse die Banken unterstützen, nicht aber die Menschen, die den Zwangsräumungen und -versteigerungen zum Opfer fallen.

Man kann diese Menschen der Verantwortungslosigkeit beschuldigen, wie es in den Vereinigten Staaten mit massiv rassistischen Untertönen geschieht. Als die erste Zwangsvollstreckungswelle Städte wie Cleveland oder Ohio überrollte, verwüstete sie dort vor allem die schwarzen Viertel. Manche Leute reagierten darauf mit der schlichten Bemerkung: „Na schön, was haben Sie denn erwartet? Schwarze sind nun mal unverantwortlich." Rechte Krisenerklärungen sprechen von der Gier derjenigen, die Geld geliehen haben, um sich ein Häuschen kaufen zu können. So versucht man, die Verantwortung für die Krise deren Opfern zuzuschieben. Hier liegt eine unserer Aufgaben: „Nein, so geht das ganz und gar nicht!", müssen wir sagen und versuchen, eine stimmige Erklärung dieser Krise zu geben; sie in ihrem Klassencharakter zu begreifen, als einen Vorgang, bei dem eine bestimmte Struktur der Ausbeutung zusammenbrach und jetzt durch eine andere, sogar noch tiefer greifende Ausbeutungsstruktur ersetzt werden soll. Es hängt viel davon ab, diese alternative Erklärung der Krise in die Debatte zu bringen, ihr öffentlich Geltung zu verschaffen.

Eine der großen ideologischen Konfrontationen, die uns bevorstehen, dreht sich um die zukünftige Rolle des Wohneigentums. Denn wenn wir anfangen, von Dingen zu reden wie der Notwendigkeit, einen wesentlich größeren Teil des Wohnungsbestandes zu vergesellschaften, kommen wir einem seit den 30er Jahren anhaltenden Trend in die Quere: Seit dieser Zeit gab es immer wieder enormen Druck, möglichst viele zu privaten Haus- oder Wohnungsbesitzern zu machen, weil dies der Weg sei, die soziale Stellung und die Rechte der Menschen zu sichern. Auch das Bildungs- und das Gesundheitswesen müssen wir vergesellschaften und angemessen finanzieren.

Radikale Politik jenseits der Klassenschranken

Es gibt noch einen anderen Aspekt, den wir in Betracht ziehen müssen, nämlich dass die Arbeiterschaft und insbesondere die organisierte Arbeiterbewegung nur einen kleinen Stein in diesem Problemmosaik darstellt und bei dem, was vor sich geht, nur eine Nebenrolle wird spielen können. Das hat einen ganz einfachen Grund, der auf das Versagen von Marx und die Art, wie er dieses Problem auffasste, zurückgeht. Wenn man davon überzeugt ist, dass die Herausbildung des staatlich-finanziellen Komplexes für die Dynamik des Kapitalismus absolut ausschlaggebend ist, und sich dann die Frage stellt, welche gesellschaftlichen Kräfte diesem Prozess widerstehen, so hat die Arbeiterbewegung nie in der vordersten Linie gestanden. Ihre Fronten waren der Arbeitsmarkt und der Arbeitsprozess, die im Zirkulationsgeschehen eine große Rolle spielen.

Doch die meisten Auseinandersetzungen über die Verbindung des Staates mit dem Finanzsektor sind populistischer Natur. So werden die meisten der gegenwärtigen Kämpfe in Lateinamerika eher unter populistischer Flagge als unter Anleitung der Arbeiterbewegung geführt. Dem Faktor Arbeit und der Arbeiterbewegung kommt zu jeder Zeit eine sehr wichtige Rolle zu, aber in der gegenwärtigen Situation erscheint mir die konventionelle Auffassung von der Führungsrolle des Proletariats nicht sonderlich hilfreich. Es können Situationen entstehen, in denen proletarische Bewegungen ausgesprochen wichtig werden – beispielsweise in China, wo ich diesem Faktor eine ausschlaggebende Rolle voraussage, wie ich sie in den Vereinigten Staaten nicht erkennen kann (obwohl er auch hier immer noch wichtig ist). In den USA hingegen, wie auch in Deutschland, machen wir gegenwärtig die interessante Beobachtung, dass Automobilarbeiter und Automobilfirmen sich jetzt im Hinblick auf die Staat-Finanz-Liaison miteinander verbündet haben, so dass die große Trennlinie des Klassenkampfs, die Detroit immer gespalten hat, in gewisser Weise verschwunden ist. Es entwickelt sich eine völlig andere Form der Klassenpolitik. Manche der Auffassungen, die Marxisten herkömmlicherweise über diese Dinge hegen, scheinen mir deshalb heute einer wirklich radikalen Politik im Wege zu stehen.

Des Weiteren gibt es auf der Linken das große Problem, dass viele meinen, die Eroberung der Staatsmacht spiele für politische Transformationen keine Rolle mehr. Ich halte so etwas für verrückt. Dort gibt es eine unglaubliche Machtkonzentration, und man kann nicht so tun, als wäre das egal. Der Glaube, Nichtregierungsorganisationen (NGOs) und zivilgesellschaftlichen Organisationen könne es gelingen, die Welt zu verändern, erfüllt mich mit tiefer Skepsis – nicht etwa, weil NGOs überhaupt nichts bewirken könnten, sondern weil es einer anderen Art politischer Bewegung und Konzeption bedarf, wenn wir die eigentliche Krise irgendwie in den Griff bekommen wollen. In den Vereinigten Staaten ist der politische Instinkt stark anarchistisch gestimmt, und ich hege für viele anarchistische Vorstellungen Sympathie, aber nicht für alle – zum Beispiel nicht für die unaufhörlichen Anklagen gegen den Staat.

Was können soziale Bewegungen tun?

Derzeit befinden wir uns kaum in einer Position, in der wir definieren könnten, wer die Akteure des Wandels, die vorantreibenden Kräfte, sein werden.

In den Vereinigten Staaten gibt es im Augenblick Anzeichen dafür, dass Elemente der Managerklasse, die all diese Jahre hindurch von den Gewinnen des Finanzkapitals gut gelebt hat, weniger mutig werden und sich vielleicht ein wenig radikalisieren. Im Finanzdienstleistungssektor hat man eine Menge Leute entlassen, manche sind Opfer von Zwangsvollstreckungen geworden. In den 60er Jahren zählten die Kunstakademien zu den Zentren politischer Radikalisierung in den Vereinigten Staaten. Es könnte in nächster Zeit zu vergleichbaren Entwicklungen kommen. Oder auch zu grenzüberschreitenden Organisationsformen, etwa zu Verbindungen mit Bevölkerungsteilen Mexikos, die unter der Verringerung der Geldbeträge leiden, welche Migranten aus den USA nach Hause schicken können.

Soziale Bewegungen müssen selbst bestimmen, welchen Strategien sie folgen und welche Politik sie betreiben wollen. Wir Wissenschaftler sollten uns selbst keineswegs in einer Art von Missionarsrolle gegenüber den sozialen Bewegungen sehen. Was wir tun sollten, ist, das Gespräch suchen. Dies vorausgeschickt, fände ich es durchaus wünschenswert, dass wir Ideen beisteuern. Ein interessanter Gedanke, der in den USA gerade kursiert, zielt darauf, dass Gemeindeverwaltungen gegen Zwangsräumungen einschreiten sollten (mit *anti-eviction ordinances*). Soviel ich weiß, ist das in Frankreich mancherorts bereits geschehen. Des Weiteren könnten wir eine kommunale Wohnungsgesellschaft einrichten, welche die jeweilige Hypothek übernimmt und die Bank ratenweise auszahlt. Die Banken haben eine Menge Geld bekommen, um, wie es hieß, ebendieses Problem zu lösen, doch genau das tun sie nicht.

Eine andere Schlüsselfrage betrifft das Verhältnis von Bürgerrechten und Staatsbürgerschaft. Ich finde, in einer Stadt sollten jedem, der dort ansässig ist, deren Bürgerrechte zustehen, unabhängig davon, welche Staatsbürgerschaft jemand besitzt. Gegenwärtig verwehrt man Menschen alle politischen Rechte auf die Stadt, es sei denn, sie haben Bürgerstatus. Wer Immigrant ist, hat keine Rechte. Mir scheint, es ist an der Zeit, Aktionen zu starten, Kämpfe um diese Bürgerrechte, um das Recht auf die Stadt, anzuzetteln. Die Brasilianer haben in ihrer Verfassung eine eigene Klausel über „Rechte auf die Stadt", die vom Recht auf Beratung und Anhörung, Partizipation und Einbeziehung in die kommunale Haushaltspolitik handelt. Auch hieraus lässt sich, finde ich, politisch einiges machen.

Veränderte Formen der Urbanisierung

In den Vereinigten Staaten gibt es die Möglichkeit und das Potential, auf lokaler Ebene tätig zu werden, wobei sich besonders in Umweltfragen viel tut. Kommunalverwaltungen haben sich dabei im Laufe der letzten 15 bis 20 Jahre oft fortschrittlicher verhalten als die Bundesregierung. Derzeit haben wir es mit einer Krise der Gemeindefinanzen zu tun, und Obama wird wahrscheinlich unter erheblichen Druck kommen, die kommunale Finanznot zu beheben. Er hat selbst gesagt, dies sei eine der Fragen, die ihm am Herzen liegen, besonders weil viele Probleme eine lokale Seite haben – beispielsweise die *Subprime*-Hypothekenkrise. Das Thema Zwangsräumungen und -versteige-rungen muss, wie ich nachzuweisen versucht habe, als urbane Krise und nicht nur als Finanzkrise verstanden werden. Es handelt sich um eine Finanzkrise der Urbanisierung.

Wichtig ist auch, in strategischer Perspektive darüber nachzudenken, wie Gemeinwirtschaft und sozial verantwortliches Wirtschaften in einer Art Bünd-nis mit der organisierten Arbeit und den lokal verankerten Bewegungen eben-falls Bestandteil einer politischen Konzeption werden könnten. Hier besteht ein Zusammenhang zu Fragen der technologischen Entwicklung: So sehe ich beispielsweise keinerlei Grund, warum es nicht möglich sein sollte, auf kom-munaler Basis ein System zur Unterstützung produktiver Entwicklungen wie etwa der Solarenergie zu schaffen, damit stärker dezentralisierte Beschäfti-gungsapparate und -möglichkeiten entstehen.

Wenn ich jetzt ein Idealsystem schaffen könnte, würde ich vorschlagen, in den Vereinigten Staaten eine öffentliche Bank für Wiederaufbau einzurich-ten und dieser 500 Mrd. Dollar aus dem 700-Mrd.-Topf, den der Kongress zur Überwindung der Bankenkrise bewilligt hat, zuzuweisen. Diese Bank sollte mit den Stadt- und Gemeindeverwaltungen zusammenarbeiten, um jenen Vierteln zu helfen, die von der Zwangsräumungswelle getroffen wurden, denn diese hat in vieler Hinsicht wie *Katrina*, wie ein Finanz-Wirbelsturm, gewütet. Sie hat das Gemeinschaftsleben ganzer Viertel ausgelöscht, in der Regel die Viertel armer Schwarzer oder Hispanics.

Man müsste in diese Viertel gehen, um die Leute, die dort zusammenlebten, zurückzuholen und sie auf einer anderen Basis unterzubringen, mit Wohn-rechten und anders finanziert. Und man könnte „grüne" Zonen aus diesen Vierteln machen, wodurch vor Ort neue Beschäftigungschancen in den ent-sprechenden Branchen entstünden.

Ich stelle mir vor, dass es so zu einer neuen, andersartigen Urbanisierung kommen könnte. Wenn wir gegen die globale Aufheizung der Erdatmosphäre irgendetwas erreichen wollen, müssen wir die Art und Weise, in der Amerikas Städte funktionieren, total umgestalten. Es geht um ein völlig neues Urbani-sierungsmuster mit ebenso neuen Lebens- und Arbeitsformen. Hier erschlie-ßen sich viele Möglichkeiten, um die die Linke sich kümmern sollte – darin liegt eine echte Chance.

Probleme habe ich mit gewissen Marxisten, die anscheinend denken: „Oh ja! Das ist *die* Krise. Jetzt werden die Widersprüche des Kapitalismus irgend-wie zur Lösung kommen!" Aber dies ist nicht die Stunde des Triumphalismus, es ist die Stunde der Infragestellung, der Schaffung von Problembewusstsein. Und manche Schwierigkeiten dabei rühren von der Marxschen Art der Frage-stellung her. Es zählt nicht zu den Stärken der Marxisten, den staatlich-finan-ziellen Komplex oder die Urbanisierung zu verstehen, so gut sie auf manch anderem Felde sind. Wir kommen jedoch nicht daran vorbei, unsere theoreti-schen Grundlagen und unsere politischen Möglichkeiten neu zu überdenken.

Nach der Krise ist vor der Krise

Die Komplizenschaft von Staat und Kapital

Von **Friedhelm Hengsbach**

D urch Deutschland muss ein Ruck gehen", forderte 1997 der damalige
Bundespräsident Roman Herzog. Gut zehn Jahre später geht dieser Ruck
nicht nur durch Deutschland, sondern durch die Welt – jedoch in völlig anderer Art und Weise, als Roman Herzog ihn sich vorgestellt hat. Diejenigen, die
30 Jahre lang das Vertrauen in die Steuerungskraft der Märkte gepredigt und
den schlanken Staat als den besten aller möglichen Staaten angehimmelt
haben, glauben ruckartig nicht mehr an die Selbstheilungskräfte des Marktes
und rufen nach dem Staat als ihrem einzigen Retter. Manche sprechen von
einer säkular beispiellosen Finanz- und Wirtschaftskrise, die allerdings, so die
regierungsamtlichen Verlautbarungen, mit dem G 20-Gipfel von London jetzt
auch die erforderliche, beispiellose, ja epochale Antwort gefunden habe.

Als negative Referenzdaten hinsichtlich der Dimension der gegenwärtigen
Krise gelten die Aufkündigung des Währungssystems von Bretton Woods im
Jahr 1973 oder der Zusammenbruch der Börsen 1929 mit der darauf folgenden
Wirtschaftskrise Anfang der 30er Jahre. Als Referenzjahre ergriffener Chan-
cen kommen hingegen zwei Daten der deutschen Geschichte in die engere
Wahl – nämlich die Währungsreform von 1948 und der Fall der Berliner Mauer
im Jahr 1989.

All diese Daten stehen in einer mehr oder weniger engen Beziehung zur
derzeitigen Situation. Tatsächlich ist die herausragende Dimension dieser
Krise unbestritten. Gleichwohl hat es in den letzten 30 Jahren allein sieben
Finanzkrisen gegeben. In den 70er Jahren sorgten die Wechselkursschwan-
kungen für massive Turbulenzen in den betroffenen Währungsgebieten. Zahlreiche Schwellenländer erklärten sich in den 80er Jahren unter der Last einer
untragbaren Auslandsverschuldung für zahlungsunfähig. Gleichzeitig kam es
in den USA zu einer großen Sparkassenkrise. Anfang der 90er Jahre wurde
Japan von einer Immobilien-, Banken- und Währungskrise heimgesucht. 1997
lösten spekulative Währungsattacken gegen den thailändischen Bath massive
Kapitalabflüsse aus vier asiatischen Ländern aus, denen ein dramatischer Einbruch des Wirtschaftswachstums und der Beschäftigung folgte. Die nächste
Krise war mit der Euphorie der New Economy verbunden. Junge Unternehmer, die mit der elektronischen Technik vertraut waren, hatten eine Börsen-
euphorie ausgelöst, die ein ungewöhnliches reales Wirtschaftswachstum
zuerst in den USA und dann in Europa nach sich zog. Im Jahr 2000 schließ-

lich platzte die Spekulationsblase. Die gegenwärtige Krise nahm ihren Ausgang in der Immobilien- und Hypothekenkrise in den USA, der ersten großen Krise des neuen Jahrhunderts, die jedoch binnen Kurzem nicht auf das Leitwährungsland begrenzt blieb. Im Unterschied zu den vergangenen Krisen hat sie sich zu einer globalen Finanz- und Wirtschaftskrise ausgewuchert.

Finanzexperten auf Fehlersuche

Mit dem G 20-Gipfel von London suggerierten die Staatenlenker nun neuen Optimismus und Handlungsmächtigkeit. Grundlegende Renovierungsarbeiten wurden jedoch nicht angepackt. Die realwirtschaftlichen und monetären Spannungen zwischen den peripheren und zentralen Ländern der Euro- oder der Dollar-Zone sind weder durch eine Anpassung der Wechselkurse noch durch Finanztransfers aufgelöst worden, ebenso wenig die globalen Ungleichgewichte zwischen den Ländern mit strukturellen Leistungsbilanzüberschüssen und -defiziten. Das dringende Erfordernis eines multilateralen Währungsregimes im Sinne eines erneuerten Bretton Woods geriet gar nicht erst in den Blick; die von China im Gipfelvorfeld erhobene Forderung nach einer anderen Leitwährung fand keine Resonanz. Auch die problematische Zeitwertbilanzierung der Finanzunternehmen wurde nicht in Frage gestellt; sie wird also auch in Zukunft weiter prozyklisch wirken. (Nach Kursverlusten müssen die Banken ihre Wertpapierbestände abwerten. Dem können sie jedoch entfliehen, wenn sie die Wertpapiere verkaufen. Dies beschleunigt aber den Kursverfall.)

Trotz dieser nach wie vor ungelösten zentralen Probleme herrschte unter den Staatenlenkern eitel Sonnenschein. Noch vor Kurzem bot sich dagegen ein völlig anderes – und wahrscheinlich wesentlich realistischeres – Bild. Als sich Anfang des Jahres 2009 die wirtschaftlichen und politischen Welteliten in Davos versammelten, um über die „Neugestaltung der Weltwirtschaft" zu diskutieren, vermittelten die Teilnehmer einen äußerst ratlosen Eindruck.

„Die Banken haben Fehler gemacht", gestehen inzwischen selbst einzelne Bankmanager ein, wie unlängst Klaus-Peter Müller, der frühere Chef der Commerzbank, in einem Interview. Welche Fehler das seien, sagte er dagegen nicht. Stattdessen verortet er, wie viele andere Unternehmer und Banker, die eigentliche Ursache der Krise in einem doppelten Staatsversagen. Erstens hätte Alan Greenspan nach der Spekulationsblase der 90er Jahre nicht eine derart lockere Geldpolitik betreiben sollen. Und zweitens hätte die Bush-Regierung Lehmann Brothers nicht fallen lassen dürfen. Ohne den Zusammenbruch dieser Bank hätte die Commerzbank gute Zahlen geschrieben.

„Ich kann das Wort Gier schon bald nicht mehr hören", sagt mit ähnlicher Stoßrichtung Hilmar Kopper, ehemaliger Vorstandssprecher der Deutschen Bank und bekannt geworden vor allem durch seinen „Peanuts"-Vergleich für die 50 Mio. DM der Schneider-Pleite im Jahr 1994. Falls Kopper mit seinem neuen Ausspruch ausdrücken will, dass eine Erklärung der Finanzkrise durch individuelles Fehlverhalten fehlerhaft und unzulässig sei, ist ihm allerdings zuzustimmen. Denn die moralische Empörung einer Bevölkerung, die durch Schimpfkanonaden der Politiker aufgewühlt ist, oder das Anprangern einzelner Akteure sind ebenso fehlgeleitete Reaktionen wie die Fixierung der öffentlichen Debatte auf die Bonuszahlungen an jene Finanzmanager, die ihre Institute vor die Wand gefahren haben. (Den Gipfel an verharmlosender Individualisierung des gegenwärtigen wirtschaftlichen Umbruchs leistete sich das Magazin „Der Spiegel", das die Entscheidung der US-Regierung, Lehman Brothers fallen zu lassen, als einen Zweikampf zwischen Henry Paulson, dem früheren Chef von Goldman Sachs, und Richard Fuld, dem Chairman von Lehman Brothers, stilisierte.)

Finanzexperten lenken den Blick zu Recht auf die fehlerhafte Einschätzung jener Risiken, die mit den „innovativen" Finanzdienstleistungen, den Schattenbanken, den bankfreien Zonen und der unermesslichen Vernetzung der Akteure in der monetären Sphäre exponentiell gestiegen sind. Auch hier greifen die Krisendiagnosen jedoch regelmäßig zu kurz: Da werden die Hauseigentümer genannt, die ihre langfristige Zahlungsfähigkeit falsch kalkuliert, oder die Händler, die ihnen allzu leichtfertig Hypothekenkredite angedient hätten. Ressortchefs von Geschäftsbanken hätten es an der Aufsicht und Begleitung ihrer Angestellten fehlen lassen. Der Handel mit Derivaten, die Verbriefung von Krediten und deren Strukturierung außerhalb der Bankenaufsicht, die Gründung von Zweckgesellschaften im Schatten der Bankbilanzen, das Versichern von Ausfallrisiken und deren Verbriefung sowie das Einleiten angeblich innovativer, tatsächlich jedoch unüberschaubarer und unkontrollierbarer Finanzdienste in globale Finanzströme seien in diesem Ausmaß leichtgläubig, naiv und unverantwortlich gewesen. Allerdings hätte auch die öffentliche Aufsicht solche Praktiken weithin geduldet und zu nachsichtig beurteilt.

Massive Systemfehler

Die Fehlersuche der Finanzexperten greift zwar über den meist üblichen Mikroblick hinaus; sie verharrt jedoch innerhalb der Grenzen des etablierten und befürworteten Finanzsektors. Was dagegen im Vordergrund stehen sollte, will man den Ursachen der Probleme wirksam Abhilfe schaffen, ist die Suche nach den strukturellen Defiziten des kapitalistischen Finanzregimes.

An erster Stelle steht hier die „monetäre Revolution" der letzten 30 Jahre. Die elastische Geldversorgung ist, neben dem grundsätzlich schrankenlosen Griff in die „Sparbüchse der Erde" (Werner Sombart) aus fossilistischer Energie und Arbeitskraft, ein unabdingbares Kennzeichen jeglicher kapitalistischer Dynamik. Doch die natürlichen Grenzen einer Waren- bzw. Metallwährung sind auf den internationalen Finanzmärkten seit langem überwunden. Zusätzlich verfügt das Bankensystem über eine (fast) unbegrenzte Geld- und Kreditschöpfungsmacht, die dem Wachstum des realen Produktionspotentials keinerlei Schranken setzt. Und schließlich hat das Geld bei wohlhabenden Bevölkerungsgruppen in wirtschaftlich reichen Gesellschaften nicht mehr bloß die Tauschmittelfunktion, sondern nimmt zunehmend die Vermögensfunktion an. Als Wertspeicher und Medium der Wertsteigerung konkurriert es mit Investitionen in reale Anlagen, Immobilien und langfristige Gebrauchsgegenstände.

Zweitens weichen die Steuerungsformen für Gütermärkte und Vermögensmärkte massiv voneinander ab. Die Steuerung der Gütermärkte, wie sie sich in Preisverhältnissen darstellt, ist durch reale Produktionsfaktoren und reale Kaufkraft bestimmt und begrenzt. Die Steuerung der Vermögensmärkte dagegen, und insbesondere derjenigen von Geldvermögen, wird auf der Nachfrageseite allein durch subjektive, in die Zukunft gerichtete Erwartungen bestimmt, die durch keinerlei reale Schranken begrenzt werden. Auf der Angebotsseite fehlt dem Kreditschöpfungspotential des Bankensystems, zumal die Beschränkungen der Zentralbank unterlaufen werden, ebenfalls eine realwirtschaftlich indizierte Barriere. Die Folgen sind in den vergangenen Jahren offenkundig geworden: Das Zusammenspiel einer expansiven Kreditgewährung der Banken und der explosiven Erwartungen der Eigentümer von Geldvermögen auf deren Wertsteigerungen haben sich wechselseitig hochgeschaukelt. So konnten die Erwartungen auf fiktive, kreditfinanzierte Vermögenszuwächse zu einer Spirale auswuchern, die sich spekulativ immer mehr verstärkte und vom realen Wirtschaftsgeschehen ablöste.

Drittens hat die Rivalität zweier Finanzstile, nämlich des kontinentaleuropäischen und des angloamerikanischen, und insbesondere die hegemoniale Dynamik des US-amerikanischen Finanzstils, die Krise mit verursacht. Dieser grundlegende Widerspruch, der die Diskussionen vor dem G 20-Gipfel maßgeblich bestimmte, konnte auch in London nicht überwunden werden.

Michel Albert hat den „Rheinischen Kapitalismus" bankendominiert genannt: Private Geschäftsbanken kontrollieren Industrieunternehmen mit Hilfe von Kreditgewährung, Beteiligungen und persönlichen Beziehungen. Die Unternehmen werden durch ein verständigungsorientiertes Zusammenspiel der im Unternehmen engagierten Gruppen geleitet. Die Manager sorgen sich, idealtypischerweise, um den Ausgleich der Interessen von Belegschaft, Kunden, Aktionären, Banken und Kommunen. Solidarische, umlagefinanzierte Systeme sichern gegen gesellschaftlichen Risiken des Alters, der Armut und der Arbeitslosigkeit ab.

Der angloamerikanische Finanzkapitalismus dagegen ist kapitalmarktgetrieben. Dominant sind Märkte für Wertpapiere und Derivate, auf denen kollektive Akteure (Großbanken, Versicherungskonzerne, Investmentgesellschafen und Finanzinvestoren) operieren. Die Unternehmen sind eine Kapitalanlage in den Händen der Anteilseigner. Ihr Wert wird mit Hilfe einer reinen Finanzkennziffer, dem *shareholder value*, dem Saldo zukünftiger, auf die Gegenwart diskontierter Finanzströme, bestimmt. Die Manager bedienen ausschließlich die Interessen der Aktionäre, folglich richten sie ihre Entscheidungen (und ihre Vergütung) allein am Börsenkurs aus, der den Unternehmenswert angeblich authentisch spiegelt. Die Interessen der Belegschaft, der Kunden, der kommunalen bzw. staatlichen Organe gelten als nachrangig. Gegen gesellschaftliche Risiken sichert man sich privat und kapitalgedeckt ab.

Die Entregelung durch den Staat

Der Staat ist weder der Retter aus der Krise noch deren Lösung. Die soziale Krise und die Finanzkrise sind nämlich zwei Seiten einer verfehlten Wirtschafts-, Finanz- und Sozialpolitik der staatlichen Organe. Das belegt die Politik der letzten Jahrzehnte.

Seit dem Lambsdorff-Tietmeyer-Papier von 1982 haben bürgerliche Eliten flexible Tarifverträge, einen gelockerten Kündigungsschutz und die Einrichtung eines Niedriglohnsektors gefordert. Diesen Forderungen hat die rot-grüne Koalition nachgegeben – durch verschiedene Gesetze zur Beschäftigungsförderung, Leiharbeit, Zeitarbeit, Befristung und zu einem ausgedünnten Kündigungsschutz. Die rot-grüne Koalition hat auf diese Weise gezielt die soziale Entsicherung und die Entregelung der Arbeitsverhältnisse betrieben. Sie hat die Renten-, Kranken- und Arbeitslosenversicherung systemsprengend deformiert. Eine Sicherung, die einen durch die Erwerbsarbeit erworbenen Lebensstandard gewährleisten sollte, wurde auf das Niveau eines sozio-kulturellen Existenzminimums abgeschmolzen. Gleichzeitig wurde die private kapitalgedeckte Vorsorge propagiert. Gesellschaftliche Risiken wurden tendenziell individualisiert, solidarische Sicherungen privatisiert und Grundrechte auf Arbeit, Einkommen, gesellschaftliche Beteiligung und einen angemessenen Zugang zu Bildungs- und Gesundheitsgütern kommerzialisiert.

Das Resultat dieser Politik hat der „Dritte Armuts- und Reichtumsbericht" von 2008 dokumentiert: ein steigendes Armutsrisiko, die dramatische Zunahme prekärer Arbeitsverhältnisse und einer Armut trotz vollzeitiger Erwerbstätigkeit. Und die Schere der Verteilung von Gewinn- und Lohneinkommen sowie der Vermögen hat sich durch eine asymmetrisch angelegte Steuerpolitik zusätzlich geöffnet. Mehr oder weniger parallel zur Entregelung der Arbeitsverhältnisse fand die Entregelung der monetären Sphäre statt. In der zweiten Legislaturperiode der rot-grünen Koalition wurden die Beschränkungen des Börsenhandels gelockert, der Derivatehandel und die Zweckgesellschaften zugelassen sowie die Gewinne der Banken aus dem Verkauf der Industriebeteiligungen für steuerfrei erklärt. Hedgefonds wurden als Dachfonds zugelassen, die Verbriefung von Krediten wurde steuerlich begünstigt. Diese Lockerungen wurden zwar mit Richtlinien der EU und dem Anlegerschutz gerechtfertigt, wurzelten aber mindestens ebenso in dem Interesse, den Finanzplatz Deutschland global wettbewerbsfähig zu machen. Die große Koalition setzte diesen Weg ab 2005 fort, indem sie sich bemühte, „innovative" Finanzdienste und Vertriebswege zu fördern sowie Kapitalbeteiligungsgesellschaften steuerlich privilegiert zu behandeln.

Die Legende der Alternativlosigkeit

Die deutsche Regierung hat angesichts der Krise auf den Notschrei der Finanzeliten schnell und bereitwillig reagiert – und die angeschlagenen Geldinstitute mit Krediten und Bürgschaften abgesichert. Vielleicht fühlte sie sich dem

Sog der irischen, englischen und französischen Regierung ohnmächtig ausgeliefert. Oder sie folgte dem Druck einer dramatisierten Lagebeschreibung der Mega-Banken und der öffentlichen Finanzaufsicht. Die Art, wie sie reagierte, entsprach der aufgeregten Inszenierung des Börsenpublikums, nämlich isoliert, kurzatmig, übertrieben und spektakulär zu handeln. Kaum jemand widersprach dem Bundesfinanzminister, der zuerst die Unfallstelle räumen wollte, bevor er diejenigen zur Rede stellen würde, die den Schaden verursacht hatten. Und der meinte, sich mit dem Versuch begnügen zu können, das Feuer zu löschen – obwohl es sich doch um Brandstiftung handelte.

Aber die Rettungsschirme, die über einer Unfallstelle aufgespannt wurden, die bis heute im Nebel liegt, waren keineswegs alternativlos, wie so oft behauptet wird. Politische Eliten haben sich jedoch angewöhnt, mit dieser Floskel ihren notorischen Bankrott zu übertünchen. Statt einer flächendeckenden Rettung hätten zuerst die Brandherde präzise ausgeleuchtet und differenziert ausgelöscht werden sollen. Vielleicht gehörten zu den „Falschmünzern" vor allem private Investmentbanken oder Landesbanken oder bereits angeschlagene Institute, die von den Konzernmüttern schon ausgegliedert und aufgegeben waren. Stattdessen setzte die Regierung die Brandstifter ans Lenkrad des Löschzugs. Dass sie die für die Krise Verantwortlichen derart privilegiert am Schnüren des staatlichen Rettungspakets beteiligte und sie sowie den ministeriellen Lenkungsausschuss gegen den Einspruch des Parlaments abschirmte, ist mit den Grundnormen einer demokratischen Öffentlichkeit nicht vereinbar, die ein solches politisches Bankgeheimnis zu Recht ächten.

Dass die Bürgerinnen und Bürger der Kollaboration ihrer Regierung mit den Finanzeliten misstrauen, scheint begründet zu sein. Denn die häufig zitierte Formel „zu groß, um zu fallen" (*too big to fail*) hätte eigentlich dazu führen müssen, Mega-Banken und Versicherungskonzerne zu zerschlagen, anstatt mit öffentlichen Mitteln noch größere Finanzgiganten zu schmieden, ob durch Fusionen oder Übernahmen.

Wieso aber sieht sich der Staat verpflichtet, der privaten Allianz-Versicherung die mit faulen Krediten belastete Dresdner Bank abzunehmen, indem er die Commerzbank rettet? Ohne staatliche Hilfe wäre der Verkauf der Dresdner an die Commerzbank geplatzt, hätte sich die Allianz somit vollends an dem maroden Geldinstitut überhoben. Wie lässt sich rechtfertigen, dass der Bund als Großaktionär den Verkauf der Postbank an die Deutsche Bank einleitet, um ihr ein Privatkundennetz anzudienen – obwohl ihr Vorstandssprecher lauthals behauptet, auf staatliche Hilfen nicht angewiesen zu sein? Ist es vorstellbar, dass die Regierung von der prekären Lage der Hypo Real Estate so überrascht wurde, wie sie es darstellt, nachdem dieses Institut fünf Jahre vorher von der Muttergesellschaft, der Hypo Vereinsbank ausgelagert worden ist – vermutlich als faule Bank? Und sollte es reiner Zufall sein, dass exakt zu dem Zeitpunkt, da die Gewährleistungspflicht der privaten Muttergesellschaft auslief, nach dem Rettungswagen des Staates gerufen wurde?

Eines jedenfalls steht fest: Das rasche Zusammenspiel der Finanzeliten und der Regierung hatte eine delikate Vorrunde. Wie das „Handelsblatt" damals berichtete, fand im Februar 2003 ein Gespräch im Kanzleramt statt, an dem

die Spitzenvertreter der deutschen Banken und Versicherungen, der Bundes-
kanzler sowie der Wirtschafts- und der Finanzminister teilnahmen. In diesem
Kreis schlug der Vorstandssprecher der Deutschen Bank, Josef Ackermann,
die Gründung einer Auffanggesellschaft vor, die als eine sogenannte Bad
Bank die Kredite notleidender Banken bündeln, als Wertpapiere verpacken
und wieder verkaufen solle. Zur Entlastung solle der Staat für die Risiken ein-
stehen und eine Garantie abgeben – wie geplant, so geschehen, das wissen
wir heute.

Gewiss, es fällt schwer zu beweisen, dass viele der denkbaren alternativen Lösungswege auch praktikabel sind oder gewesen wären. Aber immerhin hätten sie erwähnt und erwogen werden sollen: dass die Regierung also
nicht primär die Banken, sondern die Bürgerinnen und Bürger schützt und die
Einlagen derjenigen garantiert, die nie die Chance haben werden, allein von
den Erträgen ihrer Vermögen zu leben, während sie den Geldverlust wohlha-
bender und exklusiv reicher Haushalte hätte zulassen und deren Einkommen
und Vermögen wieder hätte progressiv besteuern können. Der Staat hätte
auch erst auf die Liquiditätshilfen der Notenbanken setzen und die Mächtigen unter den Finanzunternehmen bedrängen sollen, selbst Vorleistungen
wechselseitigen Vertrauens zu erbringen und subsidiär einen solidarischen
Beistand zu organisieren. Offenbar jedoch hat der Finanzminister – getreu der
Parole: „Wenn der Himmel einstürzt, sind alle Spatzen tot" – die seltsame und
interessengeleitete Dramaturgie der Finanzeliten bereitwillig übernommen.

Ein Szenario für die Zeit danach

Um jedoch in Zukunft derartige Krisen, die mit Sicherheit wieder auftreten
werden, nicht erneut zu Lasten der Allgemeinheit zu „bewältigen", sind gänzlich andere und wesentlich weiter reichende Maßnahmen vonnöten.

Erstens sollten die staatlichen Entscheidungsträger daran gehindert werden, öffentliche Finanzmittel, die ihnen nicht gehören, zu mobilisieren und
in den Rachen jener Finanzunternehmen zu werfen, die sie jetzt eilfertig mit
dem Zauberwort „systemischer Relevanz" etikettieren, um sie aus der selbst
verschuldeten Misere zu retten. Es ist schlicht nicht gerechtfertigt, staatliche
Aufputschmittel an private Banken zu verteilen, damit diese solche Kredit-
geschäfte wieder aufnehmen, die vorwiegend der Geldvermögensbildung
exklusiv reicher Eliten dienen, erfolgreiche Unternehmen dem Profitdiktat
von Finanzinvestoren unterwerfen und damit gleichzeitig die Absenkung des
Lohnniveaus, die Kürzung von Sozialleistungen und die Auszehrung öffentlicher Haushalte erzwingen. Zum Glück bildet sich inzwischen eine zivilgesell-
schaftliche transnationale Bewegung gegen eine solche Wiederbelebung des
Finanzkapitalismus.

Zweitens: Breite Bevölkerungsschichten leben derzeit nicht über, sondern unter ihren Verhältnissen. In weiten Teilen der Welt werden elementare materielle Bedürfnisse nicht befriedigt – wie auch vitale Bedürfnisse in
wohlhabenden Ländern. Öffentliche Güter, die grundrechtliche Ansprüche

von Bürgerinnen und Bürgern einlösen, sind nicht hinreichend verfügbar. Der Finanzkapitalismus nützt dagegen vorrangig der vermögenden Klasse einer privaten Minderheit. Deshalb sollten die Steigerung der wirtschaftlichen Wertschöpfung und die Bereitstellung von Erwerbsarbeitsplätzen das vorrangige Ziel staatlicher Politik werden. Um eine faire Verteilung dieser Wertschöpfung zu erzielen, sollten die Tarifautonomie und die solidarische, umlagefinanzierte Sicherung gefestigt werden. In reifen Volkswirtschaften sollten die Export- und Industrielastigkeit abgebaut, ein ehrgeiziger ökologischer Umbau eingeleitet sowie die (öffentliche) Arbeit an den Menschen erheblich ausgeweitet werden. Auch die außenwirtschaftlichen Ungleichgewichte, die ein Spiegel der unfairen Verteilung der globalen Wertschöpfung sind, sollten beseitigt werden. Denn die übermäßige Verschuldung in den USA hat strukturelle Leistungsbilanzdefizite zur Folge; und der übermäßige Verbrauch fossiler Energien in den wohlhabenden Ländern löst Einkommensströme in die Öl exportierenden Länder aus, die, statt in reale Investitionen zu münden, die monetäre Zirkulation aufblähen.

Für mehr Wirtschaftsdemokratie

Eine faire Verteilung der wirtschaftlichen Wertschöpfung auf diejenigen Akteure, die sie gemeinsam erarbeitet haben, ist jedoch, drittens, ohne Chance, solange die Schieflage wirtschaftlicher Machtverhältnisse in kapitalistischen Unternehmen unangetastet bleibt. Da die Eigentümer der Produktionsmittel diese ohne fremdes Arbeitsvermögen gar nicht rentabel verwerten können, haben die im Unternehmen Arbeitenden ein Recht darauf, die wirtschaftlichen und sozialen Angelegenheiten mitzubestimmen. Deshalb sollte die elementare Entscheidungskompetenz in die Hände der Belegschaften, Anteilseigner und kommunalen bzw. gesellschaftlichen Instanzen gelegt werden.

Eine demokratische Kontrolle der Unternehmen in einer demokratischegalitären Gesellschaft ist die eigentliche Alternative zur Kontrolle der Unternehmen durch Shareholder Value und Finanzinvestoren. Wirtschaftsdemokratie jenseits des Finanzkapitalismus ist der Name für einen globalen Neustart zum Wohl jedes Menschen und aller Menschen.

Für einen solchen Neustart gibt es angesichts der globalen Krise gewichtige Gründe – und respektable Vorbilder. Nach dem wirtschaftlichen Zusammenbruch Deutschlands und inmitten gesellschaftlicher Turbulenzen formulierte die CDU der britischen Zone 1947 das Ahlener Programm. In dessen Präambel heißt es: „Das kapitalistische Wirtschaftssystem ist den staatlichen und sozialen Lebensinteressen des deutschen Volkes nicht gerecht geworden. Inhalt und Ziel der sozialen und wirtschaftlichen Neuordnung kann nicht mehr das kapitalistische Gewinn- und Machtstreben, sondern nur das Wohlergehen des Volkes sein."

Mit der friedlichen Revolution, dem Fall der Berliner Mauer und dem Ende des Wettstreits der Systeme bot sich eine weitere Chance zur Überwindung der kapitalistischen Defizite. Damals, im Jahre 1991, fragte Papst Johannes

Paul II.: „Ist der Kapitalismus das einzige siegreiche Wirtschafts- und Gesellschaftssystem, das die Anstrengungen der Transformationsländer verdient und den Entwicklungsländern empfohlen werden kann?" Seine bis heute hochaktuelle Antwort lautete: „Eine menschliche Alternative besteht darin, den Markt durch gesellschaftliche Kräfte und staatliche Organe sowie die Unternehmen als Orte freier Arbeit und Beteiligung zu ordnen". Und weiter heißt es in weiser Vorausschau: „Die westlichen Länder laufen Gefahr, in dem Scheitern des Sozialismus den einseitigen Sieg ihres Wirtschaftssystems zu sehen und sich nicht darum zu kümmern, an diesem System die gebotenen Korrekturen vorzunehmen". Tatsächlich wurde damals diese große Chance vertan. An dem Versäumnis kranken wir noch heute, da sich der Finanzkapitalismus seither ungebremst und global ausbreiten konnte.

Die Finanzmärkte sollten deshalb, viertens, deglobalisiert werden. Aus diesem Grunde ist die Hegemonie der US-Währung dringend in ein multilaterales Währungsregime zu überführen. Auf nationaler Ebene würde eine erfolgreiche wirtschaftliche Entwicklung an die Existenz von Mikrobanken anknüpfen, die landwirtschaftliche Betriebe, gewerbliche Industrien und Dienstleistungsfirmen miteinander vernetzen – finanziell und kooperativ. Der Aufbau einer derartigen nationalen Finanzwirtschaft sowie eines funktionsfähigen Bankensystems unter Einschluss einer Zentralbank wird dann „gekrönt" durch die grenzüberschreitende Öffnung eines solchen Finanzsystems.

Die kommenden Finanzgipfel der G 20 sollte fünftens die Finanzmärkte weit stärker als bisher geplant regulieren, damit die Geldversorgung, die Stabilität der monetären Sphäre und die Funktion der Finanzunternehmen wieder ein quasi-öffentliches Gut werden und damit die internationale Finanzwirtschaft dem Ziel dient, das Wohl und die Lebensqualität der Weltbevölkerung, vor allem der Armen in der Welt, zu mehren. In einer zukünftigen globalen Finanzarchitektur müssten folglich alle Finanzdienste, alle Finanzunternehmen und alle Orte, an denen Finanzdienste angeboten und nachgefragt werden, einer öffentlichen Aufsicht und Kontrolle unterworfen sein. Das Kreditschöpfungspotential der Banken ist an strenge Auflagen zu binden. Um spekulative Währungsattacken zu vermeiden, sollten die Wechselkurse der Ankerwährungen stabilisiert und kurzfristige Finanzströme ähnlich den Güterbewegungen besteuert werden.

Die Krise sei eine Chance, erklärt die Bundeskanzlerin. Aber diese Chance kann nicht darin bestehen, den soeben erst gescheiterten Finanzkapitalismus wiederherzustellen. Demokratisierung der Wirtschaft ist dagegen der angemessene Name und das dringend anzustrebende Ziel für einen wirklichen Neustart.

Kapitalismus ohne Haftung

Von **Thilo Bode und Katja Pink**

In wenigen Fragen war sich die Bevölkerung bisher so einig wie bei der Verurteilung von Bonus-Zahlungen für die „schamlösen Banker". In der Kritik stehen diese Zahlungen allerdings vor allem deshalb, weil der Staat die Geldinstitute der Boni-Empfänger gerade erst mit Steuergeldern vor der Insolvenz bewahren musste. Tabu – zumindest in Deutschland – scheint dagegen die wesentlich grundlegendere Frage zu sein, ob die Gewinne, auf denen diese Bonus-Zahlungen all die Jahre beruhten, überhaupt rechtmäßig verdient wurden.

Anders ist die Lage im Ausland: Im britischen Unterhaus müssen Bankchefs wegen riskanter Geschäfte Rede und Antwort stehen; im US-Senat werden sie von den Finanzfachleuten erbarmungslos „gegrillt". Hierzulande beraten sie die Regierung bei der Bekämpfung der Krise.

Es stimmt verdächtig, dass insbesondere Vertreter der Finanzwirtschaft sich gerne hinter einer vermeintlichen Kollektivschuld verstecken. „Wir haben alle Fehler gemacht", meint zum Beispiel Josef Ackermann, Chef der Deutschen Bank. Und für den Vorstandvorsitzenden der Münchner Rück, Nikolaus von Bomhard, muss sogar die „nicht ausgeprägte Grundausbildung der Deutschen in Finanzfragen" als ursächlich für die Krise herhalten. Das erinnert an die Argumentation, an den Gammelfleischskandalen seien die Käufer von billigem Döner schuld gewesen. Also ob der Käufer eines verdorbenen Döners gegen das Lebensmittelrecht verstoßen hätte und nicht der Hersteller der Gammelware!

Die „Zeit" verhebt sich in einem Artikel gar zu der Aussage, es „gibt keine bösen Buben". Doch, die gibt es. Die Finanzakteure haben betrogen, fremdes Vermögen veruntreut und die gesamte Gesellschaft existenziell geschädigt.

Selbst der gängige Vorwurf, sie hätten gezockt und auf diese Weise in einem globalen Casino Geld verbrannt, geht weit an der Sache vorbei. Der normale Casino-Zocker ist im Vergleich mit den betroffenen Bankern ein ehrbarer Mensch, denn er haftet mit seinem Einsatz. Die Bankzocker haben dagegen das Geld unschuldiger Dritter vernichtet.

Aber können sie dafür wenigstens juristisch zur Verantwortung gezogen werden, und wenn ja, mit welchen Konsequenzen?

Ob die für die Finanzkrise verantwortlichen Bankvorstände, deren Geschäftsgebaren von einem breiten kollegialen Konsens getragen wurde, zivilrechtlich für den eingetretenen Schaden haften oder strafrechtlich verfolgt werden können, ist höchst unsicher.

Zocken ohne Konsequenzen

Die Gerichte müssen bei Zivilklagen, etwa seitens der Aktionäre, entscheiden, ob die Summen, mit denen riskante Geschäfte getätigt wurden, noch in einem akzeptablen Verhältnis zum Eigenkapital standen, und ob es ausreichte, sich auf das Urteil von Ratingagenturen zu verlassen. Zudem mag das Interesse von Aufsichtsräten an Aufklärung und Schadenersatzforderungen gegen ihre Vorstände begrenzt sein – weil die Befürchtung besteht, bei einer Prüfung könnte sich auch herausstellen, dass die Kontrollgremien ihre Aufsichtpflichten verletzt haben.

Damit stellt sich die Frage nach der strafrechtlichen Verfolgung. Zweifellos kann der Betrug eines Bernhard Madoff, der Großanleger um sagenhafte 50 Mrd. US-Dollar geprellt hat, strafrechtlich geahndet werden. Wie aber verhält es sich mit der konkreten Strafbarkeit der zahllosen Manager, die Millionen und Milliarden in den Sand gesetzt haben?

Sie könnten eine Untreue nach Paragraph 266 Strafgesetzbuch begangen haben. Eine strafrechtliche Verurteilung setzt jedoch den Nachweis einer individuellen Schuld voraus. Dies bedeutet, dass die Manager vorsätzlich und damit wissentlich und willentlich gehandelt haben müssen. Eine strafbare Veruntreuung von Vermögen haben somit nur diejenigen Manager begangen, die zumindest billigend in Kauf nahmen, dass sie durch ihr Handeln gegen die ihnen obliegenden Vermögensbetreuungspflichten verstoßen und dadurch denen, dessen Vermögensinteressen sie zu betreuen haben, einen Vermögensschaden zufügen. Ein Manager, dem nur nachgewiesen werden kann, dass er zwar bewusst fahrlässig, jedoch nicht vorsätzlich gehandelt hat, wird in einem Strafverfahren freizusprechen sein. Die strafrechtliche Abgrenzung zwischen bewusster Fahrlässigkeit und bedingtem Vorsatz könnte sich bei einer Beweiserhebung als besonders schwierig erweisen.

Nach ständiger Rechtsprechung handelt ein Täter nicht vorsätzlich, sondern lediglich bewusst fahrlässig, wenn er ernsthaft darauf vertraut, dass er nicht gegen die ihm obliegenden Vermögensbetreuungspflichten verstößt und durch sein Handeln der Eintritt eines Vermögensschadens bei dem von ihm zu betreuenden Vermögensinhabern ausbleiben wird. Doch haben die Bankmanager tatsächlich bis zum Schluss ernsthaft darauf vertraut, dass sie weiterhin ihre Sorgfalts- bzw. Vermögensbetreuungspflichten erfüllen und sie hierdurch das von ihnen zu betreuende Vermögen nicht konkret gefährden werden?

Nach der Rechtsprechung des Bundesgerichtshofs liegt eine vorsätzlich begangene Straftat dann vor, wenn der Täter die Verletzung von Vermögensbetreuungspflichten und den hierdurch eingetreten Vermögensschaden, sei ihm dies auch unerwünscht, akzeptiert, indem er sich damit abgefunden hat. Haben die Bankmanager es am Ende nicht immerhin für möglich gehalten und sich letztlich damit abgefunden, dass sie ihre Vermögensbetreuungspflichten nicht mehr sorgfältig wahrnehmen und dadurch die betreuten Vermögensinhaber schädigen werden?

Der Staatsrechtler Marcus Lutter argumentiert in diesem Sinne, dass, wenn die heute unverkäuflichen Risikopapiere, auf denen die Banken sitzen, tatsächlich so unverständlich und intransparent gewesen seien, wie die Banker vorgeben, diese ihre Sorgfaltspflicht in der Tat verletzt haben. Denn die für einen Manager notwendige und gebotene Risikoabwägung zur Erfüllung ihrer Sorgfaltspflicht sei gar nicht möglich gewesen, da sich ein „intransparentes" Risiko schlecht managen ließe. Bankvorstände und Aufsichtsräte hätten demzufolge die Gefährdung des ihnen anvertrauten Vermögens billigend in Kauf genommen und das Vermögen ihrer Aktionäre veruntreut.

Wie schwer es ist, vorsätzliche Untreue von Vorstandsmitgliedern konkret nachzuweisen, hat jedoch bereits der Mannesmann-Vodafone-Prozess deutlich gemacht. Das deutsche Strafrecht, das ein Individualstrafrecht ist und eine individuelle Straftat, etwa die eines Bankvorstandes, nachweisen muss, stößt in derartigen Fällen an seine Grenzen, weil es die kollektiven Vorstandsentscheidungen von Aktiengesellschaften nicht ahnden kann. Nur ein eigenes Unternehmensstrafrecht hätte hier bessere Aussichten auf Erfolg. Dies aber existiert – im Gegensatz zu anderen europäischen Ländern wie Österreich und Frankreich – in Deutschland nach wie vor nicht, obwohl es schon lange von Juristen gefordert wird, um Wirtschaftskriminalität effektiver bekämpfen zu können.

Und dennoch: Eine erfolgreiche Ermittlung gegen die wahren Täter und ihre angemessene strafrechtliche Verurteilung ist im öffentlichen Interesse geboten. Jedoch werden allenfalls die unmittelbaren Opfer der Straftaten hierdurch eine gewisse Befriedigung und Genugtuung erfahren. Selbst wenn es also zu einer Verurteilung von Bankmanagern käme, es blieben Einzelfälle.

Die astronomisch hohen Schäden könnten die Verurteilten ohnehin nicht wieder gutmachen. Auch eine präventive Wirkung durch die Anwendung des Strafrechtes in diesen Einzelfällen würde ausbleiben, denn die Voraussetzung für eine derartige präventive Wirkung, ein entsprechendes Unrechtsbewusstsein, scheint bei den verantwortlichen Bankern gerade nicht vorzuliegen.

Schädigung ohne Grenzen – Verantwortung jenseits des Strafrechts

Zudem bliebe die eigentlich zentrale Frage unbeantwortet: Welche Verantwortung und welche Schuld tragen die Bankmanager an dem Schaden, den das Platzen der Finanzblase der Allgemeinheit zugefügt hat? Dieser Schaden ist in zweifacher Hinsicht gewaltig. Einmal schädigt die von der Finanzkrise ausgelöste wirtschaftliche Rezession hunderte Millionen von Menschen in Deutschland und der ganzen Welt. Zum Zweiten muss sich der Staat, um die Krise zu bekämpfen, in gewaltigem Umfang verschulden. Irgendwann muss die Allgemeinheit diese Schulden zurückzahlen – durch Geldentwertung und/ oder höhere Steuern. Und dabei – so ist zu befürchten – werden diejenigen zur Kasse gebeten, die am wenigsten zu dieser Krise beigetragen und auch nichts an der Finanzblase verdient haben.

Dieser Schaden entzieht sich der juristischen Aufarbeitung. Wurden individuelle Rechte Dritter verletzt, können die Täter vor Gericht gestellt werden – nicht jedoch, wenn der Schaden an objektiven Schutzgütern wie dem

Allgemeinwohl entstanden ist. Ob Bankvorstände und ihre Aufseher verantwortlich gehandelt haben, ist also nicht nur eine Frage der straf- oder zivilrechtlichen Relevanz. Verantwortlichkeit muss sich daran messen lassen, ob Bankmanager, obwohl sie formal die Paragraphen der Gesetze und die Regeln des Finanzmarktes einhielten, diese planmäßig so ausgehebelt und umgangen haben, dass die eigentlichen Ziele dieser Gesetze und Regeln unterlaufen wurden. Juristen sprechen hier von Rechtsmissbrauch, in der Finanzwelt heißt ein derartiges Vorgehen dagegen technisch verschleiernd „Regulierungsarbitrage".

Ein zentraler Rechtsmissbrauch und keinesfalls eine harmlose „Regulierungsarbitrage" war die Auslagerung riskanter Geschäfte in „bilanzferne", also nicht konsolidierungspflichtige, ausländische Zweckgesellschaften. Nach dem Bilanzrecht müssen die Geschäftszahlen die im Unternehmen tatsächlich steckenden Risiken offenlegen und dürfen sie nicht verstecken. Mit der Gründung von Zweckgesellschaften haben die Banken genau das Gegenteil gemacht, nämlich Eigenkapitalregeln umgangen und Risiken verborgen. Die Zweckgesellschaften nahmen kurzfristige Kredite auf und finanzierten damit den Kauf langfristiger Risikopapiere. Für die kurzfristigen Kredite bürgte zwar der Konzern, diese mussten jedoch nicht in der Konzernbilanz erscheinen und deshalb auch nicht mit Eigenkapital unterlegt werden, weil ihre Laufzeit weniger als ein Jahr betrug. Allerdings verbesserten die Gewinne aus diesen Geschäften durch die dicken Beratungsgebühren, die der Mutterkonzern den Zweckgesellschaften in Rechnung stellte, den Bilanzgewinn kräftig.

Es war der Zusammenbruch dieses Marktes, der den Kollaps des gesamten Finanzystems nach sich zog. Erst seit 2008 sind diese kurzfristigen Kreditlinien nach dem internationalen Bankenabkommen Basel II bilanzierungspflichtig und müssen deshalb mit Eigenkapital abgesichert werden. Aber warum wurde diese Bilanzierungspflicht überhaupt beschlossen – lange bevor von einer Krise die Rede war? Natürlich weil man die aus den Kredit- und Bilanztricks resultierenden Risiken erkannt hatte und in den Griff bekommen wollte. Im Klartext bedeutet das: Bankmanager haben also in vollem Bewusstsein des damit verbundenen, unzulässigen Risikos geltende Regeln bis zum Exzess ausgenutzt, obwohl deren Abschaffung bzw. Änderung schon beschlossen und nur noch nicht in Kraft getreten war.

Die Praxis der Zweckgesellschaften und aller anderen legalen, aber letztlich zu riskanten Geschäfte hatte nur einen Zweck: die geltenden Eigenkapital-Haftungsregeln der Banken zu umgehen bzw. außer Kraft zu setzen, um mehr Geschäfte mit höherer Rendite zu machen. Die internationale Bankenregel, das Verhältnis von verliehenem Geld und dem dafür haftenden Eigenkapital solle das Achtfache nicht überschreiten, stand den Renditezielen der Banker schlicht entgegen und wurde dementsprechend massiv „umgangen". So betrug bei Banken die tatsächliche Relation von verliehenem Geld und dafür haftendem Eigenkapital am Ende nicht mehr 8:1, sondern 80 oder 100:1. Der Rechtsmissbrauch liegt primär in diesem verantwortungslosen Umgang mit den geltenden Eigenkapitalregeln. Jochen Sanio, der oberste Finanzaufseher Deutschlands, Chef der Bundesanstalt für Finanzdienstleistungsaufsicht

(BaFin), kritisierte denn auch, dass „geschickte Finanzingenieure die geltenden Regeln, mit denen Risiken begrenzt werden sollten, aushebeln konnten
und dies auch getan haben."[1]

Maximales Risiko – minimales Risikomanagement

Je höher das Risiko, desto sorgfältiger das Risikomanagenent. Diesen Grund-
satz des Bankensektors scheinen die entfesselten Finanzjongleure geradezu
ins Gegenteil verwandelt zu haben: Je höher das Risiko, desto weniger wollte
man offensichtlich etwas von Risikokontrolle wissen. Das Argument der Verantwortlichen, man habe nicht gewusst, welche Risiken man mit der Investition in spekulative Finanzderivate eingehe, da diese die (von den Investmentbanken bezahlten) Ratingagenturen mit der höchsten Kreditwürdigkeit
versehen hätten, ist schlicht unglaubwürdig. Nicht nur wegen der mangeln-
den Sorgfaltspflicht. Was würde etwa ein Patient sagen, wenn sein Arzt ihm
das Rezept verschreibt, die Diagnose aber eine Ratingagentur, die von der
Pharmaindustrie bezahlt wird, erstellt hätte?

Dass es nur einsame Rufer in der Wüste waren, die das Platzen der Kredit-
blase vorausgesehen haben, ist ebenfalls eine Legende. Das Gegenteil ist richtig: Die Warnungen kamen aus dem Zentrum der Banken- und Finanzwelt.
Schon im Juni 2006 warnten die Experten der Bank für internationalen Zahlungsausgleich (BIZ), der renommierten Notenbanker-Zentrale in Basel, vor
der „Anfälligkeit der Kreditmärkte". Anlegern drohten „unerwartet hohe
Verluste" bei „übertriebenem Vertrauen in die Einschätzung der Ratingagenturen".

Wie aber haben die verantwortlichen Banker auf diese Warnung reagiert?
Sie haben das große Rad in dem vollen Bewusstsein weitergedreht, dass
sie den Karren eines Tages gegen die Wand fahren werden und damit ganz
bewusst das Leid von Millionen von Menschen in Kauf genommen. Ein ehemaliger Vorstand der Deutschen Bank bringt es so auf den Punkt: Uns allen
war klar, dass wir ein viel zu großes Rad drehen. Aber wir wussten auch, dass
es den Ersten, der aussteigt, am schlimmsten trifft.

Damit haben die Finanzjongleure nicht nur „Geld vernichtet", wie es
eher harmlos heißt. Sie haben Millionen von Menschen konkretes Leid und
Unglück zugefügt. Die verantwortlichen Bankmanager haben mit ihrem Verhalten alle hehren Bekenntnisse der Konzerne zu „Corporate Social Respon-
sibility" als reinen PR-Gag entlarvt. Denn gerade in der von der Finanzwelt
geforderten und durchgesetzten Liberalisierung des Marktes war eine besonders hohe Verantwortlichkeit gefordert. Doch geherrscht hat die pure Verantwortungslosigkeit.

Hier zeigt sich ganz deutlich: Moralische Appelle an Managerverhalten sind
in einem vom *shareholder value* getriebenen Wettbewerb nichts als Makula-
tur. Nur verbindliche Zwänge und Regeln verhindern Unmoral und Verant-

---

1 Vgl. die Dokumentation der Rede von Jochen Sanio in Frankfurt a.M. am 16.1.2008 in: „Blätter",
   3/2008, S. 117-121.

wortungslosigkeit. Je verantwortungsloser die alltägliche Praxis, desto aufge-blasener und verlogener wurden die ethischen Unternehmensgrundsätze in den Selbstdarstellungen der Banken formuliert. Die Leitlinien der „Deutschen Bank" zur „gesellschaftlichen Verantwortung" lesen sich geradezu wie eine Verhöhnung aller Opfer der Finanzkrise. In diesen Grundsätzen wird sogar versprochen, noch besser zu sein, als es die Gesetze fordern, also gerade das Recht nicht zu missbrauchen: „Über die gesetzlichen Bestimmungen hinaus berücksichtigen wir soziale, ethische und ökologische Aspekte im Alltag." Und dafür verspricht die Deutsche Bank auch, in ihrer „geschäftlichen Praxis bei der Verfolgung wirtschaftlicher Ziele immer auch ökologische, soziale und ethische Dimensionen zu berücksichtigen."[2]

Ein derartig krasses Missverhältnis von Rhetorik und Handeln impliziert entweder ein außerordentliches Unrechtsbewusstsein oder blanken Zynismus. Außerordentliches Unrechtsbewusstsein spiegelt sich auch in der Sprache der Finanzexperten. Die heute als toxisch eingestuften Papiere waren für sie nor-male „Produkte" und „Innovationen". In der Realwirtschaft müssen jedoch Hersteller, die Ihre Produkte in Umlauf bringen, für diese haften – und zwar verschuldensunabhängig. Sprich, wenn diese Produkte, auch bei ordnungs-gemäßer Anwendung, Dritte schädigen, ist der Hersteller in der Pflicht, den Schaden zu ersetzen. Übertragen auf die Welt der Finanzspekulationen hieße das, die Erfinder dieser „innovativen" Finanzprodukte wären ebenfalls für die von ihnen verursachten gigantischen gesellschaftlichen Schäden haftbar und müssten sie ersetzen.

Komplizenschaft von Politik und Medien

Während die Tatherrschaft eindeutig bei den verantwortlichen Bankern liegt, wurden deren Machenschaften durch die willfährige Unterstützung der Poli-tik erleichtert. Die Finanzkrise ist auch das Ergebnis eines unfassbaren Regie-rungs- und Regulierungsversagens. Anstatt die Finanzmärkte zu zähmen, geschah das Gegenteil – und zwar nicht nur in den USA oder Großbritannien, sondern auch in Deutschland. Im Koalitionsvertrag von 2005 vereinbarten die Regierungspartner CDU, CSU und SPD für den Finanzsektor, „überflüssige Regulierungen abzubauen" und „zur Erleichterung der Kreditvergabe durch die Banken […] die Regulierung der Finanzaufsicht auf das notwendige Maß zurückzuführen". Doch handelt es sich in diesem Fall weniger um gezielte Mittäterschaft der Politiker, sondern um das Versagen des politischen Systems. Womit wir es zu tun haben, ist eine Krise der Demokratie: Denn nicht exter-ner, unabhängiger Sachverstand prägt das Regierungshandeln, sondern die Interessen von Lobbyisten. Dafür nur zwei Beispiele: Das deutsche „Finanz-markt-Stabilisierungs-Ergänzungsgesetz" haben nicht etwa die Experten des Finanzministeriums geschrieben, sondern die US-Großkanzlei Freshfields Bruckhaus Deringer, eine Kanzlei also, die hochkarätige Mandanten aus der

2   Zit. nach. www.banking-on-green.de/de/content/unser_leitbild.html, sowie www.deutsche-bank.de/
    csr/de/content/zukunftsfaehigkeit_sichern.htm.

Finanzwirtschaft vertritt. Und auf europäischer Ebene setzt sich die von der EU-Kommission installierte „High Level Group", die Vorschläge zur Regulierung der Finanzmärkte erarbeiten soll, ausschließlich aus Bankern, Ex-Bankern und Lobbyisten von Finanzunternehmen zusammen.

Nicht zuletzt haben auch die Medien als „vierte Gewalt" im Staate versagt und ihren verfassungsmäßigen Auftrag als Kontrollorgane politischer Entscheidungen nicht erfüllt. Jahrelang wurde Josef Ackermann von Finanz- und Wirtschaftsjournalisten für das Ziel einer Eigenkapitalrendite von 25 Prozent gefeiert. Das Versagen der Medien hat ebenfalls Systemcharakter. Unter ständig steigendem Renditedruck, nur mit knappen Mitteln für unabhängige, tiefgehende Recherche ausgestattet, beziehen sie ihre Sachkenntnis zunehmend aus der Industrie. Zeit und Ressourcen in den Redaktionen fehlen, unabhängige Kontrolle durch die Medien findet auf diese Weise immer weniger statt.

Eigentlich müssten somit nicht nur die Banker, sondern auch die Medien bei uns Bürgerinnen und Bürgern Abbitte leisten. „New York Times" und „Washington Post" haben sich einst bei ihren Lesern dafür entschuldigt, dass sie an die Lügen der Regierung Bush hinsichtlich der Existenz von Massenvernichtungswaffen im Irak geglaubt hatten. Heute wäre eine Entschuldigung der Medien dafür fällig, dass sie dem Anhäufen von „finanzwirtschaftlichen Massenvernichtungswaffen" (Warren Buffet) kommentarlos zugesehen und damit zur immensen Schädigung des Allgemeinwohls beigetragen haben.

Doch von einer derartigen, grundsätzlich anderen Stoßrichtung sind die gegenwärtigen Maßnahmen zur Behebung der Krise weit entfernt. Im Gegenteil: Wie sehr auch die jetzt vorgeschlagenen Maßnahmen zur Regulierung der Finanzmärkte von Lobbyisten geprägt sind, zeigt sich an einem Beispiel überdeutlich. So werden zwar flächendeckende Kontrollen bei Finanztransaktionen gefordert, aber noch immer keine ausreichend konkreten, stringenten Anforderungen hinsichtlich des notwendigen Eigenkapitals gestellt. Doch nur wenn in Zukunft Finanzmarktgeschäfte mit ausreichendem Eigenkapital abgesichert werden, kann die bisherige „Regulierungsarbitrage" vermieden werden. Eine ausreichende Haftung mit Eigenkapital kann riskante Geschäfte bereits im Vorfeld verhindern. Sie würde zu einer effizienten Selbststeuerung der Finanzmärkte führen und diese auf ein für das Funktionieren der Realwirtschaft notwendiges Ausmaß reduzieren. Mehr bürokratische Kontrolle führt dagegen lediglich dazu, dass das Schattenbanksystem zwar vielleicht dichter kontrolliert, aber als solches nicht in Frage gestellt wird. „Solide, widerstandsfähige Eigenkapitalstandards" fordert demzufolge der Finanzaufseher Jochen Sanio.

Solange die Verantwortlichen für die Finanzkrise nicht klar benannt werden, nämlich vor allem die einzelnen beteiligten Bankmanager und ihre Aufsichtsräte, bleiben nicht nur Straftaten ungesühnt und Geschädigte erhalten keinen Schadenersatz. Es wird sich auch das Unrechtsbewusstsein der Akteure in der Finanzbranche nicht ändern. Bisher scheinen die Banker aus guten Gründen zu glauben, dass sie doch irgendwie davonkommen werden, künftig vielleicht etwas strikter kontrolliert werden, aber im Prinzip so weitermachen können wie bisher. Eine schonungslose gesellschaftliche Debatte über das Fehlverhalten dieser Branche muss daher die Basis dafür schaffen, dass sich das Desaster nicht wiederholt, sondern neue gesetzliche Regelungen auch tatsächlich greifen und nicht erneut ausgehebelt werden. Nur so lässt sich verhindern, dass diejenigen, die das Unheil angerichtet haben, weiterhin als Ratgeber des Regierungshandelns bestellt werden. Und nur so kann auch sichergestellt werden, dass die Kosten für die Sanierung der Finanzmärkte nicht den Opfern der Krise aufgebürdet werden, sondern den Verursachern.

Regierung und Parlament müssen jetzt eine unabhängige Aufarbeitung der Verantwortlichkeiten für die Finanz- und Wirtschaftskrise beschließen. Auch die Rolle des Staates und der staatlichen Finanzaufsicht muss dabei genau untersucht werden. Das ungeheure Geschehen an den Finanzmärkten ist kein Betriebsunfall. Es ist vielmehr ein Modellbeispiel dafür, wie gefährdet unser freiheitliches Wirtschaftssystem und unsere Demokratie sind. Manager großer Konzerne praktizieren eine Art haftungsfreien Kapitalismus, der die Prinzipien unserer Wirtschaftsordnung auf den Kopf stellt. Sie nehmen für sich jegliche unternehmerische Freiheit zur Gewinnerzielung in Anspruch, während sie sich dem unternehmerischen Risiko, für Verluste zu haften, erfolgreich entziehen. Dies wird sich nur ändern, wenn sich der Staat nicht mehr als Kooperationspartner der Finanzwirtschaft versteht. Und wenn er in Wahrnehmung seiner hoheitlichen Aufgaben die Interessen des Finanzmarktes der am Gemeinwohl ausgerichteten gesamtwirtschaftlichen Entwicklung unterordnet.

Wo bleibt der Reichtum?

Von **Dieter Klein**

Der 2008 veröffentlichte dritte Armuts- und Reichtumsbericht der Bundesregierung bestätigt den Trend der sozialen Polarisierung, der die Entwicklung der bundesdeutschen Gesellschaft bereits in den vergangenen Jahren gekennzeichnet hat. Während die Unternehmen und die Reichen ihren Anteil am gesellschaftlich produzierten Reichtum weiterhin – zum Teil erheblich – steigern konnten, sind die armen und von Armut bedrohten Bevölkerungsschichten sozial weiter zurückgefallen. Und dies trotz des der aktuellen Finanz- und Wirtschaftskrise vorausgegangenen wirtschaftlichen Aufschwungs, der doch angeblich die Arbeitslosigkeit reduziert und die Einkommen der Arbeitnehmerinnen und Arbeitnehmer gesteigert hat.[1]

In Wirklichkeit fand Beschäftigungszuwachs überwiegend im sogenannten Niedriglohnbereich statt, der nicht vor einem Abrutschen in die Armut schützt, und die Lohnzuwächse der abhängig Beschäftigten sind gering. Im Angesicht der sich ausbreitenden Armut in der reichen Bundesrepublik drängt sich daher die Frage auf: Wo verbleibt der gesellschaftliche Reichtum, der aus steigender Arbeitsproduktivität, Bildung und Wissen, aus weltweiter Arbeitsteilung und neuen Betriebsweisen erwächst?

Dies hat größte politische Bedeutung, weil der Öffentlichkeit ständig vermittelt wird, dass der Niedriglohnsektor auszuweiten sei, dass die Sozialstandards noch immer die Staats- und Unternehmenskassen überfordern würden und die Renten weiter zu sinken hätten. „Im Klartext: Erwerbstätige in den frühindustrialisierten Ländern müssen auf ihre gewohnte Arbeitsplatzsicherheit verzichten, hochmobil sein, fast jede sich bietende Arbeitsgelegenheit nutzen und vor allem bereit sein, Einkommenseinbußen hinzunehmen."[2]

Aber ist diese Entwicklung wirklich alternativlos? Und gibt es keinen Reichtum, der eingesetzt werden könnte, um diesen Trends entgegenzuwirken?

Die Ökonomie der Enteignung

Die erste Antwort auf die Frage nach dem Verbleib des Reichtums in der Gesellschaft lautet nach wie vor: Der Reichtum schwindet nicht, er wird „nur" von

---

1 Vgl. Lebenslagen in Deutschland. Der 3. Armuts- und Reichtumsbericht der Bundesregierung. Entwurf des Bundesministeriums für Arbeit und Soziales vom 19.5.2008; zum letzten Bericht vgl. auch Albert Scharenberg, Armutszeugnis, in: „Blätter", 2/2005, S. 135-138.
2 Meinhard Miegel, Epochenwende. Gewinnt der Westen die Zukunft? Berlin 2005, S. 78.

unten nach oben umverteilt. Für große Teile der Bevölkerung bedeutet dies die Minderung ihres Anteils am verfügbaren gesellschaftlichen Wohlstand.

Ein Grundprozess der Umverteilung ist die Absenkung der Masseneinkommen. Diese wird einerseits durch eine Reduzierung der Löhne und Gehälter umgesetzt. Andererseits wird die Umverteilung politisch bewirkt, insbesondere durch die Erhöhung des Anteils der Lohn- und Verbrauchsteuern bei gleichzeitiger Senkung des Anteils der Unternehmen- und Vermögensteuern am Gesamtsteueraufkommen.

Zu den Kernprojekten dieser neoliberalen Enteignungsökonomie gehört darüber hinaus die Privatisierung bisher öffentlicher Güter und öffentlicher Daseinsvorsorge. Der öffentliche Charakter einer Reihe von Gütern wie Wasser, Wald, Klimastabilität, Aufnahmefähigkeit der Natur für Emissionen und Biodiversität schien naturgegeben und ein Teil des gesamtgesellschaftlichen Reichtums zu sein. Nun aber wird die Wasserversorgung privatisiert, und hohe Preise für Wasserver- und -entsorgung schneiden Millionen Menschen, vor allem im globalen Süden, vom Zugang zur lebenswichtigen Ressource ab. Bisher frei nutzbare Natur verwandelt sich durch die Vergabe von Lizenzen und Zertifikaten zu ihrer Ausbeutung in privat verfügbares Eigentum. Die Erdatmosphäre – das öffentliche Gut schlechthin – wird durch den Emissionshandel der Warenwelt einverleibt und deren Gesetzen unterworfen. Durch die Gen-Patentierung werden Grundbausteine des Lebens zu einer Art Monopoleigentum – und damit auch zur Profitquelle für Pharmaunternehmen, medizinische Einrichtungen, Saatgut-, Pflanzenschutz- und Lebensmittelkonzerne.

Andere Güter wurden erst in langen Kämpfen zu öffentlichen Gütern: Bildung, Information, Wissen und Gesundheit. Sie sind dadurch gekennzeichnet, dass niemand von ihrer Nutzung ausgeschlossen werden kann – selbst nicht durch fehlende Kaufkraft. In den letzten Jahren sind allerdings auch diese Ressourcen verstärkt zu Objekten neoliberaler Privatisierungsstrategien geworden. Die früheren Rechtsansprüche der Bürgerinnen und Bürger auf Gesundheitsleistungen, Bildung, Mobilität und sozialstaatliche Leistungen werden durch die Privatisierung öffentlicher Daseinsvorsorge zunehmend in Waren verwandelt, die aus höchst ungleich gefüllten Geldbeuteln zu zahlen sind. Bürgerinnen und Bürger mutieren auf diese Weise zu Kundinnen und Kunden. Diejenigen, die über ausreichend Geld und Vermögen verfügen, sind die einstweiligen Gewinner. Die Übrigen sind die Verlierer. Mehr noch: Im Zuge der Umverteilung werden die einen reicher, *weil* die anderen ärmer werden.

Das gilt auch und gerade im globalen Maßstab. Die Differenz zwischen den Preisen für die Exporte der Industrieländer und denen der sogenannten Entwicklungsländer wächst tendenziell immer weiter an. Bei dieser Verschlechterung der Terms of Trade für die ärmeren Länder kommt der Politik ebenfalls eine zentrale Bedeutung zu, denn sowohl der Schuldendienst, den die ärmeren Länder an die Gläubiger in der OECD-Welt leisten, als auch die Importschranken, die die reichen Länder um ihre Märkte herum errichten, belasten die Entwicklung im Süden erheblich. So verdoppelte sich der jährliche Schuldendienst der „Dritten Welt" von 90 Mrd. US-Dollar 1980 auf 181 Mrd. US-

Dollar 2003 (einschließlich der ehemals staatssozialistischen Länder stieg er gar auf 343 Mrd. US-Dollar). Naturressourcen und Arbeitskräfte werden dort durch die Niederlassungen transnationaler Konzerne und deren Zulieferer ausgebeutet. Nicht zuletzt eignen sich die USA und ihre Verbündeten strategische Ressourcen gewaltsam an: durch direkte militärische Interventionen wie im Irak oder indem sie ihre Interessen, weniger sichtbar, in den sogenannten neuen Kriegen verfolgen.

Die Folge der Enteignungsprozesse ist eine skandalöse soziale Polarisierung rund um den Globus. Die US-Zeitschrift „Forbes" vom März 2009 weist weltweit 793 Milliardäre aus, die zusammen rund 2400 Mrd. US-Dollar besitzen – wohlbemerkt *nach* den teilweise riesigen Krisenverlusten. 469 Milliardäre leben in den Vereinigten Staaten; die Bundesrepublik liegt hier mit 54 Milliardären auf Platz 2. Insgesamt besaßen 2007, vor der Krise, 4400 Deutsche ein reines Finanzvermögen von jeweils mehr als 30 Mio. US-Dollar;[3] 798 000 sind Eigentümer eines Finanzvermögens von mehr als einer Million US-Dollar. Auf vier bis fünf Arbeitslose kommt also in Deutschland ein Finanzmillionär. Und allein die reichsten 25 Amerikaner haben ein Einkommen, das demjenigen von fast zwei Milliarden der ärmsten Menschen entspricht.[4] Weit über eine Milliarde Menschen lebt von weniger als einem US-Dollar pro Tag; fast drei Milliarden von weniger als zwei US-Dollar.[5] Alle fünf Sekunden stirbt ein Kind unter zehn Jahren an Hunger oder an Krankheiten, die mit Unterernährung verknüpft sind.[6]

Diese „Ökonomie der Enteignung" ist zu einem Kennzeichen des gegenwärtigen Kapitalismus geworden. Der Reichtumszuwachs bei den großen Unternehmen, in den Händen der Reichen und Superreichen resultiert jedoch nicht allein aus der unmittelbaren Produktion des Reichtums, sondern gerade auch aus der Enteignung wachsender Teile der Bevölkerung von bereits erreichter Teilhabe.[7]

Reichtumsverlust von bereits Geschaffenem: Umweltzerstörung

Die zweite Antwort auf die Frage nach dem Verbleib des anschwellenden Reichtums lautet: Reichtum verschwindet durch die Zerstörung von bereits Geschaffenem. Dies geschieht vor allem durch Umweltkrisen, Kriege oder medizinisch vermeidbare Krankheiten, aber auch durch die Wirtschaftskrise, das vorherrschende Verkehrssystem, die Wegwerfgesellschaft und andere Begleiterscheinungen des Kapitalismus.

Die Reichtumsverluste durch Umweltzerstörung erwachsen aus dem Umstand, dass sich Kapitallogik und Logik der Naturreproduktion in einem

3 „Forbes", 3/2009; Merrill Lynch und Capgemini, World Wealth Report 2007.
4 Branko Milanović, True World Income Distribution, 1988 and 1993: First Calculation Based on Household Surveys Alone, in: „Economic Journal", 112 (2002), S. 51-92.
5 UNDP, Bericht über die menschliche Entwicklung 2003, Berlin 2003, S. 51.
6 Jean Ziegler, Das Imperium der Schande. Der Kampf gegen Armut und Unterdrückung, München 2005, S. 102f.
7 Vgl. David Harvey, Der neue Imperialismus, Hamburg 2005; Christian Zeller (Hg.), Die globale Enteignungsökonomie, Münster 2004.

Konflikt befinden, der in eine Klimakatastrophe und in die Zerstörung anderer elementarer ökologischer Gleichgewichte zu führen droht. Auf diese Weise könnten irreparable Schäden am Ökosystem entstehen, wie beispielsweise das Abschmelzen des Polareises, der Kollaps des Amazonasregenwaldes oder Störungen des indischen Monsuns.

Der damalige Direktor des Umweltbundesamtes, Lutz Wicke, errechnete bereits für das Jahr 1984 einen jährlichen Umweltschaden in der Bundesrepublik in Höhe von sechs Prozent des Bruttosozialprodukts. Für 2002 bezifferte die Münchner Rück die allein durch Wetterereignisse eingetretenen globalen Schäden, die in den letzten drei Jahrzehnten um den Faktor 15 gestiegen sind, auf 55 Mrd. US-Dollar. Nach Schätzungen des Deutschen Instituts für Wirtschaftsforschung (DIW) könnte die Fortsetzung der gegenwärtigen Trends über einen Zeitraum von 50 Jahren zu weltweiten Verlusten in Höhe von bis zu 214 Billionen US-Dollar führen. In Deutschland könnte ein Ansteigen der globalen Oberflächentemperatur um bis zu 4,5 Grad Celsius als Folge des Versagens der Klimapolitik zu volkswirtschaftlichen Kosten von bis zu 800 Mrd. Euro im Laufe des Jahrhunderts führen. Nicholas Sterns Bericht „The Economics of Climate Change" schätzt die jährlichen Verluste, sofern nicht rasch eine klimapolitische Wende eingeleitet wird, auf 5 bis 20 Prozent des globalen Bruttoinlandsprodukts.[8] Rücksichtsloses Profitstreben führt also zu extremer Zerstörung des Naturreichtums wie des gesellschaftlich produzierten Reichtums.

Reichtum wird also vernichtet, weil der neoliberal geprägte Kapitalismus ein umweltzerstörender Kapitalismus ist, der zum drohenden ökologischen Suizid für große Teile der Menschheit zu werden droht.

Reichtumsverlust durch Kriege

Reichtumsverluste geschehen ferner durch Kriege, das heißt: Reichtum wird zerstört, weil „Imperialität" zum neoliberalen Kapitalismus gehört und immer wieder zu Kriegen führt.[9] Betrachten wir die Menschen selbst als den größten Reichtum, so stehen die Zerstörungen in den heutigen Kriegen denen in früheren kaum nach.

Die aus der imperialen Geopolitik der USA (aber auch der Verbündeten oder Russlands) erwachsenden Kriege zerstören in erschreckendem Ausmaß Reichtum in Gestalt von Hab und Gut der betroffenen Menschen sowie von Infrastruktur und Naturreichtum. Allein zwischen September 2003 und September 2004 kostete der Irakkrieg die Vereinigten Staaten 57,6 Mrd. US-Dollar, täglich also 177 Mio., nicht gerechnet den Einsatz des „normalen" Militärbudgets der Vereinigten Staaten und die Kriegsausgaben der verbündeten Staaten.[10] Unter Einbeziehung sämtlicher Kriegs- und Kriegsfolgekosten geht

---

8   Lutz Wicke, Umweltökonomie, München 1997, S. 95 ff.; Münchner Rück, Jahresrückblick Naturkatastrophen, 2002, München 2002; DIW-Wochenbericht, 42/2004, S. 617; Nicholas Stern, The Economics of Climate Change, dokumentiert in: „Blätter", 12/2006, S. 1513-1516.
9   Vgl. Rainer Rilling, Imperialität, in: Michael Brie (Hg.), Schöne neue Demokratie. Elemente totaler Herrschaft, Berlin 2007.
10 „Le Monde", 28.8.2004.

die Friedensorganisation „American Friends Service Committee" sogar von Kosten in Höhe von 720 Mio. US-Dollar täglich aus (dies schließt auch die Zerstörung von Städten, Dörfern, Straßen und Brücken des Irak ein).

Die Bundesrepublik übernahm für den ersten Irakkrieg im Jahre 1991, zusammen mit den Folgekosten, 10,6 Mrd. US-Dollar. Das war ihr Aufwand für die Zerstörungen im Irak, die insgesamt auf 200 Mrd. US-Dollar geschätzt werden.[11]

Zu den imperialen Kriegen der USA und ihrer Verbündeten kommen die sogenannten neuen Kriege. Im Unterschied zu Kriegen zwischen den Staaten finden sie überwiegend innerstaatlich oder innerhalb einer Region statt und sind in erheblichem Maße durch ihre Verflechtung mit den Zerfallsprozessen von Staaten und mit der Privatisierung kriegerischer Gewalt gekennzeichnet. Global agierende „Private Military Companies" mit einem Jahresumsatz über 100 Mrd. US-Dollar stellen beliebigen Kriegsparteien – ob Staaten oder Warlords – private Kampfverbände, militärische Logistik und Infrastruktur, Beratung und Ausbildung, Waffen und den Ausbau von Militärstützpunkten zur Verfügung. Auch militärische Gewalt wird damit zur Ware auf globalisierten Gewaltmärkten. Ein militärisches Unternehmertum bildet sich heraus. In Ländern wie Kongo, Angola, Afghanistan, Kolumbien und Indonesien hat diese Entwicklung zur Herausbildung von Kriegsökonomien geführt, die sich durch eine Verflechtung von Waffengewalt, militärischem Unternehmertum, international organisierter Kriminalität und eine Einbindung dieser drei Elemente in globale Wirtschaftskreisläufe und imperiale Strategien auszeichnen.[12]

Die Weltbank beziffert den Einkommensverlust eines „typischen" Bürgerkrieges auf mindestens 15 Prozent des Bruttoinlandsprodukts – mit dem Resultat des Anstiegs der in absoluter Armut lebenden Bevölkerung um etwa 30 Prozent.[13] „Untypische", mit Staatszerfall verbundene Kriege setzen zivile Wirtschaftskreisläufe für lange Zeit außer Kraft und führen so zu noch höheren Reichtumsverlusten.

Reichtumsverlust durch Krankheiten

Darüber hinaus erzeugen auch Krankheiten immense Verluste. Allein diejenigen Krankheiten, die längst vermieden oder geheilt werden könnten, kosten jährlich Dutzende Millionen Menschen das Leben, und hunderte Millionen werden so schwer geschädigt, dass mit ihrem Leid auch kaum erfassbare Produktivitätsverluste verknüpft sind.

Der Hunger und die chronische Mangelernährung von rund 800 Millionen Menschen (2004) haben gewiss Ursachen in den betroffenen Ländern

11 Naturwissenschaftler-Initiative Verantwortung für den Frieden, Eine vorläufige Bilanz des Golfkrieges, www.uni-muenster.de/PeaCon/wuf/wf-91/9110301m.htm.
12 Vgl. Rolf Uesseler, Neue Kriege, neue Söldner. Private Militärfirmen und globale Interventionsstrategien, in: „Blätter", 3/2005, S. 323-333; Dario Azzellini und Boris Kanzleiter (Hg.), Das Unternehmen Krieg. Paramilitärs, Warlords und Privatarmeen als Akteure der Neuen Kriegsordnung, Berlin u.a. 2003.
13 Vgl. Bettina Führmann, Krisenprävention in einer gewalttätigen Welt: Welchen Beitrag kann die Armutsbekämpfung leisten? In: Christoph Weller u.a., Friedensgutachten 2004, Münster 2004, S. 183.

des Südens selbst – im Versagen diktatorischer Regime, in Misswirtschaft und Korruption. Aber die Wurzeln des Hungers, des Fehlens von gesundem Trinkwasser für mehr als eine Milliarde Menschen und von ausreichender Sanitärversorgung für 2,4 Milliarden liegen auch im ausbeuterischen Schuldendienst, in der Entwicklung der Terms of Trade zu Ungunsten der meisten Länder der „Dritten Welt", im Transfer großer Teile der dort erwirtschafteten Profite in die Stammländer der transnationalen Unternehmen, in den hohen Lizenzzahlungen der sogenannten Entwicklungs- und Schwellenländer, in Finanzspekulationen auf die Erhöhung von Nahrungsgüterpreisen, in den Zugangsbeschränkungen des Südens zu den Märkten des Nordens und in der ruinösen Subventionierung der Exporte der Industrieländer – besonders von Agrarprodukten. So wird der Reichtumszuwachs des Nordens nicht zuletzt auch mit den Krankheiten und dem Tod von Millionen Menschen im Süden bezahlt.

In der westlichen Welt werden fortwährend neue Medikamente auf den Markt geworfen, von denen – Untersuchungen der amerikanischen Food and Drug Administration zufolge – 78 Prozent keine nennenswerten Behandlungsverbesserungen gebracht haben. Dagegen wird die Forschung zur Entwicklung von Medikamenten gegen Massenseuchen in den armen Ländern der Erde nur völlig unzureichend oder gar nicht betrieben. Nach Angaben der Weltgesundheitsorganisation (WHO) haben die zuständigen nationalen Behörden zwischen 1975 und 2000 weltweit 1393 neue Medikamente zugelassen, von denen nur 16 der Zurückdrängung von „vernachlässigten Krankheiten" in Entwicklungsländern dienen. Die Schlussfolgerung der WHO: „Auf pharmazeutischem Gebiet ist die regulierende Kraft des Marktes nicht in der Lage, die Bedürfnisse zu befriedigen. Normative Maßnahmen wären unerlässlich."[14]

Die Ursache für dieses Marktversagen liegt auf der Hand: Die Armen können selbst geringe Summen für Medikamente nicht zahlen. Und wo Regierungen durch ihre Gesetzgebung die Herstellung von Generika zu niedrigen Preisen ermöglichen wollen, verteidigen die Pharmakonzerne, wie das Beispiel Aids belegt, ihre Patente mit aller Macht – zulasten von Millionen Schwerstkranken.[15] Eine Welt, die wunderbare medizinische Heilungsmöglichkeiten hervorbringt, aber gleichzeitig hunderte Millionen, ja Milliarden Menschen von diesen Segnungen ausschließt, in der Unternehmen ihren Kapitalreichtum dadurch mehren, dass sie menschliches Leben gewissenlos opfern, ist selbst schwerkrank.

Wachsender Reichtum, weniger Wohlfahrt

Eine vierte Antwort auf die Frage nach dem Verbleib des Reichtums lautet: Reichtum wird vielfach in solchen Gebrauchswertformen produziert, dass

---

14 Zit. nach Ziegler, a.a.O., S. 225.
15 Vgl. Klaus Werner und Hans Weiss, Schwarzbuch Markenfirmen. Die Machenschaften der Weltkonzerne, Wien und Frankfurt a. M. 2001, S. 108 ff.

selbst ein Zuwachs an Reichtum einen Rückgang derjenigen Güter und Leistungen bedeutet, die die meisten Menschen wirklich brauchen.

Gemessen daran, dass der „wirkliche Reichtum [...] die entwickelte Produktivkraft aller Individuen" ist,[16] wird Kapital in erschreckendem Umfang an den tatsächlichen Bedürfnissen vorbei investiert. So bedeutet insbesondere der Anstieg der Weltmilitärausgaben von 686,5 Mrd. US-Dollar im Jahre 1999 auf 1235 Mrd. 2006 – ganz abgesehen von Leid und Zerstörung in Kriegen – einen wachsenden Abzug von Ressourcen, die eigentlich für die Lösung elementarer Menschheitsprobleme benötigt würden. Paradoxerweise erscheinen Rüstungsproduktion und Militäraufwendungen statistisch zwar als Steigerung des Bruttosozialprodukts, mindern jedoch in Wirklichkeit zugleich die Finanzierung von Entwicklungshilfe, Bildung, Gesundheit, Kultur und anderen Bereichen der öffentlichen Daseinsvorsorge und der zivilen Produktion.

Darüber hinaus vernichtet auch der neoliberale Finanzmarktkapitalismus gesellschaftlichen Reichtum – wie gegenwärtig die Folgen der Finanz- und Wirtschaftskrise auf geradezu dramatische Art und Weise illustrieren.[17] Zwar haben die internationalen Kredit- und Wertpapiermärkte die Finanzierung von Boomphasen wie in den 90er Jahren gewährleistet und damit vorübergehend den gesellschaftlichen Reichtum gemehrt. Dennoch führten die bedenkenlose Vergabe von *Subprime*-Krediten (euphemistisch für faule Kredite) und die übersteigerte Emission von Aktien zu Überdehnungen, die das Platzen von Spekulationsblasen nach sich zogen. Weitere Folgen, beispielsweise mit Blick auf die ökologischen Auswirkungen, ergeben sich aus der den Finanzmärkten eigenen Kurzfristigkeit und Unterkomplexität von Wirtschaftsentscheidungen. Da sich die Finanzmärkte schließlich nationalstaatlicher Kontrolle besonders stark entziehen konnten, sind sie weitgehend immunisiert gegenüber sozialen Verpflichtungen. Auch das verstärkt den Trend des wachsenden Reichtums zum Nachteil der Mehrheit der Bevölkerung.

Reichtumsverluste für das Gemeinwesen ergeben sich ferner aus „gewöhnlicher" Wirtschaftskriminalität und dem Eindringen mafioser Strukturen in die reguläre Wirtschaft. Schätzungen des Korruptionsaufwandes (etwa bei Siemens von über einer Milliarde Euro) verweisen darauf, dass dies auch hierzulande kein Randphänomen außerhalb des regulären Wirtschaftsprozesses ist. Der jährliche Schaden durch Wirtschaftskriminalität beträgt nach Interpol-Angaben allein in Westeuropa mehr als 500 Mrd. US-Dollar. Der weltweite Umsatz des organisierten Berufsverbrechens übertrifft 1,5 Billionen US-Dollar. Kriminelles und mafioses Handeln bedeutet „Verschwinden" von Reichtum in einem dunklen Geflecht krimineller Akteure. Es entzieht Teile des Bruttoinlandsprodukts der regulären Verwendung für die Wohlfahrt der Bürgerinnen und Bürger. Dergleichen geschieht auch in Gestalt von Steuerhinterziehungen, wie 2008 anhand des Beispiels Liechtenstein deutlich wurde, und durch die Verteuerung öffentlicher Investitionen durch Korruption. Ein Verlust entsteht darüber hinaus durch die Schaffung von Überkapazitäten – beispielsweise bei Müllverbrennungs- und Abwasseranlagen oder beim Bau

---

16 Karl Marx, Grundrisse der Kritik der politischen Ökonomie, in: MEW 42, S. 604.
17 Vgl. Dieter Klein, Krisenkapitalismus. Wohin es geht, wenn es so weiter geht, Berlin 2008.

von Staudämmen – infolge der Bestechung der öffentlichen Auftraggeber und der Aufsicht. Schließlich sind mafiose Wirtschaftsstrukturen oft mit kriminellen Kriegsökonomien in verschiedenen Erdregionen verbunden.

Die Gesamtheit dieser Prozesse erzeugt Wirkungen, die über die Entwicklung, Struktur und Verteilung des Reichtums hinausgehen. Sie tragen zur Erosion des sozialen Zusammenhalts der Gesellschaft und zur moralischen Delegitimierung der herrschenden Verhältnisse bei. Mit der Entsicherung der Bürgerinnen und Bürger wird auch die Demokratie erheblich geschwächt. Doch der verfügbare materielle Reichtum eröffnet „an sich" größte Chancen zur Lösung gravierender Probleme. Auf die Agenda der alternativen gesellschaftlichen Kräfte gehört deshalb eine Erneuerung und Stärkung der Demokratie, die die tatsächliche Nutzung dieser Chancen ermöglicht.

Wessen Reichtum?

Allerdings verläuft das Wirtschaftswachstum in den letzten Jahrzehnten in den Industrieländern (mit Ausnahme vor allem der durch „Sonderbedingungen" gekennzeichneten amerikanischen Volkswirtschaft) tendenziell linear. Mit anderen Worten: Seit Beginn der 60er Jahre bleibt der Umfang des produzierten Reichtumszuwachses – ausgedrückt im Bruttosozialprodukt – tendenziell gleich bzw. steigt aufgrund sinkender Wachstumsraten nicht proportional zur Größe des bereits vorhandenen Sozialprodukts.[18] Dies bedeutet zugleich, dass sich der jährliche ökonomische Handlungsspielraum nicht wesentlich vergrößert – obwohl die Lösung der aufgestauten Probleme den Einsatz erheblicher Ressourcen erfordert.

Ein solches lineares Wachstum würde auch durch den Einstieg in emanzipatorische sozialökologische Alternativen nicht aufgehoben werden. Da die ökologischen Herausforderungen kaum zu höheren, sondern eher zu geringen Wachstumsraten führen dürften, trifft sogar eher das Gegenteil zu.[19]

Dieser Zusammenhang verdeutlicht, dass politisches Umsteuern dringend geboten ist – gerade auch mit Blick auf die Umverteilung des Reichtums zugunsten eines sozialökologischen Umbaus zur Abwendung einer Klimakatastrophe und Überwindung der Armut, zur Stärkung öffentlicher Daseinsvorsorge und Erneuerung sozialer Sicherungssysteme. Geboten sind auch eine entschlossene Revitalisierung der Abrüstungspolitik sowie eine grundlegende Umkehr in der Bildungs-, Wissenschafts-, Forschungs- und Strukturpolitik, die die Gebrauchswertstruktur der Reichtumsproduktion zugunsten des tatsächlichen Bedarfs der Bürgerinnen und Bürger verändert.

Projekte zum Einstieg in eine alternative sozialökologische Entwicklung werden daher nur unter einem gemeinsamen Nenner erfolgreich sein: wenn sie dem Privatisierungs- und Enteignungsprozess die Aneignung oder Wiederaneignung der eigenen Lebensbedingungen durch die Individuen und kollektiven Akteure entgegensetzen. Gerechtigkeit muss zum Maß emanzipato-

18 Groningen Growth and Development Centre, Januar 2005, Total Economy Date Base.
19 Vgl. Elmar Altvater, Das Ende des Kapitalismus, wie wir ihn kennen, Münster 2005.

rischer Reformalternativen werden: Jeder und jedem steht eine sozial gleiche Teilhabe an den elementaren Bedingungen für ein selbstbestimmtes Leben in sozialer Sicherheit und Solidarität zu.[20]

Die eigentliche Antwort auf die Frage nach dem Verbleib des wachsenden gesellschaftlichen Reichtums – inmitten einer von sozialer Polarisierung und, wie der jüngste Bericht der Bundesregierung erkennen lässt, auch von Verarmung gekennzeichneten Gesellschaft – lautet daher: Alle durch Reichtum gebotenen Möglichkeiten eines guten Lebens, alle Chancen für die Gesellschaft als Ganze und für die Einzelnen werden nur dann nicht mehr permanent untergraben, sondern in vollem Maße ausgeschöpft werden können, wenn nicht mehr das Kapital und seine Mehrung, sondern der einzelne Mensch selbst im Mittelpunkt der gesellschaftlichen Entwicklung steht – Reichtum menschlicher Persönlichkeitsentwicklung anstelle von Kapitalreichtum.

20 Vgl. Dieter Klein, Milliardäre – Kassenleere. Rätselhafter Verbleib des anschwellenden Reichtums, Berlin 2006.

Feminismus, Kapitalismus und die List der Geschichte

Von **Nancy Fraser**

Im Rückblick auf rund 40 Jahre Neue Frauenbewegung möchte ich nachfolgend eine Einschätzung des Gesamtverlaufs dieser Bewegung und ihrer geschichtlichen Bedeutung wagen. Durch eine Rekonstruktion des Weges, den wir zurückgelegt haben, hoffe ich, die Herausforderungen, vor denen wir heute stehen, ins rechte Licht rücken zu können – heute, das heißt angesichts einer tiefen Wirtschaftskrise, sozialer Ungewissheit und politischer Umgruppierungen.

Meine Darstellung konzentriert sich auf drei Punkte im historischen Ablauf. An jedem von ihnen lässt die Neue Frauenbewegung sich in Relation zu einem ganz bestimmten Stadium der Kapitalismusgeschichte setzen. Der erste dieser Punkte betrifft die Anfänge der Bewegung im Kontext dessen, was ich als „staatlich organisierten Kapitalismus" bezeichne. Punkt zwei bezieht sich auf den Evolutionsprozess des Feminismus im dramatisch gewandelten Kontext des aufkommenden Neoliberalismus. Der dritte Punkt diskutiert die Möglichkeit einer Neuorientierung des Feminismus im Rahmen der gegenwärtigen kapitalistischen Krise, die die Anfänge eines Übergangs vom Neoliberalismus zu einer neuen Form der Gesellschaftsorganisation markieren könnte.

Diese Darstellungsweise, mit ihrer Bezugnahme auf die Geschichte des Kapitalismus, unterscheidet sich von gängigen Vorstellungen über die Neue Frauenbewegung. Oft heißt es nämlich, der relative Erfolg der Bewegung im Kampf um kulturelle Veränderungen stehe in scharfem Gegensatz zu ihrem relativen Scheitern im Hinblick auf echten institutionellen Wandel. Dieser Lesart zufolge sind die in früheren Jahrzehnten so umstrittenen feministischen Gleichberechtigungsideale jetzt mitten im gesellschaftlichen Mainstream gelandet, obwohl ihre Verwirklichung in der Praxis weiterhin aussteht.

Es spricht einiges für diese Sicht, die zu Recht konstatiert, dass feministische Ideen heute verbreitet Akzeptanz finden. Aber die These vom kulturellen Erfolg bei institutionellem Scheitern trägt nicht allzu viel dazu bei, die historische Bedeutung und die Zukunftsaussichten der Neuen Frauenbewegung ins rechte Licht zu rücken. Mit der Behauptung, das Institutionelle sei hinter dem Kulturellen zurückgeblieben – als ob das eine sich ohne das andere wandeln könnte –, legt sie die Annahme nahe, wir müssten lediglich dafür sorgen, dass das erstere mit dem letzteren gleichzieht, um die feministischen Hoffnungen zu verwirklichen. Aber auf diese Weise gerät eine komplexere, verstörende

Möglichkeit aus dem Blick: nämlich dass die Ausbreitung kultureller Einstellungen, die der Neuen Frauenbewegung entstammen, sich als integraler Bestandteil einer anderen gesellschaftlichen Transformation erweist, welche die Feministinnen weder erstrebt noch vorhergesehen haben – einer Umgestaltung der gesellschaftlichen Organisation des Nachkriegskapitalismus. Die These lässt sich auch schärfer formulieren: Die kulturellen Veränderungen, die die Neue Frauenbewegung in Gang setzen konnte, dienten, so heilsam sie an sich sind, zugleich der Legitimation eines strukturellen Umbaus der kapitalistischen Gesellschaft, welcher feministischen Visionen einer gerechten Gesellschaft diametral zuwiderläuft.

In dem vorliegenden Essay möchte ich dieser irritierenden Möglichkeit nachgehen. Meine Hypothese lässt sich folgendermaßen skizzieren: Was an der Neuen Frauenbewegung wirklich neu war, das war die Art und Weise, in der sie – immer in kritischer Auseinandersetzung mit dem androzentrischen staatlich organisierten Kapitalismus – drei analytisch zu unterscheidende Dimensionen geschlechtsbezogener Ungerechtigkeit miteinander verband. Indem sie den staatlich organisierten Kapitalismus einer weit ausgreifenden und vielschichtigen Analyse unterzogen, in der die drei genannten Perspektiven einander zwanglos durchdringen konnten, leisteten die Feministinnen eine ebenso weit verzweigte wie systematische Kritik. Doch in den folgenden Jahrzehnten geriet der Zusammenhang dieser drei Dimensionen der Ungerechtigkeit aus dem Blick, und sie wurden sowohl voneinander wie von der Kapitalismuskritik getrennt. Diese Fragmentierung der feministischen Kritik führte zur selektiven Eingliederung, zur partiellen Reintegration einiger ihrer Strömungen. Abgetrennt voneinander und von der Gesellschaftskritik, die sie miteinander verbunden hatte, wurde so manche Hoffnung der Neuen Frauenbewegung in den Dienst eines Projekts gestellt, dass unserer größeren, ganzheitlichen Vision der gerechten Gesellschaft zutiefst widersprach. Utopische Wünsche entwickelten eine Art Doppelleben, als Stimmungslagen, die den Übergang zu einer neuen Kapitalismusform legitimieren halfen: zu einem postfordistischen, transnationalen, neoliberalen Kapitalismus.

Feminismus und staatlich organisierter Kapitalismus

Zunächst geht es mir darum, die Entstehung der Neuen Frauenbewegung in den Kontext des staatlich organisierten Kapitalismus zu stellen. Unter „staatlich organisiertem Kapitalismus" verstehe ich die nach dem Zweiten Weltkrieg hegemoniale Gesellschaftsformation, in der den Staaten bei der Steuerung der jeweiligen Nationalökonomie eine aktive Rolle zukam.[1] Ich verwende diesen Begriff zur Bezeichnung der OECD-Wohlfahrtsstaaten und der ex-kolonialen Entwicklungsregime der Nachkriegszeit. Staaten dieser beiden Typen waren es ja, in denen Anfang der 70er Jahre die Neue Frauenbewegung zuerst in

---

1 Zur Diskussion des Begriffs vgl. Friedrich Pollock, Staatskapitalismus, in: Helmut Dubiel und Alfons Söllner (Hg.), Wirtschaft, Recht und Staat im Nationalsozialismus: Analysen des Instituts für Sozialforschung 1939-1942, Frankfurt a. M. 1981, S. 81-109.

Erscheinung trat. Was genau provozierte diese Eruption? Zur Erklärung verweise ich auf vier Charakteristika, welche die politische Kultur des staatlich organisierten Kapitalismus bestimmten.

Ökonomismus: Der staatlich organisierte Kapitalismus beinhaltete per definitionem den Einsatz öffentlicher politischer Macht zur Regulierung der Wirtschaftsmärkte (die er in manchen Fällen sogar ersetzte). Dabei handelte es sich im Wesentlichen um Krisenmanagement im Kapitalinteresse. Dennoch bezogen die betreffenden Staaten ihre politische Legitimität großenteils aus dem Anspruch, Inklusion, soziale Gleichstellung und klassenübergreifende Solidarität zu fördern. Soziale Fragen wurden hauptsächlich im Rahmen distributiver Begriffe behandelt, als Angelegenheiten, die die gerechte Allokation teilbarer Güter betrafen, besonders von Einkommen und Arbeitsplätzen, während man die gesellschaftlichen Spaltungen primär im Klassenprisma sah. Diese klassenzentrierte ökonomistische Vorstellungswelt bewirkte eine Marginalisierung anderer Dimensionen, anderer Orte und Achsen der Ungerechtigkeit.

Androzentrismus: Die Folge war, dass die politische Kultur des staatlich organisierten Kapitalismus sich den idealtypischen Staatsbürger als einen der ethnischen Majorität angehörigen männlichen Arbeitnehmer vorstellte – als Ernährer und Familienvater. Zugleich wurde allgemein angenommen, dass der Arbeitslohn dieses Mannes die hauptsächliche, wenn nicht gar die einzige wirtschaftliche Grundlage seiner Familie zu bilden hatte, während alle etwaigen Arbeitseinkünfte seiner Ehefrau als bloßer Zuverdienst galten. Dieses tief in hergebrachten Geschlechterstereotypen verankerte Konstrukt vom „Familienlohn" diente gleichermaßen als gesellschaftliches Ideal, das Modernität und Aufstiegschancen versprach, wie als Grundlage staatlicher Politik in Beschäftigungs-, Wohlfahrts- und Entwicklungsfragen. Noch in den 50er und 60er Jahren diente das Ideal des Familienlohns, obwohl bereits weitgehend kontrafaktisch, der Festlegung von Gender-Normen und der Disziplinierung derjenigen, die gegen sie verstießen. Es stärkte die Autorität des Mannes im Haushalt und kanalisierte Glückserwartungen in den privatisierten häuslichen Konsum. Und mit ihrer Überbewertung der Lohnarbeit verstellte die politische Kultur des staatlich organisierten Kapitalismus – nicht minder folgenreich – den Blick auf die gesellschaftliche Bedeutung unbezahlter Pflegeleistungen und der Reproduktionsarbeit. Indem sie androzentrische Vorstellungen von Familie und Arbeit institutionalisierte, naturalisierte sie Geschlechterungerechtigkeiten und entzog diese der politischen Auseinandersetzung.

Etatismus: Der staatlich organisierte Kapitalismus war zugleich etatistisch orientiert, von einem technokratischen Geist, einem Managerethos durchzogen. Wohlfahrtsstaaten und Entwicklungsregime behandelten, indem sie sich bei der Politikentwicklung auf professionelle Experten und bei der Implementierung auf bürokratische Apparate verließen, diejenigen, denen sie angeblich dienten, eher als Klienten, Konsumenten und Steuerzahler denn als aktive Bürgerinnen und Bürger. Was dabei herauskam, war eine entpolitisierte Kultur, welche Gerechtigkeitsfragen als technische Fragen ansah, die durch Sachverständigen-Kalkulationen oder korporatistische Aushandlungsverfahren zu regeln seien.

Orientierung auf das „westfälische" Staatensystem: Schließlich ist festzuhalten, dass es sich beim staatlich organisierten Kapitalismus per definitionem um eine nationale Formation handelte, die danach strebte, die Potentiale von Nationalstaaten zu mobilisieren, um die nationalökonomische Entwicklung im Namen der Bürgerinnen und Bürger des jeweiligen Staates zu fördern. Ermöglicht durch das Regelwerk von Bretton Woods beruhte diese Formation auf der Aufteilung des politischen Raumes in territorial abgegrenzte Gemeinwesen. Im Ergebnis institutionalisierte die politische Kultur des staatlich organisierten Kapitalismus die „westfälische" (das heißt die seit dem Westfälischen Frieden von 1648 vorherrschende) Auffassung, verbindliche Rechtsvorschriften und Gerechtigkeitsgebote hätten nur für die Bürger eines solchen Gemeinwesens untereinander Geltung. Das verstümmelte die Idee der Gerechtigkeit und verkürzte ihre Reichweite, wodurch grenzüberschreitende Ungerechtigkeiten marginalisiert bzw. sogar vollständig aus dem Blick gerückt wurden.[2]

Die Kritik der Neuen Frauenbewegung

Allgemein gesprochen war die politische Kultur des staatlich organisierten Kapitalismus also ökonomistisch, androzentrisch, etatistisch und in internationaler Hinsicht auf ein System souveräner Nationalstaaten zugeschnitten – alles Eigenschaften, die seit Ende der 60er Jahre zum Gegenstand feministischer Kritik wurden. Gehen wir diese Aspekte Punkt für Punkt durch.

Neue Frauenbewegung contra Ökonomismus: In ihrer Weigerung, Ungerechtigkeit ausschließlich in der Perspektive der Ungleichverteilung zwischen sozialen Klassen zu sehen, traf sich die Neue Frauenbewegung mit anderen emanzipatorischen Bewegungen, um die restriktive, ökonomistische Vorstellungswelt des staatlich organisierten Kapitalismus aufzusprengen. Die Politisierung „des Privaten" weitete die Bedeutung des Gerechtigkeitsbegriffs aus und benannte auch gesellschaftliche Ungleichheiten als Unrecht, die seit Urzeiten übersehen, geduldet oder gerechtfertigt worden waren. Sie lehnte sowohl die ausschließliche Fokussierung des Marxismus auf die politische Ökonomie wie jene des Liberalismus auf Recht und Gesetzlichkeit ab und enthüllte andere Ungerechtigkeiten – in Familie und kulturellen Traditionen, in Zivilgesellschaft und Alltagsleben. Darüber hinaus dehnte die Neue Frauenbewegung den Einzugsbereich des Rechtes auf vormalige Privatangelegenheiten wie Sexualität, Hausarbeit, Reproduktion und Gewalt gegen Frauen aus.[3] Der solchermaßen erweiterte Begriff der Ungerechtigkeit erfasst nicht nur Erscheinungen wirtschaftlicher Ungleichheit, sondern auch Statushierarchien und Asymmetrien politischer Macht. Im Rückblick lässt sich kon-

---

2   Zum „westfälischen" politischen Denken vgl. ausführlich Nancy Fraser, Reframing Justice in a Globalizing World, in: „New Left Review", 7/2005; vgl. auch Seyla Benhabib, Kosmopolitismus und Demokratie: Von Kant zu Habermas, in: „Blätter", 6/2009.

3   Vgl. auch Stefanie Ehmsen, Der halbe Weg zur Hälfte des Himmels. Vier Jahrzehnte Neue Frauenbewegung, in: „Blätter", 9/2008, S. 91-99.

statieren, dass die Neue Frauenbewegung ein monistisches, ökonomistisches Gerechtigkeitsverständnis durch ein breiteres, dreidimensionales Verständnis ersetzt hat, das sowohl die Wirtschaft als auch Kultur und Politik umfasst.

Was die Unmenge neu entdeckter Ungerechtigkeiten miteinander verband, war die Erkenntnis, dass die Unterordnung der Frauen systemisch und in den Tiefenstrukturen der Gesellschaft begründet ist. Die meisten der Neuen Feministinnen – mit der bemerkenswerten Ausnahme der liberalen Feministinnen – stimmten darin überein, dass eine radikale Transformation der gesellschaftlichen Tiefenstrukturen insgesamt erforderlich sei, um die Unterordnung der Frauen zu überwinden. Diese gemeinsame Überzeugung von der Notwendigkeit einer Systemtransformation lässt die Ursprünge der Bewegung in dem umfassenderen emanzipatorischen Gärungsprozess jener Zeit erkennen.

Neue Frauenbewegung contra Androzentrismus: Auch wenn die Neue Frauenbewegung aus der allgemeinen Aufbruchstimmung des 60er-Jahre-Radikalismus resultierte, war ihr Verhältnis zu anderen emanzipatorischen Bewegungen doch gespannt. Schließlich kämpfte sie vor allem gegen die Geschlechterungerechtigkeit des staatlich organisierten Kapitalismus, die für nichtfeministische Antiimperialisten und Neue Linke kaum im Vordergrund stand. Sozialistische, antiimperialistische und schwarze Feministinnen standen vor der Schwierigkeit, gegen den Sexismus innerhalb der Linken anzugehen und dabei doch Teil derselben zu bleiben.

Zumindest eine Zeit lang schafften sozialistische Feministinnen es tatsächlich, diese schwierige Balance zu halten. Sie verorteten den harten Kern des Androzentrismus in einer geschlechtsspezifischen Arbeitsteilung, welche alle Tätigkeiten systematisch entwertete, die von Frauen – ob bezahlt oder unbezahlt – ausgeübt wurden oder mit ihnen verbunden waren. Mit dieser Analyse des staatlich organisierten Kapitalismus legten sie die tiefenstrukturellen Zusammenhänge offen: zwischen der Verantwortlichkeit der Frauen für den Löwenanteil unbezahlter Betreuungs- und Sorgearbeit, ihrer Subordination in der Ehe und im Privatleben, der geschlechtsspezifischen Segmentierung der Arbeitsmärkte, der Männervorherrschaft im politischen System und dem Androzentrismus der sozialstaatlichen, industrie- und entwicklungspolitischen Konzeptionen. Im Ergebnis identifizierten sie den „Familienlohn" als den Punkt, in dem geschlechtsbedingte Ungleichverteilung, mangelnde Anerkennung und mangelnde Vertretung in den gesellschaftlichen Entscheidungsprozessen konvergierten. Weit entfernt davon, einfach nur die volle Eingliederung der Frauen in die kapitalistische Gesellschaft als Lohnempfängerinnen zu betreiben, strebte die Neue Frauenbewegung nach einer Transformation der Tiefenstrukturen und Orientierungswerte des Systems – zum Teil durch Relativierung der Lohnarbeit und Aufwertung unbezahlter Tätigkeiten, insbesondere der von Frauen erbrachten gesellschaftlich notwendigen Betreuungs- und Sorgearbeit.

Neue Frauenbewegung contra Etatismus: Wie ihre Verbündeten von der Neuen Linken lehnten auch die Neuen Feministinnen den bürokratischen Geist und das Managerethos des staatlich organisierten Kapitalismus ab. Die verbreitete Kritik am fordistischen Organisationstyp ergänzten sie um eine

Gender-Analyse, die die Kultur der von oben gesteuerten Großorganisationen als Ausdruck einer modernisierten Männlichkeit der professionellen Manager im staatlich organisierten Kapitalismus deutete.[4] Im Zusammenhang mit der Ausbildung eines nicht-hierarchischen Gegen-Ethos schwesterlicher Verbundenheit entwickelte die Neue Frauenbewegung die neuartige Organisations- und Aktivierungspraxis des *consciousness-raising* (Bewusstseinsbildung). Sie versuchte, die für den Etatismus charakteristische scharfe Trennung von Theorie und Praxis zu überbrücken und präsentierte sich dabei als gegenkulturelle Demokratisierungsbewegung – antihierarchisch, partizipatorisch und demotisch (also auf „Menschen wie Du und ich" zugehend).

Aber anders als einige ihrer gegenkulturellen Genossen lehnten die meisten Feministinnen staatliche Institutionen nicht einfach *als solche* ab. Vielmehr fassten sie, um die letzteren mit feministischen Werten zu erfüllen, einen partizipatorisch-demokratischen Staat ins Auge, der seine Bürgerinnen und Bürger „ermächtigte", also im Sinne eines „Empowerment" befähigte, für sich selbst zu sprechen und zu handeln. Sie stellten sich das Verhältnis von Staat und Gesellschaft grundlegend verändert vor, und sie waren bestrebt, passive Objekte staatlicher Sozial- oder Entwicklungspolitik in aktive Subjekte zu verwandeln, die fähig sind, sich in demokratische Verfahren der Bedarfs- und Bedürfnisermittlung einzuschalten. Dementsprechend bestand das Ziel weniger in der Auflösung staatlicher Institutionen als darin, sie zu Agenturen umzugestalten, die Geschlechtergerechtigkeit fördern, ja sogar sozusagen verkörpern.

Neue Frauenbewegung contra und pro „Westfälisches System": Ambivalenter war das Verhältnis des Neuen Feminismus zur „westfälischen" Dimension des staatlich organisierten Kapitalismus. Angesichts ihrer Ursprünge in der weltweiten Protestbewegung jener Zeit gegen den Vietnamkrieg lag es nahe, dass die Neue Frauenbewegung sensibel auf grenzüberschreitende Ungerechtigkeiten reagierte. Dies galt insbesondere für Feministinnen in der „Dritten Welt", deren Gender- mit Imperialismuskritik einherging. Aber dort wie anderswo auch betrachteten die meisten Feministinnen den eigenen Staat als Hauptadressaten ihrer Forderungen. So tendierte die Neue Frauenbewegung dazu, sich in der Praxis innerhalb des westfälischen Rahmens zu bewegen, selbst wenn dieser auf theoretischer Ebene Gegenstand feministischer Kritik war. Im Kontext des staatlich organisierten Kapitalismus wirkte der (für manche schon als solcher des Imperialismus oder der Bevormundung verdächtige) Slogan „sisterhood is global" eher künstlich, als abstrakte Geste, denn als ein postwestfälisches politisches Projekt, das sich in der Praxis vorantreiben ließ.

Im Allgemeinen blieb die Neue Frauenbewegung – selbst in ihrer Ökonomismus-, Androzentrismus- und Etatismuskritik am staatlich organisierten Kapitalismus – auf ambivalente Weise „westfälisch". Doch unter allen genannten Aspekten bewies sie ein beachtliches Differenzierungsvermögen. So sehr sie den Ökonomismus ablehnten, so wenig zweifelten die Feministinnen dieser Zeit am zentralen Stellenwert der Verteilungsgerechtigkeit und

---

4   Vgl. hierzu auch den Beitrag von Ingrid Kurz-Scherf in diesem Band.

der Kritik der Politischen Ökonomie für das Projekt der Frauenemanzipation. Weit davon entfernt, die ökonomische Dimension der Geschlechterungerechtigkeit zu unterschätzen, strebten sie eher danach, deren Bedeutung noch zu unterstreichen, indem sie herausarbeiteten, wie die Ökonomie mit den beiden zusätzlichen Dimensionen der Kultur und der Politik zusammenhing. Ebenso dachte die Neue Frauenbewegung, wenn sie den Androzentrismus des „Familienlohns" kritisierte, niemals daran, an seine Stelle einfach nur die Doppelverdiener-Familie zu setzen. Für sie bedeutete Überwindung der Geschlechterungerechtigkeit, mit der systematischen Abwertung von Pflege- und Sorgetätigkeiten und der geschlechterorientierten Arbeitsteilung sowohl bei bezahlten wie bei unbezahlten Tätigkeiten Schluss zu machen. Und schließlich hat die Zweite Frauenbewegung, so heftig sie den Etatismus des staatlich organisierten Kapitalismus ablehnte, doch nie bezweifelt, dass es starker politischer Institutionen bedarf, um das Wirtschaftsleben in den Dienste der Gerechtigkeit zu stellen. Weit entfernt davon, die Märkte von staatlicher Kontrolle befreien zu wollen, suchte sie vielmehr die Staatsmacht zu demokratisieren, ein Höchstmaß an Bürgerbeteiligung zu erreichen, die Verantwortlichkeit und Rechenschaftspflicht zu erhöhen und die Kommunikation zwischen Staat und Gesellschaft zu intensivieren. Die Neue Frauenbewegung verfolgte also ein breit angelegtes Emanzipationsprojekt, das auf eine radikale Umgestaltung der Tiefenstrukturen der kapitalistischen Gesellschaft zielte.

Der Feminismus und der „neue Geist des Kapitalismus"

Wie sich herausstellte, war dieses Projekt eine Totgeburt, ein Opfer tiefer reichender historischer Mächte, von denen man sich damals keine rechte Vorstellung machte. Im Rückblick erkennen wir jetzt, dass der Aufstieg der Neuen Frauenbewegung mit einer historischen Wesensveränderung des Kapitalismus zusammentraf, nämlich dem Wandel von der staatlich organisierten Variante zum Neoliberalismus. In Umkehrung der früheren Formel von der „Zähmung" der Märkte durch Politik schlugen die Verfechter dieser neuen Kapitalismusvariante vor, die Politik durch die Märkte zu zähmen. Sie schafften wesentliche Elemente des Rahmenwerks von Bretton Woods ab, namentlich die Kapitalverkehrskontrollen, die eine Steuerung der Volkswirtschaften im Keynesschen Sinne ermöglicht hatten. Statt „Dirigismus" propagierten sie Privatisierung und Deregulierung; statt öffentlicher Vorsorge und sozialen Bürgerrechten empfahlen sie „trickle down" (vertrauten also darauf, dass die Förderung irgendwie von oben nach unten durchsickern würde) und „persönliche Verantwortlichkeit", und statt der Wohlfahrts- und Entwicklungsstaaten plädierten sie für den schlanken, rücksichtslosen „Wettbewerbsstaat", *lean & mean*.

Bemerkenswerterweise bekamen die veränderten Bedingungen der Neuen Frauenbewegung gut. Was als eine radikal gegenkulturelle Bewegung begonnen hatte, stand im Begriff, sich in eine gesellschaftliche Massenerscheinung auf breiter Basis zu verwandeln. Feministische Ideen gewannen nun Anhängerinnen und Anhänger aus sämtlichen Klassen, ethnischen Gruppen, Nationalitäten und politischen Ideologien, fanden so Zugang selbst zu den entlegensten Winkeln des gesellschaftlichen Lebens und veränderten das Selbstverständnis aller, die mit ihnen in Berührung kamen. Das bewirkte nicht nur eine enorme Ausweitung ihrer aktiven Anhängerschaft, sondern auch einen tiefgehenden Wandel der gängigen Auffassungen von Familie, Arbeit und Würde.

War es bloßer Zufall, dass Neue Frauenbewegung und Neoliberalismus gleichzeitig, sozusagen als Tandem, in Erscheinung traten und gediehen? Oder gab es zwischen ihnen so etwas wie eine unappetitliche, untergründige Wahlverwandtschaft? Diese zweite Möglichkeit auch nur in Betracht zu ziehen, ist Ketzerei, gewiss, aber wir schaden uns nur selbst, wenn wir versäumen, ihr nachzugehen. Fest steht, dass der Aufstieg des Neoliberalismus das Terrain, auf dem die Neue Frauenbewegung operierte, dramatisch veränderte. Das Ergebnis war, so meine These, eine Umdeutung feministischer Ideale.[5] Bestrebungen, die im Kontext des staatlich organisierten Kapitalismus eine eindeutig emanzipatorische Stoßrichtung besaßen, gewannen in der neoliberalen Ära einen weitaus zwiespältigeren Sinngehalt. Verschaffen wir uns also ein klareres Bild von dieser Umdeutungsdynamik, indem wir die vier oben skizzierten Brennpunkte erneut ins Auge fassen.

Der Bedeutungswandel des feministischen Anti-Ökonomismus: Der Aufstieg des Neoliberalismus fiel zeitlich mit einem Wandel in der politischen Kultur der kapitalistischen Gesellschaften zusammen. Gerechtigkeitsforderungen kamen in dieser Periode immer häufiger als Forderungen nach Anerkennung von Identität und kultureller Differenz daher.[6] Mit dieser Akzentverschiebung „von der Umverteilung zur Anerkennung" geriet die Neue Frauenbewegung unter massiven Druck, sich in eine „Identitätsbewegung" zu verwandeln. In der Praxis führte das zu einer Tendenz, sozialökonomische Kämpfe solchen um Anerkennung unterzuordnen, während im Wissenschaftsbetrieb feministische Kulturforschung die feministische Sozialforschung zu verdrängen begann. Was als notwendiges Korrektiv gegen einseitigen Ökonomismus begonnen hatte, verkam auf diese Weise mit der Zeit zu einem ebenso einseitigen Kulturalismus.

Zudem hätte das Timing gar nicht ungünstiger ausfallen können. Denn die Hinwendung zum Thema Anerkennung kam dem aufsteigenden Neoliberalismus nur zu gelegen, war dieser doch vor allem auf die Unterdrückung jeglicher Erinnerung an Zeiten des sozialen Egalitarismus aus. So kam es ausgerechnet in dem Augenblick, in dem die Umstände eine energische Rückwendung zur Kritik der politischen Ökonomie verlangt hätten, unter Feministinnen zu einer Verabsolutierung der Kulturkritik. Von der Kapitalismuskritik abgekoppelt und für gegensätzliche Auslegungen verfügbar geworden, ließ

---

5 Ich übernehme den Begriff der Umdeutung (resignification) von Judith Butler, Contingent Foundations, in: Seyla Benhabib, Judith Butler, Drucilla Cornell and Nancy Fraser, Feminist Contentions: A Philosophical Exchange, London 1994.

6 Zu diesem Wandel in der Grammatik politischer Ansprüche vgl. Nancy Fraser, From Redistribution to Recognition? In: „New Left Review", 4/1995, S. 68-93.

sich der kulturelle Strang der Bewegung in „eine gefährliche Liebschaft" mit dem Neoliberalismus verwickeln, wie Hester Eisenstein formulierte.[7]

Die Umdeutung des feministischen Anti-Androzentrismus: Es war deshalb nur eine Frage der Zeit, bis der Neoliberalismus auch die feministische Kritik des Androzentrismus umdeuten konnte. Wie das vor sich ging, erläutere ich am besten anhand einer These von Luc Boltanski und Ève Chiapello. In ihrem wichtigen Buch „Der neue Geist des Kapitalismus"[8] versuchen sie nachzuweisen, dass der Kapitalismus sich in historischen Umbruchphasen immer wieder selbst erneuert, indem er Elemente antikapitalistischer Kritik adaptiert. In solchen Augenblicken der Geschichte werden bestimmte Bestandteile der Kapitalismuskritik so umgedeutet, dass sie der Legitimierung einer entstehenden neuen Form des Kapitalismus dienen können. So erlangt der Kapitalismus jene höheren moralischen Weihen, die er braucht, um neue Generationen zu motivieren, die an sich sinnlose Arbeit endloser Akkumulation auf sich zu nehmen. Für Boltanski und Chiapello entstammt der neue „Geist", welcher den flexiblen neoliberalen Kapitalismus unserer Tage legitimieren half, der „künstlerischen" Kritik der Neuen Linken am staatlich organisierten Kapitalismus, die dessen Unternehmenskultur als grauen Konformismus anprangerte. Inspiriert vom Mai '68 – so Boltanski/Chiapello – propagierten neoliberale Management-Theoretiker einen neuen, „konnexionistischen" Kapitalismus der „Projekte", in welchem an die Stelle rigider Organisationshierarchien horizontal operierende Teams und flexible Netzwerke treten sollten, um so die Potentiale individueller Kreativität freizusetzen. Das Ergebnis war ein neues Kapitalismus-Märchen mit *real-world effects* – ein Märchen, das die Hightech-Startups von Silicon Valley einschloss und heute wohl seinen reinsten Ausdruck im Google-Ethos findet.

Boltanskis und Chiapellos These ist originell und fundiert. Doch weil sie geschlechterblind ist, erfasst sie den Geist des neoliberalen Kapitalismus nicht ganz. Gewiss, diesen Geist kennzeichnet auch eine maskulinistische Romantik, die sie ausführlich beschreiben – der Traum vom freien, bindungslosen, sich selbst entwerfenden Individuum. Aber der neoliberale Kapitalismus hat ebenso viel mit Walmart, *maquiladoras* und Mikrokredit zu tun wie mit Silicon Valley und Google. Und die Arbeitskräfte, ohne die er nicht existieren kann, sind in unverhältnismäßig großer Zahl Frauen – nicht nur junge Frauen, nicht nur Singles, sondern auch verheiratete Frauen und Frauen mit Kindern; nicht nur *women of colour*, sondern Frauen jeglicher Nationalität und ethnischen Zugehörigkeit. So strömten rund um den Globus Frauen auf die Arbeitsmärkte, wodurch dem Familienlohn-Ideal des staatlich organisierten Kapitalismus ein für allemal der Boden entzogen wurde. Im „desorganisierten" neoliberalen Kapitalismus trat an die Stelle dieses Ideals die Norm der Doppelverdiener-Familie. Was macht es schon, dass die hinter dem neuen Leitbild verborgene Realität in abgesenkten Entlohnungsniveaus besteht, in verminderter

---

7   Hester Eisenstein, A Dangerous Liaison? Feminism and Corporate Globalization, in: „Science and Society", 3/2005.

8   Vgl. hierzu auch Luc Boltanski und Ève Chiapello, Befreiung vom Kapitalismus? Befreiung durch Kapitalismus? In: „Blätter", 4/2000, S. 476-487. – Der Titel der französischen Originalausgabe des Buches lautet „Le nouvel esprit du capitalisme", Paris 1999. – D. Red.

Arbeitsplatzsicherheit, sinkenden Lebensstandards, einem steilen Anstieg der pro Haushalt geleisteten Lohnarbeitsstunden, verschärften Doppelschichten – jetzt oft schon dritte und vierte Schichten – und einer Zunahme der Zahl weiblicher Haushaltsvorstände? Der desorganisierte Kapitalismus macht aus Scheiße Gold, indem er über die neue Geschlechtergerechtigkeit fabuliert und darüber, wie herrlich weit die Frauen es doch gebracht hätten.

Ich behaupte also, so irritierend es klingen mag, dass die Neue Frauenbewegung, unwissentlich und unwillentlich, dem neuen Geist des Neoliberalismus eine ganz wesentliche Zutat lieferte. Unsere Kritik am „Familienlohn" macht heute einen guten Teil der Legende aus, die dem flexibilisierten Kapitalismus einen höheren Sinn, einen moralischen Vorsprung zubilligt. Indem sie ihren tagtäglichen Kämpfen und Mühen einen höheren, ethischen Sinngehalt verleiht, zieht die feministische Legende Frauen von beiden Enden des gesellschaftlichen Spektrums an: einerseits die weiblichen Kader der berufstätigen Mittelschichten mit ihrer Entschlossenheit, *the glass ceiling*, die gläserne Decke, zu durchbrechen; und auf der anderen Seite die weiblichen Teilzeitkräfte, Niedriglohn-Dienstleister, Hausangestellten, Sex-Arbeiterinnen, Migrantinnen, Exportproduktionszonen-Arbeiterinnen und Kleinkreditnehmerinnen, denen es ja nicht nur um Einkommen und materielle Sicherheit geht, sondern ebenso um Würde, persönliche Weiterentwicklung und die Befreiung von überkommenen Autoritätsverhältnissen. In beiden Fällen wird der Traum von der Frauenemanzipation in den Dienst der kapitalistische Akkumulationsmaschine gestellt. So erfreut sich die Kritik der Neuen Frauenbewegung am „Familienlohn" eines perversen Nachspiels. Einst Kernstück einer radikalen Analyse des androzentrischen Kapitalismus, dient sie heute dazu, die Überbewertung der Lohnarbeit im Kapitalismus noch zu verstärken.

Die Umdeutung des feministischen Anti-Etatismus: Auch den Anti-Etatismus der vorausgegangenen Periode hat der Neoliberalismus umgedeutet und in Argumentationsmaterial für Vorhaben verwandelt, die auf eine generelle Einschränkung der Staatstätigkeit zielen. In dem neuen Klima lag, wie es schien, zwischen der Kritik der Neuen Frauenbewegung am sozialstaatlichen Paternalismus und Thatchers Kritik am *nanny state*, am vormundschaftlichen Staat, nur ein winziger Schritt.

Ganz sicher verlief die Geschichte in den Vereinigten Staaten genau so, wo die Feministinnen hilflos zuschauten, als Bill Clinton ihre differenzierte Kritik an einem sexistischen und stigmatisierenden Sozialhilfesystem in den Plan „to end welfare as we know it" ummünzte und mit dieser Absage an den „Sozialstaat alter Art" das bundesgesetzlich verankerte Recht auf Sozialhilfe gleich ganz abschaffte. In der postkolonialen Welt schlug unterdessen die Kritik am Androzentrismus der dortigen Staatswesen in begeisterte Zustimmung zu den Nichtregierungsorganisationen (NGOs) um, die überall entstanden und die von einer schrumpfenden Staatlichkeit hinterlassenen Lücken füllten. Gewiss, die besten dieser NGOs sorgten dafür, dass viele Menschen, die sich öffentlicher Dienstleistungen beraubt sahen, dringend benötigte materielle Hilfe erhielten. Öfter aber führte die Entwicklung zur Entpolitisierung der Gruppen vor Ort und dazu, dass deren Agenda im Sinne der von Geldgebern aus der „Ersten Welt" bevorzugten Ziele umgestellt wurde, nicht aber zu einer Stärkung des Widerstands gegen den Abbau öffentlicher Vorsorgeeinrichtungen oder zum Aufbau politischen Drucks in Richtung einer bedarfsgerechten Staatstätigkeit.

Die explosionsartige Ausbreitung des Mikrokreditwesens veranschaulicht das Dilemma. Indem sie den zur Passivität verleitenden Praktiken des *Top-down*-Etatismus feministische Werte wie Partizipation und Basis-Ermächtigung entgegensetzten, schufen die Architekten solcher Projekte eine innovative Synthese aus individueller Selbsthilfe, *community networking*, NGO-Aufsicht und Marktmechanismen – allesamt auf die Bekämpfung von Frauenarmut und -unterwerfung gerichtet. Aber was bei dem ganzen feministischen Tamtam, das diese Projekte umgab, übersehen wurde, ist eine beunruhigende Koinzidenz: Die Entstehung des Mikrokreditwesens fällt zeitlich zusammen mit dem Rückzug der Staaten aus ihrer Aufgabe, mit makrostrukturellen Maßnahmen gegen die Armut vorzugehen, mit Maßnahmen und Anstrengungen also, die durch die Vergabe von Kleinstkrediten keineswegs ersetzt werden können. Auch in diesem Falle hat die feministische Kritik demnach ungewollt den Neoliberalismus begünstigt. Was ursprünglich auf die Verwandlung staatlicher Macht in ein Instrument der Bürgerermächtigung und sozialen Gerechtigkeit abgezielt hatte, wird jetzt zur Legitimierung von Marktermächtigung, Privatisierung und Beschneidung staatlicher Leistungen benutzt.[9]

Die Umdeutung des feministischen Pro-und-Contra-Verhältnisses zum „westfälischen" Staatensystem: Schließlich hat der Neoliberalismus auch das ambivalente Verhältnis der Neuen Frauenbewegung zum „westfälischen" Staatensystem mit all seinen Vor- und Nachteilen abgewandelt. In dem neuen Kontext der „Globalisierung" versteht es sich nicht mehr von selbst, dass der Nationalstaat mit seinem umgrenzten Territorium das einzig legitime Gefäß für Gerechtigkeitsansprüche, -verpflichtungen und -kämpfe ist. Die Neue Frauenbewegung hat ebenso wie Umweltbewegung, Menschenrechtsaktivisten und WTO-Kritiker diese Sicht der Dinge in Frage gestellt. Sie alle mobilisierten postwestfälische Vorstellungen, die zur Zeit des staatlich organisierten Kapitalismus nicht praktikabel gewesen waren, und nahmen zuvor marginalisierte oder nicht beachtete grenzüberschreitende Ungerechtigkeiten ins Visier. Das Ergebnis war eine viel versprechende neue Form feministischer Aktivitäten – transnational, multiskalar, postwestfälisch.

Aber die transnationale Wende brachte auch Schwierigkeiten mit sich. Da sie sich auf innerstaatlicher Ebene oftmals abgeblockt sahen, konzentrierten viele Feministinnen ihre Energien auf die „zwischenstaatliche" Arena, besonders auf die Perlenkette der großen UN-Konferenzen von Nairobi über Wien bis Peking und darüber hinaus. Indem sie auf die Präsenz in einer „globalen Zivilgesellschaft" setzten, von der neue Formen von *Global Governance* ausgehen sollten, verstrickten sie sich in einige der Probleme, auf die ich oben

---

9   Vgl. Sonia Alvarez, Advocating Feminism: The Latin American Feminist NGO „Boom", in: „International Feminist Journal of Politics", 2/1999; Carol Barton, Global Women's Movements at a Crossroads, in: „Socialism and Democracy", 1/2004.

schon hingewiesen habe. Weil sie die aus dem Kalten Krieg herrührende Trennung bürgerlicher und politischer Rechte von sozialen und wirtschaftlichen Rechten bestätigten, führten auch diese Bestrebungen zu einer Unterordnung der Verteilungs- unter die Anerkennungsproblematik. Außerdem verstärkten diese Kampagnen die NGOisierung feministischer Politik und vertieften so die Kluft zwischen Profis und Basisgruppen. Auch die feministische Kritik am westfälischen Staatensystem erwies sich also in den Zeiten des Neoliberalismus als ambivalent.

Allgemein gesehen konfrontiert uns das Schicksal des Feminismus in der neoliberalen Ära daher mit einem Paradox. Einerseits hat die in der vorhergehenden Periode relativ kleine Gegenkultur-Bewegung sich enorm ausdehnen und ihre Ideen erfolgreich in alle Welt tragen können. Andererseits erfuhren genuin feministische Vorstellungen in dem veränderten Kontext einen subtilen Wert- und Bedeutungswandel. Die zu Zeiten des staatlich organisierten Kapitalismus eindeutig emanzipatorische Kritik am Ökonomismus und am Androzentrismus scheint inzwischen, ebenso wie diejenige des Etatismus oder die Kritik am westfälischen Staatensystem, zweideutig geworden zu sein und ist in den Verdacht geraten, die Legitimationsbedürfnisse einer neuen Form des Kapitalismus zu bedienen. Schließlich hat es diese Art Kapitalismus viel lieber mit Anerkennungs- als mit Umverteilungsforderungen zu tun, basiert doch das neue Akkumulationsregime ganz wesentlich auf weiblicher Lohnarbeit und auf dem Versuch, die Märkte staatlich-gesellschaftlicher Regulierung weitestgehend zu entziehen, um desto ungestörter global operieren zu können.

Wie weiter mit dem Feminismus?

Doch es ist der Kapitalismus selbst, der heute wieder vor entscheidenden Weichenstellungen steht. Ziemlich sicher scheint, dass die globale Finanzkrise und die entschieden postneoliberale Reaktion der – jetzt allesamt keynesianisch gestimmten – führenden Staaten auf diese Krise den Anfang vom Ende des Neoliberalismus als Wirtschaftsregime markieren. Vielleicht stehen wir an der Schwelle einer weiteren „großen Transformation", die sich ähnlich massiv und tiefgreifend auswirken könnte wie jene, die ich hier gerade beschrieben habe.

Sollte das zutreffen, so wird die Gestalt der Nachfolgegesellschaft in den kommenden Jahren Gegenstand heftiger Auseinandersetzungen sein. Und der Feminismus wird in diesen Auseinandersetzungen eine bedeutende Rolle spielen – auf zwei verschiedenen Ebenen. Erstens als soziale Bewegung, die versuchen wird sicherzustellen, dass in dem Nachfolgeregime Geschlechtergerechtigkeit verbindlich institutionalisiert wird. Zweitens aber wird *Gender Justice* auch als ein Konstrukt des allgemeinen Diskurses fungieren, welches die Feministinnen der erstgenannten Ebene nicht länger „besitzen" und nicht mehr kontrollieren können – eine inhaltsleere Bezugnahme auf etwas Gutes (vergleichbar vielleicht der formelhaften Beschwörung von „Demokratie"), eine Formel, die zur Legitimierung einer Reihe unterschiedlicher Szenarien herangezogen werden kann und wird, die keineswegs immer der Geschlechtergerechtigkeit dienen. Auch wenn sie ein Sprössling des Feminismus im ersteren Sinne, dem einer sozialen Bewegung, ist, hat die letztere, die diskursive Bedeutung von „Feminismus", längst zu vagabundieren begonnen. In dem Maße, in dem der Diskurs von der Bewegung unabhängig wird, sieht die letztere sich zunehmend mit einem seltsamen Schattenbild ihrer selbst konfrontiert, einem unheimlichen Double, welches sie weder umstandslos akzeptieren, noch gänzlich desavouieren kann.

Welche Konsequenzen wären aus meiner Schilderung des beunruhigenden Tanzes zu ziehen, den diese beiden Feminismen im Übergang vom staatlich organisierten Kapitalismus zum Neoliberalismus aufführen? Ganz bestimmt nicht der Schluss, dass die Neue Frauenbewegung schlicht und einfach versagt habe, und ebenso wenig der, dass der Triumph des Neoliberalismus den Feministinnen anzulasten sei. Sicherlich auch nicht, dass die feministischen Ideale aus sich heraus problematisch oder etwa, dass sie stets und unentrinnbar dazu verurteilt sind, für kapitalistische Zwecke umgedeutet zu werden. Meine Schlussfolgerung geht vielmehr dahin, dass wir, die den Feminismus vor allem als eine Bewegung für Geschlechtergerechtigkeit verstehen, uns unserer Geschichte bewusster werden müssen, seit auf dem Terrain, auf dem wir uns bewegen, auch unser unheimliches Double agiert.

Deshalb sollten wir uns abschließend noch einmal der Frage zuwenden, wie – wenn überhaupt – unsere „gefährliche Liebschaft" mit dem Neoliberalismus zu erklären wäre. Sind wir Opfer eines unglücklichen Zusammentreffens, eines Zufalls? Oder gibt es, wie ich schon andeutete, eine Art untergründiger Wahlverwandtschaft zwischen Feminismus und Neoliberalismus? Sollte es tatsächlich irgendeine Affinität zwischen ihnen geben, dann insofern, als beide überkommene Autoritäten in Frage stellen.[10] Gegen derartige Autoritäten kämpfen Feministinnen seit eh und je an. Denn immer schon strebte die Frauenbewegung nach der Emanzipation der Frauen aus der personalisierten Unterwerfung unter Männer – seien diese ihre Väter, Brüder, Priester, Ehegatten oder sonstwer. Doch immer wieder gab es auch Zeiten, in denen überkommene Autoritäten der kapitalistischen Expansion hinderlich schienen, als Teil der sozialen Textur, in die die Märkte historisch eingebettet waren und die dazu diente, die ökonomische Rationalität auf einen festgelegten Bereich einzugrenzen.[11] Zum gegenwärtigen Zeitpunkt scheinen diese beiden Kritiken traditioneller Autorität – die eine feministisch, die andere neoliberal – zu konvergieren.

Im Gegensatz dazu *divergieren* Feminismus und Neoliberalismus dort, wo es um posttraditionelle Formen geschlechtsbegründeter Subordination geht – um Zwänge, die in das Leben der Frauen nicht in Form personenbezogener Unterwerfung eingreifen, sondern aus strukturell oder systemisch bedingten Prozessen erwachsen, in denen die Aktivitäten vieler Menschen abstrakt und nicht personalisiert vermittelt werden. Ein Schlüsselbeispiel beschreibt

10 Dieses Argument geht zurück auf Eli Zaretsky (persönliches Gespräch). Vgl. auch Eisenstein, a.a.O.
11 Zur Einbettung der Märkte vgl. Karl Polanyi, The Great Transformation. Politische und ökonomische Ursprünge von Gesellschaften und Wirtschaftssystemen, Frankfurt a. M. 1995 [1944],.

Susan Okin, wenn sie von einem „Kreislauf gesellschaftlich verursachter und unverkennbar asymmetrischer Verwundbarkeit durch Eheschließung" spricht, in welchem die traditionelle Verantwortlichkeit der Frauen für die Kindererziehung zu ihrer Benachteiligung auf dem Arbeitsmarkt beiträgt, was zu der ungleichen Machtverteilung im Wirtschaftsgeschehen führt, die ihrerseits wiederum die ungleiche Machtverteilung in der Familie verstärkt und verschlimmert.[12] Solche über den Markt vermittelten Unterordnungsprozesse sind geradezu das Lebenselixier des neoliberalen Kapitalismus. Folglich sollten sie heute ein Brennpunkt der feministischen Kritik werden, wenn wir uns vom Neoliberalismus abgrenzen und vermeiden wollen, dass er unsere Ideen umdeutet und instrumentalisiert. Dabei darf natürlich der Kampf gegen die traditionelle männliche Autorität nicht auf der Strecke bleiben, der weiterhin ein unverzichtbarer Bestandteil der feministischen Kritik ist. Es geht vielmehr darum, die Umwandlung einer solchen Kritik in ihr neoliberales Double zu erschweren, wenn nicht zu beenden – vor allem dadurch, dass der Kampf gegen Formen personalisierter Subordination wieder in den Zusammenhang der Kritik an einem kapitalistischen System gestellt wird, das zwar Befreiung verheißt, in Wahrheit aber nur eine Form der Herrschaftsausübung durch eine andere ersetzt.

In der Hoffnung, dieses Vorhaben voranbringen zu können, wollen wir uns ein letztes Mal unseren vier Brennpunkten feministischer Kritik zuwenden.

Postneoliberaler Anti-Ökonomismus: Die mögliche Abkehr vom Neoliberalismus eröffnet die Chance, die emanzipatorische Botschaft der Neuen Frauenbewegung mit neuem Leben zu erfüllen. Wenn es uns gelingt, die Dimensionen der Umverteilung, der Anerkennung und der Repräsentanz, die in der zurückliegenden Zeit auseinandergefallen sind, auf ausgewogene Weise miteinander zu verbinden, können wir möglicherweise den Zusammenhang zwischen feministischer Kritik und Kapitalismuskritik wiederherstellen.

Postneoliberaler Anti-Androzentrismus: Desgleichen eröffnet die mögliche Wende zu einer postneoliberalen Gesellschaft die Chance, die illegitime Verbindung zwischen unserer Kritik des „Familienlohns" und dem flexibilisierten Kapitalismus zu lösen. Durch die Zurückeroberung der eigenen Androzentrismuskritik könnte die Neue Frauenbewegung offensiv für eine Lebensweise eintreten, die nicht mehr vorrangig um Lohnarbeit kreist und nicht-warenförmige Tätigkeiten aufwertet, darunter auch, aber nicht nur, Betreuungs- und Sorgearbeit.

Postneoliberaler Anti-Etatismus: Ebenso bietet die Krise des Neoliberalismus auch eine Chance, die zweifelhafte Beziehung zwischen unserer Etatismus-Kritik und der Marktideologie, also der Auslieferung der Gesellschaft an Marktprozesse, abzubrechen. Wenn sie ihren originären Anspruch auf partizipatorische Demokratie geltend machen, können Feministinnen für eine neue Organisationsweise der politischen Macht kämpfen, die bürokratische Managementformen einer Mitwirkung und Kontrolle durch Bürgerinnen und Bürger unterwirft, zugleich aber auch die Steuerungsfähigkeiten der Politik

---

12 Susan Okin, Justice, Gender and the Family, New York 1989, S. 138.

verstärkt, deren es bedarf, um die Märkte im Interesse der Gerechtigkeit zu zähmen.

Postneoliberale Kritik des westfälischen Staatensystems: Und schließlich eröffnet die Krise des Neoliberalismus neue Möglichkeiten, die seit langem bestehende Ambivalenz im Umgang der Frauenbewegung mit dem westfälischen Staatensystem auf produktive Weise zu überwinden. Angesichts der transnationalen Reichweite des Kapitals und der Notwendigkeit, dass die öffentlichen Gewalten entsprechend weitreichende Wirkungsmöglichkeiten erlangen, könnte die Frauenbewegung sich jetzt für eine neue, postwestfälische politische Weltordnung einsetzen – demokratisch, multiskalar und sensibilisiert für grenzüberschreitende Ungerechtigkeiten.

Ich plädiere also dafür, die entstandene Situation als Chance zu betrachten, als Herausforderung der Frauenbewegung *to think big*. Nachdem wir mit anschauen mussten, wie der neoliberale Ansturm sich unserer besten Ideen bediente, eröffnet sich jetzt die Möglichkeit, diese zurückzuerobern. Wenn wir die Chance nutzen, könnte es gelingen, die Struktur der bevorstehenden großen Transformation in Richtung Gerechtigkeit zu verändern – und dies nicht allein im Hinblick auf Geschlechtergerechtigkeit.

Monopoly-Kapitalismus – Reservat der Männlichkeit

Von **Ingrid Kurz-Scherf**

In der Perspektive feministischer Patriarchatskritik reiht sich die ökonomische Entwicklung der letzten Jahrzehnte ein in die lange Tradition der Metamorphosen patriarchaler Herrschaft. War im Kontext des Strukturwandels von der Industrie- zur Dienstleistungsgesellschaft noch vielfach erwartet worden, dass dies gerade Frauen und einem Abbau der Geschlechterhierarchien im Erwerbssektor zugute kommen würde, bewirkte die explosionsartige Expansion des Finanzsektors die gegenteilige Tendenz: So beanspruchte die Finanzökonomie mit einem weit überproportionalen Männeranteil nicht nur die Dominanz in der neuen Dienstleistungsökonomie, sondern auch einen unverhältnismäßig hohen Anteil am Gesamteinkommen. Parallel dazu gingen die Einkommen in den vorwiegend von Frauen besetzten Segmenten der Dienstleistungsökonomie erheblich zurück, bei gleichzeitiger Prekarisierung der Arbeitsbedingungen und -verhältnisse. Außerdem bewirkte der Siegeszug der Finanzökonomie einen deutlichen Macht- und Bedeutungsverlust der Politik an die Ökonomie und konterkarierte damit auch höchst wirkungsvoll die Zugewinne an Repräsentation und Partizipation, die sich Frauen mühsam in der politischen Sphäre errungen hatten.

Gleichzeitig kreierte das neue Leitsegment der Ökonomie mit dem coolheroischen Investmentbanker auch eine neue Leitfigur des 21. Jahrhunderts, die – mehr noch als die Leitfiguren früherer Zeiten – auf Konkurrenz, Kampf und Dominanz, also die klassischen Ingredienzien moderner Männlichkeit, geeicht war. Die traditionell als „weiblich" konnotierten Werte – Fürsorge, Emotionalität, Sozialität – erfuhren parallel eine noch stärkere Abwertung.

Anders als in gängigen Krisendiskursen stellt sich das Geschäftsgebaren von Bankern und Börsianern in feministischer Perspektive allerdings weder als Ursache der gegenwärtigen Wirtschaftskrise, noch als Bruch mit den vorgängigen Gepflogenheiten einer kapitalistischen Ökonomie dar. Voraussetzung der geplatzten Finanzblase war ganz offenkundig ein gigantischer Überschuss an Rendite suchendem Kapital, der in der sogenannten Realwirtschaft erwirtschaftet wurde, dort aber keine hinlänglich renditefähigen Anlagen mehr fand und sich deshalb selbst neue, virtuelle Anlage- und Renditemöglichkeiten erst erschuf. Dies geschah nicht zuletzt auf der Grundlage der neuen Informations- und Kommunikationstechnologien, die eine ganz spezielle Art dessen repräsentieren, was vor dem Kollaps der Finanzmärkte euphemistisch

„Wissensökonomie" genannt wurde. Die angebliche „Wissensökonomie" entfaltete sich somit als „Spekulationsökonomie", die alles Ökonomische – Unternehmen, Nahrungsmittel, Devisen, Immobilien und Immobilienkredite – zum Objekt der Spekulation macht. Mit Blick auf die dort geschaffenen „innovativen Finanzprodukte" von einem „männlichen Erfindergeist" zu sprechen, hat dabei nichts mit Essenzialismus zu tun, sondern benennt einfach nur die Tatsache der Dominanz von Männern in diesem neuartigen „Monopoly-Kapitalismus".

Versorgung versus Verwertung

John Maynard Keynes hat sich einmal mit einem interessanten Argument für den Kapitalismus ausgesprochen. Er meinte, der Kapitalismus binde mit den Möglichkeiten, die er zur legalen Bereicherung biete, spezifische Energien, die sich ansonsten auf kriminelle Art und Weise Bahn brechen würden. Ein klug regulierter Kapitalismus könne diese Energien in Bahnen lenken, wo sie dem Gemeinwohl dienlich seien. Analog könnte man aus feministischer Sicht erwägen, ob der Monopoly-Kapitalismus nicht auch eine Art Reservat jener immer noch auf Kampf, Konkurrenz und Dominanz geeichten Männlichkeit darstellt, die längst überholt scheint, sich dort aber in virtualisierter Form noch einmal so richtig austoben kann – bis sie dann irgendwann vielleicht doch endlich einfach ausstirbt.

Unabhängig vom Realitätsgehalt dieses Gedankenspiels ist leider jedoch nicht davon auszugehen, dass die „wirkliche Ökonomie" nur den Bankrott der Spekulationsökonomie überstehen muss, um sich dann wieder in bewährten Bahnen auf den Weg zur Vollbeschäftigung und zur Gleichberechtigung zu machen, gestützt auf den weiteren Fortgang der technologischen Entwicklung und auf ständiges Wirtschaftswachstum. Die politische Ökonomie des Kapitalismus basiert bekanntlich auf der Abspaltung des größten Teils der zur Reproduktion moderner Gesellschaften notwendigen Arbeit und deren Verlagerung in die Privathaushalte, wo sie traditionell vorrangig von Frauen verrichtet wird. Die „Restökonomie" folgt dagegen nicht in erster Linie dem Prinzip der Versorgung, sondern dem der Verwertung. Sie ist nicht auf die Befriedigung von Bedürfnissen, sondern auf deren Instrumentalisierung für ihren eigentlichen Zweck – die Verwertung, Akkumulation und private Aneignung von Kapital – ausgerichtet. Individuelle Bedürfnisse und gesellschaftliche Bedarfe interessieren die im Wortsinn „kapitalistische" Ökonomie nur in Form kaufkräftiger Nachfrage. Die wichtigsten Quellen individueller und gesellschaftlicher, das heißt vorrangig staatlich organisierter Kaufkraft, nämlich Löhne und Steuern, nimmt die kapitalistische Ökonomie aber wiederum nur als Kosten wahr, die es zu minimieren gilt. Dieser innere Widerspruch macht die kapitalistische Ökonomie systemimmanent krisenanfällig. Gleichzeitig setzt er bereits einen anderen Widerspruch mit dem darin eingelagerten Geschlechtercode voraus, nämlich den zwischen einer marktwirtschaftlich regulierten (männlichen) Verwertungs- und einer privatisierten (weiblichen) Versorgungsökonomie.

„Auf Kosten von Frauen"

Die Krisenanfälligkeit der kapitalistischen Ökonomie wurde in den westlichen Wohlfahrtsstaaten (auch und insbesondere in Reaktion auf die Weltwirtschaftskrise Anfang der 1930er Jahre) durch die Etablierung der Gewerkschaften und den Auf- und Ausbau des Sozialstaats so stark abgemildert, dass sie vielen bereits als dauerhaft bewältigt erschien. Ein wesentliches Moment der Eindämmung der Krisenanfälligkeit kapitalistischer Ökonomien war jedoch jene patriarchale Grundstruktur des Sozialstaats, die Feministinnen auf die Formel „Auf Kosten von Frauen" gebracht haben.[1] In ihrem Zentrum steht die männliche Vollerwerbsstelle. Allerdings schien es dann aber eine Weile so, als ob gerade der Sozialstaat einen grundlegenden „Gestaltwandel der Moderne" (Ulrich Beck) herbeigeführt hätte, der die kapitalistischen Ökonomien nicht nur krisenfest machte, sondern gleichzeitig auch für eine gleichberechtigte Teilhabe von Frauen öffnete. Begriffe wie Kapitalismus und Patriarchat schienen der Komplexität und Dynamik der modernen Gesellschaften in diesem Kontext nicht mehr angemessen – bis sich der Kapitalismus auf dem Wege seiner Globalisierung doch wieder auf der Agenda jener reflexiv modernisierten Risikogesellschaften zurückmeldete, die inzwischen regelrecht verlernt hatte, ihn als ein irgendwie bedrohliches Risiko wahrzunehmen.

Zwar gelangte mit dem Kapitalismus auch die soziale Frage in Form von Arbeitslosigkeit, Armut, prekären Arbeits- und Lebensverhältnissen wieder auf die Tagesordnung. Sie wurde dort aber nicht mehr als Ausdruck der Krisenanfälligkeit und der sozialen und politischen Defekte einer kapitalistischen Wirtschaftsordnung verhandelt, sondern, umgekehrt, als Konsequenz genau der Bollwerke, die die modernen Gesellschaften zur Einhegung des Kapitalismus errichtet hatten – also des Sozialstaats einschließlich seiner zivilgesellschaftlichen Komponenten. Das Patriarchat wurde weiterhin eskamotiert und geschlechterpolitisch ersetzt durch die erste Bundeskanzlerin, Angela Merkel, die neue Familienpolitik von Ursula von der Leyen und den „neuen Feminismus" der deutschen Alpha-Mädchen.

Die Grenzen des Wachstums

Der „schwarze Montag" im September 2008 änderte diese Wahrnehmung jedoch schlagartig. Auf einmal ist wieder von der Krise des Kapitalismus die Rede. Damit gerät zugleich die Dominanz der Banker und Börsianer ins Blickfeld, mitunter auch einschließlich der Männlichkeitscodes ihres Fehlverhaltens. Tatsächlich wäre zu wünschen, dass die aktuelle Wirtschaftskrise den Anstoß für einen konsequenten Abbau der Männerdominanz an den Schalthebeln ökonomischer Macht gibt. Eingedenk der befestigten Asymmetrie des Geschlechterverhältnisses in der politischen Ökonomie wird eine Veränderung des Geschlechterproporzes allein jedoch wenig bewirken.

---

1 Ute Gerhard, Alice Schwarzer und Vera Slupik, Auf Kosten der Frauen. Frauenrechte im Sozialstaat, Weinheim 1988.

Der Grund hierfür liegt in der kapitalistischen Ökonomie selbst begründet. Denn diese bedient nur Bedürfnisse, die sich warenförmig und durch quantitative Steigerung, also durch Wachstum, befriedigen lassen. Und sie bedient sich dazu einer Art von Arbeit, die der Rationalisierung und Produktivitätssteigerung vorrangig auf dem Wege ihrer Technifizierung zugänglich ist. Diese Bedürfnisinterpretation und dieses Arbeitsverständnis sind nicht nur eng verwoben mit einer analogen Konstruktion von Männlichkeit auf der einen Seite und einer kompensatorischen Konstruktion von Weiblichkeit auf der anderen Seite, sondern sie beinhalten auch eine höchst riskante Weichenstellung für die Krisenbewältigung. Es sind vor allem drei Risikofaktoren, die dem aktuellen Krisenszenario zu Brisanz verhelfen: erstens Wachstum, zweitens Technik, drittens Geschlecht – wobei freilich auch die beiden zuerst genannten eine geschlechterpolitische Dimension aufweisen.

Erstens, zum Wachstum: Die Tatsache, dass die kapitalistische Bedürfnisinterpretation und das ihr entsprechende Arbeitsverständnis längst an „die Grenzen des Wachstums" gestoßen sind, spielt in den aktuellen Krisendebatten allenfalls unter ökologischen Gesichtspunkten eine Rolle. Ökonomische Grenzen des Wachstums werden dagegen ignoriert und tabuisiert. Tatsächlich treffen aber auch prinzipiell steigerungsfähige Bedürfnisse irgendwann an Sättigungsgrenzen, jenseits derer sich beispielsweise die Nachfrage nach privaten Kraftfahrzeugen zwar kurzfristig durch Abwrackprämien noch einmal kräftig stimulieren lässt, die dann aber nur einen entsprechenden Nachfragerückgang in den folgenden Jahren produzieren.

Die absurde Vorstellung unendlichen Wachstums scheint tatsächlich in einer Männlichkeitskonstruktion verwurzelt, die in prometheischer Selbstüberhöhung sogar die Grundbedingung allen Lebens – Natalität und Mortalität – meint außer Kraft setzen zu können, und davon auch wirklich nichts weiß, weil sie alle Sorge um dieses Leben gleichsam externalisiert, das heißt an Frauen und deren Weiblichkeit delegiert hat.

Zweitens, zur Technik: Noch länger als die durch Ökologie und Sättigung definierten „Grenzen des Wachstums" sind die Grenzen der Technik als permanent erneuerbarer Wachstumsimpuls bekannt. Schon John Stuart Mill und John Maynard Keynes wussten, dass permanente Rationalisierung auf der Grundlage des Einsatzes immer neuer Techniken an eine Grenze stößt, an der sich die technologische Entwicklung, die die Wachstumsdynamik kapitalistischer Ökonomien zunächst vorantreibt, in eine ihrer wirksamsten Bremsen verwandelt. Sie erzeugt nämlich Arbeitslosigkeit, wenn sie nicht durch Arbeitszeitverkürzungen aufgefangen wird, und schmälert über ihre Wirkungen auf die Massenkaufkraft die Realisierungschancen von Renditeerwartungen. Immerhin galt die sukzessive Verringerung der für die Erwerbstätigkeit gebundenen Arbeitszeit lange als Ausweis der Leistungsfähigkeit moderner, kapitalistischer Ökonomien. Dass sich die säkulare Tendenz allgemeiner Arbeitszeitverkürzungen mittlerweile nur noch in Form zunehmender Teilzeitarbeit von Frauen sowie in Form der Zunahme von befristeter, geringfügiger und diskontinuierlicher Beschäftigung (ebenfalls vorrangig von Frauen) fortsetzt, hat nicht nur, aber eben auch mit der Arbeitsorientierung hegemonialer

Männlichkeit – im Manager- ebenso wie im Gewerkschaftsmilieu – zu tun, die, durchaus zu Recht, in der (auch durch ihr Zeitkorsett abgesicherten) Zentralität der Erwerbstätigkeit eine der wichtigsten Stützen der Vormachtstellung von Männern gegenüber Frauen vermutet.

Ein weiteres kommt, drittens, hinzu: Der Wandel der Geschlechterverhältnisse in den letzten Jahrzehnten hat zwar die tradierten Muster der geschlechtsspezifischen Arbeitsteilung erschüttert, aber die patriarchale Grundstruktur moderner Gesellschaften keineswegs außer Kraft gesetzt. Die kapitalistische Ökonomie kann aber die elementaren Bedürfnisse, deren Befriedigung sie bislang an die privaten Haushalte und dort vorrangig an Frauen „delegiert" hat, selbst nur auf dem Wege ihrer Kommerzialisierung befriedigen. Dieser Art der Inwertsetzung sind jedoch Grenzen gesetzt, die sich aus der spezifischen Qualität dieser Bedürfnisse und der zu ihrer Befriedigung notwendigen Arbeit ergeben. Gerade deshalb hat sich das überschüssige, Rendite suchende Kapital eben nicht auf den Ausbau einer neuen *care economy*, sondern in die Spekulationsökonomie gestürzt. Ob es wirklich wünschenswert wäre, wenn Anleger und Investoren in stärkerem Maße als bislang ihre Renditeerwartungen auf Kinderbetreuung, Altenpflege, psychosoziale Dienste, Jugendhilfe etc. richten sollten, sei dahingestellt; eine solche Umwidmung von Kapital scheint ohnehin unwahrscheinlich. Ebenso unwahrscheinlich ist die Annahme, dass sich männliche Dominanz mit ihrem Hang zu Technik und Gigantomanie die Altenpflege als neues Terrain erschließen wird, wenn sie denn tatsächlich demnächst im Finanzsektor an Grenzen stoßen sollte. Weit eher ist damit zu rechnen, dass sich die Phantasie auf die Erfindung einer neuen Variante des Monopoly-Kapitalismus richten wird.

Die Krise als Ausdruck „hegemonialer Männlichkeit"

Die Finanzblase war ein Symptom einer geradezu pathologischen Verdrängung der Grenzen des Wachstums; und sie war das Ergebnis eines ebenso pathologischen Versuchs, diese Grenzen in die Unendlichkeit der Virtualität zu verschieben. Sie war darüber hinaus ein Symptom des Technikwahns, der sich längst gegen alle Erwägungen von Nützlichkeit und Sinnhaftigkeit verselbstständigt hat. Sie war schließlich Symptom einer ökonomischen (Ir-)Rationalität, in der sich Ökonomie auf Kalkül reduziert. Die Finanzblase ist geplatzt, die Pathologien, Manien und Irrationalitäten, aus denen sie hervorgegangen ist, sind damit jedoch nicht verschwunden. Und es sind genau diese Pathologien, Manien und Irrationalitäten, die maßgeblichen Anteil an dem haben, was die kritische Männerforschung jene „hegemoniale Männlichkeit" nennt, die sich bekanntlich gerade in der Wirtschaft jeglicher Infragestellung widersetzt.

Erstaunlicherweise scheinen sich die Pathologien, Manien und Irrationalitäten, aus denen die Finanzblase hervorgegangen ist, in der dadurch ausgelösten Krise weiter zu verfestigen. Jedenfalls hört man auch von kapitalismuskritischer Seite kaum etwas über den notwendigen Ausstieg aus dem

Wachstumszwang. Man hört nichts von technologischer Arbeitslosigkeit. Man hört nichts oder jedenfalls doch nur selten davon, dass es eines grundlegenden Paradigmenwechsels von der Verwertungs- zu einer Versorgungsökonomie und vom quantitativen Wachstum zur qualitativen Entwicklung bedarf. Die aktuelle Debatte konzentriert sich stattdessen auf den immerwährenden Konflikt zwischen Staat und Markt und auf die Verteilungsfrage. Die einen wollen dauerhaft, die anderen nur vorübergehend mehr Staat. Die einen pumpen entlang der bestehenden Verteilungsstrukturen Kaufkraft in die Wirtschaft, die anderen wollen diese Verteilungsstrukturen zugunsten derjenigen mit vergleichsweise geringem Einkommen verbessern.

Aber allen geht es darum, die Wachstumsdynamik der „Realwirtschaft" wieder in Schwung zu bringen, alle wollen um jeden Arbeitsplatz kämpfen – natürlich vor allem in der Automobil- und in der Bauindustrie.[2] Und nur wenige plädieren für den Aufbau neuer Arbeitsplätze in einer neuen Dienstleistungsökonomie (und diejenigen, die es tun, entfalten dabei keine Organisationsphantasie, die nach neuen Formen der Arbeit jenseits der Traditionsalternative zwischen Staat, Markt und Familie suchte, oder die sich „Staat", „Markt" und „Familie" auch in anderen Formen vorstellen könnte als in den derzeit hegemonialen). Noch seltener wird für eine allgemeine Arbeitszeitverkürzung plädiert.

Generell dominieren derzeit Kurzfristperspektiven, die auf möglichst schnelle Bewältigung der aktuellen Krise zielen. Die Erkenntnis, dass es einer Doppelstrategie bedarf, die kurzfristig die schlimmsten Krisenfolgen eindämmt, die aber gleichzeitig einen – gerade auch mit Blick auf die Geschlechterpolitik – langfristigen Prozess der Transformation im Sinn der Entfaltung einer neuen Lebenskultur und einer umfassenden Demokratisierung der Arbeits-, Lebens- und Geschlechterverhältnisse einleitet, bleibt bislang randständig. Es wird Zeit, dass sich das ändert.

2   Vgl. Alexandra Scheele, Hat die Wirtschaftskrise ein Geschlecht? In: „Blätter", 3/2009, S. 26-28.

Die Dialektik von Welt und Nation

Zur Transformation von Territorium, Autorität und Recht

Von **Saskia Sassen**

Wir leben in einer Zeit epochaler Transformationen – epochal selbst dort, wo es lediglich um partielle Transformationen geht. Manche sprechen von „Globalisierung", um diesen Wandel auf den Begriff zu bringen. Sie betrachten ihn als einen Wettkampf *national vs. global*. Andere konzentrieren sich auf den „Antiterrorkrieg" und den „Ausnahmezustand", der Regierungen, wie sie hervorheben, zum legalen Missbrauch ihrer Befugnisse ermächtigt. Es gibt noch eine Reihe weiterer Versuche, das Wesen der großen Transformation adäquat zu benennen und zu deuten. Diese Hinweise dürften jedoch genügen, um deutlich zu machen, dass die Kommentierung der grundlegenden Veränderungen unserer Tage sich großenteils um ein und dieselbe Annahme dreht: Der Nationalstaat ist in Bedrängnis, mindestens aber droht die Erosion des Schutzes, den er auf seinem Territorium bisher gewährleisten konnte.

Meine These ist demgegenüber, dass keine dieser Betrachtungsweisen den grundlegenden Wandel vollständig erfasst.[1] Ein ganz entscheidender, aber weitgehend übersehener Zug unserer Zeit besteht in der Vervielfachung globaler *Assemblagen*[2], wie ich sie nennen möchte, die sich – in einem breiten Spektrum, partiell und oft hochgradig spezialisiert – sozusagen aus Teilstücken von Territorium, Autorität bzw. Amtsgewalt und Rechten zusammensetzen, welche einstmals fest in nationale Rahmen, in nationalstaatliche Institu-

---

1 Vgl. hierzu ausführlich: Saskia Sassen, Das Paradox des Nationalen. Territorium, Autorität und Rechte im globalen Zeitalter, Frankfurt a. M. 2008.
2 Den Begriff Assemblage verwende ich rein deskriptiv. Verschiedene Wissenschaftler haben ihn demgegenüber zum Kern theoretischer Konstrukte gemacht. Für die Zwecke meiner Studie spielt das Werk von Gilles Deleuze und Felix Guattari eine wichtige Rolle: Sie verstehen unter einer Assemblage ein kontingentes Ensemble von Praktiken und Gegenständen, zwischen denen unterschieden werden kann (bei denen es sich also nicht um Ansammlungen gleichartiger Praktiken und Gegenstände handelt) und die entlang der Achsen von Territorialität und Entterritorialisierung ausgerichtet werden können. Genauer gesagt vertreten sie die These, das bestimmte Mixturen technischer und administrativer Praktiken neue Räume erschließen und verständlich machen, indem sie Milieus dechiffrieren und neu kodieren. (Vgl. Gilles Deleuze und Felix Guattari, A Thousand Plateaus: Capitalism and Schizophrenia, Minneapolis 1987, S. 504f.) Es gibt eine Vielzahl weiterer Anwendungsvarianten des Begriffs Assemblage, kaum überraschend auch unter Architekten und Urbanisten (vgl. die Zeitschrift „Assemblage"). Viele dieser Ausführungen erscheinen mir sehr wichtig und erhellend, und manche der von mir untersuchten Assemblagen weisen möglicherweise einige der Merkmale auf, mit denen sie sich befassen. Dennoch ist meine Verwendung des Begriffs im Vergleich mit derjenigen der eben genannten Autoren ausgesprochen wenig theoretisch. Ich verwende ihn, wie er im Wörterbuch steht. Meine Theoriebildung erfolgt anderswo, nicht anhand dieses Begriffs.

tionen eingefügt waren. Hinzu kommt, dass diese Assemblagen das binäre Schema *national vs. global* sprengen: Während sie einerseits innerhalb der territorialen und institutionellen Zusammenhänge von Nationalstaaten zu verorten sind, umspannen sie gleichzeitig den Globus in großenteils translokalen Topographien, die multiple subnationale Räume miteinander verbinden. Aus dem Blickwinkel des Nationalstaates betrachtet, erscheint die Landkarte dieser Assemblagen unfertig.

Wir erleben die Ausbreitung grenzüberschreitender Systeme zur Steuerung unterschiedlicher Abläufe innerhalb von wie zwischen Nationalstaaten. Auf der einen Seite gehören zu dieser Art von Systemen private Arrangements wie die *lex constructionis* – ein privates „Recht", das die weltweit wichtigsten Baufirmen entwickelt haben, um sich gemeinschaftlich auf die Verschärfung der Umweltstandards in den verschiedenen Ländern, in denen sie bauen, einzustellen. Am anderen Ende des Spektrums finden wir Einrichtungen wie den Internationalen Strafgerichtshof, das erste öffentliche Gericht der Geschichte mit globaler Reichweite – kein Bestandteil des supranationalen Systems, sondern mit einer für alle Unterzeichnerstaaten verbindlichen universellen Rechtsprechungsgewalt ausgestattet. Neben der Vielgestaltigkeit der Systeme, von denen ich hier spreche, fällt ihre rasch wachsende Anzahl – nach jüngsten Schätzungen über 125 – immer mehr ins Gewicht. Die Ausbreitung dieser Systeme bedeutet nicht etwa das Ende der Nationalstaaten, doch beginnen sie diese stückchenweise auseinanderzunehmen.

Wenn man einige Entwicklungen unserer Tage durch diese Optik betrachtet – darunter oft kleinere, kaum sichtbare – , eröffnen sich interessante Aussichten. So lässt sich etwa von der Hisbollah im Libanon sagen, sie habe eine sehr spezifische Assemblage aus Territorium, Autorität und Rechten geschaffen, die man nicht einfach in eine der vertrauten Schubladen stecken kann – etwa: Nationalstaat; von einer inländischen Minderheit kontrollierte Region wie das Kurdengebiet im Irak; oder: eine separatistische Region wie das spanische Baskenland. Ein anderes Beispiel liefert die wachsende Rolle, die große Banden in Städten wie São Paulo spielen, wo sie neben ihren kriminellen Aktivitäten zunehmend auch „Regierungs"-Funktionen übernehmen: als eine Art „Polizei", aber auch durch die Bereitstellung von sozialen Dienstleistungen, Unterstützungszahlungen, Jobs und eine ganz neue Form der Gewährung von Rechten und der Autoritätsausübung bzw. Amtsgewalt.

Solche neuartigen Mischungen aus Territorium, Autorität und Rechten finden wir auch in weit weniger sichtbaren oder wahrgenommenen Konstellationen. Als beispielsweise Mexikos damaliger Präsident Vicente Fox während seines USA-Besuchs im Mai 2006 mit illegal in die Vereinigten Staaten eingewanderten Landsleuten zusammentraf, lief das in gewisser Weise darauf hinaus, eine neue, informelle Jurisdiktion zu schaffen. Sein Verhalten passte nicht in den Rahmen herkömmlicher Rechtsformen, die souveränen Staaten nur ganz bestimmte exterritoriale Rechte zugestehen. Dennoch erregte sein Auftreten kaum Widerspruch, ja es wurde sogar kaum zur Kenntnis genommen. Dabei ging es immerhin um illegale Einwanderer, denen im Falle der Entdeckung die Abschiebung droht – aus einem Land, das mittlerweile fast zwei Mrd. US-Dollar für die Militarisierung seiner Grenzkontrollen ausgibt. Und trotzdem erschien kein INS-Beamter und kein Polizist, um die durch ihre Begegnung mit Fox aus der Deckung gekommenen *sans papiers* festzunehmen, und die Medien berichteten so gut wie überhaupt nicht über den Vorgang. Ein anderes Beispiel liefert Hugo Chávez, wenn es ihm – einem „Lieblingsfeind" Washingtons! – gelingt oder ermöglicht wird, in einigen der größten US-Städte Öl für die Armen bereitzustellen oder beispielsweise nach Boston zu reisen und dort flammende Kritik am damaligen Präsidenten George W. Bush zu üben. Bush seinerseits wandte sich wiederholt unmittelbar an die Bevölkerung anderer Länder. All diese Vorgänge haben für sich genommen kein großes Gewicht, aber noch vor ganz kurzer Zeit hätten sie als inakzeptabel oder regelwidrig gegolten. Und sie können als Beispiele für die Erzeugung neuer Rechts- und Jurisdiktionstypen gesehen werden.

Wenn ich diese Vervielfachung von Teilsystemen betone, so hebt sich das deutlich vom größten Teil der Globalisierungsliteratur ab, die sich zumeist bestenfalls auf Übergangsphänomene konzentriert, wie den neu definierten Internationalen Währungsfonds (IWF) oder die neu geschaffene Welthandelsorganisation (WTO), bei denen es sich nicht um das eigentlich Neue, die Transformation als solche, handelt. Die Veränderungen, die gegenwärtig Gestalt annehmen, reichen viel tiefer und wirken weitaus radikaler als Gebilde wie WTO oder IWF, so mächtig diese auch als Vollstrecker dieser Dynamik sein mögen. Die genannten Institutionen sollten eher als wirkmächtige Hilfsmittel begriffen werden – sie sind Instrumente zur Schaffung einer neuen Ordnung, nicht aber diese selbst. In vergleichbarer Weise hat das Bretton-Woods-System als effizientes Hilfsmittel gedient und die Herausbildung einiger der neuen, globalen Formationen erleichtert, die in den 80er Jahren auftauchen. Doch stellt Bretton Woods selbst noch nicht, wie manche behaupten, den Beginn der neuen Ordnung dar.

Diese grenzüberschreitenden Systeme laufen auf eine Art partikularisierter Assemblagen hinaus, zusammengesetzt aus Teilstücken von Territorium, Autorität bzw. Amtsgewalt und Rechten, die uns bisher als Bestandteile größerer, diffuserer Institutionsbereiche innerhalb des Nationalstaats oder manchmal auch des supranationalen Systems vertraut sind. In dieser Ausbreitung spezialisierter Assemblagen sehe ich eine Tendenz zur Vermischung konstitutiver Regeln, die einstmals ihren festen Platz innerhalb des nationalstaatlichen Projekts hatten. Die neuartigen Assemblagen sind, wie gesagt, partiell und oft hochspezialisiert; sie sind auf partikulare Nutzungen und Zwecke ausgerichtet. Ihr Aufkommen und ihre Ausbreitung ziehen, obwohl es sich um eine partielle, keine allumfassende Entwicklung handelt, eine Reihe bedeutsamer Konsequenzen nach sich. Sie könnten die vorherrschenden institutionellen Arrangements aus den Angeln heben, nämlich die Nationalstaaten und das supranationale System. Wo einst die dominante Logik darauf hinauslief, einheitlich nationale raum-zeitliche und normative Rahmenbedingungen zu schaffen, fördern die neuartigen Assemblagen, um die es hier geht, eine Vervielfachung unterschiedlicher räumlicher, zeitlicher und normativer Rahmensysteme.

Diese Weiterverbreitung spezialisierter Ordnungen erstreckt sich sogar bis in den Staatsapparat hinein. Ich behaupte, dass wir nicht länger von „dem" Staat sprechen können – also auch nicht von einem Grundkonflikt zwischen „dem" Staat und „der" Globalisierung. Wir sehen eine neue Form der Segmentierung innerhalb des Staatsapparats, wobei wachsende und zunehmend privatisierte Teile der öffentlichen Verwaltung sich, ungeachtet nationalistischer Fensterreden, mit spezifischen Akteuren globaler Reichweite zusammentun. Und wir sehen eine Aushöhlung der Legislativen, deren Agenda auf weniger und vorrangig innenpolitische Fragen eingeschränkt wird.[3] Dieser Wandel reduziert die Fähigkeit der Bürgerinnen und Bürger, die Exekutive zur Rechenschaft zu ziehen, und schränkt teilweise auch ihre Privatsphäre ein – eine Verschiebung historischen Ausmaßes im Verhältnis zwischen dem öffentlichen und dem privaten Bereich, deren klare Trennung, auch wenn sie in der Praxis stets unvollkommen blieb, doch zum Kernbestand des liberalen Staates gehört.

Gegen Meta-Begriffe

Das Untersuchungsverfahren, das ich hier vorschlagen möchte, hat methodologische, theoretische und politische Implikationen. So halte ich es für unzureichend, den Nationalstaat und das Weltsystem als zwei unterschiedliche Entitäten zu behandeln, denn die laufenden Transformationsprozesse durchkreuzen dieses binäre Muster in jeder Richtung und durchdringen den Nationalstaat, ja sogar den Staatsapparat als solchen. Um sowohl das Nationale als auch das Globale als Konstrukte historisieren zu können, greife ich auf drei transhistorische Komponenten zurück, die es in fast allen Gesellschaften gibt, und untersuche, auf welche Weise und in welchem Verhältnis unterschiedliche historische Formationen sich jeweils aus diesen drei Komponenten zusammensetzen. Die von mir ausgewählten Komponenten sind erstens Territorium, zweitens Autorität oder Amts- und Verfügungsgewalt sowie drittens Rechte. In jeder historischen Formation nehmen sie spezifische Inhalte und Erscheinungsformen an, wobei wiederum jeweils spezifische Interdependenzen entstehen. Dass ich mich für diese drei entschieden habe, liegt einerseits daran, dass sie grundlegend sind, andererseits am Zuschnitt meiner Wissensbereiche. Man könnte weitere Komponenten hinzufügen oder die eine oder andere ersetzen, und ich hoffe, irgendjemand wird das auch tun.

Territorium, Autorität bzw. Amtsgewalt und Rechte sind komplexe Institutionalisierungen, die durch spezifische Prozesse entstehen und sich aus Kämpfen und konkurrierenden Interessen heraus entwickeln. Es handelt sich nicht einfach um Eigenschaften. Sie sind interdependent, auch wenn ihre Spezifik fortbesteht. Daher lässt jede dieser Komponenten sich als solche bestimmen. Ihre Spezifik ist teilweise durch das Niveau der Formalisierung und Institutionalisierung konditioniert. Abhängig von Raum und Zeit haben Territorium, Autorität und Rechte sich in unterschiedlichen Formationen jeweils spezifisch

---

3   Vgl. Saskia Sassen, Die entfesselte Exekutive. Globalisierung und liberaler Staat, in: „Blätter", 4/2005, S. 413-424.

zusammengefügt und auf unterschiedlichen Funktionsebenen gewirkt. Des Weiteren variieren die Instrumente und Potentiale, die jede dieser Komponenten konstituieren, ebenso wie die Bereiche, in die eine jede wiederum eingebettet ist – privat oder öffentlich, Recht oder Gewohnheit, metropolitan oder kolonial, national oder supranational usw.

Indem die Verwendung dieser drei grundlegenden Komponenten analytische Zugänge zu den beiden spezifischen Assemblagen eröffnet, um die es mir hier geht, nämlich die nationale und die globale Assemblage, hilft sie, die Endogenitätsfalle zu vermeiden, unter der die Globalisierungsliteratur so sehr leidet. Im Allgemeinen betrachten die Forscher diese beiden komplexen Formationen in toto, um aus einem solchen Vergleich ihre Unterschiede abzuleiten. Ich gehe anders vor: Statt das Nationale und das Globale, als Ganzheiten betrachtet, einander vergleichend gegenüberzustellen, zerlege ich sie beide in die drei grundlegenden Komponenten, die ich nannte: Territorium, Autorität bzw. Amtsgewalt und Rechte. Sie markieren meinen Ausgangspunkt. Ich löse sie aus ihren spezifischen, im Lauf der Geschichte konstruierten Gehäusen heraus – in diesem Falle aus dem nationalen und dem globalen –, um ihre Konstituierung in den unterschiedlichen historischen Konfigurationen und ihren möglichen Wechsel zwischen verschiedenen Institutionsbereichen oder ihre Einfügung in dieselben zu untersuchen. So entsteht ein Untersuchungsverfahren, das andere heute dazu benutzen können, verschiedene Länder im Kontext der Globalisierung oder auch unterschiedliche Arten von Assemblagen in Raum und Zeit zu analysieren. Dieser Analysetyp führt mich beispielsweise zu der These, dass bestimmte nationale Potentiale aus dem institutionellen Gehäuse des Nationalstaats herausgelöst und für die Globalisierung konstitutiv werden, statt von dieser beiseite geschoben zu werden.[4]

Im neuzeitlichen Staat entwickeln sich meine drei Komponenten, wie wir jetzt erkennen, in einem Skalierungsprozess, der einer Größe – der nationalen – fast alles zuordnet, was es an Territorium, Autorität und Rechten gibt. Jede dieser drei Komponenten konstituiert sich, wenngleich nicht ausschließlich, ganz überwiegend im nationalen Bereich.

Hatten in der Vergangenheit für die meisten Territorien multiple Herrschaftssysteme gegolten,[5] so erlangt nun der nationale Souverän die exklusive Herrschaftsgewalt über ein gegebenes Territorium, während zur gleichen Zeit dieses Territorium als synonym mit jener Herrschaftsgewalt konstruiert wird, was im Prinzip eine gleichartige Dynamik auch in anderen Nationalstaaten gewährleistet. Dies wiederum ermöglicht es dem Souverän, als die alleinige Instanz der Rechtegewährung zu fungieren.

Die Globalisierung lässt sich als ein Prozess betrachten, der diese skalare Assemblage aus dem Gleichgewicht bringt. Die Tatsache, dass der Nationalstaat die exklusive Herrschaftsgewalt auf seinem Territorium teilweise verlo-

---

4   In „Das Paradox des Nationalen", a.a.O., befasse ich mich in den Kapiteln 1, 8 und 9 ausführlich mit Fragen der Methodik und der Interpretation. Ich empfehle, zwischen Potentialen (der Rechtsstaatlichkeit beispielsweise) und Organisationslogiken (das Nationale, das Globale), innerhalb derer erstere zu verorten sind, zu unterscheiden. Die fraglichen Potentiale sind also polyvalent: Sie können zwischen unterschiedlichen Organisationslogiken wechseln, wobei die letzteren ihre Wertigkeit bestimmen.
5   Vgl. auch Jan Zielonka, Europa als Empire, in: „Blätter", 3/2007, S. 294-307.

ren hat, ist der Forschung nicht entgangen. Was versäumt wurde, ist die gründliche Untersuchung der spezifischen, oft hoch spezialisierten Umstellungen und Umgruppierungen im Inneren des hochgradig formalisierten und institutionalisierten Staatsapparats sowie der Art und Weise, wie diese Umgruppierungen zu der Gewichtsverlagerung in Richtung auf globale Institutionen beigetragen oder diese zumindest ermöglicht haben. Diese Verlagerung ist nicht lediglich eine Frage der Politik. Übersieht man derartige Umstellungen, so übersieht man auch leicht das Ausmaß, in dem entscheidende Komponenten des Globalen innerhalb des Nationalen strukturiert werden und damit etwas hervorbringen, was ich als partielle, oft hoch spezialisierte Denationalisierung bezeichne. Spezifische Elemente von Territorium, Autorität bzw. Amtsgewalt und Recht werden heute neu zusammengesetzt, zu neuartigen Konfigurationen globalen Zuschnitts. Dabei verändern sich die Interaktionen und Interdependenzen zwischen ihnen ebenso wie ihre institutionellen Gehäuse. Diese Verschiebungen finden sowohl im Inneren des Nationalstaates statt, etwa vom öffentlichen in den privaten Bereich, als auch auf supranationaler und globaler Ebene. Was zu einer einheitlichen Gegebenheit gebündelt und als solche erlebt wurde, nämlich die nationale Assemblage von Territorium, Autorität und Rechten, erweist sich jetzt zusehends als ein ganzes Set unterscheidbarer Elemente, die in unterschiedlichem Maße dazu taugen, denationalisiert zu werden. Das deutet auf eine möglicherweise krasse Divergenz zwischen der Organisationslogik früherer zwischenstaatlicher Entwicklungsstadien und der gegenwärtigen, globalen hin. In früheren Zeiten, auch noch im Zeichen von Bretton Woods, trieb diese Logik den Auf- und Ausbau von Nationalstaaten voran, oftmals im Rahmen imperialer Kartographierungen; aber in der jetzigen Phase fördert sie die Errichtung globaler Systeme im Inneren der Nationalstaaten selbst.

Spezialisierte Assemblagen als Territorialitäten neuen Typs

Vor unseren Augen formieren sich neuartige Territorialitätstypen, die sich aus „nationalen" und „globalen" Elementen zusammensetzen, wobei jede einzelne oder aggregierte Instanz spezifische Eigenschaften in raum-zeitlicher Hinsicht aufweist.

Ein solcher Territorialitätstyp kommt erstens in der Herausbildung neuer Jurisdiktions-Geographien zum Vorschein. Zu den stärker formalisierten Beispielen zählt eine Vielzahl nationaler Rechtsakte, die ungeachtet ihrer transnationalen Geographie heute von nationalen Gerichten ausgehen können. Ein gutes Beispiel liefern die Verfahren, die das Washingtoner Center for Constitutional Rights vor einem amerikanischen Gericht gegen neun multinationale Unternehmen, sowohl amerikanische wie ausländische, in Gang gebracht hat, denen es die Missachtung von Arbeitnehmerrechten bei ihren Auslandsaktivitäten vorwirft. Es handelt sich also um eine dreischichtige oder, anders gesagt, eine auf drei Ebenen lokalisierte Gerichtsbarkeit, die sich auf verschiedenen Schauplätzen in zumindest zwei dieser Bereiche abspielt – an den

Standorten der Firmenzentralen (sowohl in den USA als auch in anderen Ländern), an den Standorten der Offshore-Betriebe (verschiedene Länder) und vor dem Washingtoner Gerichtshof. Auch wenn diese Verfahren ihr Ziel nicht vollständig erreichen sollten, so signalisieren sie doch, dass man die nationale Gerichtsbarkeit anrufen kann, um in- und ausländische Firmen wegen fragwürdiger Praktiken außerhalb ihrer Heimatländer zur Rechenschaft zu ziehen. Ganz abgesehen von den viel beachteten neuen Gerichten und Rechtsinstrumenten (zum Beispiel dem Internationalen Strafgerichtshof und dem Europäischen Gerichtshof für Menschenrechte) zeigt bereits dieses eine Beispiel, wie Komponenten des nationalen Rechtswesens, das einst der Stärkung des Nationalstaats diente, heute zur Formierung transnationaler Gerichtsbarkeiten beitragen. Ein anderes Beispiel liefert die Praxis der Vereinigten Staaten, Häftlinge in Drittländer zu überstellen, wo es einfacher ist, sie zu foltern. Auch dieses Exempel demonstriert eine Art Territorialität, die national und nicht-national zugleich ist. Unterschiedliche Geographien der Gerichtsbarkeit lassen sich auch zur Manipulation des Zeitfaktors nutzen. Einen Streitfall an das nationale Rechtssystem zurückzuverweisen, kann, verglichen mit der privaten Jurisdiktion der internationalen Schiedsgerichtsbarkeit zu kommerziellen Konflikten, eine Verlangsamung des Verfahrens bewirken.

Einem zweiten Typus spezialisierter Assemblagen, der zur Herausbildung neuartiger Formen von Territorialität beiträgt, begegnen wir in Gestalt der weltumspannenden Bemühungen von Nationalstaaten, einen global standardisierten Operationsraum für Unternehmen und Märkte bereitzustellen. Das bedeutet, dass Komponenten der gesetzlichen Rahmenwerke, die größtenteils während der Formierung der Nationalstaaten zur Kodifizierung von Rechtsansprüchen und Garantien – und der Rechtsstaatlichkeit im Allgemeinen – entwickelt wurden, jetzt der Stärkung *nicht*-nationaler Organisationslogiken dienen können. In dem Maße, in dem diese Komponenten zu Bestandteilen neuer Arten transnationaler Systeme werden, verändern sie die Wertigkeit älterer Nationalstaatspotentiale (zerstören diese aber nicht). Während die Rechtsstaatlichkeit einst die Stärke des Nationalstaats und der nationalen Unternehmen ausmachte, tragen heute Schlüsselkomponenten ebendieses Systems zu der partiellen, oft hoch spezialisierten Zerlegung bestimmter nationalstaatlicher Ordnungen bei. So haben beispielsweise global operierende Akteure der Wirtschaft massiv auf die Entwicklung neuer Instrumentetypen gedrängt, etwa im Hinblick auf geistige Eigentumsrechte und standardisierte (de facto anglo-amerikanische) Accounting-Grundsätze, wofür sie die Unterstützung jedes einzelnen Landes benötigen, in dem sie tätig sind. Zusammengenommen tragen diese und andere Neuordnungsmaßnahmen zur Schaffung eines Operationsraums bei, der zum Teil eingebettet ist in spezifische Komponenten nationaler Rechtssysteme, die ihrerseits der Denationalisierung bestimmter Bereiche unterzogen wurden. Dies stattet sie mit einer Organisationslogik aus, die nicht dem Nationalstaat zugehört. Oft widersprechen sie dabei sogar den Interessen nationaler Kapitale. Diese Darstellung der wirtschaftlichen Globalisierung unterscheidet sich grundlegend von der gängigen Version, wonach es sich um einen Rückzug des Staates zugunsten des globalen Systems handelt. In Wirklichkeit sind es nämlich große Teile der nationalstaatlichen Exekutive, die sich mit global operierendem Privatkapital verbünden.

Ein dritter Typus spezialisierter Assemblagen findet sich in der Herausbildung eines weltweiten Netzwerks von Finanzzentren. Finanzzentren, die an den globalen Finanzmärkten teilhaben, konstituieren aus meiner Sicht eine besondere Form von Territorialität; sie gehen in den größeren Netzwerken auf und dienen diesen gleichzeitig als lokale Mikroinfrastrukturen. Diese Zentren siedeln auf nationalstaatlichen Territorien, aber man kann sie nicht einfach als national – im historischen Wortsinn – betrachten, und ebenso wenig lassen sie sich auf die Verwaltungseinheit reduzieren, die das betreffende Gebiet (beispielsweise eine Stadt) umfasst und Bestandteil eines Nationalstaats ist. In ihrer Gesamtheit beherbergen sie wichtige Komponenten des globalen – zum Teil elektronischen – Kapitalmarkts. Als Standorte sind sie teilweise und in spezifischen Formen denationalisiert. In diesem Sinne konstituieren sie Elemente eines neuartigen Territorialitätstypus, der – sozusagen multilokal – eine Vielzahl disparater Standorte umfasst und sich damit grundlegend von der Territorialität des historischen Nationalstaats unterscheidet.

Einen vierten Assemblagentyp sehe ich in den globalen Netzwerken lokaler Aktivisten und, im allgemeineren Sinne, in der konkreten Infrastruktur einer globalen Zivilgesellschaft. Ermöglicht wird letztere durch globale digitale Netzwerke und die sie begleitenden Wunschvorstellungen. Das schließt aber keineswegs aus, dass ortsgebundene Akteure, Organisationen und Anliegen entscheidende Bauelemente der globalen Zivilgesellschaft darstellen, die vor unseren Augen Gestalt annimmt. Es ist das Engagement der Aktivisten vor Ort, auf das es letztlich ankommt, egal wie universal und planetarisch die Ziele der jeweiligen Kämpfe sein mögen: Konstitutiv sind, in ihrer Gesamtheit, ebendiese lokalen, ortsgebundenen Interventionen. Und die weltumspannenden elektronischen Netzwerke erweitern jetzt die Möglichkeiten dieser lokal-globalen Dynamik noch ganz erheblich. An anderer Stelle habe ich untersucht, auf welche Weise selbst ressourcenarme und ortsgebundene Organisationen Bestandteil eines Typus horizontaler Globalität werden können, dessen Brennpunkte lokaler Natur sind.[6] Ausgerüstet mit den wesentlichen Leistungsmerkmalen der neuen Technologien – dezentraler Zugang, Interkonnektivität und Gleichzeitigkeit der Transaktionen –, können auch ortsgebundene, wenig mobile Einzelpersonen und Organisationen teilhaben an einem öffentlichen Raum globaler Dimension. Mag es sich dabei zum Teil auch nur um einen subjektiven Zustand handeln, so doch eben nur zum Teil, weil er aus konkreten Kämpfen vor Ort erwächst. Im Prinzip ist davon auszugehen, dass diejenigen, die weniger mobil sind, ihre Globalität eher im Medium dieses (abstrakten) Raumes erleben als solche Individuen und Organisationen, die über die Mittel und Möglichkeiten verfügen, weltweit zu reisen. Gelegentlich nimmt diese Art Globalität komplexe Formen an, etwa im Fall der Ureinwohner klassischer Einwanderungsländer, die, unter Umgehung nationalstaatlicher Hoheitsrechte, eine Direktvertretung auf internationalen Foren verlangen – ein schon

---

6   Vgl. Sassen, Das Paradox des Nationalen, a.a.O., Kap. 7.

seit langem immer wieder vorgebrachtes Anliegen, dessen Realisierung durch globale elektronische Netzwerkarbeit erheblich erleichtert wird. In anderen Fällen geht es um elementarere Dinge, etwa bei den Forest-Watch-Aktivisten, die sich überall auf der Welt um die Regenwälder kümmern. Hier zeigt sich, wie ein spezifischer Interaktionstyp funktioniert – zwischen ortsunabhängigen digitalen Netzwerken und zutiefst ortsgebundenen Akteuren/Anwendern. Ein gängiges Muster besteht in der Herausbildung triangularer, grenzüberschreitender Rechtssysteme im Hinblick auf politische Aktivitäten, die früher im nationalen Rahmen verblieben wären. Lokale Aktivisten bedienen sich häufig globaler Kampagnen und internationaler Organisationen, um ihren nationalen Obrigkeiten Rechte und Schutzgarantien abzutrotzen. Heute verfügen sie über die Option, nationalstaatlich ungebundene oder globale Instanzen in die innerstaatlichen Kämpfe einzuschalten. Dies verweist auf die Entstehung eines spezifischen Territorialitätstypus, bei dem digitale und nichtdigitale Aspekte einander überlagern oder sich verschränken. Es handelt sich um eine Territorialität, die zu einem Teil spezifisch subnationale Räume ausfüllt und sich zu einem anderen Teil aus einer Vielzahl mehr oder weniger spezialisierter oder partieller Öffentlichkeiten globaler Dimension konstituiert. Die Territorialitätstypen 3 und 4 scheinen einander zu gleichen, aber der Schein trügt. Die subnationalen Räume, in denen sich die zuletzt genannten Akteure bewegen, sind, anders als die zuvor erörterten Finanzzentren, nicht denationalisiert. Die globalen Öffentlichkeiten, die sich herausbilden, sind kaum institutionalisiert und zumeist informell – ganz anders als der globale Kapitalmarkt, bei dem es sich um einen hochgradig institutionalisierten Raum handelt, den sowohl nationales und internationales Recht als auch private Regelungs- und Unternehmensführungssysteme ordnen. So informell sie sein mögen, lassen sich diese globalen Öffentlichkeiten doch als Räume betrachten, die ressourcenarmen oder nicht besonders mächtigen Akteuren mehr Handlungsoptionen und Durchsetzungsfähigkeit verschaffen. In diesem Sinne schaffen die subjektiven Potenzen, die diese globalen Öffentlichkeiten freisetzen, die Voraussetzungen für die Entstehung neuer Organisationslogiken.

Obwohl sich diese vier Typen neu entstehender Assemblagen, die als Territorialitäten fungieren, voneinander unterscheiden, sind ihnen allen doch bestimmte Eigenschaften gemein. Erstens sind sie alle weder ausschließlich national noch exklusiv global, sondern Assemblagen, die sich aus Elementen beider Sphären zusammensetzen. Zweitens führt dieser Assemblage-Prozess zusammen, was sonst oft als unterschiedliche Raum-Zeit-Ordnungen erfahren wird: unterschiedliche Geschwindigkeiten und unterschiedliche Maßstäbe oder Reichweiten. Drittens kann dies zu ereignisreichen Engagements führen, darunter Streitigkeiten, Kraftproben und eine Art Grenzerlebnisse – in einem Raum, der Aktivitäten und Interventionen ermöglicht, für die es keine feststehenden Regeln gibt. Solche Begegnungen und Zusammenstöße könnten Gelegenheiten eröffnen, Konflikte auszutragen, die in anderen Räumen nicht leicht zu handhaben sind. Viertens können in den Prozessen, durch die sich diese Assemblagen herausbilden, neuartige Akteurstypen auftauchen – Akteure, die tendenziell befähigt sein werden, sich grenzüberschreitend Zugang zu Bereichen zu verschaffen, die früher ausschließlich älteren, etablierten Akteuren, insbesondere Nationalstaaten, zugänglich waren. Und schließlich können in dem Nebeneinander der unterschiedlichen Zeitordnungen, die in diesen neuartigen Territorialitäten zusammenkommen, vorhandene Potentiale in Bereiche mit neuartigen Organisationslogiken verlagert werden. Diese neuen Assemblagen beginnen die traditionelle Territorialität des Nationalen auseinanderzunehmen, wenngleich auf partielle, oft hoch spezialisierte Weise. In allen Fällen, in denen das Globale inhaltlich konkret oder multiplen Bedingungsverhältnissen unterworfen ist, erweist sich seine Einführung in eine historisch ganz überwiegend als national einheitlicher raumzeitlicher Bereich konstruierte Institutionenwelt als folgenreich.

Normative Herausforderungen

Es sind also globale und denationalisierende Dynamiken gleichermaßen, die bestehende Sinnzusammenhänge und Systeme aus dem Gleichgewicht bringen. Dies wirft Fragen über die Zukunft wichtiger Bezugssysteme auf, von denen das Funktionieren moderner Gesellschaften, Volkswirtschaften und politischer Gebilde (unter rechtsstaatlichen Bedingungen) bis heute abhängt: der Gesellschaftsvertrag liberaler Staaten, die soziale Demokratie, wie wir sie kennen, Bürgerschaft im modernen Sinne sowie die Regeln und Verfahren, die in liberalen Demokratien über die Legitimität der einen Ansprüche und die Illegitimität anderer entscheiden. Wie die Zukunft dieser und anderer vertrauter Bezugssysteme aussieht, erscheint – angesichts der Demontage (und sei es auch nur eine Teildemontage) der grundlegenden Organisations- und Normengebäude, die bisher, besonders im 20. Jahrhundert, unser Handeln bestimmten – als ungewiss. Diese Konstruktionen haben komplexe Interdependenzen zwischen Rechten und Pflichten, Macht und Recht, Reichtum und Armut, Loyalität und Verweigerung zusammengehalten.

Die Vervielfachung partieller, spezialisierter und anwendungsbezogener Ordnungssysteme bringt im Kontext einer weiterhin überwiegend nationalstaatlich organisierten Welt normative Herausforderungen mit sich. Um nur ein Beispiel zu nennen: Ich würde aus den beschriebenen Trends schlussfolgern, dass normativen Ordnungen religiöser Natur wieder mehr Gewicht zuwächst als in der säkularen Normenordnung des Nationalstaats, der die Religion(en) auf spezielle Bereiche eingrenzte. Meine These ist, dass dies, anders als gewöhnlich unterstellt, keinen Rückzug in ältere Kulturen bedeutet. Es handelt sich, ganz im Gegenteil, um das systemlogische Ergebnis eines Vordringens in unbekanntes Gelände – nicht vormodern, sondern Ausdruck eines neuen Modernitätstypus, eine Art Verzugssphäre, die sich aus der partiellen Auflösung vormals dominanter, zentripetaler Normenordnungen in multiple, partikularisierte Segmente ergibt. Dies ist nur eines der Resultate, obschon ein unübersehbares, das zudem tiefe Leidenschaften erregt. Es gibt aber weitere, und ihre Anzahl wächst, auch wenn sie nicht derart ins Auge springen wie die Religion.

Die Ware Mensch

Sklaverei im 21. Jahrhundert

Von **Janna Greve**

klaverei ist der Inbegriff dessen, was der Menschenwürde widerspricht",
so der renommierte Rechtstheoretiker Klaus Günther.[1] Und tatsächlich
verbietet das Völkerrecht seit der Allgemeinen Erklärung der Menschenrechte
aus dem Jahre 1948 Sklaverei als ein Verbrechen gegen die Menschlichkeit.[2]

Dennoch stehen Sklaven- und Zwangsarbeit zu Beginn des 21. Jahrhunderts in voller Blüte. Die Internationale Arbeitsorganisation (IAO) geht davon aus, dass sich weltweit mehr als zwölf Millionen Menschen in der Sklaverei befinden – darunter sechs Millionen Kinder. Die Experten-Organisationen „Free the Slaves" und „iAbolish"[3] schätzen die Zahl der Sklaven sogar auf bis zu 27 Millionen. Jährlich werden allein 1,2 Millionen weitere Kinder in die Sklaverei verkauft.

In der Berichterstattung deutscher Medien allerdings spielen moderne Sklaverei und Menschenhandel – abgesehen von gelegentlichen Skandalmeldungen – kaum eine Rolle. Im Gegenteil: Der alljährlich am 2. Dezember begangene „Internationale Tag der Abschaffung [!] der Sklaverei" vermittelt den Eindruck, als handele es sich dabei um ein längst abgeschlossenes Kapitel.

Die Bekämpfung des Problems wird auch dadurch erschwert, dass moderne Zwangs- und Sklavenarbeit nur schwer zu erfassen sind, da sie sich zumeist im Untergrund abspielen und in offiziellen nationalen Statistiken kaum auftauchen. Die Ausgebeuteten bleiben für die breite Öffentlichkeit und die staatlichen Autoritäten zumeist unsichtbar. Um Sklaverei im 21. Jahrhundert wirklich in ihrem Ausmaß und ihren Auswirkungen zu begreifen, sind deshalb zuverlässige Datensammlungen sowie eine zeitgerechte Definition, die sich von dem alten, klischeehaften Bild angeketteter, gepeitschter und zumeist schwarzafrikanischer Sklaven löst, notwendig.

Der Definition der IAO nach ist Sklaverei Bestandteil der Kategorie Zwangsarbeit. Unter Zwangsarbeit wird generell jede Form einer Arbeit oder Dienstleistung verstanden, die unter der Androhung von Bestrafung bzw. Sanktionen gegen den eigenen Willen geleistet wird (IAO Konvention 29 (1930), Art. 2 Abs. 1). Der spezielle Fall der Sklaverei geht darüber noch hinaus und bedeutet

---

1 Klaus Günther, Folter kennt keine Grenze, in: „Die Zeit", 12/2008.
2 Vgl. Franz-Josef Hutter und Carsten Kimmle, Das uneingelöste Versprechen. 60 Jahre Allgemeine Erklärung der Menschenrechte, in: „Blätter", 12/2008, S. 96-102.
3 www.freetheslaves.net, www.iabolish.org.

die absolute Kontrolle einer Person über eine andere. Im strikten Sinne bedeutet Sklaverei: Entwurzelung, Freiheitsentzug, Unterdrückung und Unterwerfung unter fremde Willkür, Erniedrigung, Gewaltanwendung, Arbeit ohne
Lohn bzw. gegen Entlohnung unterhalb des zum Leben Notwendigen sowie
gesundheitsgefährdende und entwürdigende Lebensverhältnisse.[4]

Menschenhandel als Wachstumsbranche

Sklaverei geht in aller Regel mit Menschenhandel einher. Für Pino Arlacchi,
den stellvertretenden UNO-Generalsekretär und Experten für organisierte
Kriminalität, bedeutet Menschenhandel letztendlich den „sozialen Tod".[5] Im
Gegensatz zu den dramatischen Folgen für die Betroffenen ist Menschenhandel für die Täter – im Vergleich zu anderen illegalen Praktiken, wie etwa dem
Drogenhandel – relativ risikoarm und höchst gewinnbringend. Die IAO beziffert die weltweit mit Menschenhandel erzielten Gewinne auf rund 32 Mrd.
Dollar pro Jahr.[6] Der Handel mit Sklaven ist daher zu einer der am schnellsten
wachsenden kriminellen Aktivitäten geworden.

Der US-amerikanische Soziologe Kevin Bales weist darauf hin, dass moderne
Sklaverei unweigerlich mit der globalen Wirtschaft des 21. Jahrhunderts verknüpft ist.[7] In einer globalisierten Welt ist es wesentlich billiger und einfacher
geworden, Zwangs- und Sklavenarbeiter zu beschaffen. Zudem müssen derart „billige" Sklaven nicht mehr unbedingt langfristige Investitionen sein, wie
es in der klassischen Zeit der Sklaverei der Fall war. Die heutigen Opfer sind
leicht austauschbare Arbeitskräfte. Ersatz wächst aufgrund der sozialen und
wirtschaftlichen Probleme in den armen Ländern ständig nach, denn extreme
Armut und mangelhafte Aufstiegsmöglichkeiten treiben Menschen, vor allem
aus Afrika, Asien, Lateinamerika und aus den Pazifikstaaten, in die Hände
der Sklavenhändler- und halter, und die aus purer Not Flüchtenden begeben
sich in für sie verheerende Abhängigkeitsverhältnisse. Für Transport, Verpflegung, Unterkunft, Kleidung und andere lebensnotwendige Dinge verlangen
Menschenhändler und „Arbeitgeber" zumeist völlig überhöhte Preise, die für
die Opfer kaum abzuarbeiten sind, wodurch sie letztendlich in die moderne
Form der Schuldknechtschaft geraten. Sie stellt heute eine der häufigsten Formen der Sklaverei dar.

So sehr das Ausmaß der Sklaverei wächst, so gering ist das Risiko der Skla-
venhändler. Oftmals schützen defizitäre Justizsysteme und Korruption die
Menschenhändler vor Bestrafung.[8] Das Problem besteht also nicht zwangs-
weise in mangelnder Gesetzgebung, sondern in einer mangelhaften Umsetzung bereits bestehender Gesetze. In Brasilien etwa existiert, auch 120 Jahre

---

4 Internationale Arbeitsorganisation (IAO), Possibilidades jurídicas de combate ao Trabalho Escravo
   Contemporanea, Brasília 2007, S. 41.
5 Pino Arlacchi, Ware Mensch. Der Skandal des modernen Sklavenhandels, München 2000.
6 Christian Tenbrock, Das globalisierte Verbrechen, in: „Die Zeit", 27/2007; vgl. auch Ethan B. Kapstein,
   The New Global Slave Trade, in: „Foreign Affairs", 6/2006.
7 Kevin Bales, Disposable People: New Slavery in the Global Economy, Berkeley 1999.
8 Vgl. FDCL e.V. (Hg.), Justiça Global. Menschenrechte in Brasilien, Berlin 2004.

nach der Verabschiedung des *Lei Áurea*, des „Goldenen Gesetzes", das Sklaverei verbietet, Ausbeutung und Missbrauch von Arbeitskräften fort: Laut IAO befinden sich in Brasilien zwischen 25 000 und 40 000 Menschen in sklavereiähnlichen Arbeitsverhältnissen. Und im Gegensatz zu früheren Zeiten sind heute unterschiedliche Ethnien Opfer der modernen Sklaverei in Brasilien, also nicht mehr „nur" Afro-Brasilianer, sondern auch „Weiße" aus den ärmsten Regionen des brasilianischen Nordens. Zu diesen Regionen gehören die nördlichen Provinzen Pará, Mato Grosso, Tocantins, Piauí, Maranhão und Bahia. Gerade dort machen die Sondereinheiten der brasilianischen Regierung in der Agrar- und Viehwirtschaft immer wieder Fälle von Sklaverei ausfindig. Die Sklavenarbeiter werden zur Abholzung der Wälder für Viehweiden oder für den Anbau von Soja, Kaffee, Baumwolle und Zuckerrohr eingesetzt, ohne oder zu verschwindend geringer Entlohnung. Eine Flucht ist zumeist schon deshalb nicht möglich, weil die Arbeitgeber die persönlichen Papiere einbehalten und die Arbeitsstätten sich in weit abgelegenen Regionen befinden.

Die Ursachen für Sklavenarbeit in der Amazonasregion beruhen auf der Verkettung mehrerer Umstände: der rücksichtslosen wirtschaftlichen Ausbeutung des Regenwaldes, hoher Arbeitslosigkeit, Armut und der von Präsident Lula zwar vor Amtsantritt versprochenen, aber bis heute kaum umgesetzten Agrarreform. Die brasilianische Landbesitzerlobby macht ihren großen Einfluss auf die lokale und nationale Politik geltend, indem sie weitere Maßnahmen zur Umsetzung der Landreform und zur Sanktionierung von Sklavenhaltung rigoros vereitelt.

In den letzten Jahren sind in Brasilien auch immer wieder Fälle von Sklavenarbeit in der Produktionskette transnationaler, europäischer oder großer nationaler Unternehmen aufgedeckt worden. Zahlreiche Firmen, die in Brasilien Soja produzieren, wie beispielsweise Cargill, sind oder waren in Fälle von illegaler Waldrodung, Unterbezahlung, Ausbeutung und Umweltverschmutzung involviert.

Indien, China, Lateinamerika und Afrika

Ganz besonders groß ist das Problem der Sklaverei in Indien. Zwar hat das Milliarden-Land Sklaverei im Jahr 1976 ebenfalls gesetzlich verboten, doch auch hier bleibt die konsequente Rechtsdurchsetzung aus. Weiterhin werden Millionen von Menschen (die glaubwürdigsten Statistiken gehen von über zehn Millionen aus)[9] unter sklavereiähnlichen Bedingungen ausgebeutet, zumeist in Schuldknechtschaft.

Auch China sorgte im Jahr 2007 mit der Aufdeckung mehrerer Fälle von Verschleppung von Landbewohnern, die zu Zwangsarbeit an Steinbrennöfen oder in der Landwirtschaft eingesetzt wurden, für Schlagzeilen. Hunderte von ihnen konnten von einer Inspektionseinheit der chinesischen Regierung befreit werden; die Dunkelziffer der Nicht-Befreiten dürfte dennoch immens

---

9 So der Sklaverei-Experte E. Benjamin Skinner (Menschenhandel. Sklaverei im 21. Jahrhundert, Bergisch Gladbach 2008) im Gespräch mit der „Welt", 21.11.2008.

sein. Auch in der Mehrzahl der afrikanischen Staaten stehen Menschenhandel und Sklaverei weiterhin auf der Tagesordnung. Vor allem Kinder werden dort leicht Opfer von Menschenhandel, und werden zu Kindersoldaten, Minenarbeitern, Lastenträgern oder gar Prostituierten gemacht.[10] In Lateinamerika und der Karibik schließlich sind die Sklaven- und Zwangsarbeiter vor allem in Minen, Köhlereien oder in der Landwirtschaft, aber auch in der Textil- und anderen verarbeitenden Industrien der Großstädte zu finden.

Ein besonderes Problem ist gerade in der sogenannten Dritten Welt die Zwangsprostitution und der Frauenhandel, da Frauen und Mädchen in vielen Gesellschaften als minderwertig oder als reine Objekte gelten. Daher muss das Engagement gegen Sklaverei nicht nur mit dem Kampf gegen Armut und der Verbesserung der Bildungssysteme verbunden werden, sondern auch mit der Stärkung der gesellschaftlichen Stellung der Frau.

Sklaverei in der Ersten Welt

Das Geschäft mit der Sklaverei und dem Menschenhandel beschränkt sich allerdings keineswegs auf die Entwicklungsländer. Formen zeitgenössischer Sklaverei sind auch in den Industrieländern weit verbreitet. Zwar versuchen die wohlhabenderen Staaten mit restriktiven Migrationsregimen gerade den Ärmsten und wenig Gebildeten einen legalen Eintritt zu verwehren. Dennoch vermag es etwa die „Festung Europa" auf diese Weise nicht, den Menschenhandel zu unterbinden oder gar einzugrenzen. Im Gegenteil: Wachsende Restriktionen befördern die Zunahme des Menschenschmuggels und erhöhen damit die Zahl illegaler Migranten, die aufgrund ihrer Staats- und Rechtlosigkeit besonders leicht zum Opfer werden – erst von Ausbeutung und Erpressung, und dann von Zwangsarbeit und Sklaverei.

Die Zahl der Sklaven- und Zwangsarbeiter in den Industrieländern beläuft sich heute nach Schätzungen der IAO auf etwa 360 000. Nach einer CIA-Studie werden allein in die USA jährlich zwischen 14 000 bis 17 000 Menschen geschmuggelt. Ein Großteil der „modernen Sklaven" gelangt durch organisierten Menschenhandel in die entwickelten Länder. Über kriminelle Netzwerke landen zahlreiche Menschen in der Zwangsprostitution, in Hinterhof-Nähereien, in Restaurantküchen und ähnlichen Bereichen der Schattenwirtschaft – aber sogar auch in Privathaushalten. Ein für Deutschland beschämendes Beispiel war ein Fall in Berlin, als eine Philippinin aus dem Haushalt eines saudiarabischen Botschaftsattachés flüchten konnte, wo sie unter sklavenähnlichen Bedingungen gehalten wurde. Die Frau durfte das Haus nicht verlassen, jegliche Form von Freiheit wurde ihr verwehrt. Der arabische Diplomat hatte sie zuvor legal als Hausangestellte nach Deutschland „importiert", wie dies bei Botschaftsangehörigen und Diplomaten in internationalen Organisationen – auch in der EU – durchaus üblich ist. Bei Ban Ying, einer Berliner Koordinations- und Beratungsstelle gegen Menschenhandel, wurden bislang zehn

10 Vgl. Janna Greve, Kindersoldaten: Sklaven der Front, in: „Blätter", 3/2007, S. 285-288.

solcher Fälle bekannt, in denen Frauen von Ausbeutung, Erpressung und Freiheitsentzug berichteten.

Der Sklave hinter dem Billig-Gemüse

Jenseits solch drastischer Fälle von Menschenhandel lassen sich zwischen den Industrienationen und moderner Sklaverei jedoch noch weitere Bezüge herstellen. In Europa werden Produkte, die in Zwangsarbeitsverhältnissen entstanden sind, als völlig alltäglich angesehen und bedenkenlos konsumiert – obwohl bereits vielfach von den ausgebeuteten Arbeitsimmigranten berichtet wurde. So arbeiten etwa auf den Obst- und Gemüseplantagen in der südspanischen Provinz Alméria vorwiegend afrikanische Arbeiter unter miserablen und entwürdigenden Bedingungen. Die auf diese Weise erzeugten Produkte landen in heimischen Billig-Discountern und schließlich auf unserem Tisch. Die Ausgebeuteten erhalten einen Hungerlohn, leben in Elendsbehausungen in illegal errichteten Wohnbaracken und verrichten bis zu 16 Stunden am Tag gesundheitsschädigende Arbeit – ohne jeden Arbeits- und Gesundheitsschutz und ohne Aussicht auf Besserung. Ein Großteil der Migranten besitzt weder einen legalen Aufenthaltsstatus noch gültige Ausweispapiere. Ihr prekärer Status und das Überangebot an billigen Arbeitskräften machen sie hilflos und damit erpressbar. Die Arbeiter leben in ständiger Angst vor der Abschiebung und wagen es nicht, gegen die verheerenden Zustände aufzubegehren. Sobald ihnen Gewerkschaften zu Hilfe kommen, werden diese von Einheimischen bedroht, kommt es zu rassistischen Anfeindungen. Die spanischen Politiker schauen teilweise gerne über das Problem hinweg, da die Exportwirtschaft Spaniens von der Ausbeutung der Migranten profitiert.[11]

Im Zentrum steht bei alledem natürlich der Profit: Die Ausbeutung moderner Sklaven sorgt für niedrige Preise – und nur die günstigsten Produkte finden ihre Abnehmer. Laut der aktuellen Oxfam-Studie „Endstation Ladentheke" ist für mehr als die Hälfte der deutschen Haushalte der Billig-Discounter die erste Wahl beim Einkauf von Lebensmitteln. Daher beugen sich die Zulieferer schließlich dem Druck der Käufer.

An diesem Beispiel, das nur eines von vielen ist, lässt sich ablesen, dass entweder mangelhafte Aufklärung herrscht oder aber, schlimmer noch, das Wissen über Sklaverei und Ausbeutung keinerlei Auswirkungen auf unser Import- und Konsumverhalten hat, sondern als ärgerlicher Begleitumstand willig verdrängt wird. So werden viele in der EU gebräuchliche und von Großkonzernen vertriebene Lebensmittel unter fragwürdigen, menschenunwürdigenden Bedingungen hergestellt. Die Leidtragenden sind die schwächsten in der Produktionskette – die Armen und „Illegalen". Am anderen Ende der Hierarchie stehen meist multinationale oder große nationale Konzerne. Die Wirtschaft steht daher, zusammen mit der Politik, in der Pflicht, Produktionsketten

---

11 „Amnesty Journal", 2/2007, S. 20-22; „NordSüd news", 3/2007, S. 5; Shelina Islam, Wie Sklaven unter Plastik, in: „Spiegel Online", 22.5.2007.

transparenter zu machen, um solche Formen der Zwangsarbeit aufzudecken und ihnen eine Ende zu setzen.

Ein beträchtlicher Teil des europäischen Fleischimports und anderer Agrarprodukte, wie das in Europa als Futtermittel und als Treibstoffzusatz dienende Soja, wird in Brasilien von Sklavenarbeitern erzeugt.[12] Mangels politischen Drucks und wirksamer Sanktionsmechanismen wird dies wohl auch so bleiben. Es sei denn, die Politik geht diese Problematik zukünftig konsequenter an und verhindert oder ahndet derartige Verstöße gegen die Menschenrechte. Gegenwärtig weist allerdings nicht viel darauf hin, denn noch immer existieren viel zu viele wirtschaftliche Grauzonen, an deren Beibehaltung mächtige Lobbygruppen großes Interesse haben.

„Ein Ende der Sklaverei" oder „Sklaverei ohne Ende"

Doch obgleich Menschenhandel und Sklaverei immer noch weithin vernachlässigt werden, lassen sich immerhin in einigen Ländern erste Tendenzen und Ansätze erkennen, die dazu beitragen, die massiven Widersprüche zwischen geltendem Menschenrecht und herrschender Realität zu überwinden.

In Lateinamerika hat Brasilien eine Vorreiterrolle übernommen, und betreibt mithilfe einer Reihe von Projekten eine offensive Bekämpfung von Sklavenarbeit. So hat die „Spezielle Mobile Inspektionsgruppe" (*Grupo Especial de Fiscalização Móvel)* zum Aufspüren von Sklaverei allein in den letzten 14 Jahren etwa 30 000 Arbeiter befreit. Seit 2002 besteht außerdem ein Kooperationsprojekt zwischen der IAO und der brasilianischen Regierung, welches Zwangsarbeit bekämpft, insbesondere durch Präventionsmaßnahmen sowie durch die Sensibilisierung und Aufklärung der Bevölkerung. Eine zentrale Rolle spielen außerdem der im Jahr 2005 von der IAO und dem Instituto Ethos ins Leben gerufene „Nationale Plan zur Abschaffung der Sklavenarbeit" (*Plano National)*, die „Nationale Kampagne zur Abschaffung der Sklavenarbeit" (*Campanha National)*. Hervorzuheben ist auch die seit 2003 jährlich vom Arbeitsministerium veröffentlichte *Lista Suja* („Schwarze Liste"), welche die Namen der „Top-100"-Unternehmen und -Arbeitgeber nennt, die beim Einsatz von Zwangsarbeitern erwischt wurden. Damit diese Maßnahmen wirksam werden, ist eine Zusammenarbeit mit den Medien unumgänglich. Daher wird die *Lista Suja* auch in den großen brasilianischen Tageszeitungen veröffentlicht.

Andere lateinamerikanische Länder, wie Bolivien, Peru und Paraguay sind dem Beispiel Brasiliens mit einer öffentlichen Anprangerung der beschuldigten Unternehmen gefolgt. Außerdem gibt es zahlreiche Programme zur Wiedereingliederung der aus Zwangsarbeit befreiten Menschen, etwa das Bürgerschaftliche Kohleinstitut (*Instituto Carvão Citadão)* in Brasilien, das von der

---

12 Vgl. Charles Clover, Cheap Brazilian beef imports ars ‚subsidised by slave labour', in: „Telegraph", 5.1.2006, sowie Jan Willem Van Gelder und Jan Maarten Droos, From Rainforest to Chicken Breast. A chain of custody study, in: „Friends of the Earth Netherlands and Cordaid", 17.1.2006.

IAO und der deutschen Gemeinschaft für Technische Zusammenarbeit (GTZ) unterstützt wird.

Auch in Afrika besteht, ausgehend von drei Gerichtsprozessen, Anlass zur Hoffnung, dass das gesetzliche Verbot der Sklaverei zukünftig stärker geachtet und angewendet wird. So klagte der Internationale Strafgerichtshof (IStGH) Anfang 2008 den kongolesischen Warlord Thomas Lubunga wegen Zwangsrekrutierung, also der Versklavung von Kindersoldaten, an. Bereits seit Juni 2007 steht der ehemalige liberianische Staatspräsident Charles Taylor wegen des Einsatzes von Frauen und Mädchen als Sexsklavinnen und der Verschleppung und Ausbeutung zahlreicher Menschen unter Anklage des Sondertribunals in Den Haag.

Ebenfalls Anfang 2008 kam es zu einem bislang einmaligen Gerichtsprozess am „Community Court of Justice of the Economic Community of West African States" (Ecowas). Die ehemalige Sklavin Hadijatou Mani hat den afrikanischen Staat Niger erfolgreich verklagt, weil er sie nicht davor geschützt habe, im Alter von erst zwölf Jahren für etwa 315 Euro in ein Leben in Knechtschaft und sexueller Sklaverei verkauft zu werden – obwohl Niger 2003 die Sklaverei per Gesetz verboten hat. Die Umsetzung der Abschaffung ist bisher jedoch noch kaum erfolgt. Daher leben allein in Niger weiterhin etwa 43 000 Menschen in der Sklaverei. Noch wird das Problem häufig tabuisiert oder gar als Gewohnheitsrecht akzeptiert, und die Existenz der Sklaverei wird von öffentlichen Stellen vielfach geleugnet. Die nigerianische Soziologin Djouilde Laya machte die überragende Bedeutung des Gerichtsprozesses deshalb wie folgt deutlich: „In der Geschichte dieses Landes gibt es zwei wichtige Daten. Eines ist der Unabhängigkeitstag. Das andere ist der Tag, an dem dieser Prozess begann."[13]

Nationale Initiativen oder Gerichtsurteile allein werden allerdings nicht ausreichen, um das Problem der modernen Sklaverei in den Griff zu bekommen. Stattdessen sind multilaterale Aktionen notwendig, um nachhaltige Erfolge im Kampf gegen Zwangsarbeit und Ausbeutung erzielen zu können. Was heute fast an erster Stelle benötigt wird, sind profunde Informationen über die Strukturen und eine bessere Erfassung des Menschenhandels. Forderungen nach einer besseren Kennzeichnung und vor allem Zertifizierung von Produkten gibt es zwar schon lange, an der Umsetzung mangelt es dagegen nach wie vor. Hier ist auch die Europäische Union gefordert, ihren Teil zur Verbesserung der Situation beizutragen – durch strengere Auflagen und Kontrollen, durch bessere Aufklärung der Verbraucher und durch eine stärkere Betonung der sozialen Verantwortung europäischer Unternehmen. Die EU sollte mit allen Mitteln dagegen vorgehen, wenn Billigware über den Wert von Mensch und Natur gestellt wird.[14] Andernfalls bleibt die Abschaffung der Sklaverei auch weiterhin für Millionen Menschen „ein uneingelöstes Versprechen".[15]

---

13 Lucy Bannermann, Former Slave, Hadijatou Mani, is suing state of Niger over cruelty, in: „The Times", 9.4.2008.
14 Leonardo Sakamoto, A economia da escravidão, in: „Reporter Brasil", 4.4.2006.
15 Aidan McQuaide, Der Kampf für die weltweite Abschaffung der Sklaverei, in: Deutsches Institut für Menschenrechte (Hg.), Jahrbuch Menschenrechte 2008, Frankfurt a. M. 2007.

Weltmacht Indien?

Der Subkontinent zwischen kolonialem Erbe und globalem Aufstieg

Von **Samir Amin**

Mit mehr als einer Milliarde Einwohnern – einer Bevölkerungszahl, die der chinesischen nahekommt – und einer über dem Weltdurchschnitt liegenden wirtschaftlichen Wachstumsrate gilt Indien heute vielen als eine der kommenden Großmächte des 21. Jahrhunderts. Dieser Artikel soll derartige Prognosen hinterfragen, denn ob Indien die Voraussetzungen dafür erfüllt, eine moderne Großmacht zu werden, erscheint mir ausgesprochen fraglich.

Meine Zweifel erwachsen aus der – entscheidend wichtigen – Tatsache, dass Indien, seit es unabhängig wurde, seine Hauptaufgabe nicht bewältigt hat, nämlich die radikale Transformation der vom kolonialen Kapitalismus ererbten Strukturen. Kein Zweifel, die herrschende Klasse des unabhängig gewordenen Indien entschied sich, diesem Erbe ein national-bourgeoises Projekt aufzupfropfen, das bis heute weitestgehend fortbesteht. Anhand der Untersuchung der Erfolge, Grenzen und Fehlleistungen dieses Projekts werde ich jene Fragen aufwerfen, denen der vorherrschende liberale Modernisierungsdiskurs bis heute ausweicht: Ist die indische Bourgeoisie zu dem Kompradorenstatus verdammt, der den peripher-kapitalistischen Strukturen des Landes innewohnt? Muss Indien folglich der Aufstieg zum Status einer modernen Großmacht versagt bleiben, solange ihm keine wirkliche Umwälzung seiner gesellschaftlichen Verhältnisse gelingt?

Das koloniale Erbe

Die britische Kolonisierung verwandelte Indien in ein abhängiges agrarkapitalistisches Land. Zu diesem Zweck führten die Briten systematisch Formen des Privateigentums in der Landwirtschaft ein, die die Mehrheit der Landbevölkerung vom Bodenbesitz ausschlossen. Diese Eigentumsformen bewirkten die Entwicklung und Vorherrschaft großer Güter im Norden des Landes, die zwar die mittelgroßen Höfe der vergleichsweise gut gestellten Bauernschaft des Südens nicht allzu sehr bedrängten. Die Mehrheit der Landbevölkerung sah sich jedoch in den Status armer Bauern ohne eigenes Land versetzt. Der Preis für diese einseitig kapitalistische Form agrarischer Entwicklung besteht in den unglaublich ärmlichen Verhältnissen, unter denen die überwältigende Mehrheit der Inderinnen und Inder ihr Leben fristet.

Böden werden ursprünglich nicht, wie das eurozentristisch verformte moderne Denken automatisch voraussetzt, auf der Grundlage privaten Eigentums bewirtschaftet, sondern in Eigentumsformen, die aus einer politischen Gemeinschaft hervorgehen. Vor der Kolonialzeit teilten in Indien die Dorfgemeinden das Land zu (aufgrund der Hierarchie des Kastensystems mitnichten nach egalitären Regeln). Die Dorfgemeinden wiederum unterstanden einer höheren politischen Gemeinschaft, dem Staat (der die Gemeinden seines Herrschaftsbereichs besteuerte). Die Briten machten die für diese Politik der Landbewirtschaftung Verantwortlichen – mit unterschiedlichen Befugnissen – zu Privateigentümern und oktroyierten Indien so ihr partikulares Modell, nämlich das des westlichen Kapitalismus. Andere Europäer folgten dem gleichen Muster, sowohl in Amerika wie in den asiatischen und afrikanischen Kolonien. Die Weltbank-Funktionäre unserer Tage verfügen nicht über die intellektuellen Fähigkeiten zu begreifen, dass die von ihnen als einzig universelle empfohlene Methode, nämlich die Landbewirtschaftung auf der Grundlage privaten Eigentums, in Wirklichkeit eine Ausnahme darstellt – und wie sehr der Erfolg dieser Methode auf einem kleinen Teil des Globus den Blick darauf verstellt, dass sie den Rest der Welt in eine Sackgasse führt.

Ursprünglich rieten die indischen Kommunisten, in den 1930er Jahren, dazu, dieses Erbe zu bekämpfen und die Agrarreform in ihrer radikalsten Version zu betreiben – nach dem Motto „Das Land denen, die es bearbeiten", also praktisch allen Bauern und Landarbeitern. Doch die bürgerlichen Kräfte in der Kongresspartei setzten das Projekt niemals um, und das unabhängige Indien reduzierte, was es der Landbevölkerung versprochen hatte, auf eine agrarische Scheinreform, die in der Realität nicht viel veränderte. Festzuhalten bleibt jedoch: In Westbengalen und Kerala, wo die örtlichen Kommunisten über parlamentarischen Einfluss verfügten und, soweit es die indische Verfassung zuließ, ein wenig mehr unternahmen, zeitigte dies wirtschaftlich wie sozial bemerkenswert positive Ergebnisse, und die Reformer konnten sich dort auf stärkeren Rückhalt in der Bevölkerung stützen.

Zwar hatte die fundamentale Frage des Eigentums in der Landwirtschaft früher im Zentrum der Debatte gestanden, nicht nur unter Kommunisten, sondern auch anderswo, darunter in bürgerlichen und populistischen Kreisen. Doch mit der Ausbreitung der liberalen Ideologie nach dem Zweiten Weltkrieg setzten sich – schon vor dem scheinbar totalen Triumph des Liberalismus am Jahrhundertende – die irrigen Vorstellungen durch, der Privatbesitz an Agrarland sei unerlässlich; zum Weg des Westens (auf dem die Bauernschaft, im Zuge der kapitalistischen Entwicklung von den Städten absorbiert, weitgehend verschwindet) gebe es keine Alternative; und die Forderung nach einer Bodenreform sei deshalb überholt.[1] Die Weltbank lancierte stattdessen die „Grüne Revolution" und diverse Spielarten der sogenannten marktgestützten Agrarreform – mit oft verheerenden Resultaten: Verschärfung der

---

1 Vgl. Samir Amin, Der kapitalistische Genozid, in: „Blätter", 7/2004, S. 817-824.

sozialen Ungleichheit und zunehmende Unterwerfung der ländlichen Produzenten unter das herrschende Kapital (worin ja auch das wirkliche, wenngleich uneingestandene Ziel dieser Politik bestand). Indien bietet ein gutes Beispiel dafür. Auch in anderen Ländern, von Brasilien bis Südafrika, endeten die von der Weltbank veranlassten marktgestützten Agrarreformen als Farce. Unglücklicherweise plappert heute die Linke weithin, auch in wichtigen Teilen der kommunistischen Parteien Indiens, den Unsinn nach, den die liberale Ideologie predigt. Und die Traditionalisten, die doch (wieder)herstellen wollen, was sie für die ursprüngliche, authentische Gesellschaftsordnung halten, hüten sich dennoch, das Erbe des Kolonialismus in Frage zu stellen, weil es den privilegierten Minderheiten nützt. Die Hindu-Nationalisten wiederum fügen sich, wie anderswo (besonders in Pakistan) die Hüter des politischen Islam, der Ausbreitung des abhängigen, peripheren Kapitalismus.

In Indien werden die Barrieren, die dieses koloniale Erbe dem Fortschritt in den Weg stellt, durch den Fortbestand des Kastensystems noch verstärkt. Die „niederen" Kasten, deren Angehörige heute als die *Dalits* bezeichnet werden, und die Stammesbevölkerung, für die der gleiche Status gilt, machen heute mit etwa 250 Millionen ein Viertel der Einwohnerschaft des Landes aus.[2] Ohne Zugang zu Landbesitz stellen sie ein gewaltiges Arbeitskräftepotential dar, bereit, für einen Hungerlohn jede Aufgabe für jede beliebige Zeitdauer zu übernehmen. Der Fortbestand dieser Situation bestärkt die übrigen Inder in reaktionären Vorstellungen und Verhaltensweisen; er ermöglicht es, dass die privilegierte Minderheit an der Macht bleibt und diese den eigenen Interessen gemäß ausübt; schließlich trägt er dazu bei, jeden Protest der ausgebeuteten Mehrheit, die sich zwischen der ausbeutenden Minderheit und dem Status der unterdrückten Dalits und Stammesgruppen eingeklemmt sieht, abzuschwächen, ja sogar zu neutralisieren.

Natürlich hat die britische Kolonialpolitik sich gehütet, das Kastensystem anzutasten. Man versteckte sich dabei hinter dem heuchlerischen Vorwand, die Tradition respektieren zu wollen – was die Briten allerdings nicht taten, wenn es ihnen nicht in den Kram passte, beispielsweise bei der Privatisierung der Eigentumsverhältnisse auf dem Lande. Gleichzeitig manipulierte die Kolonialmacht die Situation zum eigenen Nutzen, indem sie einigen Dalits zu einer Ausbildung verhalf, die diesen Zugang verschaffte und sie zur Kollaboration veranlasste. Man könnte sagen, dass die Herrschenden im unabhängigen Indien diese Tradition fortgesetzt haben. Ernstlich in Frage gestellt wurde sie nur in der kurzen Periode, während der die von Vishwanath Pratap Singh geführte – und von den parlamentarisch orientierten Kommunisten unterstützte – Linksallianz an der Macht war. Die Hindu-Rechte interessiert sich natürlich nicht für das Thema. Und die USA versuchen heute – indem sie Nichtregierungsorganisationen, die die Menschenrechte auf ihre Fahnen geschrieben haben, als ihre „Mittelsmänner" einschalten –, die Proteste der Dalit-Gemeinschaft zu manipulieren und auf Felder zu begrenzen, wo sie dem Management des Kapitalismus als Ganzem keinen Schaden zufügen können.

---

2   Zum indischen Kastenwesen vgl. auch John P. Neelsen, Indien – Weltmacht und Peripherie, in: „Blätter", 11/2005, S. 1370-1380.

Glücklicherweise könnte diese Situation ihrem Ende zugehen, der Überwindung durch die Radikalisierung des Kampfes in Gestalt der Aufstände, die besonders von Naxaliten, maoistischen Bauern und Landarbeitern angeführt werden. Es trifft zu, dass diese Aufstände insofern gescheitert sind, als sie noch nicht zur Schaffung und Stabilisierung befreiter Gebiete der Volksmacht geführt haben. Trotzdem hat der von Maoisten angeführte bewaffnete Widerstand, indem er begann, die von Kolonialismus und Kastensystem überkommenen Eigentumsstrukturen in Frage zu stellen, künftigen revolutionären Bewegungen den Boden bereitet. Dass die Dalits die politische Bühne betreten – einer der wichtigsten Vorgänge der letzten beiden Dekaden –, geht zweifellos zumindest teilweise auf die Naxaliten zurück.

Erfolge und Grenzen des populistischen Projekts nationaler Entwicklung

Die Regierungen der Kongresspartei verfolgten im unabhängigen Indien ein nationales Projekt, das, typisch für diese Zeit, unter dem Einfluss der Siege stand, welche die nationalen Befreiungsbewegungen Asiens und Afrikas nach dem Zweiten Weltkrieg errangen. Die fortan regierenden Parteien – politische Kräfte, die in diesen Kämpfen für die Unabhängigkeit, für Modernisierung und Entwicklung mobilisiert worden waren – genossen unangefochtene Legitimität, aber die von ihnen in Angriff genommenen Vorhaben litten unter den Ambivalenzen, die auch die Befreiungsbewegungen selbst kennzeichneten. Diese Vorhaben waren insoweit antiimperialistisch, als sie auf der klaren Erkenntnis fußten, dass der Modernisierung und Entwicklung zuallererst die nationale Befreiung vorausgehen musste. Aber an diesem Punkte blieben sie stehen, weil sie glaubten, sie könnten das weltweit dominante System (den Weltkapitalismus) zu den erforderlichen Anpassungsschritten zwingen, die es den Ländern Asiens und Afrikas ermöglichen würden, sich als gleichberechtigte Partner zu etablieren und auf diese Weise schrittweise die Handicaps ihrer „Rückständigkeit" zu überwinden. Aber trotz aller, oft beachtlichen, Erfolge konnten sie sich letzten Endes nicht durchsetzen, sondern stießen bald an die Grenzen ihrer strategischen Vorstellungen.

Die zeitgenössischen Debatten drehten sich – in Indien ebenso wie anderswo in Asien oder Afrika – vor allem um diese strategischen Vorstellungen: Befand man sich in einem unabdingbaren Durchgangsstadium, im marxistischen Jargon jener Zeit als „revolutionäre bürgerlich-demokratische" Phase bezeichnet, die aus sich selbst heraus eine Linkswende nehmen und zum „Aufbau des Sozialismus" überleiten werde?

Über seine nationale Dimension hinaus umfasste das Projekt der an der Macht befindlichen Kräfte, angesichts der großen Volksallianz gegen den Imperialismus, zwangsläufig auch soziale Maßnahmen von mehr oder weniger großer Tragweite; eine Notwendigkeit, der sich selbst jene Angehörigen der herrschenden Klassen, deren Perspektive nicht über den Kapitalismus hinausreichte, kaum entziehen konnten. So unterschiedlich die Situation in den einzelnen Ländern auch aussah, ein gemeinsamer Nenner verband alle aus der nationalen Befreiung hervorgegangenen legitimen Kräfte, nämlich ihr populistisches Wesen. Ihrem Willen, dafür zu sorgen, dass die Früchte der Entwicklung der Gesamtheit oder doch der Mehrheit der Gesellschaft zugute kamen, stand andererseits ihr Bestreben gegenüber, den Prozess unter Kontrolle zu halten, den beherrschten Klassen also keine Gelegenheit zu geben, sich frei und unkontrolliert selbst zu organisieren.

Die Kommunisten haben immer wieder erklärt, dieser Widerspruch und die Grenzen, die er den Errungenschaften des Systems setzte, seien ihnen klar bewusst. Aber aus Gründen, auf die ich hier nicht näher eingehen werde, hat sich die Mehrheit der Kommunisten in Asien und in Afrika – unter dem Einfluss der Sowjetunion und der von dieser empfohlenen Praxis eines „nichtkapitalistischen Weges" – schließlich mehr oder minder damit begnügt, die populistischen nationalen Entwicklungspläne der jeweils Herrschenden „kritisch" zu unterstützen. Die Spaltung zwischen den Maoisten und der sowjetischen Richtung bewirkte in manchen Fällen, besonders in Asien, eine Abschwächung dieser Tendenz. So hielten die indischen Kommunisten mehr oder weniger deutlich Distanz zu der populistischen Entwicklungsstrategie der Kongresspartei. Das jeweilige Ausmaß dieser Distanz unterscheidet die Parteien und herrschenden Strömungen des indischen Kommunismus bis heute.

Jawaharlal Nehru und Indira Gandhi allerdings erzielten mit ihrer populistischen Strategie der nationalen Entwicklung in Indien Erfolge, denen sowohl wirtschaftlich wie politisch erhebliche Bedeutung zukam.

Die britische Kolonialpolitik ging von Anfang an mit einer systematischen Deindustrialisierung Indiens, eines zuvor durchaus fortgeschrittenen Landes, einher – sehr zum Vorteil Großbritanniens, das sich im Prozess der Industrialisierung befand. Wieder unabhängig geworden, betrieb Indien deshalb seine Industrialisierung mit Vorrang. Dabei wurde, zumindest anfänglich, mit Umsicht und sehr systematisch vorgegangen. Darüber hinaus wurde die Kombination des umfangreichen Privatkapitals in der indischen Industrie mit öffentlichen Unternehmen gefördert, um die aus der Kolonialzeit überkommenen Unzulänglichkeiten des Produktionssystems zu beheben, das Wachstum zu beschleunigen und die Schlüsselindustrien zu stärken.

Die zu jener Zeit praktizierten gesamtwirtschaftlichen Regulierungsmaßnahmen waren darauf zugeschnitten, diese Modernisierungsstrategie durchsetzen zu helfen. Preis- und Außenhandelskontrollen, Subventionen, Vorschriften für ausländische Unternehmen und die Übernahme fortgeschrittener Technologien – all dies diente der Sicherung des Hauptziels, die indische Wirtschaft vor den verheerenden Auswirkungen der Vorherrschaft des imperialistischen Kapitals auf den Weltmärkten zu schützen. Soziale Ziele verfolgten die fraglichen Regulierungsmaßnahmen demgegenüber nur in zweiter Linie: eine Umverteilung des Reichtums, vor allem aber eine Verringerung der extremen Armut der Volksmassen. Diese beschleunigte Modernisierung der Industrie ging einher mit einem planmäßigen Ausbau der Agrarproduktion (besonders von *food crops*, also Nahrungsmitteln für die Selbstversorgung der Erzeuger) auf der Grundlage der Grünen Revolution (die an die Stelle der aufgegebenen Agrarreform – der Roten Revolution – trat). Im Vordergrund stand dabei das

Ziel, das Land in die Lage zu versetzen, sich selbst zu ernähren, damit es seine gesamten Exporterlöse ausschließlich auf den Importbedarf seiner Industrie konzentrieren konnte.

Insgesamt handelte es sich um eine ihrem ganzen Wesen nach kapitalistische Entwicklungsstrategie, insofern als die Produktionszwecke und die Technologien, für die man sich entschied, die Kapitallogik nicht grundsätzlich in Frage stellten. Allerdings wäre hier anzumerken, dass sich die Praxis des real existierenden Sozialismus (teilweise auch in China) in dieser Hinsicht, obwohl es dort ausschließlich öffentliches Eigentum an Produktionsmitteln gab, nicht so grundlegend unterschied, wie seinerzeit angenommen. Indiens Entwicklungsplan war jedoch insofern deutlich weniger radikal, als die Abkoppelung seines Produktionssystems vom dominierenden Weltsystem nicht so systematisch erfolgte wie in der Sowjetunion oder China. Dort waren die – theoretisch per Plan festgelegten – Löhne und Preise tatsächlich jeder Vergleichbarkeit mit den Verhältnissen im kapitalistischen Weltsystem entzogen. Diese Eigenschaft des indischen Weges, die auch andere nichtkommunistische Entwicklungswege populistischer Art (in der arabischen Welt beispielsweise) kennzeichnet, hängt eng mit dem Versäumnis zusammen, die aus der Kolonialzeit ererbten Sozialstrukturen in Frage zu stellen.

Wie eng dieser Zusammenhang tatsächlich ist, hat die Entscheidung für die Grüne Revolution offenbart. Sie schwächte, wie wir wissen, durchaus nicht die Stellung der herrschenden Klassen auf dem Lande, zumal der großen Landbesitzer, sondern stärkte sie eher noch.

Die beschriebenen Unterschiede zwischen den Entwicklungsmodellen Indiens und des kommunistischen China erklären die so augenfällig unterschiedlichen Resultate. Zwar waren die Wachstumsraten, die Indien seinerzeit sowohl in der Industrie als auch in der Landwirtschaft erzielen konnte, nicht schlecht; sie lagen deutlich über jenen der Kolonialzeit, aber auch über dem Weltdurchschnitt im Nachkriegskapitalismus. Insgesamt jedoch blieben die indischen Wachstumsraten beträchtlich hinter den chinesischen zurück. Und während das Wachstum in China mit einer deutlichen Verbesserung des Lebensstandards der breiten Bevölkerungsschichten einherging, traf dies für Indien nicht zu. Dort kam das Wachstum ganz vorrangig den neuen Mittelschichten zugute (und damit einer Minderheit, deren Anteil an der Gesamtbevölkerung des Landes allerdings im Laufe dreier Jahrzehnte von 5 auf 15 Prozent stieg). Die Armut der großen Mehrheit blieb unverändert, ja nahm sogar noch leicht zu.

Der liberale Diskurs ignoriert diese grundlegenden Fakten. Und deshalb kann ich mir die optimistischen Schlussfolgerungen vieler Futurologen nicht zu eigen machen, die da meinen, Indien werde sich nach chinesischem Muster eines beschleunigten Wachstums erfreuen können und auf diese Weise den Status einer modernen Großmacht erlangen. Bislang genießt China den Vorteil, dass es eine radikale Umwälzung vollzogen hat, während Indiens Handicap im unbewältigten Erbe der Kolonialzeit besteht. Und deshalb liegen die chinesischen Wachstumsraten – begünstigt durch Investitionsbedingungen, die der Entwicklung des Produktionssystems insgesamt dienlicher sind – weiterhin über denjenigen Indiens. Allerdings könnte das Wachstum in beiden Ländern erlahmen – wenn China zu liberal würde und Indien an dem ultra-liberalen Kurs der letzten anderthalb Jahrzehnte festhalten sollte. Meiner Auffassung nach liegt den Herausforderungen, mit denen beide Länder sich gegenwärtig konfrontiert sehen, letztlich die Agrarfrage zugrunde. Ich meine damit die fundamentale Frage, ob alle Landbewohner Zugang zum Boden und seiner Nutzung haben, was in China bis heute weitgehend zutrifft (wie lange noch?), der indischen Landbevölkerung jedoch stets verweigert wurde.

Indien hat seit der Unabhängigkeit zweifellos bedeutende Erfolge erzielt. Das Land ist viel heterogener als China. Nur indem sie diese Vielfalt aus-nutzte, indem sie Indiens Völker (und Staaten) gegeneinander ausspielte, hatte die britische Kolonialmacht Indien unterwerfen können. Die nationale Befreiungsbewegung verdient allen Respekt dafür, dass es ihr gelang, die Ein-heit der Nation als Föderation zu erhalten. Der Erfolg gründet auf dem säku-laren Charakter des indischen Staates, den nicht einmal die Welle des Hindu-Kulturalismus wegzuspülen vermochte. Vergleicht man das Verhalten der indischen Regierungen und der Mehrheit der indischen Gesellschaft gegen-über der muslimischen Minderheit im Lande mit der Art und Weise, in der muslimisch dominierte Regierungen und Gesellschaften – beispielsweise – mit ihren christlichen Minderheiten umgehen, so springt ins Auge, wie wertvoll der Säkularismus ist. In vielen Weltgegenden, insbesondere in den arabischen und muslimisch dominierten Regionen, findet man diese demokratische Er-rungenschaft nicht. Natürlich bedarf auch das Lob für Indien gewisser Ein-schränkungen. Es gibt mehr als genug Beweise dafür, dass die Fähigkeit des Regimes, mit nationalen Fragen angemessen umzugehen, immer wieder an ihre Grenzen stößt – was unter anderen die Sikhs und die Völker des Nord-ostens bei ihrem Kampf um nationale Rechte zu spüren bekommen.

Indien demonstriert mit seiner Entwicklung seit der Unabhängigkeit die unbestreitbare Überlegenheit der Demokratie und die Nichtigkeit aller Argu-mente zugunsten autokratischer Herrschafts- und Verwaltungsformen, denen so oft zu Unrecht höhere Effizienz nachgesagt wird. Diese Feststellung gilt trotz aller offenkundigen Begrenztheiten und des Klasseninhalts der bürgerlichen Demokratie im Allgemeinen und ihrer indischen Ausprägung im Besonderen. Der nationalen Befreiungsbewegung des Landes (Kongresspartei und Kommu-nisten) ist zugute zu halten, dass ihre Entscheidung für die bürgerliche Demo-kratie wahrscheinlich auch die einzige war, die einen effektiven Umgang mit den unterschiedlichen sozialen und regionalen Interessen, und seien es auch vor allem diejenigen der privilegierten Klassen, gestattete. Auch konnte der hegemoniale Block, zahlenmäßig in der Minderheit, allein auf diesem Wege die Unterstützung der Mehrheit des Volkes für sein Projekt gewinnen.

Das Abdriften in liberale und kulturalistische Strömungen

Die Erosion des populistischen Projekts nationaler Entwicklung war auf-grund der ihm innewohnenden Widersprüche und Beschränktheiten in Indien ebenso unvermeidlich wie anderswo. Diese Erosion und der mit ihr einhergehende Legitimationsverlust der herrschenden Kreise bereiteten einer Offensive obskurantistischer Kräfte den Boden, die die Unterstützung der tonangebenden Kompradorenklasse und großer Teile der Mittelschichten (deren Ausbreitung an Tempo verlor und auf zunehmende Schwierigkeiten stieß) fand. Die Entwicklung des US-Imperialismus und seiner Manöver sowie des öffentlichen Diskurses innerhalb der Vereinigten Staaten gab dieser Obskurantismus-Offensive in Indien starke Impulse. Die 1991 vollzogene Wende zum Liberalismus ging ursprünglich von der Führung der Kongresspartei aus, in der die Kompradoren-Bourgeoisie den Ton angab. Doch politisch profitierten davon, wie anderswo auch, kulturalistische Kräfte, deren irrationalen und illusionären Vorstellungen die sozialen Spannungen und Verelendungserscheinungen, die wirtschaftsliberale Reformen gewöhnlich begleiten, ein bereitwilliges Publikum verschafften.

In Indien haben diese obskurantistischen Illusionen einen Namen: *Hindutva*. Der Begriff bezeichnet die Vorstellung, die Zugehörigkeit zur hinduistischen Religion habe Vorrang, weil sie die „eigentliche Identität" der Völker des Landes ausmache. Der Gegenbegriff – *Bharatva* – bezieht sich auf die Nation. Natürlich stellt diese Überhöhung der Hindu-Religionszugehörigkeit das koloniale Erbe in Sachen Grundbesitz keineswegs in Frage, und schon gar nicht das hierarchische Kastensystem. Die obskurantistischen Illusionen passen, wie die indischen Kommunisten unermüdlich betonen, aufs Allerbeste mit den Interessen der Kompradoren und der imperialistischen Mächte zusammen. Die „Besonderheiten", mit denen dieser pseudo-nationale oder sogar quasi-antiimperialistische Diskurs gespickt ist, sind absolut belanglos. Sie treiben lediglich die Erneuerung jenes spalterischen (in diesem Falle antimuslimischen) Kommunitarismus voran, den die Kolonialmacht sich einst zunutze machte, um die aufkommenden Hoffnungen auf eine säkulare, demokratische, an der Moderne orientierte Befreiung der Nation zu kontern.

Insofern unterscheidet diese Regressionserscheinung sich nicht von denen, die andere periphere Gesellschaften plagen, wo das populistische Modell der nationalen Entwicklung ebenso erodierte, besonders in den arabischen und muslimischen Gesellschaften. Die Parallele zum politischen Islam liegt auf der Hand.

Doch scheint diese Fehlentwicklung in Indien weniger ausgeprägt zu sein als in vielen arabischen und muslimischen Ländern. Der Grund hierfür liegt zweifellos darin, dass die kommunistischen Parteien Indiens Abstand zur Kongresspartei und ihrer Entwicklungsstrategie hielten, während ihre Bruderparteien in arabischen und muslimischen Ländern ähnlich populistische Konzepte nahezu bedingungslos unterstützten. Im Ergebnis haben die Kommunisten in Indien just zu der Zeit, wo fast alle kommunistischen Bewegungen in eine Niedergangsphase eintraten, ein Maß an Popularität bewahren (oder sogar ausbauen) können, das einen gewissen Schutz vor gesellschaftlicher Regression bietet.

Den Niedergangserscheinungen stand in Indien daher eine neuerliche Radikalisierung sozialer Kämpfe gegenüber. Als ein Beleg dafür mag die Offensive der Naxaliten gelten, die trotz taktischer Fehleinschätzungen in großen Gebieten Indiens – ungefähr in einem Drittel des Landes – die revolutionäre Wachsamkeit unter der Landbevölkerung wiederbelebt hat. Weitere Belege liefern der vehemente Eintritt der Dalits, also der „niederen Kasten", in die Arena der politischen und sozialen Auseinandersetzungen (ein Vorgang, der seinerseits zweifellos aus der Radikalisierung der Landbevölkerung resultiert) sowie die feste Bindung der Mittelschichten an die Demokratie.

Dies erklärt, warum der Kollaps der lange Zeit von der Kongresspartei geradezu monopolisierten Legitimität der politisch Rechten dennoch nicht zu einem eindeutigen Sieg verhalf. Die erste Rechtsregierung unterlag einem linksgerichteten Wahlbündnis unter der Führung von V.P. Singh, der den Kommunisten eine einflussreichere Rolle im politischen Leben des Landes anbot. Diese noch brüchige Allianz vermochte die Erholung der Rechten bei den folgenden Wahlen nicht zu verhindern, andererseits führte aber auch der zweite Anlauf einer Kompradoren-Regierung hinduistischen Zuschnitts, die sich alle Diktate der imperialistischen Offensive zur Beschleunigung der wirtschaftlichen Liberalisierung rückhaltlos zu eigen machte, in eine neuerliche Niederlage. Bei den Wahlen des Jahres 2004 machte die Mehrheit der indischen Wählerinnen und Wähler die Kombination aus Hindu-Kulturalismus und Wirtschaftsliberalismus, die die Kompradoren-Bourgeoisie und ihre imperialistischen Lehrmeister praktizierten, für die soziale Katastrophe im Lande verantwortlich.

Aber auch in Indien ist diese Schlacht noch nicht zugunsten der Linken entschieden. Die organisatorischen Fragen, mit denen die gespaltene Bewegung der indischen Kommunisten fertig werden muss, sind entmutigend. Um zu einer wirksamen Kooperation im gemeinsamen Kampf zu gelangen, wird es gewaltiger Anstrengungen zur Überwindung historischer Hindernisse bedürfen, die nicht zuletzt in undemokratischen Organisationsformen bestehen.

Der lange und schwierige Marsch einer alternativen Globalisierung

Dem herrschenden neoliberalen Diskurs zufolge gibt es zum Wirtschaftsliberalismus und der Form der Globalisierung, die er mit sich bringt, nicht nur keine Alternative – er behauptet sogar, die Entscheidung für diesen Weg sei fortschrittlich, und allen Menschen mit Unternehmungsgeist sei der Erfolg sicher. Es genügt nicht zu erkennen, dass diese Behauptungen unsinnig sind, keiner ernsthaften theoretischen Überprüfung standhalten und durch die Tatsachen widerlegt sind. Die Arbeit an einer fortschrittlichen, sozialen Alternative, als Bestandteil einer andersartigen globalen Integration – eine Alternative, die sich grundlegend von der neoliberalen Weltpolitik, Weltwirtschaft und -ideologie unterscheidet (also eine wirklich alternative Globalisierung) – bleibt schwierig. Das wird ein langer Marsch.

Was Indien betrifft, so erfordert die Entwicklung einer solchen Alternative notwendigerweise, dass angemessene Lösungen zur Bewältigung der folgenden vier Hauptaufgaben gefunden werden:

Erstens: eine radikale Lösung der indischen Bauernfrage, die auf der Anerkennung des Rechtes aller Landbewohner auf Land und dessen Nutzung unter möglichst egalitären Bedingungen fußt. Dies wiederum bedeutet die Abschaffung des Kastensystems und der Ideologie, die es legitimiert. Indien muss sich, anders gesagt, auf den Weg zu einer Revolution machen, die in dieser Hinsicht ebenso grundlegend ist wie die chinesische.

Zweitens: die Schaffung einer vereinigten Arbeiterfront, die einen Zusammenschluss der relativ gefestigten Gruppen der Arbeiterschaft mit weniger gefestigten bewirkt. Vor dieser Aufgabe stehen alle Länder der heutigen Welt, besonders aber all jene an der Peripherie des Systems, die geprägt sind durch die ungeheuer destruktiven Auswirkungen der neuen Armut (Massenarbeitslosigkeit, mangelnde Arbeitsplatzsicherheit und die erbärmlichen Zustände im informellen Sektor). Es ist Pflicht aller Aktivisten der Volksbewegungen, neue Kampfformen zur Ausbreitung einer partizipatorischen Demokratie zu finden, und gemeinsam die Fähigkeit zu erlangen, eine langfristige Strategie und ihre Etappen zu definieren.

Drittens: die Einheit des indischen Subkontinents zu erhalten und gleichzeitig demokratische Selbstverwaltung auf lokaler Ebene zu schaffen sowie die Formen zu erneuern, in denen die verschiedenen Völker, aus denen die indische Nation besteht, zusammenleben, und ihre demokratischen Fundamente zu verstärken. Es kommt darauf an, die Strategien des Imperialismus zu durchkreuzen, der, über seine taktischen Manöver hinaus, wie stets das Ziel verfolgt, die großen Staaten zu entmachten, weil diese besser als Kleinstaaten befähigt sind, seinen Angriffen zu widerstehen.

Viertens: international die politischen Kräfte auf die Zentralfrage zu konzentrieren, nämlich den Wiederaufbau einer gemeinsamen Front der Völker des Südens (zuerst und vor allem der Solidarität zwischen den Völkern Asiens und Afrikas), wobei die Umstände sich natürlich heute erheblich von denen unterscheiden, unter denen die Bewegung der Blockfreien zu den Zeiten von Bandung (1955-1975) entstand und agierte. Höchste Priorität gebührt zudem dem Ziel, die von den Vereinigten Staaten geplante militärische Kontrolle des gesamten Planeten zu verhindern und die politischen Manöver Washingtons zu durchkreuzen, die jeder ernsthaften Annäherung zwischen Indien, China und Russland vorbeugen sollen.

Die politischen und gesellschaftlichen Kräfte, die Indien daran hindern, sich in Richtung auf die erwähnten Ziele zu bewegen, sind beträchtlich. Sie bilden einen hegemonialen Block, der etwa ein Fünftel der Bevölkerung ausmacht – hinter der Großbourgeoisie in Industrie, Handel und Finanzwesen sowie den Großgrundbesitzern sammeln sich darin die großen Massen prosperierender Bauern und der Mittelschichten, nicht zuletzt auch die Bürokraten und Technokraten der oberen Ränge. Diesen 200 Millionen Indern – und nur ihnen – kommt das indische Entwicklungsmodell, soweit es bisher umgesetzt wurde, zugute. Gegenwärtig allerdings bricht, während der extreme Liberalismus triumphiert, dieser bisher hegemoniale Block unter der Last der veränderten Umstände auseinander – unter anderem deshalb, weil die soziale Mobilität nach oben nicht mehr funktioniert; statt weiter den Aufstieg erhoffen zu kön-

nen, sehen die unteren Mittelschichten sich durch den Verlust der Arbeitsplatzsicherheit und die Gefahr der Verarmung, wenn nicht durch echte Armut
bedroht. Diese Situation gibt der Linken, soweit sie geeignete Taktiken zu
entwickeln vermag, die Gelegenheit, den Zusammenhalt dieser reaktionären
Kräfte generell und insbesondere ihre Kompradoren-Einstellung, die als der
Transmissionsriemen der globalisierten Vorherrschaft des Imperialismus fun-
giert, zu schwächen. Doch für den Fall, dass die Linke versagt, eröffnet die
Situation auch der Hindu-Rechten neue Chancen.

Oft heißt es, diese „Nation der 200 Millionen", die schon für sich genommen einen Markt von der Größe mehrerer bedeutender Länder Europas bildet, stelle Indiens Zukunft dar, während die Mehrheit, die ungefähr 800 Millionen armer oder von Armut bedrohter Inder, das Land nur behinderten – wie
ein Bleigewicht an den Füßen. Doch diese reaktionäre Annahme ist nicht nur
abstoßend, sondern auch äußerst töricht. Die privilegierte Stellung der Minderheit beruht allein darauf, dass diese die Reichtümer des Landes und die
Arbeiter, die Bevölkerungsmehrheit, ausbeutet.

Die Minderheit, die Indiens hegemonialen Block bildet, befindet sich deshalb in einer Situation, die eine Neuauflage jenes historischen Kompromisses
zwischen Kapital und Arbeit, auf dessen Grundlage die Sozialdemokratie des
entwickelten Westens entstand, ausschließt. Wer den peripheren Fordismus
mit dem Fordismus der entwickelten Zonen vergleicht oder gar gleichsetzt,
erliegt einem gewaltigen Missverständnis: Er oder sie begreift nicht, wie sehr
diese beiden Formeln sich in ihren Auswirkungen unterscheiden. Der westliche Fordismus teilt die Früchte der kapitalistischen Expansion mit der Mehrheit der arbeitenden Klassen, wohingegen der Fordismus der Peripherie allein
den dortigen Mittelschichten zugute kommt.[3] Indien liefert nicht das einzige
Beispiel hierfür; Brasilien und China befinden sich heute in einer vergleichbaren Lage.

Dass dieser hegemoniale Block, wie im Falle Indiens, seine Herrschaft mit
den Mitteln der politischen Demokratie ausübt, schmälert nicht den reaktionären Klassencharakter dieser Herrschaft. Vielmehr handelt es sich, ganz im
Gegenteil, um die effizienteste Methode, sie durchzusetzen und abzusichern.

Der hegemoniale Block, der die indische Gesellschaft regiert, ist in die herrschende Logik der kapitalistischen Globalisierung voll integriert, und bisher
stellt keine der unterschiedlichen politischen Komponenten des Blocks dieses
Modell in Frage. Doch Indiens nationales Projekt bleibt fragil, weil es seinem
Wesen nach unfähig ist, die Gesellschaft insgesamt einzubeziehen, nicht einmal in der begrenzten Form eines „gemäßigten" Kapitalismus.

Diese Verwundbarkeit führt zu dem nicht selten opportunistischen Verhalten der politischen Klasse Indiens, das meist mit Argumenten einer kurzfristig taktierenden Realpolitik gerechtfertigt wird. Im Angesicht des US-Plans
einer umfassenden (militärischen) Kontrolle des gesamten Planeten und
der kollektiv-imperialistischen Ausrichtung der Triade (Vereinigte Staaten,
Europa und Japan) sieht Indiens politische Klasse sich bisher außerstande, die

---

3 Vgl. Samir Amin, Apartheid global. Der neue Imperialismus und der globale Süden, in: „Blätter",
   2/2006, S. 163-169.

erforderlichen Gegenmaßnahmen zu konzipieren und anzuwenden. Zu diesen würde die Schaffung eines Bündnisses zwischen Indien, Russland und China gehören, die alle drei gleichermaßen durch die aus der Expansion des neuen imperialistischen Kollektivs resultierende Kompradorisierung bedroht sind. Zu den Gegenmaßnahmen könnte auch eine systematischer betriebene Annäherung an Europa zählen – in Abhängigkeit davon, wie viel Abstand letzteres zu Washintons Hegemonialplan hält. Indiens Regierende sind sich nicht hinreichend im Klaren darüber, wie wichtig es wäre, derartige Perspektiven zu entwickeln, einschließlich entschlossener Regierungskonzepte zur Schwächung der hinduistischen Rechten. Im Gegenteil, die Regierenden in Neu-Delhi pflegen weiter vorrangig ihre Konflikte mit China, in dem sie eine potentiell gegnerische Militärmacht und einen gefährlich finanzstarken Rivalen auf den Märkten des globalisierten Kapitalismus sehen. Ja, sie glauben sogar, sie könnten eine mögliche Annäherung an die Vereinigten Staaten dazu nutzen, deren Hauptverbündeter in Asien zu werden. Auch andere in der „Dritten Welt" hängen ähnlich illusionären Überlegungen an: in Brasilien, Südafrika und auch China.

Um der Durchsetzung eines neuen kollektiven Imperialismus entgegenwirken zu können, bedarf es der Wiederherstellung einer Einheitsfront der Völker des Südens. Auch diese Aufgabe ist alles andere als einfach. Die Konflikte zwischen den Ländern des Südens selbst, insbesondere in der Region zwischen Indien und Pakistan, die großenteils durch die kulturalistische Verirrung (für welche der politische Islam ein hohes Maß an Verantwortung trägt) verursacht sind, haben für die politische Klasse Indiens Vorrang und bestärken sie in ihrem kurzatmig-taktischen Kalkül.

Dieser Opportunismus wird nicht nur langfristig die Voraussetzungen einer alternativen Entwicklung zerstören – und zwar sowohl einer fortschrittlichen innerindischen Alternative als auch einer alternativen Globalisierung, auf die diese sich stützen könnte. Er blendet seine Verfechter in einem Maße, dass sie die Verwundbarkeit der indischen Einheit und die Manöver eines Imperialismus, der diese Einheit zu zerstören sucht, aus dem Auge verlieren lässt. In dieser Hinsicht darf man sich keine Illusionen machen. Selbst wenn Washingtons Diplomatie heute aus taktischen Gründen eine Zeitlang „Indien und seine Einheit unterstützt", plant sie doch nach wie vor, die Fähigkeit dieses großen Landes, eine Großmacht zu werden, zu untergraben. Die Unterordnung unter das Projekt der globalen kapitalistischen Expansion bestärkt zentrifugale Tendenzen, denn sie verschärft die regionalen Entwicklungsunterschiede. Mit den harten Anforderungen eines Weltkapitalismus unter der Hegemonie der Vereinigten Staaten ist die Vision einer Großmacht Indien letztlich unvereinbar.

Wachstum und Widerstand

Der Kampf der chinesischen Wanderarbeiter

Von **Christa Wichterich**

Im Oktober 2007 beschloss der Nationale Volkskongress als das laut Verfassung höchste chinesische Staatsorgan, dass die Volksrepublik eine „harmonische Gesellschaft" sei. Demgegenüber weisen die sozialen Konflikte im Land, die sich im Zuge der Weltwirtschaftskrise trotz des gigantischen Konjunkturprogramms der chinesischen Regierung weiter verschärfen, eher in die entgegengesetzte Richtung. Die entscheidende Frage lautet daher, ob sich der brutale Manchesterkapitalismus der frühen Jahre der Dengschen Reformpolitik zu einem sozialdemokratischen Kapitalismus wandeln kann.

Eine bedeutende Rolle wird dabei die Umsetzung des von der chinesischen Regierung im Juli 2007 verabschiedeten neuen Arbeitsgesetzes spielen. Denn die Wende von der autoritären Planwirtschaft zur despotischen Wachstumsmarktwirtschaft[1] – mit ihren riesigen Sweatshops für den Export und Ziegeleien mit versklavten Kindern, aber auch mit High-Tech-Parks, „Silicon Cities" und postmodernen Shopping-Malls – hat gleichzeitig eine Vielzahl neuer Arbeitsregime entstehen lassen.[2] Dabei haben Entstaatlichung, Massenmigration vom Land in die Städte und Privatisierung neue soziale Klassen geschaffen; insbesondere die 200 Millionen Migrantinnen und Migranten gelten als „neues Proletariat" und sozialer Krisenherd beim langen Marsch Chinas in den Weltmarkt.[3] Es sind vor allem ihre sozialen Kämpfe, die die Verrechtlichung und Verbesserung der Arbeitsbeziehungen sowohl mit Blick auf den Staat als auch gegenüber den Unternehmen vorantreiben. Die Parteiführung will nun mit ihrer jüngsten Parole von der „harmonischen Gesellschaft" und mit Instrumenten wie dem neuen Arbeitsgesetz die Widersprüche und Risse in der zutiefst gespaltenen Gesellschaft glätten, um zu vermeiden, dass die Proteste zu einem ihre Macht bedrohenden Widerstand eskalieren.

Am Beispiel des Perlflussdeltas sollen die Entstehung neuer Arbeitsregime und neuer sozialer Klassen aufgezeigt sowie die sozialen Perspektiven im spezifisch chinesischen Kapitalismus analysiert werden.

1 Vgl. allgemein Martin Hart-Landsberg und Paul Burkett, China, Capitalist Accumulation, and Labor, in: „Monthly Review", 5/2007, S. 17-40, sowie „Critical Asian Studies", 3/2005.
2 Vgl. Lee Ching Kwan, Working in China. Ethnographies of labor and workplace transformation, London und New York 2007.
3 Bill Taylor, Chang Kai und Li Qi, Industrial Relations in China, Cheltenham/MA 2003; Lee Ching Kwan, Livelihood Struggles and Market Reform. (Un)making Chinese Labour after State Socialism, UNRISD, Genf 2005; Wen Tiejun, How China's Migrant Labour is Becoming the New Proletariat, in: Andrea Bieler, Ingemar Lindberg und Devan Pillay, Labour and the Challenges of Globalisation, London 2007.

Das „neue Proletariat" der Wanderarbeiter

Das Perlflussdelta im Süden Chinas, die Provinz Guandong, ist ein zentraler Schauplatz des staatsgesteuerten chinesischen Akkumulationsmodells. Als hier 1980 die erste Sonderwirtschaftszone als eine Versuchsanordnung der Exportproduktion errichtet wurde, war Shenzhen nicht mehr als ein großes Dorf. Heute ist der nahe Hongkong gelegene Ort eine Zehn-Millionen-Metropole, an der sich die Geschichte der noch jungen Industrialisierung ablesen lässt. Im ganzen Perlflussdelta arbeiten jetzt Millionen Menschen; mehr als zwei Drittel sind Migranten aus ländlichen Regionen. Hier wurde Spielzeug für Mattel mit gesundheitsschädigenden Lacken besprüht, hier sterben Arbeiterinnen an Cadmiumvergiftung, nachdem sie Gold-Peak-Batterien hergestellt haben.

In den arbeitsintensiven Exportindustrien, in denen das mehrheitlich aus Wanderarbeiterinnen und -arbeitern bestehende „neue Proletariat" entstand, wurde ein doppeltes Kontrollregime errichtet: eine Ausweisdespotie durch den Staat und eine Lohnarbeitsdespotie durch die taylorisierte Industrialisierung. Das neue Arbeitsregime manifestierte sich in der „Drei-in-eins"-Industriearchitektur: Fabrik, Lager und Wohnheim befanden sich in einem von Mauern, Stacheldraht und Wachposten umgebenen Gebäudekomplex; dadurch wurde die Kontrolle über die Lohnarbeiter intensiviert. Zudem haben die Unternehmen eigene Sicherheitsdienste. Überdies behalten die meisten von ihnen, um die Abhängigkeit der Beschäftigten zu verstärken und Jobwechsel zu erschweren, die Ausweise der Arbeiter und einen halben oder ganzen Monatslohn ein.[4]

Inzwischen werden die Lohnarbeiter nicht mehr *gongren* genannt – was sie in der Mao-Ära zu „Herren" der Betriebe und Subjekten der Geschichte erklärte –, sondern *dagong*, „die für einen Boss arbeiten", in der Mehrzahl *dagongmei*, „Arbeitermädchen", wie die jungen, unverheirateten Frauen vom Land abwertend tituliert werden. Ihre Produktivität und Subjektivität werden genau dem Kontrollregime unterworfen, das unter Mao als kapitalistisch und ausbeuterisch verschrien war: eine Kombination aus Prinzipien der Profitmaximierung und der Konkurrenz wie Akkordarbeit, Effizienzkontrolle, Überstundenzwang, fehlende Sicherheit am Arbeitsplatz und drakonische Strafen für Fehlverhalten.[5]

Die chinesischen Wanderarbeiter konstituieren die wohl „größte Migrationsbewegung in der Geschichte der Menschheit."[6] Die vermeintlich nur vorübergehend proletarisierte Bauernschaft besitzt gemäß ihrer Haushaltsregistrierung, dem *hukou*, keine sozialen und bürgerlichen Rechte in der Stadt, sondern nur an ihrem jeweiligen Herkunftsort auf dem Land. Von ihnen erwartet man, dass sie nach einigen Jahren der Lohnarbeit ins Dorf zurückkehren. Ihre Migration wird durch ein elaboriertes (und korruptes) Ausweissystem

---

4 Anita Chan, A Race to the Bottom, in: „China Perspectives", 2/2003, S. 41-50.

5 Vgl. Zhao Minghua und Theo Nichols, Management Control of Labour in State-owned Enterprise. Cases from the Textile Industry, in: Greg O'Leary (Hg.), Adjusting to Capitalism: Chinese Workers and the State, New York, 1998, S. 75-100; HKCTU, Chinese Labour and the WTO, Hongkong 2004.

6 Bill McKibben, Die China-Story, in: „Blätter", 8/2006, S. 943-958, hier S. 946.

kontrolliert, das sie von den Behörden und vom Arbeitgeber abhängig macht, denn die meisten der benötigten Dokumente müssen jährlich neu und teuer erworben werden. Bis vor Kurzem mussten die Wanderarbeiter daher einen vollen Monatslohn pro Jahr für Ausweise und Registrierungen ausgeben.

Das 1958 eingeführte *Hukou*-System war ein rigides bevölkerungspolitisches Instrument, das zum einen die privilegierten Städte vor der Landflucht und der Verslumung bewahren und zum anderen ausreichend Bauern in der Landwirtschaft halten sollte, um die Nahrungsmittelversorgung der Städte sicherzustellen. Unter den Bedingungen der Massenmigration führte es zu einer Hierarchie von Staats- und Stadtbürgern erster und zweiter Klasse – und einem System „sozialer Apartheid".[7] Bis vor ein paar Jahren konnten Migranten am Arbeitsplatz weder Gewerkschaftsmitglied werden noch einer Sozialversicherung beitreten. Ihre Kinder waren nicht zu städtischen Schulen zuge-lassen oder aber die Stadt verlangte von ihnen überhöhte Gebühren. Auch die Behandlung in öffentlichen Krankenhäusern mussten Migranten teuer bezahlen.[8] Wanderarbeiter, die man innerhalb der durch Grenz- und Mautstationen streng kontrollierten Sonderwirtschaftszone von Shenzhen ohne die drei erforderlichen Ausweise (ID, Aufenthalts- und Arbeitserlaubnis) erwischt, werden zu Geldstrafen, Straflager oder Rückführung verurteilt.

Wachstum und Diversifizierung als Entwicklungsstrategie

Provinzregierung und Stadtverwaltung haben im Rahmen staatlicher Vorgaben die Entscheidungs- und Steuerungsmacht über die Entwicklung der Sonderwirtschaftszone. Sowohl die Stadt selbst als auch die einzelnen Beamten sind an Investitionen und rascher Entwicklung interessiert: Die Stadt ist häufig über Holdinggesellschaften an Joint Ventures beteiligt und bestreitet den kommunalen Haushalt sowie den Ausbau der Infrastruktur durch die Steuern und Abgaben, die sie von den Unternehmern und den Beschäftigten erhebt. Auch die Karrieren von Parteifunktionären und Beamten hängen von ihren Erfolgen beim Ausbau der Sonderwirtschaftszone ab. Dabei bieten sich ihnen zugleich Möglichkeiten, Privatinteressen durch illegale Bereicherungsstrategien oder den Einstieg ins Unternehmertum zu verfolgen.

Ausländische Direktinvestitionen – zunächst mehrheitlich von Auslandschinesen in Hongkong, Taiwan und Singapur, dann zunehmend auch aus Europa, den USA und Japan – wirkten als Triebkraft für die Expansion der exportorientierten Industrialisierung. 1993 gaben 81,9 Prozent der ausländischen Investoren an, in China wegen der billigen Arbeitskräfte zu investieren, 56 Prozent nannten die Steuerbefreiungen in den Sonderwirtschaftszonen und 50 Prozent den Zugang zum chinesischen Markt als Hauptgründe.[9]

---

7   Au Loong-Yu, Nan Shan und Zhang Ping, Women Migrant Workers under the Chinese Social Apartheid, Bangkok 2007.
8   Amnesty International, People's Republic of China. Internal migrants: Discrimination and abuse. The human cost of an economic ‚miracle', 2007.
9   Asia Monitor Resource Center (AMRC), We in the Zone. Women Workers in Asia's Export Processing Zones, Hongkong 1998, S. 191-241, hier S. 206.

Auffällig ist die „Konkubinenwirtschaft": Chinesische Unternehmer oder
Städte gehen beispielsweise im Automobilsektor Joint Ventures mit mehreren
ausländischen Investoren ein. Die chinesischen Unternehmer vermitteln das
Know-how und die Technologie der Investoren dann weiter in den Binnen-
markt hinein. Dies führt auch dazu, dass einheimische Hersteller die Auslands-
investitionen, unter Umgehung von Patentrechten und Lizenzabkommen, für
Imitate und Raubkopien nutzen. Die ausländischen Konzerne stellen dann
fest, dass sie ungewollt als „Hebammen" für die eigene Konkurrenz, nämlich
eine einheimische kostengünstigere Industrie, fungieren.[10]

In diesem Interessenkontext entstand in den 90er Jahren mit dem Aufbau
kapitalintensiver Produktion eine zweite Phase der Industrialisierung im Perlflussdelta. Die Stadt Shenzhen und die Exportindustrien wuchsen weit über
die alte Sonderwirtschaftszone hinaus. Das boomende Baugewerbe wie auch
Fahrzeugherstellung und Maschinenbau boten nun überwiegend Arbeitern
aus der Stadt und männlichen Migranten Beschäftigung. Hier entstand vor
allem in Joint Ventures eine Aristokratie von Facharbeitern, die in eine tech-
nokratische, effizienzorientierte Unternehmenskultur und in ein Sozialma-
nagement eingebunden wurde.

Vom Staat makroökonomisch gesteuert, stehen nun unterschiedliche Eigentumsformen nebeneinander: Staatsbetriebe, Aktiengesellschaften, Genossenschaften, Joint Ventures mit ausländischen Kapitaleignern und – als die am
schnellsten wachsende Gruppe – einheimische Privatunternehmen.[11] Die
Klasse privater Eigentümer rekrutiert sich (wie auch die Manager) zu einem
großen Teil aus Parteikadern und Funktionärskaste. 2004 wurde sie durch die
offizielle Entscheidung, dass Unternehmer KP-Mitglieder und -Funktionäre
sein können, sowie durch die verfassungsrechtliche Anerkennung des Privateigentums politisch legitimiert. Gemeinsam ist den genannten Unterneh-
mensformen (einschließlich der Staatsbetriebe), dass die Arbeitsbeziehungen
durch die marktökonomische Profitlogik und nicht mehr durch die planwirt-
schaftliche Versorgungslogik geprägt werden.

Seit Ende der 90er Jahre hielt als dritte Stufe der Industrialisierung die Infor-
mationstechnologie Einzug im Perlflussdelta; ganze Industrieparks wurden
aus dem Boden gestampft, in denen sich eine neue, gut qualifizierte Angestell-
tenschicht herausbildete, deren Arbeitsbedingungen technologisch hochge-
rüstet und ständig effizienzorientiert nachgebessert werden. Dadurch ist eine
Klasse von hoch qualifizierten, wissensbasierten Fachkräften und konsum-
orientierten Mittelschichten in den Städten entstanden.

2005 beschloss der Volkskongress, alle umweltschädlichen, energieinten-
siven und effizienzschwachen Betriebe aus dem Kernbereich der Sonderwirtschaftszone in Randgebiete auszulagern. Fabriken der ersten Stunde
wichen Shopping-Malls, noblen Verwaltungsgebäuden und postmodernen
Industrieparks. Die Mehrzahl der arbeitsintensiven Textil-, Elektronik- und

---

10 Stefan Schmalz, Ein Entwicklungsland als werdende Weltmacht, in: „Das Argument", 268 (2006),
   S. 30-39, hier S. 33. Interessant ist, wie die feminisierte Diktion von Konkubinen und Hebammen zur
   ökonomischen Abwertung benutzt wird.
11 Boy Lüthje, Ökonomische Modernisierung und industrielle Beziehungen im neuen chinesischen Kapitalismus, in: ebd., S. 61-76.

Spielzeugfabriken befindet sich jetzt in den Außenbezirken der Stadt, wo das despotische taylorisierte Lohnarbeitsregime fortgeführt wird. Die staatlichen Planungen setzen auf eine weitere Diversifizierung der Industrien und eine zunehmende Konzentration von kapital-, technologie- und wissensintensiven Sektoren an der Küste, während die arbeitsintensive Fertigung in kleinere Städte im Landesinneren oder ins wenig entwickelte Hinterland Chinas verlagert werden soll, wo Arbeitskräfte und Energieversorgung preiswerter sind. Zunehmend drohen arbeitsintensive Firmen ihren Beschäftigten bei Protesten mit einer solchen Verlagerung ins Landesinnere.

Mit der Diversifizierung der Industrien und der sozialen Differenzierung kam es auch zu einer wachsenden Spreizung der Löhne und Gehälter – mit einer starken Re-Akzentuierung der ungleichen Bewertung von körperlicher und geistiger Arbeit sowie von Frauen- und Männerarbeit. Die Gehälter von Technikern, Ingenieuren und IT-Experten wurden an die schnell steigenden Lebenshaltungskosten, vor allem die hohen Kosten für Miete oder Wohneigentum, angepasst und auf durchschnittlich 500 Euro im Monat erhöht. Die Monatslöhne der Arbeiterinnen und Arbeiter in den arbeitsintensiven Industrien stagnierten dagegen 15 Jahre lang bei rund 50 Euro. Infolge der Mechanisierung ist der Frauenanteil auch in den arbeitsintensiven Industrien von über 80 Prozent auf unter 70 Prozent gesunken.

Proteste, Sabotage und Streiks

1982, als die Exportindustrien expandierten, wurde das Streikrecht aus der Verfassung entfernt. Dem Allchinesischen Gewerkschaftsbund (ACGB) kam die Aufgabe zu, die makroökonomischen Ziele – vor allem Produktivitätssteigerung in den Betrieben – durchzusetzen. Bis heute ist der ACGB keine Interessenvertretung der Arbeiter gegenüber den Arbeitgebern, sondern ein Parteiorgan, das eine Interessenkonvergenz zwischen Lohnarbeit, Management und Unternehmern behauptet und mögliche Konflikte mit Blick auf die Wachstumsziele schlichten soll. Die Gründung einer Betriebsgewerkschaft erfolgt in der Regel durch Absprachen zwischen der Firmenleitung und dem ACGB. Häufig ist ein Vertreter des Unternehmensmanagements in Personalunion auch Parteisekretär und Gewerkschaftsvertreter im Betrieb. Die Gründung unabhängiger Gewerkschaften ist verboten.

Seit Anfang der 90er Jahre kam es immer häufiger zu Protesten, individueller Sabotage und spontanen Streiks, wenn Löhne oder Überstunden nicht gezahlt wurden, die Schikanen des Managements überhandnahmen oder Arbeitsunfälle sich häuften. 1993 waren nur 22,4 Prozent aller Beschäftigten in Shenzhen Gewerkschaftsmitglieder. Beim örtlichen Arbeitsamt gingen im selben Jahr jedoch bereits mehr als 8400 Beschwerden ein, offiziell wurden über 5000 Arbeitskonflikte und 369 Streiks gemeldet.[12] Sie waren ein Indikator für die Herausbildung der typischen Interessengegensätze zwischen Lohnarbeit,

---

12 AMRC, We in the Zone, a.a.O., S. 219.

Kapital und Staat sowie für die immer markanteren Bruchlinien in der neuen chinesischen Klassengesellschaft.

Nach zwei verheerenden Bränden 1993, bei denen 145 Arbeiter ums Leben kamen, weil das Feuer rasch vom Lager oder der Fabrik auf das Wohnheim übergriff, versuchten Arbeiterinnen und Arbeiter unabhängige Gewerkschaften zu organisieren und zu registrieren – vergeblich. Die Organisierungsversuche hatten Entlassungen und Verhaftungen zur Folge, führten aber auch zu einem Verbot der „Drei-in-eins"-Architektur. Der Brand in der Spielzeugfabrik Zhili war zudem Auslöser der Entstehung eines neuen Organisationstypus außerhalb der Betriebe und des Gewerkschaftsbundes: Entlassene Arbeiter begannen ein „Arbeiterforum" aufzubauen und mobilisierten in einem eigenen Bulletin zum Kampf für Arbeitsrechte und Arbeitsschutz. Seitdem haben sich zwölf Organisationen bzw. Netzwerke gegründet. Zwar verweigerte man den meisten eine Registrierung als Nichtregierungsorganisation (NGO), doch sind sie der Verwaltung bekannt und werden geduldet.

Mit dem 1994 verabschiedeten Arbeitsgesetz demonstrierte der Staat seinen Anspruch auf Regulierungshoheit aller Arbeitsverhältnisse – auch derjenigen in den sprunghaft gewachsenen Privatunternehmen. Das Gesetz zielt auf eine Umsetzung der individuellen Rechte der Arbeiter und erkennt damit implizit ungleiche Machtverhältnisse und Interessenkonflikte im Betrieb an. Es schreibt einen individuellen Arbeitsvertrag für alle Beschäftigten vor und erlaubt dem Gewerkschaftsbund, in einigen Industrien Kollektivverträge auszuhandeln. Es verpflichtet die Unternehmen, die Mindestlöhne der jeweiligen Provinz wie auch die Überstunden pünktlich zu zahlen, freie Tage und Urlaub zu gewähren, die Überstunden auf drei Stunden pro Tag zu begrenzen, Sicherheit am Arbeitsplatz zu gewährleisten, Kompensation bei Unfällen sowie Beiträge zu einem neuen Sozialversicherungssystem zu leisten.

Doch dieses Arbeitsgesetz wurde bis heute nicht umgesetzt. Die kommunalen Arbeitsämter haben die Aufgabe, die Betriebe zu überwachen; sie können wegen Personalmangels – die Stadt Guangzhou (das frühere Kanton) hat 130 Inspektoren für 400 000 registrierte Unternehmen – jedoch nur größere Unternehmen kontrollieren.[13] Drei Viertel der Wanderarbeiter in Privatunternehmen haben noch immer keinen Arbeitsvertrag; Mindestlöhne und Überstunden werden nicht oder nur unregelmäßig gezahlt. Je nach Auftragslage werden die Arbeitszeiten enorm verlängert oder Arbeitskräfte entlassen sowie Lohnrückstände als Disziplinierungsmittel benutzt. Die Sicherheit am Arbeitsplatz ist unverändert schlecht. 2001 wurde allein von der Textilindustrie in Shenzhen berichtet, dass täglich 13 Beschäftigte bei Unfällen einen oder mehrere Finger verloren.[14] Darüber hinaus verursacht der Umgang mit toxischen Substanzen in der gesamten Elektroindustrie massenhaft chronische Gesundheitsschäden.

Aufgrund der anhaltend schlechten Arbeitsbedingungen und der hohen Kosten und Risiken in der Stadt und am Arbeitsplatz wuchs der Migranten-

---

13 Auskunft des Arbeitsamts der Stadtverwaltung Guangzhou im September 2007.
14 Natalie van Looy, From Revolution to Institutionalisation? Labour Relations and Conflict in the People's Republic of China, in: „Berliner China-Hefte", 25 (2003), S. 64.

strom ab 2003 nicht weiter an, obwohl der Bedarf an Arbeitskräften für die expandierende Industrie weiter zunahm. So kam es erstmalig in der gesamten Küstenregion zu einem Arbeitskräftemangel. Die Regierung reagierte darauf mit einem Bündel von arbeitsmarkt- und bevölkerungspolitischen Maßnahmen: Die staatlichen Mindestlöhne im Perlflussdelta wurden erhöht, in der alten Sonderwirtschaftszone von Shenzhen von 574 Yuan (10 Yuan = 1 Euro) im Jahr 2002 auf 810 Yuan 2007, außerhalb der Sonderwirtschaftszone im selben Zeitraum von 440 auf 700 Yuan. Außerdem lockerte die Regierung das *Hukou*-System. Migranten haben nun die Möglichkeit, Gewerkschaftsmitglieder zu werden, drei Sozialversicherungen (Kranken-, Unfall- und Rentenversicherung) beizutreten und angesparte Versicherungsansprüche beim Verlassen der Stadt mitzunehmen.[15] Gleichzeitig wurden – auch als Reaktion auf öffentliche Proteste – die Genehmigungsverfahren für Ausweise vereinfacht und die Kosten für die jährliche Aufenthaltsgenehmigung in der Stadt von 380 auf 5 Yuan gesenkt.[16]

Wanderarbeiterschaft als Industrialisierungs- und Proletarisierungsstrategie

Für ihren alltäglichen Bedarf benötigen die Lohnarbeiter monatlich umgerechnet 50 Euro. Den zusätzlichen Verdienst schicken sie an ihre Familie. Da die Mindestlöhne durch Abzüge für Unterkunft, Verpflegung, Strom und Wasser so gut wie nie voll ausgezahlt werden, sind die Migranten an einer hohen Überstundenzahl interessiert, um ihrer sozialen Pflicht der Rücküberweisung ins Dorf nachkommen zu können. Im Falle von Auftragsflauten – wie in der gegenwärtigen Weltwirtschaftskrise – fallen jedoch keine Überstunden an.

Arbeitsmigration und temporäre Lohnarbeit in den Exportindustrien werden von der kommunalen Verwaltung in ländlichen Regionen als eine gezielte Strategie zur Armutsbekämpfung betrachtet. Sie werden daher auch gefördert und mit dem Arbeitskräfteüberfluss auf dem Land begründet.[17] Zudem entlasten die Migranten die Statistik der ländlichen Jobsuchenden und reduzieren auf diese Weise die Aufgabe der Behörden, auf dem Land Jobs schaffen zu müssen. Als Reaktion auf den Arbeitskräftemangel richtete die Regierung auf dem Land immer mehr staatliche und private Arbeitsvermittlungsagenturen ein. Daneben gibt es noch die direkte Rekrutierung durch Parteikader; Mädchen werden teilweise direkt aus der Schule in die arbeitsintensiven Industrien geschickt.

Auch die individuellen Haushalte planen die Migration und die Rücküberweisungen fest als eine Existenzsicherungsstrategie ein. Viele Familien oder

---

15 Vgl. Ping Huang und Shaohua Zhan, Internal Migration in China: Linking it to Development. Paper präsentiert bei der Regional Conference on Migration and Development in Asia, 14.-16.3.2005, hier S. 8 ff.; Hiroko Uchimara, Influence of Social Institutions on Inequality in China, Institute of Development Economies 2005, S. 17.

16 Auskunft von Wanderarbeitern im September 2007 in Shenzhen. Ähnliche Zahlen nennt auch Amnesty International, a.a.O., S. 5 f.

17 Auskunft von Armutsbekämpfungsbehörden in der Provinz Shanxi, September 2007.

Dörfer greifen auf informelle Netzwerke der Abwanderung und Vermittlung zurück, die in den vergangenen 20 Jahren entstanden sind. Von Migranten erwartet man 300 bis 400 Euro jährliche Aufstockung des Familieneinkommens, von Migrantinnen zwischen 200 und 300 Euro.[18] Wer kein Geld schickt, gilt als faul oder wird verdächtigt, das Geld verspielt zu haben. Der Anteil der Geldtransfers am jährlichen Dorfeinkommen variiert zwischen 15 und 50 Prozent, macht aber auf jeden Fall einen großen Anteil vieler Haushalteinkünfte aus. Es lastet also ein hoher familiärer Erwartungsdruck auf den Migrantinnen und Migranten.

Die Disziplinierung und Individualisierung in der Fabrik bedeutet für die Migranten einen Kulturschock, weil die Arbeit am Fließband oder an der Nähmaschine die Macht des neuen Arbeitsregimes unmittelbar erfahrbar macht.[19] Doch mit der Schaffung dieses neuen Industrieproletariats geht auch die Abwertung bäuerlicher Arbeit und ländlichen Lebens einher. Industriearbeit gilt im Vergleich zur Landwirtschaft als gesellschaftlich wertvollere und als leichtere Arbeit. Die städtischen Konsummärkte erscheinen unmittelbar verknüpft mit der Lohnarbeit in der Industrie und wecken marktgerichtete Begehrlichkeiten und Hoffnungen. Die meisten Migranten empfinden daher nicht nur Bitterkeit über die erlebte Ausbeutung, sondern auch Stolz über ihren sozialen Aufstieg. Viele von ihnen wollen nicht mehr ins Dorf zurückkehren; dies gilt insbesondere für junge Frauen, die nach der Rückkehr normalerweise heiraten – und das bedeutet zugleich, in eine fremde Familie umsiedeln – müssen.

Die Entstehung bzw. Erzeugung der Wanderarbeiterschaft als neue soziale Klasse bedeutet nicht, dass die Migranten in der Fabrik und in der Stadt eine kollektive Identität oder ein gemeinsames Klassenbewusstsein entwickeln. Für dieses „neue Proletariat" ist, zumindest nach ihrer Ankunft in den Betrieben und Wohnheimen, die geographische und ethnische Herkunft die wichtigste Grundlage für den Aufbau von Netzwerken und Solidarität, bevor sie eine kollektive Identität als Migranten in Abgrenzung gegen die andere, städtische Lohnarbeiterschaft aufbauen.

Der Kampf um Arbeitsrechte

Zwar breiten die politische Führung und der ACGB in ihrer Rhetorik der „harmonischen Gesellschaft" immer noch den sozialistischen Mantel vermeintlicher Interessengleichheit und des nationalen Entwicklungsprojekts über die harsche Realität der Arbeitsverhältnisse. Doch die wachsenden Proteste der Arbeiter wie auch die Aktivitäten der NGOs setzen sowohl Regierung und lokale Verwaltung als auch Gewerkschaften unter Handlungsdruck. Deshalb forderte die Regierung, dass der ACGB bis Ende 2006 in 60 Prozent der privaten Unternehmen, vor allem auch der ausländischen, bis Ende 2007 dann in

---

18 Auskünfte in Dörfern in Shanxi, September 2007.
19 Vgl. Interview mit Pun Ngai, Chinas Wanderarbeiterinnen: Dreifaches Trauma im dormitory labour regime, in: WEED, High-Tech-Sweatshops in China, Bonn 2007, S. 25-33.

80 Prozent repräsentiert sein muss. So wurde ausgerechnet China zum ersten Land, wo Wal-Mart gewerkschaftliche Organisierung zulassen musste.[20]

Zwar wird der Druck von der Basis häufig mit Repression und Disziplinierung beantwortet, er führt jedoch bei einzelnen Funktionären in der Gewerkschaft und in kommunalen Behörden auch zu einer stärkeren Parteinahme für die Lohnarbeiter und ihre Probleme. Obwohl die Formel, dass die Gewerkschaften eine funktionierende „Brücke zwischen Beschäftigten und Unternehmen" darstellen, gebetsmühlenartig wiederholt wird, führt der Druck von unten auf diese Weise zugleich zu einer Heterogenität von Positionen innerhalb der Gewerkschaften. Dadurch erweitern sich auch die Spielräume für Protestaktivitäten und NGOs zumindest zeitweise und punktuell.

Während Provinzregierung und Stadtverwaltungen eher mit Unternehmen kooperieren, um das Wirtschaftswachstum im wechselseitigen Interesse immer mehr anzukurbeln, gehen von der Zentralregierung und dem ACGB durchaus Signale aus, die auf ein Mehr an sozialer Gerechtigkeit orientieren.

Das neue Arbeitsvertragsgesetz, das am 1. Januar 2008 in Kraft treten soll und den ACGB in seinem Alleinvertretungsanspruch bestätigt, will mit Verbesserungen von Kollektivverhandlungen, Tariflöhnen, Probezeitregelungen, Festanstellungen und Kündigungsschutz (vor allem für ältere Arbeiter) eine rechtsverbindliche Antwort auf die Konflikte geben. Aber es reflektiert auch ein Interesse der chinesischen Führung, durch Verrechtlichung der Arbeitsverhältnisse eine Regulierungsrolle gegenüber der Marktdynamik zu behalten und den eigenen Machtanspruch als moralischer Anwalt und Wegbereiter einer „harmonischen Gesellschaft" zu legitimieren.

Seit der Verfassung ist kein Gesetz so ausgiebig öffentlich diskutiert worden wie dieses neue Arbeitsgesetz. Dies illustriert, dass die Verrechtlichung der Arbeitsbeziehungen als ein von verschiedenen Marktakteuren und Interessen umkämpftes Terrain politisch akzeptiert wird. Die US-amerikanische und die europäische Industrie- und Handelskammer mischten sich im Interesse ausländischer Investoren in die öffentliche Debatte ein, forderten „flexiblere" Regelungen und drohten mit Verlagerungen.[21] Die endgültigen Gesetzesformulierungen kommen ihren Verwertungsinteressen entgegen, doch eine Umsetzung würde immer noch einen erheblichen Fortschritt in der Verrechtlichung (und damit eine Verbesserung) der Arbeitsbedingungen darstellen – wenn sie denn umgesetzt werden. Das scheint unter den gegebenen Bedingungen (drohende Arbeitsplatzverlagerungen und zahllose Möglichkeiten, die Bestimmungen zu unterlaufen) allerdings nahezu utopisch.

Wilde Streiks, kollektive Sabotage und spontane Proteste in einzelnen Betrieben werden nicht nur immer häufiger und aggressiver, sondern auch zunehmend öffentlich. So blockieren aufgebrachte Arbeiter mitunter Straßen und Verkehr, um öffentliche Aufmerksamkeit zu erregen und die Stadtverwaltung zu zwingen, sich mit ihren Anliegen zu befassen. Offizielle Statistiken sprechen von 10 000 Streiks pro Jahr im Perlflussdelta, inoffizielle Angaben

20 Lüthje, a.a.O., S. 68 f.; vgl. Rolf Geffken, Welt-Discounter China: Wal-Mart im Reich der Mitte, in: „Blätter", 2/2007, S. 229-238.
21 Vgl. Global Labour Strategies, Behind the Great Wall of China: US Corporations opposing new Rights for Chinese Workers, in: „Focus on Trade", 11/2006.

von doppelt so vielen. Auch wenn die meisten Proteste der Lohnarbeiter immer noch spontan und unorganisiert sind, bildet das Einfordern von Rechten zunehmend eine einigende Klammer ihres Engagements. Unter den Arbeitern kursiert der Slogan: „Großer Streik – großer Fortschritt, kleiner Streik – kleiner Fortschritt, kein Streik – kein Fortschritt", kurz: es lohnt sich, für die eigenen Rechte zu kämpfen.

Der zentrale strategische Ansatz von Arbeiter-Foren und Netzwerken zur Unterstützung der Lohnarbeiter ist der Rechtsansatz – von der Information über Rechte, Rechtsberatung und Kooperation mit Anwälten bis zur Unterstützung bei Klagen und Gerichtsverfahren. Die Gesetzgebung zum Arbeitsvertrag und -schutz ist ihr wichtigster Referenzrahmen. Der erste Schritt bei Arbeitskämpfen ist eine Petition an das einzelne Unternehmen oder eine Klage, um beispielsweise eine individuelle Entschädigung zu erwirken. Der zweite Schritt ist eine Klage gegen das Arbeitsamt, die darauf zielt, dass die Behörde gegen das Unternehmen vorgeht und allgemeine Verbesserungen durchsetzt. Inzwischen gibt es neben individuellen Verfahren auch Gruppenklagen (beispielsweise für Lohnerhöhungen). Ein weiterer Versuch, Individual- in Kollektivverfahren zu überführen, stützt sich auf die rechtliche Möglichkeit der Aushandlung von Kollektivverträgen.

Einige der NGOs nutzen auch die Verhaltenskodices einzelner Konzerne für Forderungen zur Verbesserung der Arbeitsverhältnisse. Doch im Gegensatz zu den gesetzlichen Bestimmungen sind Firmenkodices freiwillig und nicht einklagbar. Es ist ein offenes Geheimnis, dass Inspektoren, die Kontrollen in den Betrieben durchführen, durch doppelte Buchführung, gefälschte Lohnabrechnungen und erzwungene Falschaussagen von Beschäftigten betrogen werden.[22]

So versuchen die Wanderarbeiterinnen und -arbeiter, sich durch Proteste, Klagen vor Gericht und Organisierung mit Bezug auf ihre arbeitsrechtlichen Ansprüche von unten gegen die neoliberale Lohnarbeitsdespotie zu wehren und der Entrechtung und Entwertung Grenzen zu setzen. Außerdem wird auch die Despotie der staatlichen und kommunalen Verwaltung untergraben, dabei allerdings gleichzeitig privatisiert und kommerzialisiert: So wird im Umfeld der Fabriken und Wohnheime der Wanderarbeiter die preisgünstige Ausstellung von Dokumenten und Ausweisen aller Art angeboten. Private Kliniken bieten medizinische Versorgung an, vor allem Behandlung nach Unfällen und Abtreibungen.

Vereinzelte widerständige und subversive Praktiken machen freilich noch keine soziale Bewegung. Der Widerstand gegen die staatliche und industriekapitalistische Despotie zeigt jedoch, dass mit den Widersprüchen auch die Risse im System beständig wachsen. Die parteioffizielle Parole einer „harmonischen Gesellschaft" jedenfalls hat sich – und zwar bereits vor der millionenfachen Arbeitslosigkeit von Wanderarbeiterinnen und Wanderarbeitern im Zuge der Krise – als Fiktion erwiesen.

---

22 Vgl. Südwind, Nähen für den Weltmarkt. Frauenarbeit in Freien Exportzonen und der Schattenwirtschaft, Siegburg 2004, S. 18-28.

Osteuropa in der Finanzkrise: Ein neues Argentinien?

Von **Joachim Becker**

Über die Auswirkungen der Finanz- und Wirtschaftskrise auf die Bundes-republik wird derzeit viel spekuliert. Weit weniger gerät in den Blick, dass die osteuropäischen Staaten bereits in wesentlich stärkerem Maße betroffen sind – wenn auch in höchst unterschiedlicher Weise.

Sowohl von Finanzinvestoren als auch von der deutschen Öffentlichkeit wird Osteuropa oft als einheitliche Region wahrgenommen. Doch spätestens in der aktuellen Krise treten die Unterschiede deutlicher hervor. Die Spaltungslinien verlaufen weniger zwischen EU-Mitgliedern und Nicht-EU-Ländern als viel-mehr zwischen Ländern mit verschiedenen Wirtschaftsmodellen und daraus resultierender unterschiedlicher Krisenanfälligkeit.

Auf der einen Seite gibt es Länder mit sehr ausgeprägter Exportorientie-rung, die primär durch den Einbruch ihrer Exporte betroffen sind. Dies sind insbesondere die Visegrád-Staaten – Polen, Slowakei und Tschechische Repu-blik – sowie Slowenien. Auf der anderen Seite befinden sich jene Länder, deren Wirtschaftswachstum in den letzten Jahren vor allem mittels Auslands-verschuldung finanziert wurde und mit sehr hohen Leistungsbilanzdefiziten einherging. Diese sind extrem krisenanfällig und stecken nun insbesondere durch die Kreditrestriktionen und das Austrocknen der Kapitalflüsse in der Bredouille. Ihre wirtschaftlichen Probleme werden zusätzlich durch die hohe private Devisenverschuldung im Inland verschärft. Dazu zählen die Baltischen Staaten, Bulgarien und fast alle Nachfolgestaaten Jugoslawiens. Auch Rumä-nien und Ungarn teilen einige ihrer Charakteristika. Weißrussland ist dage-gen eher der ersten, die Ukraine der zweiten Gruppe zuzuordnen.

Russland hingegen unterscheidet sich von allen Staaten der Region dadurch, dass es in den letzten Jahren sehr hohe Handels- und Leistungs-bilanzüberschüsse aufwies. Daher ist seine außenwirtschaftliche Situation etwas komfortabler. Gleichzeitig sind allerdings die Preise seiner Hauptex-portprodukte – Gas und Öl – nunmehr besonders stark eingebrochen; zudem ist der russische Bankensektor sehr stark von ausländischer Finanzierung abhängig.

Insgesamt ist der wirtschaftliche Einbruch in der zweiten, von Krediten und Auslandsverschuldung abhängigen, Gruppe tendenziell erheblich stärker. So ging in den neoliberalen Musterländern Lettland und Litauen das Brutto-inlandsprodukt (BIP) im 4. Quartal 2008 um 10,5 bzw. 9,4 Prozent gegenüber dem Vorjahr zurück.[1] Das jeweilige Wirtschaftsmodell hat erhebliche Konsequenzen nicht nur für den Krisenverlauf, sondern auch für die mögliche Antikrisenpolitik. Wie aber sieht der Zusammenhang von Krisenverwundbarkeit, Krisenverlauf und Antikrisenpolitik der verschiedenen osteuropäischen Akkumulationsmodelle konkret aus?

Einbrüche der Exportökonomien

In Polen, der Slowakei, der Tschechischen Republik und Slowenien wurde seit den 90er Jahren auf die Forcierung des industriellen Exports gesetzt. Mit Ausnahme Sloweniens vertrauten die Regierungen hierbei auf westliche Direktinvestitionen, daher kann man dieses Modell als abhängige Exportindustrialisierung bezeichnen. Zumeist ist das Produktionsprofil sehr eng und stark auf die Autoindustrie ausgerichtet. Den Extremfall bildet die Slowakei. Dort entfielen im Jahr 2007 fast 40 Prozent des Exports auf die Autoindustrie. Besonders stark hat sie deshalb mit dem krisenbedingten Exporteinbruch zu kämpfen: Im Februar d.J. lag die Industrieproduktion um 28,2 Prozent niedriger als im selben Vorjahresmonat. „Der starke Produktionsrückgang in der Slowakei folgt mit kurzer Verzögerung dem Auftragsrückgang in Deutschland, der von November bis Januar 25 Prozent erreichte", erklärte Vladimír Vaňo von der Volksbank Slovensko gegenüber dem slowakischen Wirtschaftsmagazin „Trend".[2] Das widerlegt die gängige These, wonach die osteuropäischen Produzenten aufgrund ihrer niedrigen Produktionseinbrüche vor krisenhaften Einbrüchen in der Produktion gefeit seien.

Im Gegenteil: In der Tschechischen Republik fiel die Industrieproduktion im Januar 2009 gegenüber dem Vorjahr um nur wenig moderatere 23,2 Prozent.[3] Hingegen zeigte sich Polen mit seiner weniger exportabhängigen und stärker diversifizierten Wirtschaft weniger krisenanfällig. Dennoch steigt auch dort die Arbeitslosigkeit rasch an; dazu trägt nicht zuletzt die Rückkehr vieler Arbeitsmigrantinnen und -migranten aus Westeuropa bei. Aber auch in den osteuropäischen Ländern selbst gehörten Arbeitsmigranten zu den ersten Entlassenen. Inzwischen betrifft der Abbau allerdings bereits die Kernbelegschaften in Großbetrieben. Die wirtschaftlichen Randregionen sind von der steigenden Arbeitslosigkeit weit stärker betroffen als die Kernregionen. So lag in der Slowakei die Arbeitslosenquote in der Hauptstadt Bratislava Ende März 2009 bei nur 2,9 Prozent – in der Zentral- und Ostslowakei hingegen bereits bei 15 bis 17 Prozent.

Das wirtschaftliche Wachstum in dieser exportorientierten Ländergruppe wurde in den letzten Jahren teilweise durch expandierende Kreditvergabe – speziell im Immobilienbereich – getragen, aber die Form und das Ausmaß der Verschuldung hatten noch keine problematischen Grenzen erreicht. In der

---

1 Joachim Becker, Verfehlte Entwicklungsstrategien in Osteuropa: Crash à la Argentina? In: „Informationsbrief Weltwirtschaft & Entwicklung", 3-4/2009, S. 4-5.
2 Martin Jesný, Pavel Sibyla, Smerom k dnu; in: „Trend", 30.4.2009, S. 18-20.
3 „Pravo", Prag, 24.3.2009.

Tschechischen Republik und der Slowakei war die Kreditpolitik der Banken sogar eher konservativ. In Polen lagen die vergebenen Kredite etwas über den Einlagen, während in Slowenien nach dem EU-Beitritt eine rasante Kreditvergabe zu beobachten war, die nur zum Teil durch Einlagen gedeckt war. Hierdurch war der Refinanzierungsbedarf der slowenischen Banken relativ hoch.

Dennoch zeigten sich diese Länder im Vergleich zum Rest der Region nicht besonders verwundbar durch die krisenbedingten internationalen Kreditbeschränkungen. Dies hängt auch damit zusammen, dass ihr Devisenbedarf nicht so extrem hoch ist. Die Leistungsbilanzdefizite waren in den letzten Jahren geringer als im Rest Osteuropas, auch wenn sie zuweilen die als kritisch geltende Grenze von 5 Prozent des Bruttoinlandprodukts (BIP) erreichten. Dafür hielt sich die Privatverschuldung in Fremdwährung in relativ engen Grenzen. Damit sind auch die Schuldner und Banken durch eine Währungsabwertung nicht sehr verwundbar. Zwar haben die Wechselkurse in Polen und der Tschechischen Republik nach rasanter Aufwertung in den Jahren 2007 und 2008 allein von Jahresbeginn bis Mitte Februar 2009 um 13,2 Prozent bzw. 7,9 Prozent nachgegeben; zudem erschwert die damit einhergehende hohe Wechselkursinstabilität wirtschaftliche Vorausplanungen (weshalb sie im Falle Polens jetzt durch eine Kreditlinie des Internationalen Währungsfonds abgemildert werden soll). Doch für die industrielle Entwicklung könnte diese Abwertung der eigenen Währung potentiell auch positive Wirkungen zeitigen, da sie Exporte tendenziell verbilligt und Importe verteuert.

Kontroversen um den Euro und die Schwäche der Gewerkschaften

Wenig angetan sind hingegen Auslandsinvestoren – vor allem im Bankenbereich – von der damit einhergehenden Abwertung ihrer Kapitalanlagen. Nicht zuletzt deshalb hat die Debatte über eine beschleunigte Euro-Einführung vor allem in Polen neuen Schwung bekommen: Die regierenden Nationalliberalen sowie die oppositionellen Sozialliberalen sind für eine rasche Euroeinführung, während das nationalkonservative Lager eher zurückhaltend ist. Manche Ökonomen sehen die polnische Industrie noch nicht für eine Euro-Einführung gewappnet.[4] Sie befürchten, dass mit der Aufgabe des Złoty der letzte bestehende Schutzmechanismus für die polnische Ökonomie aufgegeben würde. In der Slowakei, die zu Jahresbeginn den Euro einführte, wird dagegen jetzt zuweilen gefragt, ob er angesichts der Abwertung der nationalen Währung in den Nachbarländern nun nicht Wettbewerbsnachteile für die slowakische Industrie bringe.

Die Regierungen dieser Ländergruppe haben bislang bereits einige Antikrisenmaßnahmen beschlossen oder ins Auge gefasst. Vor allem Slowenien setzt stark auf stabilisierende Maßnahmen im Finanzsektor. Insgesamt herrscht eine Mischung aus fiskalischen Investitionsanreizen, der Subventionierung von Kurzarbeit und einzelnen, die inländische Nachfrage stützenden

---

4   Piotr Aleksandrowicz und Andrzej Stankiewicz, Wyścig geparda z żółwiem; in: „Newsweek Polska", 8.3.2009, S. 20-24.

Maßnahmen vor (beispielsweise Wärmedämmung oder – wie in der Slowakei – eine Verschrottungsprämie für Autos). Bislang setzt allein die Tschechische Republik auf Druck der Sozialdemokratie auch auf leichte Verbesserungen bei der sozialen Absicherung – zunächst beim Arbeitslosengeld.

Bewusste fiskalische Impulse wie in den westlichen Staaten gibt es also insgesamt kaum. Wo sie doch stattfinden, werden sie zum Teil von Kürzungen in anderen Bereichen kompensiert und setzen deshalb kaum soziale Akzente. Angesichts der gesellschaftlichen Kräfteverhältnisse ist dies auch nicht überraschend. Allein die slowenischen Gewerkschaften könnten ein starkes soziales Druckpotential entfalten; die tschechischen Gewerkschaften haben immerhin hörbar in die wirtschaftspolitische Debatte eingegriffen – mit der beschriebenen positiven Wirkung. In allen anderen Ländern ist von den Gewerkschaften wenig zu hören. Da erstaunt es nicht, dass die wirtschaftspolitische Debatte – mit Ausnahme Sloweniens – nach wie vor relativ stark durch neoliberale Positionen geprägt ist, obgleich keynesianische Stimmen inzwischen etwas an Gewicht gewonnen haben. Vielfach wird jedoch gegen eine Stimulierung des Binnenmarktes der hohe Grad der Außenöffnung der heimischen Wirtschaften (und der damit einhergehende Abfluss der Konsumausgaben) ins Feld geführt. Stattdessen werden in gewohnter neoliberaler Manier Ausgabensenkungen – beispielsweise der sogenannten Lohnnebenkosten – propagiert.[5] Immerhin bleibt dies inzwischen nicht ohne Widerspruch; so argumentiert beispielsweise die bekannte tschechische Ökonomin Růžena Vintrová, dass die Bedeutung des Imports für die Binnennachfrage vielfach überschätzt werde und daher auch mehr Spielräume für eine aktive fiskalische Stimulierung der Binnenwirtschaft vorhanden seien. Leider verhallt diese Kritik noch immer allzu oft ungehört.

Abstürze nach kreditfinanziertem Boom

Wesentlich dramatischer stellt sich die Lage jedoch in den anderen osteuropäischen Ländern dar, in denen meist mehr als die Hälfte, teils sogar über 80 Prozent der Kredite in Devisen aufgenommen wurden. Hier droht sich das Krisenszenario Argentiniens der Jahre 1998 bis 2002 zu wiederholen. Tatsächlich ähnelt auch die Wirtschaftspolitik der baltischen und der meisten südosteuropäischen Länder jener Argentiniens in den 90er Jahren: Es herrscht ein breiter Konsens hinsichtlich der umfassenden Liberalisierung, dem rigiden Wechselkursregime (mit der Folge einer aufwertenden Währung) und der Hochzinspolitik. Die Finanzanleger erzielten dadurch hohe Gewinne, die Konsumenten freuten sich über relativ niedrige Inflation und billige Importgüter. Da der Konsum stark über Kredit finanziert wurde, bekommt die Bevölkerung die Krisenfolgen nun direkt zu spüren. Weil ein großer Teil der Kredite, speziell für Immobilien, in Fremdwährungen aufgenommen wurde, aber die Mittelschicht ihr Einkommen in heimischer Währung erzielt, droht ihr bei

---

5   Vgl. Franjo Štiblar, Slowenien in den Turbulenzen der Weltfinanzkrise, in: „Europäische Rundschau", 1/2009, S. 20.

Abwertung der nationalen Währung eine dramatische Verteuerung des Schuldendienstes und damit eine Kreditklemme. Aus diesem Grund ist sie von der Hartwährungspolitik des neoliberalen Politikmodells regelrecht abhängig.

Kehrseite des auf diese Weise massiv forcierten Importes sind große Leistungsbilanzdefizite und explodierende Auslandsschulden. Diese externen Defizite waren in den letzten Jahren in den baltischen und südosteuropäischen Ländern deutlich höher als in Argentinien in den 90er Jahren. Sie lagen meist über 10 Prozent des BIP, erreichten in Lettland und Bulgarien im Jahr 2007 sogar mehr als 20 Prozent des BIP.[6] Selbst für das Jahr 2009 mit seiner absehbar tiefen Rezession prognostiziert der Internationale Währungsfonds (IWF) für Länder dieser Gruppe immer noch Leistungsbilanzdefizite jenseits der kritischen Grenze von 5 Prozent, in Bulgarien und Serbien sogar mehr als 10 Prozent des BIP. Den daraus resultierenden enormen Refinanzierungsbedarf der Auslandsschuld sieht der IWF für 2009 durchgängig im kritischen Bereich.[7]

Das Hauptproblem, die strukturelle Abhängigkeit von hohen Waren- und Kapitalimporten, wird jedoch in der wirtschaftspolitischen Diskussion, genau wie in Argentinien in den 90er Jahren, nach wie vor stark ausgeblendet. Stattdessen wird die relativ nebensächliche Frage der Staatsverschuldung aufgeblasen. Doch ähnlich wie in Argentinien wird eine dauerhafte Realitätsverleugnung nicht möglich sein. Dies zeigt bereits die öffentliche Debatte in Kroatien. Erst hieß es, Kroatien habe keine Probleme, da nicht in toxische US-Papiere investiert worden sei. Dann wurde en passant erwähnt, dass das Leistungsbilanzdefizit doch ein Problem sein könne. Infolgedessen wurde, folgerichtig, die Möglichkeit einer Abwertung des Kuna diskutiert. Dennoch verfolgt die kroatische Wirtschaftspolitik nach wie vor um jeden Preis das Ziel, eine Abwertung zu vermeiden – zumeist mit der Warnung, so der kroatische Ministerpräsident Ivo Sanader zu Beginn des Jahres, vor einem dadurch drohenden Bankrott der Bürger und des Landes. Doch nur durch eine Abwertung der eigenen Währung wird den hohen Waren- und Kapitalimporten und dem ständig steigenden Leistungsbilanzdefizit wirksam Abhilfe zu schaffen sein – allerdings mit den oben beschriebenen negativen Folgen. Kurzum: eine Wahl fast zwischen Pest und Cholera.

Ähnlich dramatisch stellt sich die Situation auch für jene Länder da, bei denen die Leistungsbilanz zwar nicht ganz so dramatisch negativ ist, aber eine hohe innere Verschuldung in Fremdwährung vorliegt. Bereits im Herbst 2008 erlebten Ungarn und die Ukraine, die als erste Länder der Region IWF-Kredite erhielten, ihre Verwundbarkeit gegenüber einer Währungsabwertung. In beiden Ländern macht der Anteil der Fremdwährungskredite an den Gesamtkrediten etwa 60 Prozent aus. Kapitalabflüsse und im Fall der Ukraine ein Einbruch der Stahlindustrie als zentraler Exportbranche führten zu einer deutlichen Währungsabwertung. Damit gerieten Privatschuldner und Banken unter Druck. Gleichzeitig konnten die Zentralbanken wenig zur Sta-

---

6   EuroMemorandum-Gruppe, EuroMemo 2008/09, Die demokratische Neuordnung des Finanzsektors, ein Vollbeschäftigungsregime und ökologischer Umbau – Alternativen zum finanzmarkt-getriebenen Kapitalismus. Supplement des „Sozialismus", 4/2009, S. 27, Tab. 1.5.
7   IMF, Global Stability Report. Responding to the Financial Crisis and Measuring Systemic Risks, Washington D.C. 2009, S. 10, Tab. 1.1.

bilisierung der Banken tun, denn dafür bräuchten sie aufgrund der starken informellen Kopplung des Bankensystems an den Euro eigene Devisen. Die Konsequenz: In der Ukraine zogen Sparer, denen die letzte Bankenkrise noch gut im Gedächtnis ist, innerhalb von drei Wochen etwa drei Mrd. US-Dollar von ihren Konten ab. Daraufhin verhängten einige Banken Auszahlungslimits, und die Zentralbank untersagte die vorzeitige Auszahlung von Einlagen sowie die Vergabe von Devisenkrediten an Kundinnen und Kunden, die über keine Deviseneinkünfte verfügen. Aufgrund dieser Entwicklungen brach das BIP stark ein.[8] Mittlerweile hat sich die wirtschaftliche Schrumpfung etwas abgemildert, manchen Branchen scheint die Währungsabwertung um etwa 40 Prozent geholfen zu haben, die Handelsbilanz hat sich jedenfalls deutlich verbessert. Die Situation der Banken ist hingegen weiterhin äußerst prekär. Umfangreiche Rekapitalisierungen – vermutlich mit Hilfe substanzieller Staatsbeteiligungen – stehen auf der Tagesordnung. Witalij Atanasow hält dies in einem jüngst in der ukrainischen Wochenzeitschrift „Fokus" veröffentlichten Beitrag sogar für die „letzte Chance" des ukrainischen Bankensystems.[9]

Unter der Ägide des IWF

Nach Ungarn und der Ukraine haben inzwischen auch Lettland, Weißrussland und Serbien Abkommen mit dem IWF geschlossen. Zudem ist auch ein großer Stützungskredit für Rumänien beschlossene Sache. Auch wenn sich im Falle Lettlands, Ungarns und Rumäniens auch die Europäische Union an den Stützungsaktionen beteiligt: Federführend bei der Festlegung der damit verbundenen wirtschaftspolitischen Orientierung ist der IWF. Dessen Wirtschaftspolitik ist jedoch, im Gegensatz zu jener der westeuropäischen Länder, extrem restriktiv. Die Folge dürften vertiefte Spaltungslinien in der EU sein. Wirtschaftspolitisch liegen jene EU-Länder Osteuropas, die sehr krisenbetroffen sind, eher auf einer Linie mit den osteuropäischen Nicht-EU-Staaten als mit den anderen EU-Mitgliedsländern. Dies zeigten bereits die heftigen Diskussionen auf dem Alternativen Ecofin in Prag im Frühjahr 2009.

Die einzige substanzielle Modifikation der IWF-Politik gegenüber der bislang üblichen Praxis besteht darin, die westlichen Banken in Osteuropa auf ein fortgesetztes Kreditengagement festzulegen. Damit soll, da Auslandsbanken in fast allen Staaten Osteuropas weit stärker dominieren als in anderen Weltregionen, eine dramatische Krisenbeschleunigung vermieden werden. Mit Ausnahme Weißrusslands, wo Auslandsbanken keine zentrale Rolle spielen, ist die IWF-Politik allerdings im Gegenzug auf die kurzfristigen Interessen der Banken ausgerichtet, etwa auf die Vermeidung von Währungsabwertungen. Dagegen zählt die direkte Stabilisierung und Stützung des von Auslandsban-

8 Joachim Becker, Krisenregion Ost- und Mitteleuropa – der IWF als „Retter"; in: Mario Candeias und Rainer Rilling (Hg.), Krise. Neues vom Finanzkapitalismus und seinem Staat, Berlin 2009, S. 74-83, hier S. 75f.
9 Vgl. „Fokus", 10.4.2009, S. 28.

ken dominierten Finanzsektors zu den zentralen Achsen der IWF-Programme. Als roter Faden zieht sich durch die Abkommen zudem eine extrem restriktive Fiskalpolitik. Besonders deutlich wird dies im Falle Lettlands. Hier suspendierte der IWF im Frühjahr 2009 die weitere Auszahlung seines Kredits, weil das Budgetdefizit in Folge des BIP-Rückgangs stärker als vorgesehen ausfallen wird. Nun fordert der IWF weitere Budgetkürzungen, die jedoch den Fall des BIP weiter beschleunigen dürften. Auf diese Weise hat die IWF-Politik eine offen deflationäre Ausrichtung. So wurden in Lettland beispielsweise die Gehälter im öffentlichen Dienst um 15 Prozent gekürzt – und Kürzungen um weitere 20 Prozent und mehr sowie Entlassungen stehen laut dem lettischen Ministerpräsidenten Waldis Dombrowskis zur Begrenzung des Budgetdefizits auf der Tagesordnung.[10]

Auch in anderen Ländern zählen Kürzungen, Deckelungen oder das Einfrieren der Gehälter im öffentlichen Dienst oder von Pensionen zum Standardprogramm. Die Anpassung an die Auswirkungen der Krise soll offenbar vor allem über das Drücken der Löhne und gegebenenfalls des Preisniveaus funktionieren. Auf ebendiesem Wege versuchte man es auch in Argentinien Ende der 90er Jahre. Mit dem bekannten Ergebnis – es funktionierte nicht. Eine Währungsabwertung, die von einer Bankenkrise und einer scharfen Rezession begleitet war, erwies sich letztlich doch als unvermeidlich.

Dies dürfte auch für Osteuropa gelten. In Lettland, Litauen, Ungarn und Bulgarien hat es aufgrund der rapiden Verarmung bereits erste, teils heftige Demonstrationen gegen die Regierungen gegeben. Soziale Proteste deuten sich auch in Serbien und Bosnien-Herzegowina an. In Lettland musste die Regierung bereits zurücktreten, in Ungarn trat der stark diskreditierte sozialliberale Ministerpräsident ab. Sein Nachfolger radikalisiert die Sparpolitik jedoch tendenziell weiter. Bei den im kommenden Jahr anstehenden Wahlen dürfte deshalb die sich nationalkonservativ gebende Fidesz, die zur extremen Rechten hin offen ist,[11] mit weitem Abstand gewinnen. Denn es fehlen progressive politische Alternativen.

Lettland setzt derweil mit dem IWF auf die beschleunigte Euro-Einführung, um eine Abwertung des heimischen Lats zu umgehen. Auch in Rumänien denkt man bereits an eine schnellere Euro-Einführung. Doch zum einen ist zweifelhaft, ob die (relative) Währungsstabilisierung überhaupt bis zu diesem Zeitpunkt gelingt. Zum anderen ist völlig offen, ob die jeweiligen Ökonomien die Euro-Einführung in den produktiven Sektoren verkraften würden und ob die Euro-Zone überhaupt weitere Mitglieder mit strukturell hohen Leistungsbilanzdefiziten tragen könnte. Bereits heute müssen Griechenland, Portugal und Spanien bei Aufnahme neuer Staatsschulden signifikante Aufschläge zahlen, nicht zuletzt aufgrund ihrer hohen Leistungsbilanzdefizite. Zu den großen Leistungsbilanzungleichgewichten in der Euro-Zone hat die deutsche Bundesregierung maßgeblich beigetragen, mit ihrer einseitig auf hohe Exportüberschüsse orientierten Politik, die durch eine extrem restriktive Lohnpolitik unterlegt wurde. Auch in der Krise lässt sie keine Anstrengungen zur Minde-

10 „Frankfurter Allgemeine Zeitung", 2.5.2009, S. 6.
11 Vgl. Máté Szabó, Ungarns rechte Renaissance, in: „Blätter", 4/2009, S. 17-20.

rung dieser Spannungen erkennen. In der Euro-Zone deutet sich somit eine schroffe Bruchlinie zwischen Zentrum und Peripherie an.

Drohende Rückwirkungen auf Westeuropa

Tatsächlich wird die sich heute bereits abzeichnende Verschärfung der Krise in Osteuropa nicht ohne Rückwirkungen auf Westeuropa bleiben: Einerseits drohen die Exporte in diese Region weiter einzubrechen, andererseits sind die Banken in einigen westlichen Ländern schon jetzt stark betroffen. Letzteres gilt insbesondere für Griechenland, Belgien, Schweden und vor allem für Österreich. Österreichische Banken haben massiv nach Osteuropa expandiert, wo sie vielfach auch eine führende Rolle in den jeweiligen Bankensystemen einnehmen. Die Kreditvergabe österreichischer Banken an die Region belief sich Ende 2007 auf etwa 70 Prozent des österreichischen BIP. Für mehrere Länder sind österreichische Banken Hauptgläubiger. Das gilt beispielsweise für Rumänien, wo auf österreichische Banken 40,1 Prozent der ausländischen Bankkredite entfallen, Kroatien (36,9 Prozent), Ungarn (25,3 Prozent) und die Ukraine (27,7 Prozent). Alle diese vier Länder sind bereits sehr stark von der Krise betroffen bzw. sehr krisenanfällig. Für Belgien summierten sich die Bankkredite an die Region Ende 2007 auf 26,3 Prozent, für Griechenland auf 21,9 Prozent und bei Schweden (mit hoher Konzentration auf die Baltischen Länder) auf 18,6 Prozent des BIP. Für die deutschen Banken erreichten die Bankkredite an die Region hingegen nur 6 Prozent des BIP.[12] Insofern ist es kein Wunder, dass insbesondere die österreichische Regierung vehement auf ein europäisches Stützungspaket für Osteuropa dringt.

Eine gesamteuropäische Abfederung der Krise wäre in der Tat sinnvoll. Einzelne Maßnahmen sind bereits ergriffen worden, bleiben aber unzureichend. So wurde der Rahmen für Zahlungsbilanzstützungskredite für Staaten, die nicht Mitglieder der Euro-Zone sind, bis Ende März 2009 sukzessive auf 50 Mrd. Euro aufgestockt. Das Ende Februar vereinbarte Kreditpaket der Europäischen Bank für Wiederaufbau und Entwicklung, der Europäischen Investitionsbank und der Weltbank ist quantitativ mit einem Umfang von 24,5 Mrd. Euro völlig ungenügend. Hinzu kommt: Beide Arten von Stützungsprogrammen sind nicht mit qualitativen wirtschaftspolitischen Initiativen verbunden, die auf eine reale Stabilisierung und ökonomische Neuausrichtung der Region hoffen lassen könnten. Dies haben die EU-Pakete mit den IWF-Programmen, mit denen sie zum Teil verzahnt sind, gemein. Sowohl der IWF als auch die Europäische Kommission scheinen die Krise in Osteuropa als vorübergehende Unpässlichkeit zu sehen, nicht aber als Resultat mehr oder weniger verfehlter Entwicklungsstrategien. Genau dies aber sind sie. Die globale Krise hat in Osteuropa lediglich als dramatischer Krisenbeschleuniger gewirkt. Alle notwendigen Kriseningredienzien waren bereits vorher da, in Folge einer verfehlten Wirtschaftspolitik.

12 Andrea M. Maechler und Ong Li Lian, Foreign Banks in CESE Countries: In for a Penny, in for a Pound? IMF Working Paper WP/09/54, S. 13, Tab. 2.

Eine langfristig ausgerichtete Antikrisenstrategie müsste deshalb zuallererst die Importabhängigkeit der Region strukturell mindern. Dem jedoch stehen die Expansions- und Exportinteressen in Westeuropa entgegen, und in erster Linie die der Bundesrepublik. Die Anfang Mai 2009 beschlossene „Östliche Partnerschaft" der EU mit den sechs früheren Sowjetrepubliken Armenien, Aserbaidschan, Georgien, Moldawien, der Ukraine und Weißrussland lässt auch keine Richtungsänderung erkennen. Mit ihrer Freihandelsorientierung setzt diese „Partnerschaft" die neoliberale Außenwirtschaftspolitik der EU vielmehr fort. Die den sechs Staaten bis zum Jahr 2012 bewilligten 600 Mio. Euro für Programme zur sozialen Entwicklung und Infrastrukturinvestitionen sind allenfalls ein Tropfen auf den heißen Stein. Ohne eine konsequente Änderung der westeuropäischen und speziell der deutschen Wirtschafts- und Exportpolitik wird man der strukturell angelegten Wirtschaftskrise Osteuropas nicht wirksam Abhilfe schaffen.

Weltkrieg oder Weltgesellschaft

Von **Harald Schumann und Christiane Grefe**

Nie zuvor waren die Völker und Nationen der Menschheit einander so nah. Unablässig überqueren Informationen und Kapital die Ozeane zwischen Europa, Amerika und Asien. Neue Technologien ermöglichen die Verständigung im Sekundentakt und den schnellen Transport über alle Grenzen hinweg. Der internationale Handel erstreckt sich bis in die letzten Winkel aller Kontinente. Tausende von Unternehmen bauen weltweite Produktions- und Vertriebsketten auf. An den Knotenpunkten des Informationsnetzes in London und New York schmieden Investmentbanker immer neue Finanzgesellschaften, die mit dem Kapital der Reichen neue Städte, Transportwege und Fabriken in den schnell wachsenden Schwellenländern finanzieren. Die Aufholjagd der Aufsteigerstaaten und der technologische Wandel ändern das Alltagsleben radikal. Ganze Berufsgruppen verschwinden, weil neue Maschinen auf einen Schlag einige hundert Arbeitskräfte ersetzen können. Gleichzeitig verdrängen Billigimporte viele alte Produzenten. Millionen Menschen werden arbeitslos und suchen ihr Glück in der Auswanderung nach Übersee.[1]

Der beispiellose Boom setzt eine bis dahin ungekannte Dynamik frei, und Ökonomen schwärmen von der „Aufhebung der Distanz".[2] Die Phase der national organisierten Volkswirtschaften gehe ihrem Ende entgegen, schreibt Richard Ely, einer der führenden Wirtschaftswissenschaftler der USA. „Die nächste Stufe", prophezeit er, „wird die Weltwirtschaft sein, der Geldmarkt ist bereits ein wirklicher Weltmarkt."[3]

Das war im Jahr 1903. Was sich liest wie ein aktueller Kommentar zur Weltwirtschaft, schildert tatsächlich eine Entwicklung, die bereits vor mehr als hundert Jahren ablief. Multinationale Konzerne, internationaler Wettbewerb und weltumspannende Kapitalströme sind keine Erfindung unserer Zeit. Zu Beginn des vergangenen Jahrhunderts waren die gleichen wirtschaftlichen Kräfte, die auch heute wieder die Menschheit in ihrem Bann halten, schon einmal am Werk. Der Prozess der Globalisierung, die weltweite Verschmelzung von Märkten und Unternehmen, von Wissen und Kulturen auf dem Wege des Handels mit Waren und Kapital, veränderte auch schon das Leben unserer Groß- und Urgroßeltern mit aller Macht. „Um 1914 gab es kaum eine Stadt irgendwo auf der Erde, deren Preise nicht von entfernten Auslandsmärkten

---

1 Vgl. hierzu ausführlicher: Harald Schumann und Christiane Grefe, Der globale Countdown, Köln 2008.
2 Zit. nach Niall Ferguson, Sinking Globalization, in: „Foreign Affairs", 2/2005.
3 Richard Ely, Studies in the Evolution of the Industrial Society, New York 1903, S. 68 f.

beeinflusst waren, deren Infrastruktur nicht durch ausländisches Kapital mit-finanziert wurde und deren Kenntnisse und Geschäftsmethoden nicht aus dem Ausland importiert wurden", stellten die Wirtschaftshistoriker Kevin O'Rourke und Jeffrey Williamson fest, als sie die Geschichte der Globalisierung erforsch-ten.[4] Wie auch heute wieder befeuerten revolutionäre neue Technologien die globale Expansion der Marktwirtschaft. Autos und Filme, Röntgenstrahlen und elektrisches Licht, Telefon und synthetische Farben versetzten die Men-schen damals ebenso in Erstaunen wie heute die Elektronik, das Internet oder die Nanotechnik.

Pioniere wie Bill Gates und Larry Page, die mit Microsoft und Google aus Studentenideen milliardenschwere Weltunternehmen schufen, gab es auch in der ersten Epoche der Globalisierung. Sie hießen Werner von Siemens oder Thomas Edison und bauten wie ihre modernen Nachfolger binnen einer Generation aus Hinterhofwerkstätten Weltkonzerne auf. Um die Jahrhun-dertwende besaß die Siemens-Familie bereits 30 Produktionsstätten rund um die Welt und kontrollierte über eine steuergünstige Schweizer Finanzholding Elektrizitäts-, Straßenbahn- und Beleuchtungsgesellschaften von Argenti-nien bis Russland.[5] Genauso hielt es die Konkurrenz. AEG, Edisons General Electric und dessen Widersacher Westinghouse expandierten alle gleichzei-tig weltweit. Gemeinsam schmiedeten die vier Konzerne sogar ein Weltkartell und sicherten sich Gewinne wie heute Microsoft, der Weltmonopolist.

Größter Antrieb für das Wachstum waren die neuen Kommunikations- und Transportadern. Eisenbahnnetze wurden ausgebaut, immer größere Handels-schiffe konstruiert, und zigtausend Kilometer Telegrafenleitungen vernetzten die Weltmärkte. Die Geschichten vom riskanten Bau der Straßen für die rau-chenden Stahlrösser auf dem Balkan, in Ägypten, Indien, China und Nord-amerika lieferten den Stoff für die Abenteuerromane der Epoche. Im Jahre 1880 lagen weltweit erst knapp 370 000 Kilometer Bahnschienen, 1912 waren es mehr als eine Million. Im gleichen Zeitraum verdoppelte sich die Tonnage der Welthandelsflotte, und die Kapazität der unterseeischen Telegrafenkabel legte in 17 Jahren um 70 Prozent zu.[6] Londoner Börsenhändler mussten 1913 nicht einmal mehr eine Minute auf eine Verbindung warten, wenn sie mit ihren Partnern in New York Kurse und Aufträge austauschen wollten.

Damit wurden aus fernen „unzivilisierten" Regionen lockende Wachstums-zentren. Chicago zum Beispiel verwandelte sich binnen zweier Jahrzehnte von der Frontstadt am Rande der Wildnis in eine Metropole, die mit ihrer Warenterminbörse die Weltmarktpreise für Getreide und Holz bestimmte. Das Schienennetz, das in der Stadt zusammenlief, wurde zum größten Teil von europäischen Investoren finanziert. Sie profitierten von einem grenzenlosen Finanzsystem, das sich mit dem britischen Empire in weiten Teilen der Welt durchgesetzt hatte. Das Vereinigte Königreich, der Hegemon der Vorkriegs-zeit, bestimmte ähnlich wie heute die USA die geschäftlichen und monetären

---

4   Kevin H. O'Rourke, Jeffrey G. Williamson, Globalization and History, Cambridge/MA 1999, S. 2.
5   Peter Hertner, German Multinational Enterprise before 1914: Some Case Studies, in: Peter Hertner, Geoffrey Jones, Multinationals. Theory and history, Aldershot 1986, S. 113 ff.
6   Hugo Ott und Hermann Schäfer (Hg.), Wirtschafts-Ploetz. Die Wirtschaftsgeschichte zum Nachschla-gen, Würzburg 1984, S. 409 ff.

Regeln. England stellte mit dem Pfund die global akzeptierte Währung, und die Banker der Londoner City verwalteten große Teile des Vermögens der Reichen ganz Europas. Mit dabei war auch schon damals die Deutsche Bank, die bis 1914 zum damals größten Geldhaus der Welt aufstieg. Die Finanzmanager steckten das Geld ihrer Anleger in Tausende von geschlossenen Fonds für Minen, Eisenbahnen oder auch öffentliche Kanalsysteme in den aufstrebenden Regionen. Daneben verdanken auch andere klingende Namen der heutigen Konzernwelt wie Royal Dutch Shell oder British Petroleum (BP) ihre Geburt dem damaligen Boom der Anlegerfonds, die auf den steigenden Ölverbrauch spekulierten. Vergleichbar den heutigen Risikokapitalfonds, produzierten sie dabei ebenso überragende Gewinnerfolge wie spektakuläre Pleiten.

Barings etwa, ausgerechnet jene Bank, die 1995 an den Fehlspekulationen ihres Repräsentanten in Singapur bankrott ging, wurde gut 100 Jahre zuvor schon einmal an den Rand der Pleite gedealt. Der damalige Crash seiner Argentinien-Anleihen zwang das Institut nur deshalb nicht zum Konkurs, weil die Bank of England großzügig Kredit gab, um den Ruf des Finanzplatzes London zu retten.

So durchlebten die Industrieländer in den drei Jahrzehnten um die Jahrhundertwende einen Entwicklungsschub, der den Umbrüchen der heutigen Zeit an Wucht und Geschwindigkeit kaum nachsteht. Das 20. Jahrhundert begann genauso wie das 21. mit einer rasanten Beschleunigung der internationalen wirtschaftlichen Vernetzung.

60 Jahre Rückschritt

Vielen Ökonomen, die zumeist Anhänger der klassischen Lehre des Laisserfaire sind und stets geneigt, den Markt als eigentliche Triebkraft der Geschichte anzusehen, scheint daher die Sache klar: Es gibt nichts Neues im Universum, die globale Integration schreitet unablässig voran. „Globalisierung ist nur ein neues Schlagwort für einen schon lange währenden Vorgang: die räumliche Ausdehnung der kapitalistischen Wirtschaftsweise bis an den Rand der Welt", urteilt etwa Herbert Giersch, langjähriger Präsident des Kieler Instituts für Weltwirtschaft und Doyen der deutschen Wirtschaftswissenschaft. Folglich gehe aller Streit über deren Gefahren fehl. „Der Prozess der Globalisierung ist irreversibel", meint Giersch und weiß sich dabei einig mit den wirtschaftlichen Eliten in aller Welt. „Man sollte sich ihm anpassen und nicht widersetzen."[7]

Gerne berufen sich Giersch und andere Marktgläubige in diesem Zusammenhang auf Karl Marx und Friedrich Engels, die „recht behalten" hätten. Schließlich beschrieben schon die beiden Revolutionäre des 19. Jahrhunderts in ihrem „Kommunistischen Manifest", wie die „Bourgeoisie" das „Bedürfnis nach einem stets ausgedehnteren Absatz für ihre Produkte [...] über die ganze Erdkugel" jage. Enthusiastisch feierten die Vordenker des Kommunismus die Vernichtung „der uralten nationalen Industrien" und deren Verdrän-

7 Herbert Giersch, Das mobile Kapital erzieht die Wirtschaftspolitik zur Verantwortung, in: „Handelsblatt", 31.8.1998.

gung durch neue, „deren Einführung eine Lebensfrage für alle zivilisierten Nationen wird". Fasziniert bewunderten sie „die ununterbrochene Erschütterung aller gesellschaftlichen Zustände [...]. Alle festen eingerosteten Verhältnisse werden aufgelöst, alle neu gebildeten veralten, ehe sie verknöchern können."

Das klingt wie die Standortreden deutscher Industrielobbyisten und Konzernvorstände, wenn sie gegen verkrustete Strukturen und Besitzstände des Wohlfahrtsstaates zu Felde ziehen und alle Kritik an der globalen Integration zurückweisen. Und tatsächlich haben die modernen Marktgläubigen mit Marx eines gemeinsam: die Überzeugung, es gebe für die Menschheit so etwas wie einen vorbestimmten Weg der Entwicklung. Immer größere Märkte, immer enger geknüpfte internationale Arbeitsteilung, immer mächtigere Unternehmen – nur eine solche Zukunft ist in ihrem Weltbild vorgesehen.

Solchem ökonomischen Determinismus kann jedoch nur huldigen, wer die Zeit zwischen 1914 und 1973 nur als vorübergehende Abweichung vom geraden Pfad des Fortschritts abtut. Denn diese sechs Jahrzehnte verbrachte die Menschheit damit, ebendiese Grenzen sprengende Kraft des Kapitalismus entweder mit Gewalt zu bekämpfen oder wenigstens in ein Korsett aus Regeln und weltweiten Abkommen zu zwängen. Die Kommunisten verwarfen in den von ihnen eroberten Ländern das ganze Marktsystem und setzten alles daran, eine Staatswirtschaft zu etablieren. Die kapitalistisch verfassten Staaten dagegen kämpften erst mit den katastrophalen Folgen eines weltweiten Marktzusammenbruchs in den 30er Jahren und erfanden später mit starker staatlicher Regulierung festgezurrte Handels-, Währungs- und Sozialsysteme, die sie vor einer Wiederholung solcher Krisen schützen sollten.

Den Beginn dieser Periode markiert die bis dahin, gemessen an der Zahl der Toten, größte Katastrophe der menschlichen Geschichte: der Erste Weltkrieg. Mit ihm begann eine radikale Abkehr von der weltwirtschaftlichen Integration. Das vordem stabile, beinahe global gültige Währungs- und Handelssystem, basierend auf dem britischen Goldstandard, verschwand für immer. Eine vergleichbare internationale Wirtschafts- und Währungsordnung entstand erst wieder nach 1945, und das auch nur auf der westlichen Seite des Eisernen Vorhangs. Erst 1973, 60 Jahre später, erreichte der Welthandel, gemessen am Anteil an der weltweiten Wertschöpfung, wieder das Niveau, das er 1913 schon einmal erreicht hatte. Noch ein Jahrzehnt länger dauerte es, bis schließlich alle Industriestaaten auch auf die Kontrollen beim Handel mit Kapital und Währungen verzichteten und sich wieder auf einen liberalisierten, internationalen Kapitalmarkt einließen, dessen Umsatzvolumen dem der Vorkriegszeit entsprach – ein Abenteuer, das viele Regierungen heute bereits bereuen.

Die wechselvolle Wirtschaftsgeschichte des 20. Jahrhunderts belegt: Die grenzenlose Ausdehnung des Kapitalismus ist keineswegs vorherbestimmt. Der Lauf der Geschichte kann durchaus eine andere Richtung nehmen. Es handelt sich um einen dialektischen Prozess. Wo immer der Mechanismus von Angebot und Nachfrage, von Kapitalrendite und Strukturwandel Grenzen überwindet, Partikularinteressen verletzt oder bestehende Kulturen bedroht, erzeugt dieser Vorgang auch Gegenbewegungen. Und die Konsequenzen sind offen. Dass der Trend zur globalen Integration anhält und nicht wieder ins Gegenteil umschlägt, ist keineswegs ausgemacht. Die Europäer genießen schon seit mehr als 60 Jahren Frieden und Wohlstand. Darum erscheint ihnen der Gedanke abwegig, dass es wieder zu einem weltweiten Krieg kommen könnte; deshalb wird das Szenario eines erneuten Sturzes in den Abgrund als irreal verworfen. Aber das Konfliktpotential steigt fortwährend an.

Global Player gegen Kaiser Wilhelms Krieg

Wären die Ereignisse lediglich der Logik des Marktes gefolgt, hätte auch der Erste Weltkrieg gar nicht stattfinden dürfen. Keiner beschrieb diesen Umstand präziser als der britische Publizist und spätere Friedensnobelpreisträger Norman Angell. 1910, vier Jahre vor Ausbruch des Krieges, veröffentlichte Angell eine Streitschrift, die sich frontal gegen den militaristischen Zeitgeist der Epoche wandte. Europas Großmächte waren in einen teuren Rüstungswettlauf verstrickt. Zur Rechtfertigung heizten die Regierungen mit der Propaganda vom Kampf um lebensnotwendige Ressourcen und das Überleben ihrer Nationen die Stimmung an. Deutschland rüstete gegen Großbritannien, Russland schmiedete Allianzen gegen Österreich-Ungarn, Frankreich sann auf Revanche für die Schmach von 1871. Doch Angell, ein scharfzüngiger Analytiker und Selfmade-Gelehrter, hielt dagegen. Die Vorstellung, in der modernen Welt ließe sich mittels kriegerischer Gewalt der Wohlstand eines Landes mehren oder auch nur sichern, sei „eine große Illusion", schrieb er in seinem Buch mit dem gleichnamigen Titel.[8]

Anders als die Pazifisten seiner Zeit argumentierte Angell nicht moralisch, sondern ökonomisch. Er verwies auf den hohen Grad der wirtschaftlichen Verflechtung zwischen den europäischen Staaten und die daraus folgende gegenseitige Abhängigkeit. „In der wirtschaftlich zivilisierten Welt beruht der Wohlstand auf sicherem Kredit und kommerziellen Verträgen, eine Folge der [internationalen] Arbeitsteilung und der großartig entwickelten Kommunikation", schrieb er. Wenn aber ein Eroberer mit Beschlagnahmung aller Werte drohe, werde dieses auf Krediten aufgebaute Wirtschaftssystem untergraben. „Der Kollaps würde den Eroberer selbst treffen, darum müsste dieser den Besitz des Feindes respektieren, folglich wäre die Eroberung wirtschaftlich sinnlos", analysierte Angell.

Zur Veranschaulichung spielte er unter anderem das Szenario einer deutschen Invasion in Großbritannien und den Raub der Goldreserven der Bank of England durch. Sofort würde alles Papiergeld seinen Wert verlieren, die Menschen würden die Banken stürmen, und das nicht nur in England, warnte er. „Denn London ist die Abrechnungszentrale der Welt, Anleihen würden weltweit nicht mehr bedient, alle Arten von Aktien würden fallen, ihre Besitzer wären vom Ruin bedroht, und Deutschlands Finanzmarkt würde in den gleichen chaotischen Zustand verfallen wie der von Großbritannien."

---

8 Norman Angell, The Great Illusion, North Stratford/NH 2006 [1910].

Beispiel für Beispiel deklinierte Angell durch, nur um immer wieder zum gleichen Schluss zu kommen: „Militärische Macht ist wirtschaftlich und sozial nutzlos." Ökonomisch ergebe Krieg keinen Sinn mehr und würde Eroberer und Besiegte gleichermaßen ärmer machen. Die Analyse war bestechend, das Buch erzielte Millionenauflagen, und der „Angellismus" fand viele Anhänger, vornehmlich unter Geschäftsleuten.

Auch Deutschlands Kapitalisten waren alles andere als kriegslüstern. Der Konzernführer Hugo Stinnes etwa war sich völlig darüber im Klaren, dass er im Kriegsfall nur verlieren konnte. Stinnes, ein dynamischer Unternehmer wie aus dem Lehrbuch, hatte 1898 durch die Verbindung seiner Essener Kohlenzeche mit dem städtischen Elektrizitätswerk begonnen, „Kohle per Draht" zu verkaufen, und legte damit den Grundstock für den heutigen Konzernkoloss RWE. Im September 1911 stritt sich Stinnes mit Heinrich Claß, einem der Führer der rechtsradikalen „Alldeutschen Bewegung", die für einen baldigen Angriffskrieg trommelte. Man könne doch, hielt der Kapitalist dem Kriegstreiber entgegen, „nach und nach die Aktienmehrheit von diesem oder jenem Unternehmen erwerben", die „Kohleversorgung Italiens an sich bringen" oder „wegen der notwendigen Erze in Schweden und Spanien unauffällig Fuß fassen" und sich sogar in der Normandie festsetzen. Stinnes: „Also drei oder vier Jahre Frieden, und ich sichere die deutsche Vorherrschaft in Europa im Stillen."[9]

Mit ähnlichen Argumenten wurden auch andere Global Player jener Zeit bei Kaiser Wilhelm II. und seiner Regierung vorstellig. Der damalige Vorstandsvorsitzende des Chemiekonzerns BASF, Robert Hüttenmüller, reiste eigens nach Berlin, um bei einem vertraulichen Vortrag im Auswärtigen Amt Deutschlands politischer Führung den Krieg auszureden. „Die deutsche chemische Industrie" habe durch „harte Arbeit und schwere Kämpfe ihre Erfolge auf dem Weltmarkt erzielt", mahnte Hüttenmüller und warnte, „tiefgreifende Störungen des Weltfriedens" könnten „sie an ihrer Weiterentfaltung hindern".[10] Auch der Hamburger Bankier Max Warburg musste für die weltweit tätige Bank seiner Familie (heute großenteils im Besitz des Schweizer Geldkonzerns UBS) im Kriegsfall das Schlimmste fürchten. Noch eine Woche vor Kriegsausbruch versuchte er den Kaiser daher persönlich in einem Vieraugengespräch von dessen Kriegsplänen abzubringen. Er hielt dem Monarchen entgegen, so notierte er in seinem Tagebuch, „Deutschland werde mit jedem Jahr des Friedens stärker. Abwarten könne uns nur Gewinn bringen".[11]

Trotzdem siegte kurz darauf der imperiale Wahn über das Streben nach Gewinn. Obwohl sie globalisiert war wie nie zuvor, stürzte die halbe Welt in einen Abgrund der Gewalt. Kriegsgegner Angell behielt recht. Sieger und Besiegte mussten nicht nur Millionen Tote beklagen, sie waren zudem nach dem Krieg allesamt ärmer.

Für marktgläubige Ökonomen und Politiker gilt das bis heute als eine Art Unfall der Geschichte, für den es keinen Zusammenhang zur stürmischen Glo-

9   Zit. nach Joachim Radkau, Das Zeitalter der Nervosität, München 1998.
10 Zit. nach Werner Abelshauser, Die BASF. Von 1865 bis zur Gegenwart, München 2002, S. 168.
11 Radkau, a.a.O.

balisierung jener Zeit gibt. Schon Joseph Schumpeter, Erfinder der berühmten Formel von der „schöpferischen Zerstörung", mit der innovative Unternehmer den Fortschritt vorantreiben, vermochte sich „das aggressive Verhalten der Staaten" nicht so recht aus den Interessen der Beteiligten zu erklären. Der Imperialismus, so schrieb er 1919, gehe wohl zurück auf „die starke Lebenskraft der vorkapitalistischen Elemente".[12]

Doch vieles deutet darauf hin, dass gerade der rasende Triumph von Kapital und Markt dazu beitrug, diese „Elemente" für die massenhafte Begeisterung zu mobilisieren, mit der sich die Völker in den Krieg stürzten. Bereits gegen Ende des 19. Jahrhunderts, meinen die Wirtschaftshistoriker O'Rourke und Williamson, habe sich ein „massiver Rückschlag gegen die Globalisierung" und das liberale Wirtschaftsregime abgezeichnet. Diese Gegenbewegung begann in Kontinentaleuropa bei den großen Verlierern des weltwirtschaftlichen Umbruchs: den Bauern und Großgrundbesitzern. Die Revolution im Transportwesen schwemmte Millionen Tonnen billiges Getreide aus den USA und Russland auf die europäischen Märkte und stiftete massive Unruhe, insbesondere unter Preußens Junkern. Deren Einkünfte brachen um bis zu 50 Prozent ein, ihre Ländereien verloren drastisch an Wert.

Im Bruch mit dem bis dahin geltenden wirtschaftsliberalen Zeitgeist verschanzte die Regierung von Kaiser Wilhelm darum ihre „Grüne Front", den Nährstand, hinter hohen Zollmauern, die bis 1902 auf bis zu 47 Prozent des Warenwertes angehoben wurden. Die meisten anderen europäischen Länder folgten dem deutschen Beispiel. Dieser protektionistische Rückfall vermochte jedoch den Bedeutungsverlust der Agrarier nicht auszugleichen, zumal sie am Ende mehr Märkte im Ausland verloren, als sie im Inland gewannen.

Als die Statistik kurz vor der Jahrhundertwende dann erstmals mehr Beschäftigte in der Industrie als in der Landwirtschaft auswies, verursachte das nahende Ende der ländlichen Gesellschaft massive Verlustängste. Im Jahre 1897 hielt der Ökonom Karl Oldenberg vor dem evangelischen Sozialkongress in Leipzig eine Brandrede, die einen jahrelangen Streit um die weltwirtschaftliche Verflechtung auslöste. Oldenberg wetterte gegen die drohende Abhängigkeit Deutschlands von „Bauernstaaten" wie den USA oder China. Gehe die Entwicklung weiter, drohte er, „werden wir immer mehr exportieren müssen, um uns zu ernähren". Folglich sei der Maschinenexport „Totengräberarbeit" an der Nation.[13]

Auch der Ökonom Ludwig Pohle war ein prominenter Warner vor der Globalisierung seiner Zeit. Deutschland laufe nicht nur „Gefahr, dadurch auf fremden Märkten verdrängt zu werden, dass dritte Länder hinsichtlich des niederen Stands der Arbeitslöhne Deutschland noch übertreffen". Gleichzeitig werde Deutschland dieselben Industrien „auch für den inneren Markt gegen zehn Mal so billige Arbeitskräfte wie die der Chinesen durch keinen Zollschutz zu halten vermögen", warnte Pohle. Er male „dabei kein willkürlich konstruiertes Schreckensgespenst an die Wand.

---

12 Joseph A. Schumpeter, Zur Soziologie der Imperialismen, in: „Archiv für Sozialwissenschaft und Sozialpolitik", Bd. 46 (1918/1919), S. 309 ff.
13 Zit. nach Angaben von Prof. Werner Abelshauser, Universität Bielefeld.

Die Zerstörung dieser Industrien" sei „schon im Gange", behauptete der Wirtschaftswissenschaftler, obwohl in Wahrheit genau das Gegenteil geschah und deutsche Waren die Weltmärkte fluteten.[14]

In solchen Ausbrüchen, meint der Wirtschaftshistoriker Werner Abelshauser, „artikulierte sich erheblicher Widerstand gegen die Globalisierungsdynamik jener Zeit". Dieser prägte die Politik der Vorkriegszeit und bereitete den Boden für das Streben nach Autarkie und nationaler Selbstversorgung, nicht zuletzt deshalb, weil sich das Offizierscorps und die Soldaten des Kaiserreiches aus den Junkern und ihren Bauern rekrutierten.

Auch der Historiker Joachim Radkau, ein brillanter Chronist der deutschen Industriegeschichte, stieß in zahllosen Quellen auf die allgegenwärtige Angst vor dem plötzlich so nahen Ausland. Da war etwa angesichts des wirtschaftlichen Erfolges der USA vielfach von der „amerikanischen Gefahr" die Rede. Ein Land, das sich in der Produktivität von den USA überflügeln lasse, „werde allmählich in eine Art Chinesentum" versinken, schrieb ein Kommentator. Zwar erzielte beispielsweise die deutsche Maschinenbauindustrie zwischen 1902 und 1907 ein Exportwachstum von vollen 600 Prozent – ein Erfolg, der offenbar eine historische Konstante ist. Aber die zunehmende Exportabhängigkeit, so Radkau, „machte anfällig für die Psychose des internationalen Wettlaufs".

Ein Gefühl der Überforderung durchdrang weite Teile der Gesellschaft. „Das Zeitalter der Nervosität" betitelte Radkau sein Buch über den Zeitgeist der Epoche, deren großes Thema – wie heute wieder – die fortwährende Beschleunigung war. „Tempo" war das universale Modewort, und die Neurasthenie, die übermäßige Erregbarkeit, stieg zur Volkskrankheit auf, nicht nur in Deutschland. Wilhelm Erb, der führende Neurologe jener Zeit, machte dafür die „ins Unangemessene gesteigerte Konkurrenz" verantwortlich. Bürger wie Nationen seien „zu gewaltig vermehrten Anstrengungen im Kampfe um ihr Dasein genötigt".[15]

All das reicht gewiss nicht zur Erklärung, warum es Europas Generäle und ihre Völker im Jahr 1914 in den bis dahin grausamsten Krieg aller Zeiten trieb. Mindestens ebenso wichtig waren das Fehlen funktionierender internationaler Institutionen und das labile System der militärischen Allianzen. Noch schwerer wiegt vermutlich die später so absurd anmutende Vorstellung der Militärs, ein moderner Krieg wäre in wenigen Monaten ausgefochten. Und nicht zuletzt war auch die damals noch unverbrauchte Idee von der eigenen, überlegenen Nation für viele Europäer ein starker Antrieb. Aber ganz sicher hat auch die Entwurzelung und Verunsicherung großer Teile der Bevölkerung den Weg in den Krieg bereitet und die Gegenkräfte geschwächt. Allzu leicht ließen sich die Ursachen aller Probleme auf andere Länder und Völker verschieben. So kulminierte im Sommer 1914 „bezeichnenderweise die Kriegspsychose keineswegs auf dem platten Land, den Kernregionen des altkonservativen Monarchismus, sondern in den Städten", schreibt Radkau.

---

14 Ludwig Pohle, Deutschland am Scheidewege: Betrachtungen über die gegenwärtige volkswirtschaftliche Verfassung und die zukünftige Handelspolitik Deutschlands, Leipzig 1902, S. 126-130.
15 Norman Angell, a.a.O.

Scheitert die Globalisierung erneut?

Ersetzt man die Worte „Tempo" und „Nervosität" durch „Flexibilität" und „Stress", dann klingt all das verblüffend vertraut. Und so wie sich damals die Agrargesellschaft auflöste, verschwinden heute die Milieus der lebenslang beschäftigten Arbeiter und Angestellten. Ganz gleich, ob in Japan oder den USA, in China oder Deutschland, alle von der globalen Verschmelzung erfassten Gesellschaften verzeichnen nun erneut eine sich vertiefende Spaltung in Gewinner und Verlierer. Und wieder suchen viele die Schuld bei den anderen, im Ausland, bei bösen Kräften, die es zu bekämpfen gelte. Neue Feindbilder, vom aggressiven chinesischen Staatskapitalisten bis zum verschwörerischen Muslim, haben Konjunktur. Die globale Integration, das signalisieren internationale Umfragen seit langem, trifft weltweit auf umso stärkere Abwehr, je intensiver sie voranschreitet.

Kann es also wieder passieren? Könnten sich die zunehmenden Spannungen erneut in einem großen Krieg entladen, mit Millionen Toten und einem wirtschaftlichen Rückfall um Jahrzehnte? Einem Krieg, der diesmal nicht um die gegenseitige Unterwerfung, aber dafür um die schwindenden Ressourcen – insbesondere bei den fossilen Brennstoffen – geführt würde? Einem, der nicht an einem bestimmten Tag beginnen würde, sondern sich Schritt für Schritt aus vielen kleineren Konflikten zu einem weltweiten Flächenbrand der Gewalt ausweiten würde? Kann die Globalisierung erneut scheitern?

Eigentlich spricht alles dagegen.

Denn nie zuvor waren die Völker und Nationen der Menschheit einander so nah wie heute. Schon mehr als ein Viertel aller weltweit produzierten Waren und bereitgestellten Dienstleistungen werden international gehandelt, der Austausch ist damit doppelt so intensiv wie zu Beginn des 20. Jahrhunderts, und er wächst weiterhin um neun Prozent pro Jahr, zweimal so schnell wie die weltweite Wirtschaftsleistung. Das gigantische Handelsvolumen organisieren rund 77 000 transnationale Unternehmen mit mehr als einer Dreiviertelmillion ausländischer Tochtergesellschaften.[16] Ihre Produktions- und Verwertungsketten erstrecken sich über alle Kontinente und erzeugen einen endlosen Strom von Transporten. Allein die Überseehäfen schlagen Jahr für Jahr rund 500 Mio. Container um.[17] Selbst ein einfaches Produkt wie ein Elektrorasierer beruht heutzutage auf Arbeit in bis zu zehn Ländern. Wer immer irgendwo auf der Welt einen Supermarkt oder ein Kaufhaus betritt, um ein Produkt zu erwerben, tritt damit unvermeidlich in Verbindung mit Hunderten, vielleicht Tausenden von Menschen rund um die Erde. Möglich wird das mittels eines weltumspannenden Logistiknetzes, dessen satellitenüberwachte Liefersysteme fundamental auf Frieden und Stabilität angewiesen sind.

Noch viel enger binden die Kapitalmärkte die Menschheit aneinander. Der Kriegsgegner Norman Angell schrieb einst, die internationalen Finanzbeziehungen seien „untereinander so stark vernetzt und so verwoben mit Handel und Industrie", dass jeder Versuch, sich diesen Reichtum mit militärischer

16 UNCTAD, World Investment Report 2006, Genf, S. 5.
17 Daten aus „Cargo Cults", in: „The Economist", 15.6.2006.

Gewalt anzueignen, mit dem Verlust ebenjenes Reichtums enden werde. Heute wiegt Angells Argument um ein Vielfaches schwerer: Im Jahr 2005 wurden bereits Aktien, Anleihen, Kredite und Unternehmen aller Art im Wert von sechs Bio. US-Dollar grenzüberschreitend gehandelt, das entsprach mehr als dem doppelten Wert aller in Deutschland pro Jahr produzierten Waren und bereitgestellten Dienstleistungen.[18]

Damit fallen die Nationalität der Eigentümer und die nationale Zugehörigkeit ihres Besitzes immer häufiger auseinander. Die Aktien der 30 größten Unternehmen des Deutschen Aktienindexes befinden sich im Durchschnitt schon zur Hälfte in ausländischer Hand. Bei Konzernen wie Adidas oder Bayer halten ausländische Anleger sogar mehr als 70 Prozent der Aktien. Gleichzeitig erwirtschaften die Dax-30-Konzerne rund zwei Drittel ihrer Wertschöpfung im Ausland. Insgesamt halten Ausländer in Deutschland einen Kapitalstock von 3,9 Billionen, also 3900 Mrd. Euro. Deutsche Unternehmen und Investoren wiederum verfügen sogar über noch mehr Auslandsbesitz. Allein 685 Mrd. Euro stecken in den Tochtergesellschaften deutscher Unternehmen im Ausland. Daneben halten deutsche Anleger ausländische Aktien, Anleihen und andere Papiere im Wert von mehr als vier Billionen Euro.[19] „Die nationalen Kapitalmärkte entwickeln sich immer stärker zu einem einzigen globalen Kapitalmarkt", konstatieren die Autoren des McKinsey Global Institute in ihrem Report zur Internationalisierung der Kapitalströme, genau so, wie es ein Jahrhundert zuvor der US-Ökonom Ely diagnostizierte.

All das führt das Denken und Regieren in rein nationalen Kategorien zusehends ad absurdum. Einen großen Krieg gar, der dieses komplexe Geflecht zerreißen würde, könnten sich gerade die reichen Nationen dieser Welt im wahrsten Sinne des Wortes nicht mehr leisten. Müssten etwa die Deutschen ohne den Weltmarkt auskommen und auf ihre Auslandsanlagen verzichten, würde sich ihr Wohlstand mindestens halbieren.

Die alles durchdringende Vernetzung der Wirtschaft geht einher mit der permanenten Revolution der Kommunikationsstrukturen. Die Verschmelzung der Informationsflüsse und Datenbanken, die mehr und mehr Menschheitswissen digitalisiert bereithalten, hat gerade erst begonnen. Globale Verständigung ist immer weniger ein Privileg der Eliten, sondern wird für jedermann möglich. E-Mails sind praktisch kostenlos, und telefonieren lässt sich von einem Ende der Welt zum anderen schon für 1,7 Cent pro Minute. Neuere Forschungsergebnisse lassen erwarten, dass auch die Sprachbarriere binnen eines Jahrzehnts fallen könnte, weil es möglich wird, mit Computern jede gesprochene und geschriebene Sprache binnen Millisekunden in jede andere Sprache zu übersetzen.[20] Damit wird das Wissen der Menschheit potentiell für jedermann zugänglich. Bildung und Informationen für alle wird über kurz oder lang kein Problem mehr sein – zumindest technisch.

Gleichzeitig ist die Menschheit reich, so reich wie nie zuvor. Die globale Ausdehnung des Kapitalismus hat Produktivkräfte freigesetzt, von denen frü-

18 McKinsey Global Institute, Mapping the Global Capital Market, Januar 2007.
19 Bundesbank, Das deutsche Auslandsvermögen Ende 2006, Pressenotiz 26, September 2007.
20 Harald Schumann, Bye, Bye, Babel, in: „Der Tagesspiegel", 2.12.2006.

here Generationen nicht mal zu träumen wagten. Im Durchschnitt erzielt jeder Erdenbürger ein Einkommen von rund 10 000 Dollar im Jahr, genug, dass niemand mehr verhungern, verdursten oder mangels medizinischer Grundversorgung sterben müsste. Das heißt, Armut und Verelendung, die wichtigsten Ursachen von Konflikten, könnten beseitigt werden. Oder, wie es Jean Ziegler, der kämpferische Schweizer Soziologe und frühere UN-Sonderbeauftragte für das Recht auf Nahrung, ausdrückte: „Zum ersten Mal in der Geschichte der Menschheit ist der objektive Mangel besiegt, und die Utopie des gemeinsamen Glückes wäre materiell möglich."[21]

Raumschiffgefühl in den Chefetagen

So hat die Globalisierung zu Beginn des 21. Jahrhunderts eine neue, faszinierende Dimension erreicht, die noch vor einer Generation undenkbar erschien. Alle politischen und wissenschaftlichen Beschreibungen des neuen Weltsystems gipfeln stets in einem Wort: Interdependenz. Die gegenseitige Abhängigkeit aller Staaten und Ökonomien wächst fortwährend an.

Das verursacht allerdings immer komplexere Wechselwirkungen. Da sorgt der wachsende Energiebedarf der Chinesen für steigenden Reichtum der Ölexporteure in Nahost, die damit amerikanische Konzerne kaufen wollen; aber dabei stoßen sie in den USA auf den Widerstand des Parlaments, das sich vor „Arabern" an Schaltstellen der US-Wirtschaft fürchtet. Da gefährdet eine Krise des amerikanischen Hypothekenmarktes die Altersversorgung europäischer Arbeitnehmer, weil deren Pensionsfonds und Lebensversicherungen über die Beteiligung an amerikanischen Investmentgesellschaften von der Entwicklung der Immobilienpreise in den USA abhängig sind. Da lässt der globale Erfolg des Kapitalismus über den Ausstoß von Treibhausgasen den arktischen Eisschild schmelzen und gibt plötzlich ein Stück Erde und dessen Rohstoffe frei, um das sich die Anrainerstaaten streiten wie zu Zeiten des Kolonialismus. Da treibt die vermehrte Nachfrage nach Biotreibstoffen die Preise für Mais und Zuckerrohr in die Höhe und provoziert Proteste gegen steigende Lebensmittelpreise von Mexiko bis Indonesien. Die Liste ließe sich beliebig verlängern.

Diese komplexen Wirkungsketten entfalten eine doppelte, höchst widersprüchliche Konsequenz: Sie erzeugen schwer vorhersehbare Risiken und erzwingen gleichzeitig eine radikale Veränderung der internationalen Politik. Globales Regieren durch Zusammenarbeit über alle Grenzen hinweg wird unverzichtbar. Die vordem nur von Theoretikern diskutierte *global governance*, die Lösung globaler Probleme durch transnationale Kooperation der Regierungen, verlässt das Reich der Utopie und wird zum ebenso faszinierenden wie beschwerlichen Tagesgeschäft in Regierungskabinetten und Vorstandsetagen.

Die Anzeichen dafür durchziehen längst den politischen Alltag. Die Zahl der multilateralen Abkommen mit häufig mehr als hundert teilnehmenden

---

21 Jean Ziegler im Interview mit der Germanwatch-Zeitung, Nr. 4, 2005.

Staaten wächst stetig an. Allein bei den Vereinten Nationen in New York sind bereits mehr als 2000 solcher Verträge registriert und hinterlegt. Die globale Handelsgesetzgebung, das Vertragswerk der Welthandelsorganisation, umfasst schon gut 10 000 Seiten. Vom Seuchenschutz bis zur Luftfahrt, von der Regulierung des Internet bis zur Bekämpfung von Kriminalität und Terrorismus erfasst das Regieren auf Weltniveau immer weitere Politikfelder und verursacht stetig neue Wechselwirkungen zwischen nationaler und internationaler Politik. Anders als die Debatte über die Krise der Vereinten Nationen suggeriert, nimmt auch die praktische Bedeutung der Weltorganisation stetig zu. Noch nie gab es so viele UN-Truppen im Friedenseinsatz wie heute. Noch nie haben die UN-Organisationen so vielen Menschen Nothilfe geleistet wie in diesem Jahrzehnt.

All das eröffnet die Chance, die Geißeln der Menschheit – Hunger, Vertreibung und Krieg – auf Dauer zu besiegen. Die Pax globalis wäre möglich. Doch so großartig diese Perspektive erscheint, so gewaltig sind die Gefahren, die dem entgegenstehen. Denn das neue Weltsystem ist extrem instabil.

Die USA sind nicht nur die wirtschaftliche und militärische Führungsmacht, sondern zugleich in einer Schuldenspirale gefangen, deren Dimension ohne Beispiel ist. Amerikas Bürgerinnen und Bürger verbrauchen in immer größerem Ausmaß weit mehr Produkte und Dienstleistungen, als sie selbst erzeugen und bereitstellen können. Die US-Ökonomie benötigt täglich zwei Mrd. US-Dollar Auslandskapital vornehmlich aus China und den Ölexportländern, um den Konsum ihrer Bürger und die Ausgaben ihrer Regierung zu finanzieren. Dieses Ungleichgewicht ist ein Sprengsatz am Fundament der Weltwirtschaft, weil die Kapitalströme abhängig sind von einem anarchischen und störanfälligen Finanzsystem. Dessen Akteure haben sich der staatlichen Kontrolle weitgehend entzogen und trotzen unter Missbrauch ihrer wirtschaftlichen Macht allen Versuchen der Regulierung. Trotz zahlreicher Warnungen der Experten aus Zentralbanken und Aufsichtsbehörden bauen unregulierte Investmentgesellschaften inner- und außerhalb des Bankensystems immer größere spekulative Blasen auf, deren Platzen das ganze System zum Zusammenbruch bringen kann. Wenn es nicht gelingt, diesen Gefahrenherd zu entschärfen, kann daraus eine internationale Wirtschaftskrise erwachsen, die noch weit mehr Menschen in die Not treiben würde als die „große Depression" der 30er Jahre.

Weil die Atommächte an ihren Nuklearwaffenarsenalen festhalten, zerfällt das alte Regime gegen die Nichtweiterverbreitung von Atomwaffen. Die nukleare Aufrüstung der aufrückenden Schwellenländer Iran, Ägypten, Nigeria, Saudi-Arabien, Indonesien und Brasilien scheint nur noch eine Frage der Zeit. Erneut hat ein Wettlauf zur Auflage von zivilen Atomenergieprogrammen begonnen, mit denen diesen Bestrebungen Legitimation verschafft werden soll. Damit wird sich die Verfügbarkeit von spaltbarem Material vervielfachen, und so steigt die Gefahr, dass Massenvernichtungswaffen in die Hand von nichtstaatlichen Akteuren fallen. Um dies zu verhindern, bedarf es einer weltweiten Bewegung für die atomare Abrüstung und gegen die global wieder zunehmende Propaganda von der friedlichen Atomkraft.

Globale Apartheid

Der Lebensstil der zurzeit rund 1,7 Milliarden Menschen umfassenden weltweiten Verbraucherklasse ist das Modell für den Rest der Menschheit. Die Sehnsucht danach ist treibende Kraft der derzeitigen Form der Globalisierung, aber ebendieser Lebensstil ist nicht globalisierbar. Die alte Verheißung „wie im Westen, so auf Erden", an die Völker in aller Welt glauben, wird sich unter den heutigen Bedingungen niemals erfüllen. Die ökologische Tragfähigkeit des Planeten wird schon längst überbeansprucht. Solange ein Viertel der Menschheit drei Viertel der verfügbaren Ressourcen verbraucht, zwingt dies den übrigen viereinhalb Milliarden Menschen eine Form von globaler Apartheid auf. Das erzeugt zwangsläufig nicht nur immer größere Wanderungsbewegungen (wie derzeit von West- und Nordafrika nach Spanien und Italien), sondern heizt zugleich den Wettkampf um den Zugang zu Öl, Süßwasser und fruchtbaren Böden ständig an. Diese Ressourcen sind endlich, die Ölförderung wird sogar binnen kurzem nur noch abnehmen. Unvermeidlich müssen die Wohlstandsländer einen neuen, nachhaltigen Lebensstil entwickeln, wenn sie ihren Frieden erhalten wollen.

Der bereits in Gang gesetzte Klimawandel ist das Zeichen an der Wand. Er bündelt alle Folgen des ausgreifenden Lebensstils, die mit dem noch immer steigenden Verbrauch fossiler Brennstoffe einhergehen. Jedes Jahr beraubt die Erwärmung der Erdatmosphäre mehr Menschen ihrer Lebensgrundlagen, dem Zugang zu Ackerboden und Wasser. Bis zur Mitte des Jahrhunderts drohen einer halben Milliarde Menschen Hunger und Durst, Überflutung und Dürre und damit Vertreibung aus ihrer Heimat. Darum müssen die Emissionen von Treibhausgasen binnen zehn Jahren weltweit stabilisiert und anschließend jährlich um mindestens fünf Prozent gesenkt werden, wenn Völkerwanderungen und globale Destabilisierung verhindert werden sollen. Eine gigantische Aufgabe – nicht zuletzt wegen des brisanten Gerechtigkeitsproblems, das zu bewältigen ist: Von den Folgen des Klimawandels sind gerade jene armen Länder am stärksten betroffen, die ihn nicht verursacht haben; umso dringlicher sind die Verursacher in den Industrieländern gefordert. Lösungen für das Klimaproblem konfrontieren zudem mit einem scheinbaren Paradox: Ein Teil der Wirtschaft, vor allem die Energie- und Agrarproduktion, muss wieder stärker an die jeweils ganz verschiedenen ökologischen Bedingungen angepasst, also in der Region verwurzelt werden – aber auch das in globalem politischen und wissenschaftlichen Austausch.

Die Menschheit steht am Scheideweg. Die Alternativen lauten: globale Kooperation oder globalisierte Katastrophen. Und nach heutigem Wissensstand bleiben nur 10, vielleicht gerade noch 15 Jahre, um die entscheidenden Weichen zu stellen. Die gute Nachricht ist: Für alle genannten Probleme gibt es machbare Lösungen, und längst arbeiten zigtausende Politiker, Wissenschaftler, Unternehmer und Aktivisten rund um den Planeten an deren Umsetzung. Kapitalanleger schichten ihre Portfolios zu Lasten von klimaschädlichen Unternehmen um und investieren ihr Geld lieber in die zukunftsträchtige Erzeugung sauberer Energien. Großkonzerne wie Coca-Cola und Hewlett-

Packard arbeiten mit Aktivisten zusammen, um Wasserressourcen zu schützen oder Afrikas Armen mit Einfachcomputern einen bezahlbaren Zugang zum Internet zu verschaffen. Amerikas Superreiche und Prominente von Bill Gates bis Bill Clinton liefern sich mit milliardenschweren Spenden und Stiftungen einen Wettstreit um das beste Projekt zur Weltrettung, und die Europäische Union fällt revolutionäre Beschlüsse zur Reform der Energieversorgung.

Auch wenn vieles davon noch unausgereift ist oder eher der PR als dem Fortschritt dient, so ist das Signal doch unübersehbar: Ein globales Umdenken hat eingesetzt, das weit über die seit langem aktiven Basisorganisationen wie Attac, Greenpeace oder den WWF hinausgeht. Einer stetig wachsenden Zahl von Menschen wird klar, dass kein Land der Welt für sich allein mit den heraufziehenden Krisen fertig werden kann, selbst die mächtigsten (USA) nicht und auch nicht die bevölkerungsstärksten (China, Indien). Wer immer nationale oder militärische Auswege propagiert, verfolgt irrationale Scheinlösungen. Selbst wenn die Verantwortlichen bereit wären, viele hundert Millionen Opfer in Kauf zu nehmen, könnten sie sich selbst und ihre Nationen nicht vor den Konsequenzen schützen. So birgt gerade der Klimawandel neben der großen Gefahr auch eine große Chance: Er könnte der Motor werden, der die Regierungen und ihre Völker lehrt, über den nationalen Schatten zu springen und gemeinsame Lösungen für globale Probleme zu finden.

Wachsende Ungleichheit

Doch auf dem Weg zur globalen Kooperation – und das ist die schlechte Nachricht – baut sich eine Gefahr auf, die täglich brisanter wird: die wachsende Spaltung zwischen Gewinnern und Verlierern. Jahrzehntelang haben die Regierungen der westlichen Wohlstandsnationen die globale Integration vornehmlich durch bloße Liberalisierung des Wirtschaftsgeschehens vorangetrieben. Unter dem Druck der gut organisierten wirtschaftlichen Eliten wurde der Glaube an die Selbstregulierung der Märkte zur Staatsideologie von Washington bis Tokio, und die Politik manövrierte sich in die Globalisierungsfalle. Unternehmen und Kapitalverwalter wuchsen zu weltweit agierenden Mächten heran, während die Politik im nationalen Korsett gefangen blieb. Vernachlässigt wurden der Aufbau demokratisch kontrollierter Institutionen und die Aushandlung von Verträgen, die es erlauben würden, die Früchte der Globalisierung zum Nutzen aller einzusetzen. Alle globalen Institutionen, vom Internationalen Währungsfonds bis zu den Vereinten Nationen, blieben elitäre Veranstaltungen von Regierungsbürokraten, die sich um die Interessen der Mehrheit nicht zu kümmern brauchten und keinem Parlament Rechenschaft schuldeten. Darum können Konzerne und ihre Organisationen die jeweils nationalen Regierungen gegeneinander ausspielen, so dass die Politik zusehends zur bloßen Bedienung von Kapitalinteressen verkommt. Der globale Wettbewerb um Investoren hat einen Wettlauf um die niedrigsten Steuern auf Kapitalerträge und die niedrigsten Löhne für die Arbeitnehmer erzeugt.

Das Ergebnis ist eine bizarre Ungleichverteilung von Einkommen und Kapital, die täglich zunimmt. Die Schere zwischen Kapitalgewinnen und Lohneinkommen öffnet sich seit gut 20 Jahren. Mittlerweile verfügt ein Prozent der Menschheit über 40 Prozent des gesamten Anlagevermögens, während immer größere Teile der Bevölkerung mit schrumpfenden Löhnen und wachsender Unsicherheit leben müssen. Das kann nicht gutgehen. Wer sich von Ausgrenzung bedroht sieht, trachtet seinerseits nach Ausgrenzung der noch Schwächeren und der Fremden. Darum treibt die Angst vor dem Abstieg und der Mangel an Perspektive Heilsbringern und Radikalen immer mehr Anhänger zu und lädt die Politik allerorts mit Irrationalität und Populismus auf. Von den Islamisten des Mittleren Ostens und Südasiens über Amerikas christliche Fundamentalisten und Protektionisten bis zu Europas Neonazis und Rechtspopulisten formiert sich weltweit eine Gegenbewegung zur globalen Integration. Fremdenfurcht, Rassismus und die Sehnsucht nach Abschottung wachsen an. Parallel dazu reagieren immer mehr Regierungen auf die neue antiglobalistische Stimmung mit geostrategischen Plänen zur militärischen Sicherung einer eigenen Ressourcenbasis.

Zu Beginn des 20. Jahrhunderts waren Staaten und Regierungen noch zu stark und standen einer friedlichen Ausdehnung der Marktwirtschaft entgegen. Die Globalisierung, das legen die historischen Studien nahe, scheiterte an den „vorkapitalistischen Elementen", die auf Eroberung und Nationalismus setzten. Heute ist es umgekehrt: Staaten und Regierungen sind zu schwach, um den rasenden Triumph von Markt und Kapital so zu regulieren, dass die gigantischen Erfolge der globalen Arbeitsteilung nicht nur einer kleinen Minderheit, sondern der ganzen Menschheit zugute kommen.

Aber vieles spricht dafür, dass es so nicht bleiben wird. Spät, aber nicht zu spät, formieren sich weltweit vielfältige Organisationen der Zivilgesellschaft, die der ungerechten Verteilung entgegentreten. Chinesische Aktivisten werben in den USA für die Durchsetzung besserer Löhne und Arbeitsbedingungen in den Fabriken, die für die Weltkonzerne produzieren. In allen Wohlstandsländern feiern Initiativen unter dem Siegel „Fairtrade" Erfolge beim Kampf für faire Preise zugunsten der Erzeuger in ärmeren Staaten. Weltweit arbeiten Aktivisten zusammen, um wieder mehr Steuergerechtigkeit und faire Entlohnung durchzusetzen. So entwickelt sich parallel zu den Antiglobalisierern nach und nach eine ebenso mächtige Gerechtigkeitsbewegung, die täglich an Stärke gewinnt. Diese Bewegung kann gewiss niemals die Politik von Staaten und Regierungen ersetzen. Aber sie könnte womöglich die Basis und die Legitimation für eine neue Generation mutiger Politiker schaffen, die der Raffgier der Besitzenden gesetzliche Grenzen setzt.

So kommt den Kritikern der Globalisierung zusehends die Rolle zu, das weltweite Zusammenwachsen von Märkten, Mächten und Kulturen gerade vor jenen zu retten, die diesen Prozess über Jahrzehnte vorangetrieben haben: den Global Playern der Konzern- und Finanzwelt und ihren Zuträgern in Medien und Wissenschaft.

Ohnehin wächst auch unter den Gewinnern die Angst vor den unerwünschten politischen Folgen der Ungleichheit. Selbst Ben Bernanke, Chef der amerikanischen Notenbank und als solcher der amtierende Erzengel des amerikanischen Kapitalismus, warnte, es sei Aufgabe der Politik, dafür zu sorgen, „dass die Früchte der globalen Integration ausreichend weit verteilt werden".[22] So zerbricht der neoliberale Konsens vom Glauben an die Allmacht des Marktes, und der Weg wird frei zur Re-Regulierung der Weltwirtschaft im Interesse aller.

Damit steigen die Chancen für ganz neue politische Allianzen, die jenseits der klassischen Muster von Nationalstaat und Parteienlogik der Weltpolitik eine andere Richtung geben können. Gewiss, derlei Hoffnung mag vorerst noch utopisch erscheinen. Schließlich ist der größte Teil der Menschheit nach wie vor im alltäglichen Kampf ums Überleben befangen. Die politische Energie ist meist noch immer im borniereten Klein-Klein des nationalen Interessenkampfes gebunden, und der großen Mehrheit erscheinen die sich anbahnenden globalen Krisen noch immer weit entfernt.

Gänzlich unrealistisch ist allerdings die Annahme, alles könne so weiterlaufen wie bisher. Die Apologeten des Status quo sind die wahren Realitätsverweigerer. Absehbar ist, dass Klimawandel und Flüchtlingsströme, die Instabilität der Weltfinanzmärkte, der Ressourcenmangel und Konflikte um Land und Wasser schon im kommenden Jahrzehnt die zentralen Themen aller Politik werden. Und keines dieser Probleme duldet Aufschub. Ihre Bewältigung wird unweigerlich zur Existenzfrage für große Teile der Menschheit. Die Intensität der Bedrohung kann jedoch auch eine politische Dynamik entfalten, die alle traditionellen Grenzen sprengt. Denn die positiven wie die negativen Megatrends unserer Zeit haben eines gemeinsam: Sie zwingen einer stetig wachsenden Zahl von Menschen, vor allem aber den politischen und wirtschaftlichen Eliten, eine planetare Perspektive auf. Sie müssen in globalen Zusammenhängen planen und handeln, weil andernfalls der Misserfolg programmiert ist. Die einst nur von Idealisten benutzten Metaphern vom „Raumschiff Erde" und der „Einen Welt" beschreiben jetzt die harte Realität.

Die Frage ist ja nicht, ob die Industriestaaten mit den Aufsteigerländern Asiens und den Ölstaaten ein neues globales Finanz- und Währungssystem aushandeln müssen, sondern nur, ob sie es vor dem Zusammenbruch des alten tun oder danach. Die Frage ist auch nicht, ob Amerikaner, Europäer und Japaner ihren Ressourcenverbrauch radikal senken werden, sondern nur wann und unter welchen Umständen sie das tun. Die Frage ist nicht, ob wir uns Hilfe für die Armen leisten können, sondern ob wir es uns leisten können damit zu warten, bis ihre Not die unsere wird.

Alle diese Entwicklungen gemeinsam lassen nur den einen Schluss zu: Entweder die Menschheit findet den Weg zu globaler Kooperation, oder die Welt wird für Jahrzehnte in gewalttätigen Konflikten versinken, denen sich auf Dauer kein Staat und kein Volk wird entziehen können. Nach wie vor gibt es viele Akteure, die sich mit Blick auf ihre kurzfristigen Interessen dieser Einsicht entgegenstellen. Misst man es nur an den bisherigen Misserfolgen, etwa im Klimaschutz oder bei der Stabilisierung der Finanzmärkte, dann erscheint

22 Ben Bernanke, Global Economic Integration: What's New and What's Not? Rede beim Annual Economic Symposium, Jackson Hole/WY, 25.8.2006.

die Stärke dieser Zukunftsverweigerer bislang übermächtig. Aber sie kann beschränkt werden, wenn die Globalisierung der Politik jener der Wirtschaft endlich auf Augenhöhe folgt. Die vornehmste Aufgabe der Regierenden wird deshalb der Ausbau und die Demokratisierung globaler Regelwerke und Institutionen, insbesondere der Vereinten Nationen. Dabei geht es nicht um eine Weltregierung, die ohnehin bürgerfern, überfordert und folglich ineffektiv sein würde. Die Herausforderung liegt vielmehr darin, eine Art Weltföderalismus zu erfinden und klare Regeln für die richtige politische Arbeitsteilung zwischen globalen, regionalen oder nationalen Institutionen aufzustellen, um den Interessen aller gerecht zu werden.

Den Weg dorthin bahnt bereits eine globale Zivilgesellschaft, deren Organisationen schon gut hundert Millionen Mitglieder zählen. Sie mischen sich immer stärker mal auf Seiten der politischen und wirtschaftlichen Regenten, mal als ihre schärfsten Gegenspieler in den transnationalen politischen Prozess ein – und das mit wachsendem Erfolg. So entsteht, quasi hinter dem Rücken ihrer Mitglieder, Schritt für Schritt eine wirkliche Weltgesellschaft. Über alle Grenzen hinweg. Wenn sie schneller wächst als die anstehenden globalen Konflikte um Energie, Nahrung und einen Platz zum Leben, kann der dritte Weltkrieg verhindert werden. Der globale Countdown läuft.

Die kapitalistischen Plagen

Energiekrise und Klimakollaps, Hunger und Finanzchaos

Von **Elmar Altvater**

Die zehn biblischen Plagen, die der Gott des Volkes Israel über die Ägypter brachte, darunter vergiftete Brunnen, Stechmücken, die schwarzen Blattern, Viehpest, Froschlawinen, Heuschreckenschwärme und eine Sonnenfinsternis, sind unbestätigte Geschichte, über die im Zweiten Buch Mose des Alten Testaments berichtet wird. Dass Milliarden Menschen heute Hunger leiden, dass die fossile Energieversorgung in Zukunft nicht gesichert sein wird, dass das globale Klima zu kollabieren droht, dass die globale Finanzkrise horrende Billionenverluste verursacht und inzwischen auch Millionen Arbeitsplätze verloren gehen, ganze Industriezweige wegbrechen und die Masseneinkommen sinken, sind hingegen unzweifelhafte Tatsachen des gegenwärtigen kapitalistischen Weltsystems. Die modernen Plagen belasten die heute lebenden Menschen in ganz ähnlicher Weise wie die ägyptischen Plagen die Zeitgenossen vor mehr als 3000 Jahren.

Die Finanzkrise wird zur Wirtschaftskrise

Anfang Oktober 2008 schätzte der Internationale Währungsfonds (IWF) die Verluste der globalen Finanzkrise auf 1400 Mrd. US-Dollar. Nur einen Monat später erhöhte die Bank of England auf das Doppelte, auf 2800 Mrd. US-Dollar. Das ist nahezu drei Mal so viel wie die Verluste, die die Bank of England noch im April des Jahres angegeben hatte. Von den 2800 Mrd. entfallen 1577 Mrd. US-Dollar auf die USA. Im Euro-Gebiet kommen noch einmal 785 Mrd. US-Dollar und in England 127 Mrd. US-Dollar hinzu.[1]

Offenbar ist die Krise nicht unter Kontrolle zu bringen – trotz der staatlichen Subventionen und Bürgschaften in der noch vor wenigen Monaten absurd erscheinenden Höhe von einigen tausend Mrd. US-Dollar beiderseits des Atlantik und inzwischen auch in Japan, China, Russland und Lateinamerika. Fast täglich kommen neue finanzielle Hilfen für angeschlagene Banken und große Industriefirmen hinzu. Die „staatlichen Eventualverbindlichkeiten"

---

1 Vgl. Naohiko Baba, Patrick McGuire und Goetz von Peter, Highlights of International Banking and Financial Market Activity, Bank for International Settlement, BIS Quarterly Review, 6/2008; Bank of England, Financial Stability Report, 10/2008; Europäische Zentralbank, Monatsbericht 11/2008; John Foster Bellamy und Fred Magdoff, The Great Financial Crisis – Causes and Consequences, New York 2009 [i.E.].

im Eurogebiet, so die Europäische Zentralbank (EZB) in ihrem Monatsbericht vom November 2008, erreichen heute mehr als 2000 Mrd. Euro. Das wären 21 Prozent des Bruttoinlandsprodukts (BIP), wenn sie denn in Anspruch genommen werden. Das aber ist angesichts der heraufziehenden Rezession nicht unwahrscheinlich.

Denn die Krise hat längst das Finanzgehege verlassen und wächst sich – entgegen den Mutmaßungen vieler, selbst kritischer Ökonomen noch Ende 2008 – zur schweren Krise der „realen" Wirtschaft aus. Die Arbeitslosigkeit steigt sprunghaft, der Druck auf die Einkommen wird größer. Die Steuereinnahmen der öffentlichen Hand sinken, so dass die Finanzierung von Sozialleistungen schwieriger wird, zumal viel Geld vom Bankensektor zum Ausgleich der Verluste in den Bankbilanzen und für den Ersatz von verspekuliertem Eigenkapital absorbiert wird. Die „fiskalischen Kosten der gegenwärtigen Finanzmarktturbulenzen" beziffert die EZB im Eurogebiet auf rund 3 Prozent des BIP; die Europäische Kommission hat ein Konjunkturpaket in Höhe von 200 Mrd. Euro beschlossen und versucht damit, eine gewisse Koordinierung der hektischen Konjunkturpolitik in den EU-Ländern zu erreichen.

Das Weiße Haus gab bereits unter der Regierung Bush, im November 2008, 150 Mrd. US-Dollar für fiskalpolitische Eingriffe frei. Barack Obama versprach nach seiner Wahl im November 2008 fiskalische Mittel zur Erhaltung von 2,5 Millionen Jobs. Kurz vor Weihnachten wurde diese Zahl auf 3 Millionen aufgestockt. Wirtschaftsnobelpreisträger Paul Krugman schlug für die USA deshalb ein Konjunkturpaket in Höhe von 750 Mrd. US-Dollar vor. Mit den nunmehr verabschiedeten 790 Mrd. Dollar liegt die neue Regierung sogar knapp über dieser Marke (obwohl sie den Republikanern erhebliche Zugeständnisse machte und die ursprünglich angestrebten 1000 Mrd. nicht erreichte). Das sind bald 7 Prozent des US-Sozialprodukts, das Defizit der öffentlichen Haushalte wird sich damit in etwa verdoppeln. Auch China lässt sich mit einer zugesagten Finanzspritze im Wert von 460 Mrd. US-Dollar nicht lumpen. (Das Reich der Mitte hat allerdings so hohe Reserven gesammelt, dass es sich dafür noch nicht einmal verschulden muss.) All diese gigantischen Beträge könnten jedoch in dem Augenblick hinfällig sein, wenn infolge der Krise der Realwirtschaft Kredite massenhaft ausfallen und dann der bisher nur befürchtete Versicherungsfall tatsächlich eintritt. Dann könnten bis zu 60 000 Mrd. US-Dollar Credit Default Swaps (CDS) fällig werden und den Finanzsektor trotz öffentlicher Hilfen zur Explosion bringen.[2]

Die Konjunktur des Keynesianismus

In Anbetracht der dramatischen Lage ertönt – fast 40 Jahre nach Präsident Nixons Ausruf „Heute sind wir alle Keynesianer" – ein Echo: „Yes we are, yes we can". Selbst diejenigen zählen sich heute dazu, die noch vor gar nicht

---

2 Besonders fatal wirkt der Umstand, dass einige Staaten bereits 2008 nahezu bankrott waren (Island, Ukraine, Ungarn) und das Kreditausfallrisiko für Staatsanleihen generell gestiegen ist; vgl. „Süddeutsche Zeitung", 2.1.2009, S. 23.

langer Zeit jede Nachfragesteuerung durch aktive Fiskalpolitik als ökonomischen Irrsinn und gefährlichen Eingriff in den Marktautomatismus ablehnten. Der Ernst der Lage scheint begriffen: Man steckt die Kosten der Finanzkrise weg und pumpt obendrein hunderte Milliarden Euro und Dollar in den globalen Wirtschaftskreislauf.

Die Eile ist verständlich. Denn wie wäre den Wählerinnen und Wählern zu erklären, dass man zwar 20 Prozent des Sozialprodukts den Banken und Bankern zur Verfügung stellt, aber für die Erhaltung und Schaffung von Jobs kein Geld hat? Doch man gebe sich keinen Illusionen hin: Der gegenwärtige postneoliberale Keynesianismus dient in erster Linie der Legitimationsbeschaffung von Umverteilungsmaßnahmen zur Rettung der angeschlagenen Finanzinstitutionen und Unternehmen. Ein Fünftel des Sozialprodukts schlucken Banken und andere Finanzinstitutionen zur Kompensation ihrer Verluste aus öffentlichen Mitteln und durch den Austausch fauler Papiere gegen gutes Zentralbankgeld. Doch ein Fünftel des globalen Sozialprodukts wird in den nächsten Jahrzehnten auch der Klimawandel kosten, wenn nicht endlich etwas dagegen getan wird. Dies ergibt sich aus dem viel zitierten Report von Nicholas Stern für die britische Regierung aus dem Jahr 2006[3] oder aus den Berichten des Intergovernmental Panel on Climate Change (IPCC).[4]

Man kann sich also aussuchen, welche Plage den größeren Schauer auslöst: die gigantischen Verluste durch die globale Finanzkrise oder die astronomischen Kosten des Klimawandels. Der ist inzwischen bittere Realität und bestimmte daher zunehmend die öffentlichen Debatten – bis diese sich nach dem Zusammenbruch einiger global operierender Großbanken (Bear Sterns, Lehmann Brothers) nur noch um die Rettungspakete für den Finanzsektor drehten. Diese Krise lieferte denn auch das wichtigste Argument für die klimapolitischen Bremser: Das Hemd ist bekanntlich näher als der Rock. Ganz in diesem Sinne wird nun auch eine Renaissance der Atomwirtschaft betrieben – ungeachtet ihrer nach wie vor völlig unkalkulierbaren Gefahren.

Die horrenden Kosten der Finanzkrise haben auch vergessen lassen, dass nach FAO-Angaben mindestens 923 Millionen Menschen in der Welt Hunger leiden und dass die Energiekrise wegen der Begrenztheit der fossilen Ressourcen (Peak Oil) keineswegs vorüber ist.[5] Auch wenn der Ölpreis infolge der Finanz- und Wirtschaftskrise sank, weil die Industrieproduktion stagniert und teilweise sogar rückläufig ist: Das wird sich sehr bald wieder ändern; die Grundtendenz des Preises für fossile Energie weist bereits wieder nach oben – was die schwache Weltkonjunktur zusätzlich belasten wird.

Trotz alledem: Die gegenwärtige Finanzkrise allein wäre kein Novum in der Geschichte des Kapitalismus. Unzählige Menschen haben in den historischen Finanz- und Wirtschaftskrisen viel verloren; das wird in der gegenwärtigen globalen Krise nicht anders sein – auch wenn die Verluste beim „Mann auf der

---

3   Dokumentiert in „Blätter", 12/2006, S. 1513-1516; vgl. auch Nicholas Stern, Stern-Review on the Economics of Climate Change, Her Majesty's Treasury, Government of the United Kingdom, 2009.
4   Vgl. IPCC, Fourth Assessment Report of the IPCC on Climate Change, 2007.
5   Vgl. Teresa Cavero und Carlos Galián, Die Lehren aus der Nahrungsmittelkrise, in: „Informationsbrief Weltwirtschaft & Entwicklung", 12/2008, sowie Elmar Altvater, Öl-Empire, in: „Blätter", 1/2005, S. 65-74, und den Beitrag von Hauke Ritz und Otto Wiesmann in diesem Band.

Straße" zunächst nicht mit ihrer ganzen Wucht angekommen sind. In Finanz- und Wirtschaftskrisen ging und geht jedoch „nur" Geld verloren, und deshalb kollabiert das kapitalistische Wirtschaftssystem nicht. Im Gegenteil, die ökonomischen Krisen sind eine Art „Jungbrunnen" des Systems, das durch „schöpferische Zerstörung", so Josef A. Schumpeter, in den Krisen seine Herrschaftsbasis erneuert.[6] Das war auch Karl Marx klar: „Die Krisen sind immer nur momentane gewaltsame Lösungen der vorhandenen Widersprüche, gewaltsame Eruptionen, die das gestörte Gleichgewicht für den Augenblick wiederherstellen" – bis zur nächsten Krise.[7]

Bei Naturkatastrophen, auch bei den von Menschen zu verantwortenden, ist das anders. Sie verursachen in aller Regel nicht nur hohe monetäre Kosten, wie sie im schon erwähnten „Stern-Report" für die britische Regierung über die Kosten des Klimawandels kalkuliert werden, sondern auch irreversible Veränderungen, zumeist Verschlechterungen der natürlichen Umwelt. Auch wenn wir eine ausgerottete Pflanzen- oder Tierart in Geld aufwiegen könnten, sind wir nicht in der Lage, sie wieder zum Leben zu erwecken. In der bisherigen Menschheitsgeschichte sind infolge ökologischer Katastrophen regionale oder lokale Kulturen auf der Strecke geblieben; die Gesellschaften auf den Osterinseln sind verschwunden, die Kulturen der Maya und der Inka auch. In Zeiten der Globalisierung können die Krisen der Natur jedoch den globalen Kollaps von Klima, Energieversorgung, Biodiversität und daher der Produktion von Nahrungsmitteln zum Ergebnis haben. Das wäre nicht nur – wie in der Finanzkrise – ein bitterer monetärer Verlust, sondern viel mehr: die irreparable Zerstörung natürlicher und mithin auch menschlicher Lebensgrundlagen.[8]

Der „Springpunkt" der politischen Ökonomie und die „Mutter aller Krisen"

Wir müssen daher – angesichts von Finanz-, Wirtschafts- und ökologischer Krise (Energiekrise als Folge von „Peak Oil", drohender Klimakollaps, Unterversorgung mit Wasser und Nahrungsmitteln in vielen Weltregionen) – an die von Karl Marx als „Springpunkt" der politischen Ökonomie bezeichnete entscheidende Erkenntnis vom „Doppelcharakter" der Arbeit und der Ware erinnern: In der Ökonomie haben wir es nach vorherrschendem Verständnis vor allem mit Wert- und Geldkreisläufen zu tun, die als grundsätzlich reversibel interpretiert werden. Das verauslagte Kapital kehrt – um den Gewinn vermehrt – zu sich selbst zurück; im Englischen heißt der Profit daher *returns to capital*. Gleichzeitig jedoch finden in Produktion, Transport, Kommunikation und Konsum grundsätzlich irreversible stoffliche und energetische Transformationen statt, die unweigerlich die Entropie des Systems Erde steigern. Das muss uns

---

6   Joseph A. Schumpeter, Kapitalismus, Sozialismus und Demokratie, Bern 1950.
7   Karl Marx, Das Kapital, Band III, MEW 25, S. 277.
8   Zur Problematik der „Monetarisierung" ökologischer Zerstörung, gerade im Zusammenhang des Klimawandels, vgl. Elmar Altvater, Kohlenstoffzyklus und Kapitalkreislauf – eine „Tragödie der Atmosphäre", in: Elmar Altvater und Achim Brunnengräber (Hg.), Ablasshandel gegen Klimawandel. Marktbasierte Instrumente in der globalen Klimapolitik und ihre Alternativen, Hamburg 2008, S. 149-168. – Der Kollaps von Kulturen und Zivilisationen ist minutiös protokolliert worden von Jared Diamond, Kollaps. Warum Gesellschaften überleben oder untergehen, Frankfurt a. M. 2006.

nicht kümmern, solange wir uns weit entfernt von den Grenzen der Verfügbarkeit von Ressourcen und der Tragfähigkeit von Senken für Schadstoffe befinden. Nähern wir uns aber mit Siebenmeilenstiefeln und immer größer werdendem „ökologischem Fußabdruck" den natürlichen Grenzen des Planeten Erde, müssen wir ihnen Rechnung tragen. Tun wir das nicht, werden wir scheitern.

Dieses soziale und politische Scheitern an ökologischen Grenzen hat jedoch erheblich weiter reichende Wirkungen als die monetären Verluste in der Finanz- und Wirtschaftskrise. Die Debatten um die Grenzen folgen aber nicht objektiven Sachverhalten der Natur, sondern sie sind von unserem Wissen abhängig, von sozialen und ökonomischen Interessen bestimmt, und nicht zuletzt sind sie politisch gefiltert. Daher ist es nicht möglich, die Krisen von Finanzen, Wirtschaft, Energie und Klima unabhängig und losgelöst voneinander zu behandeln, gerade weil sie sich doch wechselseitig beeinflussen.[9]

Die „Mutter aller Krisen" ist das Produktions- und Konsummodell der kapitalistischen Metropolen. Es verlangt hohe Zuwachsraten der Produktivität, ist auf Massenproduktion und Massenkonsum ausgelegt und daher auch auf massenhaften Naturverbrauch von Rohstoffen, von fossiler Energie, von Landflächen. Auch die Biodiversität und damit die Evolution des Lebens werden durch Monokulturen beeinträchtigt. Zugleich sind die Industrieländer die ökonomischen und politischen Machtzentren der globalisierten kapitalistischen Welt und hätten das Potential, der systemischen Krise entgegenzusteuern – wenn denn ihre Eliten mitmachen würden. Das Geld ist eines der Medien der staatlichen Interventionen in Ökonomie und Gesellschaft. Doch es fehlt, wenn Maßnahmen gegen den Hunger oder gegen den drohenden Klimakollaps – oder auch „nur" zur Schaffung von Arbeitsplätzen – zu finanzieren sind, weil unvorstellbar viel gutes Geld in das Finanzsystem gepumpt wird, um schlechtes, kontaminiertes Geld zu neutralisieren und das System vor dem Kollaps zu retten. Auf zwölf Mrd. US-Dollar haben die Industrieländer die Mittel gegen den Hunger zusammengestrichen, wie die Hilfsorganisation Oxfam bitter beklagt. Mit diesem Betrag könnte man jedem der 923 Millionen hungernden Menschen gerade einmal elf US-Dollar zur Verfügung stellen, die diese zum Überleben benötigen. Das World Food Program der UNO braucht 2009 dringend 5,2 Mrd. US-Dollar, um den Hungernden in Haiti, im Kongo und anderswo wenigstens notdürftig zu helfen.[10] Hier wird noch nicht einmal gekleckert, bei der Bankenrettung hingegen massiv geklotzt. Das ist auch ein Zeichen für einen Kollaps – nämlich für den Kollaps der Moral im finanzgetriebenen Kapitalismus.

Begrenzte reale Überschüsse und unbegrenzt finanzielle Forderungen

Wie konnte es überhaupt zu der wahrscheinlich tiefsten Finanzkrise in der Geschichte des Kapitalismus kommen?

---

9   Vgl. dazu ausführlich Elmar Altvater, Das Ende des Kapitalismus, wie wir ihn kennen. Eine radikale Kapitalismuskritik, Münster 2005.
10 Vgl. „Süddeutsche Zeitung", 2.1.2009, S. 17.

Finanzielle Forderungen der Institutionen des Finanzsektors müssen real bedient werden, und solange dies gelingt, laufen die Geschäfte normal, und niemand denkt auch nur im Entferntesten an eine Zahlungsklemme oder gar an eine Finanzkrise. Die Fähigkeit, die Forderungen zu bedienen, wird freilich von zwei Seiten her untergraben: erstens, wenn die Überschüsse des realen Akkumulationsprozesses, aus denen finanzielle Forderungen bedient werden müssen, zurückgehen, und zweitens, wenn gleichzeitig die Renditeforderungen von finanziellen Investoren steigen. Beides ist vor der Finanzkrise geschehen. Dadurch hat sich die Schere zwischen einem außer Rand und Band geratenen Finanzsektor, in dem immer absurdere Renditeforderungen generiert wurden, und realer Leistungsfähigkeit der Produktion weit geöffnet. Die kapitalistische Ökonomie ist eben doch keine virtuelle Veranstaltung, wie postmoderne Theoretiker unterstellen. Überschüsse müssen real produziert werden, wenn sie denn die virtuellen Forderungen, die nur als Bits und Bytes existieren, befriedigen sollen.

Die realen Überschüsse müssen umso mehr zunehmen, je größer bereits der Kapitalwert ist, um die Rendite oder Profitrate (die Relation zwischen Überschuss und vorgeschossenem Kapital) zu stabilisieren oder zu steigern. Das gilt entsprechend auch für das Wachstum des Sozialprodukts. Der absolute Zuwachs muss größer werden, damit die Wachstumsrate im Zeitverlauf nicht abnimmt. Doch die realen und keineswegs virtuellen Überschüsse lassen sich nicht exponentiell steigern. Dafür gibt es in der ökonomischen Theorie viele Erklärungsangebote, angefangen mit dem klassischen Gesetz des abnehmenden Ertragszuwachses über die Marxsche Theorie vom tendenziellen Fall der Profitrate und die postkeynesianische Theorie einer säkularen Stagnation bis zur Theorie von den Grenzen des Wachstums in der ökologischen Ökonomie.

Wenn die realen Überschüsse in Relation zum Kapitalvorschuss oder zum BIP abnehmen, können sich die Bezieher finanzieller Renditen noch eine Zeitlang aus der Substanz bedienen und die „Akkumulation des Kapitals durch Enteignung"[11] fortsetzen: durch eine Umverteilung der bereits erzeugten Wertsubstanz vom globalen Süden in den Norden, von Schuldnern zu Kreditgebern, von denjenigen, die von Arbeit abhängig sind, zu den Geldvermögensbesitzern und Kapitaleignern. Kein Zufall also, dass der Anteil von Löhnen und Gehältern in allen Industrieländern in den vergangenen zwei Jahrzehnten der Globalisierung um fünf bis zehn Prozentpunkte reduziert und die Unternehmens- und Vermögenseinkünfte entsprechend erhöht worden sind.[12] Eine Weile kann durch diese Umverteilung die Leistungsfähigkeit der „realen Ökonomie" zum Schuldendienst an den Finanzsektor aufrechterhalten werden, jedoch nicht auf Dauer, weil ihre Substanz unterminiert wird. Die Legitimationsressourcen von Gesellschaften im globalen Raum werden überfordert, und auch die ökonomischen Mechanismen lassen eine grenzenlose Fortsetzung der Akkumulation durch Enteignung nicht zu. Die Umverteilung

---

11 Vgl. David Harvey, The New Imperialism, Oxford 2003; ders., The ‚New' Imperialism: Accumulation by Dispossession, in: Leo Panitch und Leys Colin (Hrsg.), The New Imperial Challenge: Socialist Register 2004, London 2004, S. 63-87.
12 Vgl. dazu die Ausführungen des IWF, World Economic Outlook, April 2007, S. 168.

der Einkommen zugunsten der Geldvermögensbesitzer löst nicht nur sozialen Widerstand aus, sondern hat auch eine Reduktion der Massennachfrage zur Folge, die für den reibungslosen Absatz von Waren oder auch zur „ordentlichen" Bedienung von Hypothekenschulden fehlt. Kosteneinsparungen im Verlauf des Akkumulationsprozesses wirken zunächst positiv auf die Profitrate. Doch dadurch ausgelöste Umweltschäden kehren wegen des irreversiblen Charakters jeder Produktion und Konsumtion unweigerlich in die Gesellschaft und den Wirtschaftskreislauf zurück und mindern die Rentabilität des Kapitals. Dies ist spätestens dann der Fall, wenn die „sozialen Kosten der Privatwirtschaft" (K. William Kapp) sozialen und politischen Widerstand provozieren, weil sich die Lebensbedingungen der Menschen verschlechtern.[13]

Akrobatik der Finanzjongleure jenseits der Grenzen des Wachstums

Die realen Überschüsse geraten also an jene Grenzen, die für alle Transformationsprozesse von Stoffen und Energien gelten. Im Kapitalismus erscheinen die Grenzen – formspezifisch – als Fall der Profitrate, durch den die Dynamik der Akkumulation zum Erliegen kommen kann. Dann ist die Krise unvermeidlich. Gleichzeitig steigen jedoch in den letzten Jahrzehnten die finanziellen Forderungen, so als ob es natürliche Grenzen und die sozialen Widersprüche des realen Reproduktions- und Akkumulationsprozesses nicht gäbe. „Finanzinnovationen" scheinen ein Nirwana höchster Renditen und daran gekoppelter Traumgehälter von Managern zu eröffnen.[14] Die weltweite Konkurrenz der Finanzstandorte wird mit hohen Renditen und Zinsen ausgetragen. Um die Renditen von „Investoren" zu steigern, werden neue Finanzinstitutionen gegründet: Investmentbanken, verschiedenste Fondstypen, Zweckgesellschaften. Von diesen werden neue Finanzinstrumente auf den Markt gebracht, immer mit hohen Renditeversprechen, ohne dass dabei das Risiko realistisch mitgeteilt würde. Ratingagenturen, die es eigentlich transparent machen sollten, tragen stattdessen dazu bei, Risiken bei der „Akkumulation durch Enteignung" zu vertuschen. Das ist massenhaft bei der Verbriefung von Hypothekenkrediten geschehen, die die Basis für windige Kreditpyramiden und fiktives Kapital wurden. Beim Handel mit den papiernen Werten wurde gut verdient, solange die immer höher spekulierten (Papier-)Pyramiden auf der Basis steigender Immobilienwerte standen. An den Geschäften wollten sich alle beteiligen. Neue Finanzplätze wurden durch Deregulierung und lasche Aufsicht attraktiv gemacht, zum Beispiel das eisige Island, wo man schnell lernte, dass der Kundenfang unter den Schnäppchen-Finanzanlegern in ganz Europa weniger ungemütlich ist, als Kabeljau im Nordatlantik zu fangen.

13 James O'Connor hat dies vor zwei Jahrzehnten als „second contradiction" der kapitalistischen Akkumulation bezeichnet; vgl. James O'Connor, Capitalism, Nature, Socialism. A Theoretical Introduction, in: „Journal of Socialist Ecology", 1/1988, S. 11-45; vgl. auch William K. Kapp, Volkswirtschaftliche Kosten der Privatwirtschaft, Tübingen und Zürich 1958.
14 Dazu ist inzwischen sehr viel publiziert worden, vgl. etwa Lucas Zeise, Ende der Party: Die Explosion im Finanzsektor und die Krise der Weltwirtschaft, Köln 2008; Sarah Wagenknecht, Wahnsinn mit Methode – Finanzcrash und Weltwirtschaft, Berlin 2008.

Die Akrobatik der Finanzjongleure wird immer waghalsiger, beispielsweise um die „Hebelwirkung" des Eigenkapitals zu steigern. Mit einem Euro werden mehr als 10 Euro, manchmal sogar 100 Euro bewegt, um hohe finanzielle Überschüsse zu gewinnen, die – bezogen auf das im Vergleich zum eingesetzten Kapital geringe Eigenkapital – dessen Rendite enorm steigern. Zweistellige Renditen von Finanzanlagen gibt es daher auch in einer Lage, in der die realen Wachstumsraten nur gering sind. Der Finanzsektor erweckt den Eindruck, als sei er von den realen Verhältnissen gänzlich unabhängig, als hätten wir es tatsächlich mit einer virtuellen Ökonomie zu tun, in der satte Renditen aus dem Nichts geschaffen werden. Dass in einem solchen Umfeld Arbeit nichts gilt und sogar verachtet wird, dass Gewerkschaften als Organisationen der Arbeit nur als Störenfriede der Geschäfte wahrgenommen werden, ist ebenso wenig verwunderlich wie das Unverständnis der Ökonomen gegenüber theoretischen Ansätzen, in denen die Arbeit als wertschöpfende Kraft interpretiert und nicht dem dominanten Aberglauben gefrönt wird, demzufolge sich Werte beim Zocken im Kasino bilden.

Verschuldung für Konsum und Spekulation anstatt für Investition

Die gleichzeitig enorm wachsende Verschuldung dient weniger der Finanzierung von Investitionen in der Produktion als der Ausweitung von Finanzgeschäften und dem Konsum. In den USA ist dies offensichtlich: Die Schulden der Verbraucher sind in den Vereinigten Staaten seit 1975 von weniger als 740 Mrd. US-Dollar auf fast 11 500 Mrd. US-Dollar (bzw. von 62 auf 127,2 Prozent des verfügbaren Einkommens) hochgeschnellt; das Verhältnis der gesamten Schulden zum BIP stieg von circa 160 Prozent zu Beginn der 70er Jahre auf 340 Prozent im Jahre 2005.[15] Den Schulden entsprechen auf der anderen Seite ebenso wachsende Geldvermögen, die nach Anlage suchen. Deren „Nachfrage" führt eben zu dem Angebot der neuen spekulativen „Vehikel", mit denen die hohen Renditen eingefahren werden können. Die Schuldenexplosion in den USA hat auch eine geopolitische Dimension, weil ein Großteil der spiegelbildlich dazugehörigen Geldvermögen als Devisenreserven in China, Japan, Russland und einigen anderen Ländern mit positiver Leistungsbilanz, wie etwa Deutschland, gehortet wird.

Angesichts der Vorherrschaft des Finanzsektors gegenüber der „realen Ökonomie" ist es kein Wunder, dass Kurzfristigkeit und Shareholder Value das unternehmerische Handeln seit Jahrzehnten bestimmen. Doch es bewahrheitet sich, was John Maynard Keynes schon vor der Publikation seiner „Allgemeinen Theorie des Geldes, der Zinsen und der Beschäftigung" in seinem „Treatise on Money"[16] feststellte: Finanzmärkte sind instabil, denn Finanzmarktakteure rechnen mit Zukunftserträgen, und die Zukunft ist ungewiss und risikoreich.[17] Finanzielle Instabilitäten können sich zu Finanzkrisen zuspitzen. Eine Speku-

---

15 Vgl. Foster und Magdoff, a.a.O., S. 29, 47.
16 John Maynard Keynes, Vom Gelde, München und Leipzig 1932.
17 Hyman P. Minsky, Stabilizing an Unstable Economy, New Haven und London 1986.

lationswelle nach der anderen überrollt denn auch die verschiedenen Weltregionen, die seit der Liberalisierung der globalen Finanzmärkte seit den
späten 70er Jahren alle schwere Schulden- und Finanzkrisen durchmachen
mussten: Zunächst war die „Dritte Welt" von der Schuldenkrise der 80er Jahre
betroffen. Die Folge war ein „verlorenes Jahrzehnt". Die Schwellenländer
mussten ein Jahrzehnt später die Finanzkrise durchmachen, die in Mexiko
1994 ihren Anfang nahm und dann 1997 die asiatischen „Tiger" erfasste, 1999
Brasilien und 2001 Argentinien zurückwarf. Auch die USA machten Finanzkrisen durch: die Sparkassenkrise („savings and loan") und die Krise, die
der Welle von feindlichen Übernahmen folgte (1986 bzw. 1989), die „New-
Economy"-Krise 2000 und schließlich die *subprime crisis*, die inzwischen
nicht nur den US-amerikanischen Immobiliensektor erfasst hat, sondern auch
viele andere Branchen. Sie hat fast allen Ländern der kapitalistischen Weltwirtschaft immense Verluste beschert – und 2009 wird die Krise mit Sicherheit
kein Ende finden.

Die Lehre daraus ist einfach: Renditen von 20 Prozent und mehr auf das
Eigenkapital bei realen Wachstumsraten von ein oder zwei Prozent sind auf
Dauer nicht zu haben; sie sind weder ökonomisch noch sozial und ökologisch
tragfähig. Nur ein Tor kann dies leugnen. Irgendwann können die finanziellen
Forderungen des Finanzsektors real nicht mehr bedient werden. Sie erweisen sich zu einem beträchtlichen Teil als wertlos, wenn die Forderungen, die
sie verbriefen, nicht mehr erfüllt werden können. Dies zeigte sich in der derzeitigen Finanzkrise zuerst bei Hypothenkrediten in den USA, erfasste aber
alsbald auch Kreditkarten, den Konsumentenkredit und andere Kreditbezie-
hungen. Es entsteht ein immenser Abschreibungsbedarf, den niemand genau
beziffern kann, weil die Deregulierung und die verbreitete Verbriefungspraxis
auch zu einer an Blindheit grenzenden Intransparenz geführt haben.

Heute jammern selbst die härtesten Neoliberalen über die „falsche Deregulierung". Diese hätte eine „Gier" freigesetzt, die noch durch falsche Anreiz-
systeme honoriert worden sei.[18] Da ist etwas dran, auch wenn man die Gier
nicht als psychologischen Defekt interpretieren sollte, sondern als Eigenschaft
von „Charaktermasken" im „Börsenspiel der Bankokraten" (Marx). Sie handeln, wie Käpt'n Ahab in Herman Melvilles „Moby Dick" von sich sagt, „ganz
rational" – nur das Ziel und die Regeln seien verrückt.

Falsche Auswege aus dem Labyrinth der Krise

Die Finanzkrise ist nur ein, wenn auch besonders wichtiges Moment der kapitalistischen Systemkrise. Diesem Sachverhalt gilt es Rechnung zu tragen,
wenn nach Auswegen aus dem Labyrinth der Krise gefahndet wird. Manche
Lösungsangebote für die Finanzkrise sind nämlich geeignet, die Energie-,
Klima- und Ernährungskrise zu verschärfen. Deren Rückwirkungen können
die kapitalistische Ökonomie und daher auch die Finanzsysteme in neue und

---

18 Vgl. das Interview mit Jochen Sanio, in: „Die Zeit", 16/2008, S. 32.

tiefere Krisen drängen. Auch hier müssen wir uns wieder an den „Springpunkt" des Doppelcharakters aller Prozesse in einer kapitalistischen Ökonomie erinnern: Produktion, Zirkulation und Konsumtion verändern notwendigerweise die Natur. Umgekehrt haben die Transformationen von Stoffen und Energien und der lebendigen Natur Konsequenzen auch für die ökonomischen und finanziellen Prozesse und mithin auch für die Regulation in der Krise. Dies gilt es im Auge zu behalten, wenn man die drei derzeit meistdiskutierten Lösungspakete der Finanz- und Wirtschaftskrise diskutiert: erstens die Übernahme der Bankverluste durch die öffentliche Hand, also die Sozialisierung der Verluste bei Aufrechterhaltung der kapitalistischen Finanzinstitutionen; zweitens die massiven Investitionsgelegenheiten, die einen neuen Aufschwung einleiten sollen; und drittens die Externalisierung der Kosten der Krisenüberwindung und die daraus sich ergebenden geopolitischen Konflikte.

Erstens: Die Liquiditätsfalle oder der Mangel an profitablen Investitionsgelegenheiten

Die Krise lässt sich nicht bewältigen, indem Geld in die klammen Kassen der Banken und Finanzinstitutionen gespült wird. Denn damit wird nicht die reale Produktion jenes Überschusses angeregt, aus dem die finanziellen Forderungen allein befriedigt werden können. Wenn die staatlichen Mittel das geschwundene Eigenkapital ersetzen oder gar der Staat Geschäftsbanken in der einen oder anderen rechtlichen Form übernimmt, bleibt die Institution als solche erhalten, nur ihr Konkurs wird vermieden. Dienen die staatlichen Mittel dazu, die faulen Forderungen aufzukaufen, dann wird der „Giftmüll" in den Banktresoren durch gutes Zentralbankgeld oder sichere Staatspapiere ersetzt. Es werden Löcher der Finanzinstitutionen gestopft, indem ihnen ein Forderungstausch ermöglicht wird: Statt wertloser Papiere, die abgeschrieben werden müssten, bekommen sie gute Papiere mit Staatsgarantie, oder sie ersetzen einfach das von Managern in „irrationalem Überschwang" (Alan Greenspan) verzockte Eigenkapital der Finanzinstitutionen durch neues, gutes Kapital. Der Staat sozialisiert die privat generierten Verluste und belastet damit den Steuerzahler.

Dennoch dürfte den mit milliardenschweren monetären Infusionen geretteten Finanzinstitutionen und ihren Managern eine bequeme Fortsetzung des finanzgetriebenen Modells nicht möglich sein. Denn die Renditen der vergangenen Bonanza können, wenn die vom Staat bereitgestellten Mittel denn tatsächlich investiert werden, nicht mehr erzielt werden. Das blendende Geschäft mit Subprime-Hypotheken ist vorbei, verbriefte Papiere werden jetzt mit dem Geigerzähler geprüft, bevor sie ins Portefeuille genommen werden, und die so profitablen langen Hebel des *Leverage*-Systems werden gekappt, um nicht erneut in die Risikofalle zu geraten. Also wird der marktgläubige Neoliberalismus wie eine aus der Mode geratene Kutte zusammen mit den kontaminierten Finanzprodukten mit dem *dernier cri* eines neoliberalen Keynesianismus modisch aufgemöbelt. „Wir müssen umdenken – ja sogar durchaus keynesianisch", heißt die neue Devise.[19] Angebotspolitik, das A und O neoliberaler Politikkonzepte, ist wirkungslos, weil der private Sektor sich auf einmal risikoscheu zurückhält. Daher muss der Staat Liquidität bereitstellen, die auf dem Interbankenmarkt nicht zu bekommen ist, und obendrein mit massiver Nachfrage die Unternehmen stützen und eventuell gar entgegen dem neoliberalen Dogma übernehmen. Sonst schnappt die Liquiditätsfalle zu.

Denn nur der Staat ist aufgrund des Steuermonopols in der Lage, Einkommensflüsse an den Finanzsektor umzuleiten. Darin besteht sein einzigartiges Privileg, das nun von den privaten Finanzinstitutionen und anderen Unternehmen genutzt wird. Damit steht aber sogleich die Frage im Raum, aus welchen Steuern und von wem die Mittel erhoben werden, die den privaten Unternehmen zugeleitet werden, um ihre Spekulationsverluste auszugleichen. Wie kann die Umverteilung zugunsten des Finanzsektors durch „die da oben" legitimiert und die Akzeptanz des Umverteilungsmanövers durch „die da unten" erreicht werden? Unweigerlich kommt die heute so genannte Frage der „governementalité" bzw. der „governance" von globaler Umverteilung auf.[20] Politische Konflikte sind vorgezeichnet – und werden bereits ausgetragen, wie etwa in den Auseinandersetzungen um die im internationalen Vergleich eher schmalbrüstigen Konjunkturpakete der deutschen Bundesregierung. Kurzum: Keynesianer können angesichts der Interventionen in die Wirtschaft einen Sieg vermelden. Oder handelt es sich dabei doch nur um einen Pyrrhussieg?

Zweitens: Die ökologischen Fallstricke keynesianischer Nachfragepolitik

Denn an wen und für welche Geschäfte kann das staatliche Kapital von den Banken ausgeliehen werden? Eine ordentliche Bedienung und Rückzahlung ist ja nur möglich, wenn es einer Bank gelingt, das Geld „arbeiten" zu lassen, also in neue Anlagefelder zu investieren und dafür solvente neue Schuldner zu finden. Es reicht also nicht, die monetären Titel mit Hilfe staatlicher Garantien zu retten; die reale Wirtschaft muss einen Überschuss produzieren, um die Titel bedienen zu können. Nach den Finanzkrisen in Asien, Russland, der Türkei und Lateinamerika floss der Kapitalüberhang zu einem großen Teil in die New Economy und pumpte eine Spekulationsblase auf. Nachdem diese im Jahr 2000 geplatzt war, wurde das gerettete Kapital im Immobiliensektor angelegt – bis im Jahr 2007 die Subprime-Krise ausbrach. Und nun?

Anders als in den bloßen Finanzkrisen in Zeiten der Globalisierung ist in dieser Krise der Nationalstaat gefragt. Er muss mit Investitionsprogrammen dafür sorgen, dass der Bankkreditmarkt wieder in Gang kommt. Die Banken müssen wieder mehr die Mittlerrolle zwischen „Sparern" und „Investoren" übernehmen. Diese Funktion ist in einer kapitalistischen Geldgesellschaft notwendig, nur lassen sich dabei keine Ackermannschen Traumrenditen erzielen. Das Investmentbanking, für das an deutschen Universitäten gerade neue Lehrstühle geschaffen wurden, bietet keine Perspektive mehr.

19 So der neoliberale Hardliner Wolfgang Schäuble in einem Interview im „Handelsblatt", 28.11.2008.
20 Vgl. dazu Sven Opitz, Gouvernementalität im Postfordismus, Hamburg 2004.

Tatsächlich werden immer wieder neue Investitionsgelegenheiten in die Diskussion gebracht. Die ökologischen Krisen, so heißt es, würden nicht nur das Potential eines Kollapses in sich bergen, sondern auch neue Chancen für Investoren auf Finanzmärkten bieten – auch wenn diese Abstriche bei den bislang so üppigen zweistelligen Renditen machen müssten. Die Internationale Energieagentur (IEA) bringt den Investitionsbedarf der Ölindustrie und der dazugehörigen Infrastruktur in den kommenden 20 Jahren mit ihrem „World Energy Outlook 2008" in die Diskussion.[21] Sie hält immerhin ein 20 000-Mrd.-US-Dollar-Geschäft für möglich: etwa bei der Erneuerung und dem Ausbau der Förderanlagen, beim Bau neuer Pipelines, bei Investitionen in Raffineriekapazitäten, Tanker und andere Transportvehikel.

Die neuen Geschäftsfelder für Finanzanleger würden allerdings erhebliche Kollateralschäden zeitgen. Das fossile Energiesystem könnte nochmals um einige Jahrzehnte verlängert werden. Das Automobil würde damit auch weiterhin die individuelle Mobilität gewährleisten. Das ist eine gute Nachricht für die Automobilindustrie, die durch Finanzkrise und drohenden Klimakollaps und die Auflagen, den klimaschädlichen Schadstoffausstoß zu reduzieren, auf eine bisher unerforschte Strecke gesetzt wurde. Doch sind die Investitionen unsicher. Denn erstens ist „Peak Oil" eine ökonomisch inzwischen relevante Realität; das heißt, die Ölförderung hat ihren Höhepunkt erreicht. Dann aber tendiert der Ölpreis zwangsläufig wieder nach oben, auch wenn er infolge des krisenbedingten Nachfragerückgangs zeitweise sinken kann. Zweitens ist die politische Stabilität in den Ölregionen nicht nur infolge des „Staatszerfalls" und der Unregierbarkeit mancher Länder gefährdet, sondern auch aufgrund der politischen und militärischen Konflikte untergraben, in die die großen Ölverbraucher-Länder verwickelt sind. Drittens sind auch die globalen Logistik-Netzwerke verletzlich, wie die neuen Formen der Piraterie zeigen.

Die IEA hält es aus energiepolitischen Gründen angesichts von Peak Oil auch für notwendig, in den nächsten zwei Jahrzehnten weltweit jährlich 20 bis 30 Atommeiler ans Netz gehen zu lassen. Hier lockt ein Geschäft in der Größenordnung von hunderten Milliarden US-Dollar, hauptsächlich für die großen Energieversorgungsunternehmen. Ausstieg aus der Atomenergie? Nein danke, die Finanzkrise lässt es nicht zu – so lautet die neueste Argumentationslogik. Angesichts der politischen Konflikte, die ein einziger Atommeiler im Iran heute bereits provoziert, ist die Verbreitung von hunderten von Atomkraftwerken in aller Welt ein geradezu absurdes, ja selbstmörderisches Szenario. Es unterstreicht die Einschätzung, dass es sich bei den Krisen unserer Tage um verschiedene Ausdrucksformen einer Systemkrise der kapitalistischen Produktionsweise handelt. Daher wäre es angebracht, nicht nur nach Lösungen für die Finanz- und Wirtschaftskrise zu suchen, sondern nach einem integralen Konzept, das auch die Lösung der „Kollateralkrisen" einschließt.

Auch im Klimaschutz bieten sich günstige Investitionsgelegenheiten, jedenfalls auf den ersten Blick. Was in den Klimaberichten zunächst als eine Bedrohung präsentiert wird, erscheint auf den zweiten Blick als Chance. Im

21 International Energy Agency, World Energy Outlook, OECD/ IEA, Paris 2008.

bereits zitierten Stern-Report besteht die Bedrohung darin, dass durch den Klimawandel ein Fünftel des globalen Sozialprodukts verloren werden könnte. Doch gibt es die Chance, das Unglück für die Menschheit abzuwenden, wenn bereits heute kontinuierlich ein Prozent des globalen BIP in den Klimaschutz investiert würde. Diese Förderungen werden sogar zum großen Geschäft, wenn man den Emissionshandel im Zuge des derzeit vorbereiteten und in Kopenhagen im Dezember 2009 zu verabschiedenden Kyoto-II-Abkommens globalisiert. Das Volumen des europäischen Emissionshandels beträgt derzeit weniger als 100 Mrd. US-Dollar, weltweit rechnen Optimisten mit einem Potential von bis zu 20 000 Mrd. US-Dollar, zumal wenn der Klimaschutz auch den Schutz der Wälder einbezieht. Das sind zwar wahrscheinlich übertriebene Erwartungen, da der Emissionshandel wohl nur dann in diesen Größenordnungen in Gang kommen kann, wenn alle Länder zustimmen und möglichst viele Branchen einbezogen werden – und wenn die Finanzmärkte sich nach der Krise „normalisieren". Und dennoch wird deutlich: Wenn man Klimapolitik mit „marktbasierten Instrumenten" den Finanzjongleuren auf globalen Finanzmärkten überlässt, kommt in ihren Kreisen Hoffnung auf. Klimapolitiker hingegen geraten bei diesen Aussichten einer finanzgetriebenen Klimapolitik in tiefe Depressionen.[22]

Auch Investitionen zur Extraktion mineralischer Rohstoffe, zur Inwertsetzung der Meeresböden[23] und zum Anbau von Agrokraftstoffen erscheinen dann nämlich hochrentabel. Es wäre ein ergiebiges Anlagefeld, wenn ganze Landstriche in Monokulturen von Agrosprit verwandelt würden; es wäre jedoch auch sehr konfliktreich.[24] Nicht nur soziale Bewegungen, etwa Bauernorganisationen wie Via Campesina, wehren sich mit sozialen und ökologischen Argumenten gegen die Monokulturen großer Agrokonzerne. Auch politische und wissenschaftliche Institutionen in den Industrieländern raten wegen der negativen Konsequenzen für die Biodiversität und den Wald- und Klimaschutz zur Vorsicht.[25]

Ob daher in diesen Geschäftsfeldern ein guter Teil des brachliegenden und nicht entwerteten bzw. durch staatliche Infusionen ersetzten Kapitals investiv absorbiert werden könnte, ist fraglich. Nur wenn die berechtigten Bedenken und der daraus resultierende Widerstand nicht existierten oder wenn sie, wie auch immer, überwunden werden könnten, kann die Verwandlung der ökologischen Bedrohung in ökonomische Chancen für Investoren gelingen. Bis dahin bleiben die von manchen erwarteten massiven Investitionen aus.

Die Folgen für den Finanzsektor sind fatal. Denn nur wenn es den Finanzinstitutionen gelingt, die durch die Nationalstaaten bereitgestellten finanziellen Rettungspakete als Kredite an solide Schuldner zu investiven Zwecken auszuleihen, ist eine Rückzahlung der staatlichen Rettungspakete an die öffentlichen Kassen zumindest zu einem Teil gewährleistet, sonst nicht. Hier zeigt sich erneut, wie bedeutsam es ist, den Doppelcharakter der Arbeit und der

22 Vgl. Altvater/Brunnengräber, Ablasshandel, a.a.O.
23 Vgl. Hermannus Pfeiffer, Umkämpfte Meere, in: „Blätter", 6/2007, S. 754-758.
24 Vgl. den Beitrag von Ernst Ulrich von Weizsäcker in diesem Band.
25 Wissenschaftlicher Beirat der Bundesregierung, Globale Umweltveränderungen, Zukunftsfähige Bioenergie und nachhaltige Landnutzung, WBGU 2008.

Ware zu berücksichtigen: Die finanziellen Verpflichtungen der Banken können nur erfüllt werden, wenn sie in Forderungen gegenüber Investoren verwandelt werden. Diese müssen bedient werden, und zwar real aus produzierten Überschüssen. Der Preis allerdings wäre hoch, nämlich die Fortsetzung des Entwicklungsmodells der ökologischen Zerstörung – es sei denn, die Krise wird in anderer Weise, als bislang unterstellt, genutzt, nämlich als eine echte Chance für einen „systemischen Modellwechsel".

Drittens: Geopolitische Auseinandersetzungen

Ein hoher Preis wird nämlich auch dann fällig, wenn die Transfers an den Finanzsektor nicht investiv in der realen Wirtschaft verwendet werden (können). Dann müssten entweder die Steuerzahler die Verluste übernehmen, oder sie werden in einem inflationären Prozess umverteilt und unter den Marktteilnehmern „gestreut". Die Verluste der Finanzinstitutionen würden dann als Kaufkraftverlust der Währung alle, wenn auch sehr unterschiedlich, treffen. Vor allem würden jene weniger Verluste erleiden, die über Sachvermögen verfügen, oder die es schaffen, ihre Geldvermögen rechtzeitig in reale Werte zu verwandeln. Soziale Gerechtigkeitsvorstellungen würden dadurch verletzt, und die Forderung nach einem Lastenausgleich käme auf.

Daher liegt der Versuch nahe, die Verluste des Finanzsektors und die nachfolgenden Kaufkraftverluste der Währung mit Hilfe einer Abwertung der Währung zu externalisieren. Diese Möglichkeit haben freilich nur Länder, deren Währung als Reservewährung gehalten wird, andere Länder haben sie nicht. Wenn diese die Währung abwerten, kann es wie in den 30er Jahren zu einem Abwertungswettlauf kommen. Damals diente die Abwertung primär dem Zweck, möglichst viele Marktanteile auf umkämpften Weltmärkten zu halten oder auszuweiten. Die Abwertung mit dem Ziel der Externalisierung von Finanzverlusten hingegen hat einen anderen Charakter. Weil sehr viele Länder zum Teil sehr hohe Dollarreserven akkumuliert haben, könnten die USA mit einer Entwertung des US-Dollar erreichen, dass die amerikanischen Steuerzahler nicht mit den Billionenverlusten ihres Finanzsystems belastet werden. So könnten interne politische Konflikte zwar vermieden werden, doch der Preis ist hoch, selbst für die USA. Denn dann drohen geopolitische Auseinandersetzungen – zwischen den Vereinigten Staaten und den Ländern mit großen Dollar-Reserven, also zwischen den USA und der EU, China, Russland, Brasilien und anderen Schwellenländern. Diese Länder gewinnen gegenwärtig an Einfluss, etwa im Rahmen der G 20. Die großen Schwellenländer können nun nicht mehr, wie bei den G 8-Treffen üblich, am „Katzentisch" abgespeist werden. Sie haben mitzureden, sowohl bei der Regulation der globalen Finanzkrise als auch bei der Beseitigung der euphemistisch so genannten „globalen Ungleichgewichte". Diese sind ein Resultat des US-amerikanischen Zwillingsdefizits in Staatshaushalt und Leistungsbilanz, das vom Ausland finanziert worden und daher zu hohen Dollar-Forderungen gegenüber den USA aufgelaufen ist. Die USA müssen also nicht nur die Bankinstitute und die kränkelnden Unternehmen stützen, sondern dabei auch auf externe Gläubiger Rücksicht nehmen. Das engt den eigenen Handlungsspielraum zusätzlich ein.

Hinzu kommt, dass eine Abwertung zwar Entlastung bringen könnte, doch würde dann der US-Dollar seine Rolle als Ölwährung nicht weiter spielen können. Die Ölexporteure würden trotz aller politischen Bindungen und Abhängigkeiten dazu übergehen, die Ölexporte auch in anderer Währung als dem US-Dollar zu fakturieren. Die USA, die zwei Drittel ihres Ölverbrauchs importieren, müssten die Einfuhren mit Devisen bezahlen, die sie durch Exporte erst einmal „verdienen" müssten. Das könnte nur bei einer positiven Sparquote in den USA gelingen. Die Krise würde also eine grundlegende Umlenkung der Finanzströme bewirken. Auch die in den vergangenen Jahrzehnten „eingefahrenen" Handelsströme würden umgeleitet, wenn die USA nicht mehr wie ein kreditfinanzierter Staubsauger den Weltmarkt leer fegen können.

Die Krise ist also noch längst nicht vorbei. Noch wird vor allem und fast ausschließlich die Finanzkrise bekämpft, mit Billionen Dollars und Euros auf den Finanzmärkten. Die Plagen von Klimakollaps, Peak Oil und Hunger werden dagegen massiv in den Hintergrund gedrängt. An diese weit dramatischeren Verluste mag derzeit niemand denken, und bisher sind sie auch noch nicht verteilt – zwischen den Klassen und zwischen den Nationen. Der Konflikt darum, wer der Letzte sein wird, den die Hunde beißen, hat gerade erst begonnen.

Peak Oil: Der globale Krieg ums Öl

Von **Hauke Ritz und Otto Wiesmann**

Spätestens seit dem Ende des Ersten Weltkriegs steht und fällt die kapitalistische Industrialisierung mit der Verfügbarkeit von Öl. Wenn jedoch derzeit über die Reichweite der weltweiten Erdölvorkommen diskutiert wird, dann zumeist auf Grundlage sehr optimistischer Schätzungen. Diese werden überwiegend von der Internationalen Energieagentur (IEA) in Paris erstellt, die sich wiederum auf Daten der US-amerikanischen Bundesbehörde für geologische Studien stützt.[1] Dabei lassen sich bereits heute am Marktverhalten Entwicklungen ablesen, die diesen offiziellen Daten von Grund auf widersprechen.

Im Zentrum der Auseinandersetzung steht dabei die Peak-Oil-Theorie. Peak Oil, auf Deutsch: der Erdölgipfel bzw. das Fördermaximum, bezeichnet den Zeitpunkt, ab dem die Gesamtförderung von Öl ihr Maximum erreicht, um anschließend stetig abzunehmen. Nun lässt sich am Marktverhalten zeigen, dass spätestens seit 2005 die Peak-Oil-Theorie zumindest von der Ölindustrie als Gegebenheit betrachtet wird. Während die Märkte über einen Informationsvorsprung verfügen, wird dagegen in der Öffentlichkeit Peak Oil immer noch als eine zweifelhafte und unbewiesene Theorie wahrgenommen. Dies verhindert nicht nur die dringend notwendige Debatte über die drohenden wirtschaftlichen und politischen Konsequenzen. Es täuscht zudem darüber hinweg, dass zahlreiche geopolitische Ereignisse der letzten Jahre bereits Effekte der bevorstehenden Energiekrise sind.

Inwieweit lässt sich jedoch aus dem Investitionsverhalten der Ölindustrie erkennen, dass heute am Öl-Markt die Peak-Oil-Theorie zugrunde gelegt wird? Zunächst fällt auf, dass die Entwicklung der Märkte den optimistischen Prognosen der Internationalen Energieagentur widerspricht. Die IEA hatte zuletzt in ihrem World Energy Outlook 2006 prognostiziert, dass sich die Ölförderung in den nächsten 23 Jahren um 50 Prozent steigern ließe. Wäre diese Einschätzung richtig, so müsste sie einen Investitionsboom im Bereich der Raffinerien, der Tankerflotten sowie der Pipelines ausgelöst haben. Interessanterweise trat jedoch genau das Gegenteil ein. Kaum ein Marktteilnehmer ist gegenwärtig bereit, auf der Basis der IEA-Prognose neue Raffinerien zu errichten – obwohl die letzte Raffinerie in den USA im Jahr 1976 gebaut wurde und die Infrastruktur somit bereits veraltet ist. Die praktizierte Zurückhaltung bei den Investitionen in die Ölinfrastruktur führte sogar dazu, dass

---

1 Vgl. Hauke Ritz, Die wunderbare Ölvermehrung, in: „die tageszeitung", 4.11.2005.

es in den letzten Jahren immer wieder zu Engpässen im Bereich der Raffineriekapazitäten kam.[2] Selbst das US-Pipelinenetz stammt zum Teil noch aus den 50er Jahren und ist extrem marode.[3] Auch hier lässt das Ausbleiben dringend notwendiger Investitionen darauf schließen, dass Peak Oil von den Märkten bereits vorweggenommen wird. Und schließlich verwenden auch die Ölkonzerne ihre in den letzten Jahren stark angestiegenen Einnahmen nicht vollständig darauf, neue Ölfelder zu suchen und zu erschließen. Stattdessen gebrauchen sie einen immer größeren Teil ihrer Gewinne, um eigene Aktien zurückzukaufen, kleinere Konkurrenten zu übernehmen und Unternehmen im Bereich erneuerbare Energien aufzukaufen.

Legt man die Peak-Oil-Theorie zugrunde, so macht dieses Investitionsverhalten durchaus Sinn. Da die Wahrscheinlichkeit, neue Ölfelder zu finden, immer geringer wird und sich die Ölförderung in den bestehenden Feldern kaum noch steigern lässt, kann die Übernahme kleinerer Ölfirmen tatsächlich lohnender sein als die immer schwieriger werdende Suche nach unentdecktem Öl.[4] Hinzu kommt, dass ein Rückgang des Ölangebots bei gleichzeitig steigender Nachfrage den Ölpreis dramatisch in die Höhe treiben dürfte. Dies hätte auch einen Anstieg der Aktienwerte von Ölfirmen zur Folge – was wiederum die Konzentrationsprozesse in der Ölindustrie erklären würde.

Legt man dagegen die optimistischen Prognosen der IEA zugrunde, wirkt das gesamte Marktverhalten der Ölindustrie höchst irrational. Es ist allerdings sehr rational, wenn man es stattdessen mit den Prognosen der „Association for the Study of Peak Oil" (ASPO) zu erklären versucht. Die überwiegend von Geologen gegründete ASPO geht nämlich davon aus, dass das Fördermaximum bereits im Jahr 2010 erreicht sein wird.[5] Die Märkte folgen in ihrem Verhalten also überwiegend den Angaben der ASPO.

Der Countdown läuft

Die in der ASPO vereinigten Geologen gehen davon aus, dass der Förderrückgang nach dem Peak zwei bis sechs Prozent jährlich betragen wird, wobei zwei Prozent eine sehr optimistische Schätzung bedeuten, da bereits jetzt in einzelnen Ölfördergebieten oft ein wesentlich stärkerer Förderrückgang zu beobachten ist. So hat die Ölförderung in der britischen Nordsee bereits 1999 ihren Höhepunkt erreicht und ist seitdem bereits um rund 30 Prozent abgefallen.[6] Zusätzlich problematisch ist auch die Abhängigkeit fast der gesamten Ölförderung von einem Prozent aller Ölfelder; 75 Prozent des geförderten Öls stammt aus diesen besonders großen Ölfeldern. Die meisten von ihnen sind jedoch schon seit 30 bis 50 Jahren in Betrieb. Allein neun Prozent der weltweiten Ölförderung kommen aus den drei größten Ölfeldern der Welt,

---

2   Nicole Wynands, Die Energiepreis-Krise in den USA nach Katrina und Rita, Konrad-Adenauer-Stiftung/Außenstelle Washington 2005, S. 7.
3   „Handelsblatt", 21.8.2006.
4   Mark Ehren, Öl-Multis mit Reserven-Problemen, vgl. www.boerse.ard.de, 5.4.2005.
5   Vgl. The Association for the Study of Peak Oil and Gas (ASPO), Newsletter 78, 6/2007, S. 2.
6   „The Guardian", 13.10.2004.

den sogenannten Giant Fields, nämlich Ghawar in Saudi Arabien, Burgan in Kuwait und Cantarell in Mexiko. Alle drei haben bereits um das Jahr 2005 ihr Fördermaximum erreicht.[7] Der Förderrückgang, der sich seitdem bemerkbar macht, fällt oft dramatischer aus als erwartet. So ging die Ölförderung des mexikanischen Ölfelds Cantarell im Jahr 2006 gleich um acht Prozent zurück. Für 2007 wird sogar mit 11,6 Prozent ein Förderrückgang im zweistelligen Prozentbereich prognostiziert, Tendenz steigend. Die Förderung in Ghawar brach innerhalb eines Jahres ebenfalls um acht Prozent ein.[8]

Doch selbst wenn man von einem moderaten Förderrückgang zwischen zwei und sechs Prozent ausgeht, werden die Folgen für die industrialisierte Welt dramatisch sein. Das kapitalistische Wirtschaftssystem ist auf ständiges Wachstum programmiert. So wie ein Fahrradfahrer sein Gleichgewicht nur halten kann, solange er fährt, so bleibt auch unser Wirtschaftssystem nur im Takt, solange es wächst. Wachstum bedeutet aber konkret die Zunahme des zirkulierenden Geldes, der produzierten Güter und des Ressourcenverbrauchs sowie die Ausdehnung der Handelswege und die Globalisierung der Wirtschaft. All dies war in den zurückliegenden Jahrzehnten nur auf der Basis ständig steigenden Energieverbrauchs möglich. Und dieser wird weltweit zu gut einem Drittel mit Ölderivaten befriedigt (in der Bundesrepublik zu 35,7 Prozent).[9] Insbesondere für den Transportsektor und damit auch für den Welthandel ist Öl als natürlicher Primärenergieträger von absolut zentraler Bedeutung. Am weltweiten Primärenergieverbrauch verfügt Kohle über einen Anteil von 28 Prozent und Gas über einen Anteil von 22 Prozent. Die Atomkraft hat weltweit nie mehr als zehn Prozent des Primärenergieumfangs erreicht (Deutschland 12,5 Prozent, USA 8,1 Prozent).[10] Stellt man nur den Endenergieverbrauch in Rechnung und zieht die Übertragungs- und Umwandlungsverluste ab, dann ist der Anteil der Kohle- und Atomenergie sogar noch geringer zu veranschlagen. Und selbst wenn die erneuerbaren Energien in nächster Zeit die Kernkraft überrunden sollten, wären auch sie immer noch weit davon entfernt, das Erdöl ersetzen zu können.

Regionale Ungleichgewichte

Doch die gesamte Problematik von Peak Oil wird nicht hinreichend verstanden, solange man nicht berücksichtigt, dass der Rückgang der Ölförderung nicht alle Regionen der Welt gleich stark treffen wird. Aufstrebende Schwellenländer wie China dürften von Peak Oil anders betroffen sein als westliche Länder. Da aufstrebende Schwellenländer Energie in der Regel weniger effizient nutzten als hoch entwickelte Länder, würden diese jungen Ökonomien

---

7   Vgl. Internationale Energieagentur (IEA), World Energy Outlook 2006, Summary and Conclusion; Matthew R. Simmons, Twilight in the desert. The Coming Saudi Oil Shock and the World Economy, New Jersey 2005; „Junge Welt", 1.6.2007.
8   Thomas Black, Pemex Says Cantarell 2006 Production to Decline 8 %, www.bloomberg.com, 2.8.2006; Luke Burgess, The world's largest Oil Field is Dying, in: „Energy and Capital", 9.8.2006.
9   Bundesministerium für Wirtschaft und Technologie, www.bmwi.de, Rubrik „Mineralölversorgung und Energiestatistik".
10 British Petrol (BP), Statistical Reviews of World Energy 2005 (Stand: 6/2006).

sehr empfindlich von einem massiven Anstieg des Ölpreises getroffen werden. Andererseits ist aber in diesen Ländern der von modernen Wirtschaftsstrukturen abhängige Anteil der Bevölkerung prozentual auch viel geringer als in Europa und den USA. Je größer der Anteil der Bevölkerung, der noch in traditionellen bäuerlichen Dorfgemeinschaften lebt, desto eher kann ein Gesellschaftssystem eine Energiekrise überstehen. Außerdem sind aufstrebende Ökonomien wie China in der Lage, beim Aufbau ihrer Infrastruktur die kommende Energiekrise von Anfang an zu berücksichtigen und beispielsweise den öffentlichen Verkehr gegenüber dem Individualverkehr aufzuwerten. Aufgrund ihres ausgedünnten Eisenbahnnetzes dürfte es dagegen für die USA eine Herkulesaufgabe sein, das schon bestehende dichte Netz an Highways durch ein ebenso dichtes Netz an Eisenbahn- und U-Bahn-Linien zu ersetzen.

Auch innerhalb des Westens dürften sich die Auswirkungen von Peak Oil unterschiedlich stark bemerkbar machen. So kommen Europäer gegenüber den US-Amerikanern auf einen nur halb so großen Energieverbrauch pro Person.[11] Das liegt zum einen daran, dass Europa und die Vereinigten Staaten unterschiedlich auf die Ölkrisen in den 70er Jahren reagiert haben. Während die USA mit der Carter-Doktrin ihre Militärpräsenz im Nahen Osten zum wesentlichen Faktor ihrer Außenpolitik machten, begann man in Europa damit, durch die Besteuerung von Energie wenigstens das Wachstum des Energieverbrauchs zu verlangsamen. Hinzu kommt, dass Europa dichter besiedelt ist und somit Handels- und Reisewege im Allgemeinen kürzer sind. Zudem verfügt Europa durch den Golfstrom über ein gemäßigteres Klima. Außerdem erstrecken sich in Nordamerika die Gebirge von Norden nach Süden und verlaufen nicht wie in Europa von Ost nach West. Dadurch fallen die Temperaturschwankungen zwischen Sommer und Winter in den USA wesentlich stärker aus, was den Bedarf an Energie zum Heizen im Winter und zum Kühlen im Sommer zusätzlich erhöht. Schließlich haben die Vereinigten Staaten einen viel größeren Anteil der eigenen Industrieproduktion nach Südostasien ausgelagert. Was zu Zeiten billiger Ölpreise als Wettbewerbsvorteil gedacht war, kann sich im Zuge einer Energiekrise jedoch leicht als Bumerang erweisen. Denn bei einer dramatischen Verteuerung des Öls und damit auch der Treibstoffe erweisen sich lange Transportwege als unproduktive Verschwendung wertvoller Energie.

Problemfall USA: Allzweckwaffe Erdgas?

Doch selbst wenn all diese Faktoren nicht wären, gibt es doch eine ganz wesentliche Ursache dafür, warum die USA stärker als jedes andere Land der Welt von der kommenden Ölkrise betroffen sein werden. Denn die einfachste Lösung, Versorgungsengpässe beim Erdöl auszugleichen, besteht darin, weite Teile der Energieversorgung auf Erdgas umzustellen. Erdgas wird schon seit

11 Werner Zittel und Jörg Schindler, Energieversorgung am Wendepunkt, Wien 2006, S. 12.

Jahrzehnten als Energieressource verwendet; die Technik ist daher ausgereift. Heute ist es möglich, Autos und LKWs auch mit Erdgas fahren zu lassen. Dort, wo es zu Engpässen beim Heizöl kommt, könnte man leicht auf Erdgas umsteigen. Auch der Ölbedarf der Industrie ließe sich in vielen Bereichen relativ schnell auf Erdgas umstellen. Gas eignet sich somit am ehesten von allen Energieträgern als Ölersatz.

Erdgas hat nur einen Nachteil: Im Gegensatz zu Öl wird es fast ausschließlich über Pipelines auf dem Landweg transportiert. Der Transport von Erdgas über den Seeweg ist dagegen teuer, aufwändig und gerade erst im Aufbau begriffen. Das Erdgas muss dafür auf minus 161,5 Grad gekühlt werden, um es in eine flüssige Form zu bringen. Sein Volumen reduziert sich dabei um den Faktor 600. Anschließend kann es mit speziellen Tankschiffen transportiert werden. Dabei muss man die niedrige Temperatur ständig beibehalten. Dieses sogenannte LNG (Liquefied Natural Gas) wird dann in speziellen Umschlagterminals entladen und in Verdampfungsanlagen durch die Anpassung an die Außentemperatur wieder in den gasförmigen Zustand gebracht. Auf diesem Wege wird es dann in das Pipelinenetz eingespeist. Der gesamte Prozess ist nicht nur extrem aufwändig und kostenintensiv; beim Transport werden zudem 20 Prozent des flüssigen Gases allein zur Kühlung verbraucht.

Aufgrund dieser Schwierigkeiten sind die Erdgas- im Gegensatz zu den Ölmärkten bislang regionale Märkte. Dies hat zur Folge, dass man, anders als bei Öl, bei Erdgas sinnvollerweise nicht von einem weltweiten Fördermaximum sprechen kann. Viel bedeutender ist bei Erdgas das Fördermaximum einzelner Kontinente. Die größten Erdgasvorkommen finden sich in Russland und im Iran. Beide Länder verfügen zusammen über rund 45 Prozent der weltweiten Gasvorkommen. Nicht zuletzt deshalb kamen in letzter Zeit immer wieder Gerüchte auf, dass beide Länder die Gründung einer Gas-OPEC vorantreiben würden.[12] Auf dem eurasischen Gasmarkt ließe sich der Gasverbrauch somit noch schätzungsweise 20 Jahre steigern.[13] Eurasischen Wirtschaftsmächten (wie China, Indien und Europa) eröffnet sich damit die Möglichkeit, die abnehmende Ölförderung für ein bis zwei Jahrzehnte durch Gas zu kompensieren. Gas bietet sich also als zwischenzeitlicher Energieträger im Übergang zu erneuerbaren Energien an.

Ganz anders stellt sich die Lage für die USA dar. Die Gasvorräte des nordamerikanischen Kontinents sind viel geringer als diejenigen Eurasiens. So erlebte die US-amerikanische Gasproduktion ihren Förderhöhepunkt bereits 1973. Seither konnte die verfügbare Gasmenge mit Hilfe von Importen aus Mexiko und Kanada lediglich auf einem Plateau knapp unterhalb des damaligen Fördermaximums gehalten werden. Vieles deutet darauf hin, dass ein Einbruch der nordamerikanischen Gasförderung in naher Zukunft bevorsteht.[14]

12 Vgl. „RIA Novosti", 1.6.2007, sowie „Die Presse", 20.3.2007.
13 Jörg Schindler und Werner Zittel, Fossile Energiereserven (nur Erdöl und Erdgas) und mögliche Versorgungsengpässe aus Europäischer Perspektive. Studie im Auftrag des Deutschen Bundestages, vorgelegt vom Büro für Technikfolgenabschätzung, Endbericht vom 22.7.2000.
14 Werner Zittel und Jörg Schindler, Energieversorgung, a.a.O., S. 92-112; Exxon, Öldorado 2006, www. exxonmobil.de.

Während Europa, China und Indien somit versuchen könnten, die einbrechende Ölförderung durch Gasimporte aus Russland, Zentralasien und dem Nahen Osten auszugleichen, sehen sich die USA gleich mit einer doppelten Energiekrise konfrontiert. Die bevorstehenden Engpässe in der Ölförderung und die sich bereits jetzt in Mexiko, Kanada und den USA abzeichnenden Schwierigkeiten bei der Gasförderung könnten sich gegenseitig multiplizieren. Erschwerend kommt noch hinzu, dass der Förderrückgang bei Erdgas viel schneller vonstatten geht als beim Öl. Das zeitliche Zusammenfallen des weltweiten Öl-Peaks und des Rückgangs der nordamerikanischen Gasproduktion stellt die USA vor enorme Probleme. Die Folge könnte eine Energiekrise bislang nicht gekannten Ausmaßes sein.[15]

Die Energiekrisen der 70er Jahre waren politisch motiviert und führten lediglich zu zeitlich begrenzten wirtschaftlichen Rezessionen. Die kommende Energiekrise dagegen ist geologisch bedingt und somit dauerhaft. Dabei sind die USA stärker bedroht als jede andere Wirtschaftsregion der Welt. Die gleichzeitige Verknappung von Öl und Gas bedroht die USA mit einem möglichen Zusammenbruch ihrer industriellen Infrastruktur.

Rettungsanker Militär

Nun ist es allerdings kaum denkbar, dass ausgerechnet die größte Militärmacht der Welt tatsächlich am stärksten unter der kommenden Energiekrise leiden wird. Nicht umsonst kontrollieren die Vereinigten Staaten alle Transportrouten für Öl auf dem Seeweg bis in den pazifischen Raum hinein. Zudem haben die USA in vielen Ländern des Nahen Ostens Militärbasen errichtet. Nach dem 11. September 2001 ist es den USA außerdem gelungen, ihre militärische Präsenz auch in der zweiten wichtigen Förderregion für Öl und Gas, direkt um das Kaspische Meer herum, auszubauen. Bis dahin war diese Region überwiegend Teil der russischen Einflusszone. Die USA besitzen heute Basen in Kasachstan, Kirgistan und Turkmenistan und sind somit die Macht mit dem direktesten militärischen Zugriff auf die beiden größten verbliebenen Förderregionen der Welt, den Nahen Osten und Zentralasien. Es wäre naiv, davon auszugehen, dass die USA im Falle einer Energiekrise von dieser Vormachtstellung keinen Gebrauch machen würden.

Im Gegenteil: Sowohl der Afghanistan- als auch der Irakkrieg lassen sich als Vorentscheidung dafür deuten, dass die USA entschlossen sind, die kommende Energiekrise vorzugsweise militärisch zu lösen. Diese Vermutung wird durch eine Rede gestützt, die Dick Cheney bereits am 15. November 1999 vor dem Institute of Petroleum in London hielt. Darin skizzierte er die Peak-Oil-Problematik und bezeichnete den Nahen Osten „mit zwei Dritteln der weltweiten Ölreserven und den geringsten Förderkosten" als die Region, „wo letztlich der Hauptgewinn liegt".[16]

---

15 Richard Heinberg, The Party's over. Das Ende der Ölvorräte und die Zukunft der industrialisierten Welt, München 2004, S. 275-336.
16 Dick Cheney, Where the prize ultimately lies, in: „Studien von Zeitfragen", Internet-Ausgabe, 2007.

Man schätzt, dass der gut drei Jahre später begonnene Irakkrieg die Vereinigten Staaten bislang bereits mehr als 400 Mrd. US-Dollar gekostet hat. Eine ungeheure Summe, die besser in die Entwicklung und den Ausbau erneuerbarer Energien investiert worden wäre. Das ist jedoch nicht geschehen. Große staatliche Investitionsanstrengungen, wie wir sie beispielsweise vom Manhattanprojekt während des Zweiten Weltkriegs oder dem Mondprogramm der 60er Jahren her kennen, stehen im Bereich der erneuerbaren Energien bis heute aus – ob die von der Regierung Obama angekündigten Maßnahmen hier eine substanzielle Neuerung bedeuten, bleibt noch abzuwarten.

Der amerikanische Wissenschaftler Michael T. Klare, Autor des Buches „Resource Wars",[17] hat kürzlich diese ausschließliche Konzentration auf militärische Maßnahmen als ein Verbrechen an der jungen Generation bezeichnet. Die Besetzung des Irak hat bislang nicht einmal die Ölförderung des Landes steigern können. Jeder Versuch, Öl militärisch zu sichern, sei zum Scheitern verurteilt, so Klare, da man im Endeffekt jede Pipeline mit tausenden Soldaten bewachen müsste. Das auf diese Weise zum Fenster herausgeworfene Geld fehle den USA, um die Energieformen der Zukunft zu entwickeln. Die Folge ist, dass der heranwachsenden Generation keine effektive Energieform zur Verfügung steht, wenn das Öl dereinst erschöpft sein wird.

Realitätsblindheit allerorten

All dies wirft die Frage auf, wieso die USA sich derart kurzsichtig auf die militärische „Lösung" des Energieproblems festgelegt haben. Hier kommt eine Vielzahl von Faktoren ins Spiel: Zum einen befindet sich die amerikanische Wirtschaft seit 150 Jahren, mit Ausnahme der Weltwirtschaftskrise von 1929, in einem Zustand ständiger Expansion. Anfangs nach innen, durch die sich stetig nach Westen verschiebende Grenze. Doch als das letzte indianische Territorium erobert war, begann die wirtschaftliche Expansion in die übrige Welt, zunächst als Handels- und seit dem Zweiten Weltkrieg zunehmend als imperiale Macht. Auf diese Weise ist die Erfahrung wirtschaftlicher und militärischer Expansion zu einem zentralen Bestandteil des amerikanischen Lebensgefühls und Gesellschaftsmodells geworden.

Zudem gab es in der amerikanischen Geschichte keine Zusammenbrüche, die sich mit den europäischen Erfahrungen der zwei Weltkriege oder der deutschen Inflation vergleichen ließen. Während die „Katastrophen" des 20. Jahrhunderts in Europa ein Bewusstsein der eigenen Schwäche erzeugt haben, sind im Gegensatz dazu die USA bis heute von ihrer Stärke überzeugt und halten daher auch brachiale militärische Lösungen für ein taugliches Mittel der Politik.

Hinzu kommt, dass beim Aufstieg der Vereinigten Staaten zu einem Imperium zwei Faktoren von zentraler Bedeutung waren: zum einen die Rolle des US-Dollars als Weltwährung, welche das Geld(schöpfungs)monopol der US-

---

17 Vgl. Michael T. Klare, Resource Wars: The new landscape of global conflict, New York 2001.

amerikanischen Notenbank und somit enorme Seignioragevorteile mit sich brachte; und zum anderen die Kontrolle über große Teile des weltweiten Handels mit Öl, seiner Fakturierung und seines Transports. Diese Kombination von Weltwährung und Ölhandel ermöglichte es den USA, ohne Rücksicht auf ihr Handelsbilanzdefizit wirtschaftlich zu expandieren. Tatsächlich könnte die Geschichte der USA – von einer Wirtschaftsmacht zu einem Imperium – am Beispiel einer Geschichte des Öls geschrieben werden.[18] Aber gerade diese geopolitische Abhängigkeit vom Öl erklärt vermutlich auch, warum die amerikanischen Eliten die Möglichkeit eines rechtzeitigen Umstiegs auf erneuerbare Energien ungenutzt verstreichen ließen.

Schließlich könnte ein weiterer Grund für die Konzentration der USA auf militärische Lösungen auch jener Bericht sein, der im Februar 2005 von Robert Hirsch für das US-Energieministerium erstellt wurde. Diese Untersuchung stellte fest, dass die Umstellung der wirtschaftlichen Infrastruktur von Öl auf alternative Energieträger nur dann ohne Versorgungsengpässe zu bewerkstelligen sei, wenn die Umstellung 20 Jahre vor dem Fördermaximum beginnt. Im allergünstigsten Fall, so der Report, könnte auch noch eine Umstellung, die erst zehn Jahre vor dem Fördermaximum beginnt, die schlimmsten Folgen abfedern.[19] Wie oben dargestellt, wird das Öl-Fördermaximum nach Schätzung der Geologen der ASPO aber bereits in den nächsten Jahren erreicht sein.[20] Mit anderen Worten: Für einen harmonischen Übergang ist es heute vielleicht bereits zu spät. Dieses zu knapp bemessene Zeitfenster könnte der letztlich entscheidende Grund dafür sein, weshalb die USA ganz vornehmlich mit militärischen Interventionen auf die Problematik reagieren.

Doch ist Europa nicht in der Position, sich über die verfehlte Politik der Vereinigten Staaten zu erheben. Denn während sich im Nahen Osten bereits der nächste Krieg ankündigt, diskutiert man in Europa immer noch über die Realitätstauglichkeit der Peak-Oil-Theorie. Während die USA ihre finanziellen Ressourcen in Kriegen verschwenden, verschwendet Europa seine geistigen Ressourcen und erkennt nicht, dass die am Horizont aufziehende Krise leicht ein neues Zeitalter großer militärischer Konfrontationen einläuten könnte.

---

18 Vgl. William R. Clark, Petrodollar Warfare: Oil, Iraq and the Future of the Dollar, Gabriola 2005; William Engdahl, Mit der Ölwaffe zur Weltmacht, Rottenburg a. N. 2006.
19 Robert Hirsch, Peaking of world oil production: impacts, mitigation, risk management, US-Energieministerium 2005.
20 Vgl. Colin J. Campbell, Frauke Liesenborghs und Jörg Schindler, Ölwechsel! Das Ende des Erdölzeitalters und die Weichenstellung für die Zukunft, München 2007.

Klima, Ressourcen und Krieg

Von **Ernst Ulrich von Weizsäcker**

„Krieg um Öl oder Frieden durch die Sonne" – der Titel des Buches von Franz Alt gibt eine sehr verbreitete Stimmung nicht nur in Deutschland wieder.[1] Tatsächlich hat die Geographie der heutigen bewaffneten Konflikte eine auffallende Ähnlichkeit mit der Geographie der Öl- und Gasförderung.

Zu den Grundprämissen, auf denen die Annahme eines unmittelbaren Zusammenhangs von Krieg und Ölknappheit basiert, gehört die „Peak-Oil-Theorie".[2] Ihr zufolge wird der Höhepunkt der Ölförderung in Bälde erreicht, das heißt die weltweite Ölförderung wird ab ca. 2015 rückläufig sein. Die Vorräte schwinden bei wachsender Nachfrage, und das beschwört neue Verteilungskonflikte sowie drastisch steigende Ölpreise herauf. Kurz: Öl ist so begehrt, dass man es militärisch sichern möchte. Neben dem häufig angeführten Irakkrieg wird dafür auch das Verhalten Chinas ins Feld geführt: Wären die Chinesen nicht so scharf auf das Öl des Sudan, hätten sie im UN-Sicherheitsrat früher für ein Eingreifen in Darfur gestimmt, lautet die These.

Trotz der zahlreichen Indizien halten viele Ölanalysten die „Peak-Oil"-Behauptung jedoch nach wie vor für falsch. Sie sind der Meinung, dass es bei steigenden Ölpreisen auch ein erneut steigendes Ölangebot geben werde – aus Teersanden, aus Kohleverflüssigung und anderen derzeit ökonomisch noch nicht rentabel zu erschließenden Quellen. Allerdings gibt es wohl keinen Ölanalysten, der behauptet, dass die Entdeckung und Ausbeutung neuer Quellen ein Prozess für die Ewigkeit sei.

Realistischerweise muss man jedoch in der Tat feststellen, dass der Trend einer Abnahme von Rohstoffpreisen keineswegs gebrochen ist. Selbst der Preisauftrieb 2007 hat die zuvor drastisch gefallenen Preise gerade einmal wieder in die untere Schwankungsbreite des Langfristtrends gehoben.[3] Der jüngere, langfristige Aufwärtstrend ist in der Hauptsache, neben der Schwäche des US-Dollar, durch den massiven Rohstoffhunger Chinas verursacht, der sicherlich – wenn auch etwas unterbrochen durch die Wirtschaftskrise – anhalten wird. Aber gleichzeitig hat ein gewaltiger Investitionsschub hinsichtlich der Erschließung und Ausbeutung mineralischer Rohstoffe eingesetzt. Insbe-

1   Franz Alt, Krieg um Öl oder Frieden durch die Sonne, München 2007.
2   Vgl. den Beitrag von Hauke Ritz und Otto Wiesmann in diesem Band.
3   Marc Faber, zitiert von Dan Denning in „Revolutions, Cycles, and Migrations", in: „Whiskey and Gunpowder", 27.5.2006, zeigt eine abwärts gerichtete Gerade für den Preistrend von Industrierohstoffen (in konstantem Dollar); die doppelte Standardabweichung wird nach oben und unten nur sehr selten verlassen, nach unten erstmalig etwa 1995; der Preisauftrieb seit 2001 hat uns gerade wieder in die doppelte Standardabweichung gehoben.

sondere für ärmere afrikanische Länder scheint das eine gute Nachricht zu sein. Aber sie dürfen sich keinerlei Illusionen hingeben. Die hauptsächlich chinesischen Investoren achten sehr darauf, dass sie selbst Herren des Geschehens bleiben und nicht allzu viel Geld im Rohstoffland bleibt.

Im Übrigen hat der globale Trend der verstärkten Rohstoffausbeutung an einigen Stellen schon wieder zu fallenden Preisen geführt. Ferner ist vielerorts eine fast vergessene Kreislaufwirtschaft wieder profitabel geworden, was die Verfügbarkeit von mineralischen Rohstoffen ebenfalls erhöht. Von einer physikalischen Rohstoffknappheit kann deshalb eigentlich nur bei fossilen Brennstoffen sowie bei einigen für die Hochtechnologie wichtigen, aber seltenen Stoffen (wie beispielsweise Indium) die Rede sein.

Wenn man also über ressourcenbedingte Konflikte spricht, dann muss dies differenziert geschehen. Außer über die auch unabhängig vom Öl eher labilen Staaten des Vorderen Orients reden wir insbesondere über lokal-regionale Konflikte um Wasser, über Biopiraterie genetischer Ressourcen oder über die Flächennutzungskonflikte durch den Boom bei Biotreibstoffen.

Wasser und biologische Vielfalt

Derzeit wohl am bedeutendsten sind lokale und regionale Konflikte um die lebensnotwendige Ressource Wasser. Etwa um türkische Staudämme, die das Wasser von Euphrat und Tigris nicht mehr in gewohntem Umfang in die Unterliegerstaaten, besonders den Irak, fließen lassen. Oder es geht um die grenzüberschreitende Verschmutzung, etwa des Donauwassers. Hoch problematisch ist auch die Praxis von Firmen wie Coca Cola, sich in südamerikanische Wassereinzugsgebiete einzukaufen und anschließend entsprechende Nutzungsrechte zu beanspruchen.

Noch dramatischer sind die Konflikte um die Privatisierung von Wasserversorgungssystemen in den Metropolen der Entwicklungsländer. In Cochabamba, Bolivien, kam es vor zehn Jahren zu einem Volksaufstand, als die Wasserversorgung an die US-Firma Bechtel verkauft wurde und diese dann auch von den Armen kostendeckende Preise einforderte. Nach weiteren Konflikten dieser Art kam es in Bolivien zu einem Regierungswechsel, bei welchem Wasserkonflikte neben dem Coca-Anbau eine wichtige Rolle spielten. Auch um diese zu schlichten, berief der neue Regierungschef Evo Morales alsbald den Anführer einer Rebellion gegen Wasserprivatisierung zum Wasser-Minister.[4]

Zur Lösung dieser Problematik wird man nicht umhinkommen, gegen die Logik des Marktes eine Art Grundrecht auf Zugang zu einer das Existenzminimum sichernden Wassermenge zu postulieren.

Ein weiteres Konfliktfeld ist der Zugang zu genetischen Ressourcen. Heute ist die Biodiversität massiv gefährdet. Die reichste Artenvielfalt finden wir im feuchtheißen Tropengürtel. Die dortigen Länder sind zumeist wirtschaftlich unterentwickelt. Die reichen Länder ermahnen sie jedoch, die biologische

---

4   Vgl. Ernst Ulrich von Weizsäcker u.a. (Hg.), Grenzen der Privatisierung, Stuttgart 2006.

Vielfalt zu schützen, zumal darin große Potentiale für künftige Medikamente und für Pflanzenkreuzungen liegen. Der Norden hatte in der Vergangenheit kostenfreien Zugang zu diesen genetischen Ressourcen. Die UN-Konvention zum Schutz der biologischen Vielfalt (CBD) ließ sich der „Süden" jedoch nur unter der Bedingung abtrotzen, dass ein Artikel über die Nutzenteilung bei der Ausnutzung von biologischer Vielfalt aufgenommen wurde. Ebendieser Artikel ist jedoch einer der stärksten Hinderungsgründe für das mächtigste Land der Erde, die Vereinigten Staaten, die Konvention zu ratifizieren. Ärgerlicherweise hat die Nichtratifizierung jedoch zur Folge, dass die USA zu keinerlei Vorteilsausgleich mit den Ländern des Südens gezwungen werden können, aus welchen sie die biologischen Schätze entnommen haben. Der Süden spricht deshalb auch von Biopiraterie.

Eine peinliche Diskrepanz entdeckt man auch, wenn man die geographische Verteilung der Biodiversität – Schwerpunkt Tropengürtel – mit der Verteilung der Botanischen Gärten – Schwerpunkt Industrieländer – vergleicht. Dabei wäre die CBD an sich, ihrem Sinn und Wortlaut nach, ein Instrument zur Konfliktregulierung und zur fairen Verteilung des Nutzens. Aber eben nur, wenn alle mitmachen.

Wundertüte Agrotreibstoff

Ein besonderes, hoch aktuelles Problem, nicht nur für die Artenvielfalt, stellt die Zunahme der Biosprit-Erzeugung, oder genauer: der Agrotreibstoffe, dar. Diese sind in jüngster Zeit insbesondere in den USA und Brasilien äußerst populär geworden. Auch die EU-Kommission hat sich mit sehr ehrgeizigen Beimischungsprozentsätzen zu Treibstoffen hervorgetan. In der Regel kommt die Biospritwerbung mit klimapolitischen Argumenten daher. In Wirklichkeit bedeutet eine ungeprüfte Ausdehnung von Agrotreibstoffen jedoch eine große ökologische Bedrohung, sozialpolitischen Sprengstoff und auch gravierende ökonomische Probleme, zumindest insoweit sie als Beitrag zum Klimaschutz angesehen werden. In Malaysia, Indonesien und anderen Tropenländern findet eine rapide Ausdehnung von Palmölplantagen statt. Diese können als der heute bedeutsamste Angriff auf die natürliche Biodiversität angesehen werden. Hinzu kommt, dass sie, wenn sie Primärwälder verdrängen, auch noch zu einer massiven Freisetzung von vormals im Boden gebundenen Gasen wie Lachgas, Methan und CO_2 und insofern zu einer Verstärkung des Treibhauseffekts führen.

In Mexiko sind die Preise für Tortillas bereits auf das Doppelte gestiegen, weil viele Bauern auf Mais für Agrotreibstoffe umgestiegen sind, was zu einer Verknappung von billigem, heimischem Mais als Nahrungsmittel führte, während zugleich US-Agrarkonzerne Mexiko mit subventioniertem Mais überschwemmen. In Brasilien gibt es eine bereits Jahrzehnte alte Rivalität zwischen Flächennutzung für Ernährung und für Agrotreibstoffe. Der gegenwärtige Zuckerrohrtreibstoffboom führt zu einer weiteren Zurückdrängung der Landlosen und Subsistenzbauern, die ihrerseits in ökologisch wertvolle

Waldgebiete abgedrängt werden, die sie dann durch Rodung nutzbar zu machen versuchen. Selbst in Europa sind die Nahrungsmittel in den letzten zwei Jahren deutlich teurer geworden.

Für eine Tonne CO_2-Vermeidung durch Agrotreibstoffe zahlt man nach OECD-Angaben rund 100 Euro. Das ist etwa das Fünffache im Vergleich zu den etwa 20 Euro für eine Tonne CO_2-Vermeidung auf dem europäischen Emissionsmarkt. Und ökonomisch rentabel sind Biotreibstoffe selbst für Bauern nur dann, wenn sie massiv subventioniert werden.

In neun wichtigen Fragen untersuchte im Jahr 2007 eine Studie die „Agrotreibstoffe" und kommt zu durchweg eher skeptischen Antworten.[5] Eines der hierzulande bisher viel zu wenig beachteten Probleme ist die Einführung der grünen Gentechnik durch die Hintertür der Agrotreibstoffe, weil hier ja das Produkt nicht durch den menschlichen Magen geht.

Vergleichende Analysen zur Klimawirksamkeit unterschiedlicher Biotreibstoffe zeigen, dass die heute populären Formen von Biosprit bezüglich Treibhausgasemissionen kaum besser abschneiden als fossile Brennstoffe. Erst die aus Lignozellulose, etwa Holzabfällen oder Schilfgras, hergestellten Biotreibstoffe der „zweiten Generation" versprechen einen positiven Beitrag zur Verminderung von Treibhausgasen. Bei diesen ist aber noch erheblicher Forschungsaufwand zu leisten. Dieser ist der Kern des eine halbe Milliarde US-Dollar schweren Forschungsprojekts, welches die Ölfirma BP vergeben hat, nämlich an die Universität von Kalifornien in Berkeley unter Beteiligung der Universität von Illinois in Urbana-Champaign.

In den USA ist die Förderung von Agrotreibstoffen zudem meist weniger klimapolitisch als außenpolitisch motiviert: Man möchte von den Ölimporten aus Ländern unabhängiger werden, denen man nicht recht über den Weg traut. Dabei ist gerade auch die Klimabedrohung als potentieller Auslöser von Konflikten wichtig genug.

Die Klimafrage als Kriegsursache

Tatsächlich ist das Thema Klima völlig zu Recht in den Mittelpunkt der umweltpolitischen Diskussion gerückt. Das betrifft auch die damit verbundenen Konfliktpotentiale. Wenn sich die globale Erwärmung weiter fortsetzt, drohen die zunehmende Verstärkung von verheerenden Wirbelstürmen und Hochwasserkatastrophen, die Verschiebung von Wachstumszonen mit teilweise bedrohlichen Auswirkungen auf die Landwirtschaft, die Verringerung der sommerlichen Schmelzwasserflüsse durch den Rückzug von Gletschern und nicht zuletzt ein erheblicher Anstieg des Meeresspiegels.

Der Meeresspiegelanstieg wurde lange Zeit als lediglich langfristig relevant angesehen. Man sprach von einem Anstieg um vielleicht 30 Zentimeter pro Jahrhundert durch die physikalische Ausdehnung des Wasserkörpers bei Erwärmung sowie durch das langsame Abschmelzen von Gletschern und der

5 Agrofuels. Towards a reality check in nine areas, Juni 2007.

polaren Eisschilde. Erst die 2004 publizierte Studie über die Klimaentwicklung in der Arktis hat die Meeresspiegelfrage ins Scheinwerferlicht gerückt.[6] Besonders der Vergleich sommerlicher Süßwasserseen in Grönland 1992 und 2002 hat publizistisch für Furore gesorgt. Die Größe der Süßwasserbedeckung hat sich in dieser Zeitspanne vervierfacht.

Nun weiß man, dass dieses Schmelzwasser großenteils in mächtigen Strömen vertikal nach unten auf den felsigen Untergrund schießt. Es kann diesen rutschig machen und eine mechanische Instabilität des Eisschildes heraufbeschwören. Dann haben wir es mit einer völlig anderen zeitlichen Dynamik zu tun als beim graduellen Abschmelzen. Vor 7800 Jahren ist genau das passiert, damals noch nicht unter menschlichem Einfluss: Der damals noch existierende, mehrere tausend Meter dicke Eisschild über Labrador und der Hudson Bay ist wohl in ganz kurzer Zeit mechanisch instabil geworden, was zu einem abrupten Anstieg des Meeresspiegels um etwa sieben Meter und zur Überschwemmung weiter Küstenländer führte. Auch das Eis über Grönland oder der westlichen Antarktis könnte sich destabilisieren, was den Meeresspiegel um sechs bis acht Meter erhöhen würde. Man stelle sich die Auswirkungen auf die dicht besiedelten Küstenregionen der heutigen Welt und die dann einsetzenden gigantischen Konflikte und Flüchtlingsströme vor.

Die politische Frage ist nun, wie solche Katastrophen verhindert werden können. Was hierzu umgesetzt wird, ist in der Regel viel zu zaghaft. Man spricht etwa über eine verstärkte Windenergienutzung. Das ist natürlich gut fürs Klima, aber selbst die in Deutschland geschaffte Verzehnfachung innerhalb von zehn Jahren hat noch nicht mehr bewirkt als einen Beitrag zur Energiebereitstellung in der Nähe von vier Prozent. Auch Sonnenenergie, Biomasse, Erdwärme und Wasserkraft können ähnliche Beiträge liefern. Aber das wird keineswegs ausreichen, um das Klima zu stabilisieren.

Die Wiederbelebung der Atomenergie ist durch die Knappheit von Uran begrenzt, und, was potentielle Konflikte angeht, ähnlich brisant wie die globale Erwärmung. Darüber hinaus ist selbst die Versicherungswirtschaft nicht bereit, das Risiko voll abzudecken. Auch das Vergraben von CO_2 im Boden oder in alten Gaskavernen ist keine gute Lösung. Es bedeutet hohe Zusatzkosten und müsste gigantische Ausmaße annehmen, bis es klimarelevant wird.

Emissionshandel als Auslöser der neuen Industriellen Revolution

Das Hauptproblem des internationalen Klimaschutzes besteht heute darin, dass Länder wie China, das bekanntlich enorme Wirtschaftswachstumsraten und rasch zunehmende CO_2-Emissionen aufweist, noch nicht mit im Boot sind. Man bemüht sich international, wie auf der Konferenz von Bali 2007, um ein Nach-Kyoto-Regime für den Klimaschutz, aber die Einbeziehung der Entwicklungsländer verspricht unendlich mühsam zu werden, weil diese mit Recht darauf hinweisen können, dass der Norden immer noch wesentlich

---

6 Robert Correll u.a., Arctic Climate Impact Assessment (ACIA), Cambridge 2004.

höhere Pro-Kopf-Emissionen hat und genau darauf sein Wohlstand basiert, ihnen jedoch Wohlstandsgewinne durch Wirtschaftswachstum aus Gründen des Klimaschutzes verwehrt werden sollen.

Nun hat Bundeskanzlerin Merkel bei ihrer Asienreise nach Japan, China und Indien im Sommer 2007 eine bemerkenswerte Initiative ergriffen: Sie sagte mit Bezug auf den indischen Ministerpräsidenten Manmohan Singh, den Menschen in den Entwicklungsländern könne man aus Gerechtigkeitsgründen nicht das Recht absprechen, die Atmosphäre in gleichem Umfang zu nutzen wie wir. Das führt konsequenterweise zu einem neuen Ansatz der Klimapolitik: nämlich der Erlaubnis für alle Menschen auf der Welt, in gleichem Umfang Treibhausgase zu emittieren.

Eine für die Konfliktforschung wichtige Frage besteht nun darin, wie das dem Gedanken von Frau Merkel zugrunde liegende Gerechtigkeitspostulat innerhalb der Entwicklungsländer allen Menschen, insbesondere den Armen, zugute kommen kann und wie dieses politisch durchzusetzen wäre.

Eine erste Möglichkeit bestünde in der Vergabe und/oder Versteigerung von Emissionszertifikaten und der Einrichtung eines globalen Emissionshandelsystems. Wenn Länder wie etwa Bangladesch den ihnen erlaubten Ausstoß klimaschädlicher Gase nicht in vollem Umfang ausschöpfen, könnten sie die überzähligen Lizenzen an die großen Energieverbraucher im Norden verkaufen. Das führt zu einem hohen jährlichen Geldsegen für die Entwicklungsländer und zugleich zu einem starken Anreiz, möglichst wenig von den wertvollen Lizenzen zu verschwenden.

Zudem hätte ein globaler Emissionshandel eine weitere faszinierende Begleiterscheinung. Er würde ein internationales Wettrennen um den Ausbau der klimaneutralen Energieversorgung und der Energieeffizienz auslösen. Es geht dabei um nichts weniger als eine neue Industrielle Revolution.

Während der ersten Industriellen Revolution seit dem frühen 19. Jahrhundert ist es der Menschheit gelungen, die Arbeitsproduktivität etwa zu verzwanzigfachen. Heute ist die menschliche Arbeit nicht mehr knapp, wohl aber die Energie und andere Ressourcen. Das müsste das Signal dafür sein, dem technischen Fortschritt eine neue Richtung zu geben. Das Ziel müsste es sein, die Energie- und Ressourcenproduktivität strategisch zu erhöhen. Wenn wir es etwa schaffen, innerhalb von 30 bis 50 Jahren die Ressourcenproduktivität zu vervierfachen, könnte sich in dieser Zeit der Wohlstand verdoppeln und der Ressourcenverbrauch halbieren. Das wäre eine der besten Friedensstrategien zur Vermeidung von Wohlstands- und Ressourcenkonflikten.

Physikalisch ist die Vervierfachung der Ressourcenproduktivität ohne weiteres möglich. Bei mineralischen Ressourcen und Wasser geht es im Wesentlichen um die Kreislaufführung, ein vergleichsweise einfaches Programm, in dessen Rahmen man auch eine Verzehnfachung der Produktivität anpeilen kann. Zum Vergleich: Das Wasser des Rheins fließt im Durchschnitt zehnmal durch die menschliche Zivilisation, bis es das Meer erreicht. Das kann man eine Verzehnfachung der Wasserproduktivität nennen. Die zentrale Technologie für diese Nutzung ist die Abwasserreinigung, einschließlich der biologischen Reinigungsstufe, also gewiss keine Zauberei. Bei Metallen geht es dagegen um die systematische Rückführung, und diese ist im Wesentlichen eine Preisfrage. Gold landet normalerweise nicht auf Mülldeponien, sondern wird Gramm für Gramm zurückgewonnen. Auch dies ist keine Zauberei, aber die Ausdehnung auf andere Metalle verlangt einen tiefgehenden technologischen und ökonomischen Strukturwandel. Japan hat hier derzeit die Nase vorn, und China folgt dem Beispiel beeindruckend rasch, aber Deutschland liegt auch nicht schlecht im Rennen.

Schwieriger liegt der Fall bei der Energie, weil diese sich nach dem Zweiten Hauptsatz der Thermodynamik beim Gebrauch entwertet. Aber auch hier ist das Potential der Verbesserung gigantisch. Zur Illustration: Eine Kilowattstunde Strom würde unter idealen Bedingungen ausreichen, um ein zehn Kilo schweres Gewicht viermal von Meereshöhe auf den Gipfel des Mount Everest zu heben. In einem mit Amory Lovins zusammen verfassten Buch habe ich 50 Beispiele aus allen Wirtschaftszweigen aufgeführt, wie man wenigstens eine Vervierfachung der Ressourceneffizienz erreichen kann.[7] Im Februar 2010 erscheint mein gemeinsam mit dem Australier Charlie Hargroves auf dieser Basis erarbeitetes Buch „Faktor Fünf: Die Formel für nachhaltiges Wachstum", das entsprechend ehrgeiziger angelegt ist.

Die permanente Ökosteuerreform

Doch von alleine kommt eine derartige Effizienzrevolution nicht zustande. Man kann ordnungspolitisch die eine oder andere Maßnahme ergreifen, um die Entwicklung zu steuern, so etwa den Verkauf von Glühbirnen verbieten, um die Durchsetzung von Sparglühbirnen und Lichtelektrischen Dioden (LED) zu beschleunigen, aber all das wird genauso wenig ausrichten wie der alleinige Ausbau der Windenergie. Die eigentliche Fortschrittsbarriere ist der – entgegen der landläufigen Meinung weiterhin stattfindende – ständige Verfall der Rohstoff- und Energiepreise, der ihre Wiederverwertung nicht hinreichend rentabel macht – jedenfalls bislang.

Die (erste) Industrielle Revolution kam demgegenüber durch eine sich gegenseitig verstärkende Doppeldynamik voran: Der Anstieg der Löhne erfolgte weitgehend parallel zum Anstieg der Arbeitsproduktivität. So haben sich Bruttolöhne und Arbeitsproduktivität in den USA von 1910 bis 1960 absolut parallel zueinander entwickelt. In anderen Ländern und anderen Zeiten lassen sich sehr ähnliche Entwicklungen beobachten. Das ist natürlich kein Zufall. Der Lohnspielraum war stets durch die Arbeitsproduktivität definiert, und der Anreiz zur Arbeitsrationalisierung, also zur Erhöhung der Arbeitsproduktivität, stieg stets mit den Bruttolohnkosten an.

Nun haben sich organisierte Arbeitnehmer immer für höhere Löhne eingesetzt, andernfalls hätte die Wirtschaft die Rationalisierungsgewinne einfach zu ihren eigenen Gunsten geschluckt. Bei Ressourcenpreisen gibt es jedoch leider niemanden, der sich entsprechend kämpferisch für eine Erhöhung ein-

---

7   Amory Lovins und Ernst Ulrich von Weizsäcker, Faktor Vier. Doppelter Wohlstand, halbierter Naturverbrauch, München 1997.

setzt. Die Ressourcenanbieter würden zwar nicht ungern höhere Preise durchsetzen, aber der Käufermarkt verhindert das in der Regel. Und die Politik hat die unselige „leninistische" Tendenz, dafür zu sorgen, dass Ressourcen zu billigsten Preisen angeboten werden, um auf diesem Wege die Verbraucher stillzustellen.

Wenn die globale Umweltproblematik heute tatsächlich völlig zu Recht als hoch bedrohlich eingeschätzt wird und erfolgreich bekämpft werden soll, müsste die Politik umso mehr einen grundlegenden Paradigmenwandel vornehmen und sich anders als in der Vergangenheit dafür einsetzen, dass endliche Ressourcen ständig teurer werden. Idealerweise sollte der Preisfortschritt wie bei der Erhöhung der Arbeitsentlohnung parallel mit dem Produktivitätsfortschritt vonstatten gehen. Dieser Prozess kann, wie beschrieben, auf internationaler Ebene durch den Emissionshandel mit CO_2-Lizenzen in Gang gesetzt werden. Auf nationaler Ebene wäre dagegen eine permanente ökologische Steuerreform ratsam, weil sie keinen nennenswerten Mess- und Umsetzungsaufwand mit sich bringt.

Ich denke dabei an einen im parteiübergreifenden Konsens herzustellenden Beschluss, jedes Jahr die durchschnittliche Erhöhung der Ressourcenproduktivität zu messen und die Ressourcenpreise im Folgejahr um ebendiesen Prozentsatz anzuheben. Das gewonnene Steueraufkommen sollte zur Senkung der indirekten Lohnnebenkosten verwendet werden. Weltmarktbedingte Preisschwankungen könnten den Preispfad zwar stören, aber grundsätzlich ebenfalls im jährlichen Rhythmus durch Senkung des Ressourcenpreisanstieges kompensiert werden.

Ein solches System bietet zwei enorme Vorteile. Für Investoren wäre es ein ideales Instrument, um auf wenige Prozent genau die Ressourcenkosten voraussehen zu können und entsprechend zu disponieren. Der andere Vorteil besteht darin, dass im statistischen Durchschnitt kein zusätzlicher Leidensdruck beim Verbraucher entsteht. Jahr für Jahr würde der monatlich gezahlte Preis für Energie, Wasser und andere Ressourcen im Wesentlichen konstant bleiben. Auch der versteckte Energieaufwand würde mit erfasst werden. Härten entstünden lediglich für diejenigen, die zu arm sind, sich den technischen Fortschritt zu leisten. Hier könnte ein Steuerrabatt für den Grundbedarf aushelfen, ohne dass die Anreizwirkung des Systems verloren ginge.

Auf der Grundlage dieser permanenten Ökosteuerreform erwarte ich eine Lawine von Investitionen in die Erhöhung der Energieeffizienz, weil der Markt diese rasch honorieren würde. Auch auf der Verbraucherseite würden sich erstens die Produktpräferenzen und zweitens die längerfristig wirksamen Verhaltensweisen ändern. Genau das ist es aber, was die erste Industrielle Revolution ausgemacht hat. Erst wurde der Beruf des Kutschers durch den des Chauffeurs abgelöst, und dann lernten die „Herrschaften" selbst das Autofahren. Der erste Schritt betraf also die Technik, der zweite das Verhalten. Und beides hatte Erfolg: Die Abschaffung des Kutscherberufs war eher mit sozialem Aufstieg als mit sozialen Härten verbunden. Mancher Softwareingenieur von heute hatte einen Kutscher als Urgroßvater und eine Bauernmagd als Urgroßmutter.

Bei allem Zutrauen in die Möglichkeit der Verhaltensänderung durch innovative Techniken dürfen jedoch die politischen Probleme nicht außer Acht gelassen werden: Die Handlungsfähigkeit des demokratischen Staates hat unter dem Druck der Globalisierung der letzten 20 Jahre massiv abgenommen, insbesondere was mutige Entscheidungen anbelangt.

Während des Kalten Krieges lag es im Interesse des Kapitals und der Wirtschaft, Demokratie und sozialen Ausgleich zu pflegen, um zu zeigen, dass das freiheitlich-demokratische, marktwirtschaftliche System dem autoritären und bürokratischen Kommunismus überlegen war. Nach dem Fall des realexistierenden Sozialismus hieß es, man könne sich teuren Umweltschutz und einen teuren Sozialstaat nicht mehr leisten. Die im globalen Wettbewerb stehenden Unternehmen mussten auf hohe Kapitalrenditen achten, um nicht von profitableren Firmen geschluckt zu werden. Die Staaten gerieten entsprechend unter einen gewaltigen Druck, es den Investoren im Lande so angenehm wie möglich zu machen. Sonst drohte ein massiver Verlust von Arbeitsplätzen. Die Folge war ein schädlicher Standort- und Steuersenkungswettbewerb der Staaten, der insbesondere die Unternehmenssteuersätze betrifft. Dieser Konflikt ist jedoch nur die Spitze des Eisbergs. Der Schutz öffentlicher Güter und sozialer Gerechtigkeit ist unter dem Druck des globalen Wettbewerbs immer schwieriger geworden. Der von Marktwirtschaftlern treuherzig vorgebrachte Slogan, eine Flut hebe alle Boote nach oben, ist für die Einkommenssituation auf der gesamten Welt und innerhalb der einzelnen Länder ein zynischer Witz. In praktisch allen Ländern reißt die Schere zwischen Arm und Reich seit 1990 auf, und abgesehen von (jedenfalls partiellen) Erfolgsgeschichten wie China und neuerdings Indien hat das Elend ganze Regionen ergriffen. So war der chinesische Siegeszug bei Textilien von einem fast vollständigen Zusammenbruch der Textilindustrien in weiten Teilen Afrikas begleitet. Und die Rohstoffverkäufe kommen weit weniger der Bevölkerung zugute als zuvor die Herstellung und Vermarktung von Textilien.

Um einen konfliktvermindernden weltweiten Wohlstandspfad anzusteuern, wird es deshalb nötig sein, globale Regeln zu entwickeln und durchzusetzen. Die glänzende Grundidee von Adam Smith, dass Gewerbefreiheit und ein freier Markt den Wohlstand der Nationen beflügeln, ging stets davon aus, dass es für diesen Markt eine gemeinsame Rechtsordnung gibt. Solange die internationalen Kapitalmärkte die nationalen Rechtsordnungen respektierten, was bis 1990 weitgehend der Fall war, konnte man die Marktwirtschaft guten Gewissens als segensreich bezeichnen. Heute hingegen müssen wir uns in klarer Erkenntnis der neuartigen Herausforderung entschlossen dafür einsetzen, endlich einen dem globalen Markt ebenbürtigen globalen Rechtsrahmen mit den nötigen Sanktionsmitteln zu schaffen. Der stärkste Hinderungsgrund hierfür ist der immer noch vorherrschende Glaube von Wirtschaftswissenschaftlern und Kapitaleignern, dass „der Markt" mit „unsichtbarer Hand" alle Probleme lösen würde. Davon kann offensichtlich keine Rede sein. Schon deshalb wird mit einer ökologisch-technologischen Vision zur Beherrschung des Klimas allein kein Frieden möglich sein. Wir müssen vielmehr auch die globalen politischen Institutionen grundlegend verändern.

Klimakriege

Von **Harald Welzer**

Ein leises Klirren hinter mir ließ mich den Kopf drehen. Sechs Schwarze gingen hintereinander und quälten sich den Pfad hinauf. Sie schritten aufrecht und langsam, balancierten kleine Körbe mit Erde auf dem Kopf, und das Klirren begleitete jeden Schritt. [...] Ich konnte ihre Rippen zählen, die Gelenke ihrer Glieder waren wie Knoten in einem Strick; jeder trug ein Halseisen, und alle waren mit einer Kette verbunden, deren gleichmäßig klirrende Glieder zwischen ihnen hingen." Diese Szene, die Joseph Conrad in seinem Roman „Herz der Finsternis" beschreibt, spielt zur Blütezeit des europäischen Kolonialismus vor etwas mehr als 100 Jahren.

Die gnadenlose Brutalität, mit der die frühindustrialisierten Länder damals ihren Hunger nach Rohstoffen, nach Land und nach Macht zu befriedigen suchten und die den Kontinenten ihre Signatur aufprägte, ist den heutigen Verhältnissen in den westlichen Ländern nicht mehr abzulesen. Die Erinnerung an Ausbeutung, Sklaverei und Vernichtung ist einer demokratischen Amnesie zum Opfer gefallen, als seien die Staaten des Westens immer schon so gewesen wie jetzt, obwohl ihr Reichtum wie ihr Machtvorsprung auf eine mörderische Geschichte gebaut ist.

Stattdessen ist man stolz auf die Erfindung, Einhaltung und Verteidigung der Menschenrechte, praktiziert *political correctness*, engagiert sich humanitär, wenn irgendwo in Afrika oder Asien ein Bürgerkrieg, eine Überschwemmung oder eine Dürre den Menschen die Überlebensgrundlage nimmt. Man beschließt militärische Interventionen, um die Demokratie zu verbreiten, und übersieht dabei, dass die meisten westlichen Demokratien auf einer Geschichte von Ausgrenzung, ethnischer Säuberung und Völkermord beruhen. Während sich die asymmetrische Geschichte des 19. und 20. Jahrhunderts in den Luxus der Lebensumstände in den westlichen Gesellschaften eingeschrieben hat, tragen viele Länder der „Zweiten" und „Dritten Welt" schwer an der Geschichte, die sie damals mit Gewalt überkam: Nicht wenige postkoloniale Länder haben es niemals zu stabiler Staatlichkeit, geschweige denn zu Wohlstand gebracht; in vielen Staaten wurde die Ausbeutungsgeschichte unter veränderten Vorzeichen fortgeschrieben, und in zahlreichen fragilen Gesellschaften stehen heute die Zeichen nicht auf Besserung, sondern auf weiteren Abstieg. Die Klimaerwärmung, ein Ergebnis des unstillbaren Hungers nach fossiler Energie in den frühindustrialisierten Ländern,

---

trifft die ärmsten Regionen der Welt am härtesten; eine bittere Ironie, die jeder Erwartung Hohn spricht, dass das Leben gerecht sei.

Das westliche Gesellschaftsmodell, so gnadenlos erfolgreich es ein Vierteljahrtausend lang war, kommt nun, in dem Augenblick, wo sein Siegeszug global wird und selbst kommunistische und gerade noch kommunistisch gewesene Länder in den Attraktionsrausch eines Lebensstandards mit Auto, Flat-Screen und Fernreise gezogen hat, an eine Grenze seines Funktionierens, mit der in dieser Konsequenz kaum jemand gerechnet hätte. Die Emissionen, die der Energiehunger der Industrie- und immer mehr auch der Schwellenländer produziert, drohen das Klima aus dem Takt zu bringen. Die Folgen sind jetzt schon sichtbar, für die Zukunft aber unabsehbar; gewiss ist nur, dass die schrankenlose Vernutzung fossiler Energie nicht endlos weitergehen kann, und dass dieses Ende nicht, wie lange Zeit angenommen, primär vom Versiegen der Ressourcen diktiert ist, sondern von der Unbeherrschbarkeit der Folgen ihres Verbrennens.

Aber nicht nur, weil die Klimawirkungen der emittierten Schadstoffe ab einem Schwellenwert der Erwärmung um etwa zwei Grad nicht mehr kontrollierbar sein werden, kommt das westliche Modell an seine Grenze, sondern auch, weil eine globalisierte Wirtschaftsform, die auf Wachstum und Ausbeutung von Naturressourcen setzt, als weltweites Prinzip nicht funktionieren kann. Denn logisch funktioniert sie nur dann, wenn Macht sich an einer Stelle der Welt akkumuliert und an einer anderen Stelle angewendet wird; ihr Wesen ist partikularistisch, nicht universal – nicht alle können sich gegenseitig ausbeuten. Da die Astronomie noch keine kolonisierbaren Planeten in Reichweite anbieten kann, kommt man um die ernüchternde Feststellung nicht herum, dass die Erde eine Insel ist. Man kann nicht weiterziehen, wenn das Land abgegrast und die Rohstofffelder abgebaut sind.

Da nun aber die Überlebensressourcen schwinden, zumindest in manchen Regionen Afrikas, Asiens, Osteuropas, Südamerikas, der Arktis und der Inselstaaten im Pazifik, wird das Problem auftreten, dass immer mehr Menschen immer weniger Grundlagen zur Sicherung ihres Überlebens vorfinden. Es liegt auf der Hand, dass dies zu Gewaltkonflikten zwischen denen führt, die sich von ein und demselben Stück Land ernähren oder aus derselben verrinnenden Wasserquelle trinken wollen, und genauso liegt es auf der Hand, dass man in absehbarer Zeit Umwelt- und Kriegsflüchtlinge nicht mehr sinnvoll voneinander unterscheiden können wird, weil neue Kriege umweltbedingt entstehen und Menschen vor der Gewalt fliehen. Da sie irgendwo bleiben müssen, entwickeln sich weitere Gewaltquellen – in den Ländern selbst, in denen man nicht weiß, wo man hin soll mit den Binnenflüchtlingen, oder an den Grenzen der Länder, in die sie hineinwollen, wo man sie aber auf keinen Fall haben möchte.

In einigen Fällen, wie beim Krieg im Sudan, ist der Zusammenhang von Klima und Gewalt direkt, geradezu mit Händen zu greifen. In vielen anderen Kontexten heutiger und künftiger Gewalt – in Bürger- und Dauerkriegen, im Terror, in illegaler Migration, in Grenzkonflikten, in Unruhen und Aufständen – besteht die Verbindung zwischen Klimawirkungen und Umweltkonflikten nur indirekt und vor allem in der Weise, dass die Klimaerwärmung die globalen Ungleichheiten in den Lebenslagen und Überlebensbedingungen vertieft, weil sie die Gesellschaften sehr unterschiedlich trifft.

Aber ganz gleich, ob Klimakriege eine direkte oder indirekte Form dessen sind, wie Konflikte im 21. Jahrhundert gelöst werden – die Gewalt hat in diesem Jahrhundert eine große Zukunft.

Klimawandel, überlebensgroß

Der Klimawandel hat überlebensgroße Dimensionen, in mehrfacher Hinsicht. Er ist das erste wirklich globale menschengemachte Geschehen: Gleichgültig, wer wo wann die Entwicklung des Klimas durch Emissionen beeinflusst hat – die Folgen dieser Einflussnahme können in einer ganz anderen Gegend der Welt und von ganz anderen Generationen zu spüren und zu ertragen sein. Ursache und Wirkung sind im Klimawandel auseinandergerissen – diejenigen, die die Folgen verursacht, und diejenigen, die sie zu bewältigen haben, sind keine Zeitgenossen.

Die Probleme bei den Versuchen, noch irgendetwas an seiner Entwicklung zu steuern, gehen unter anderem auf diese *eingebaute Verantwortungslosigkeit* zurück. Das zeitliche, regionale und biographische Missverhältnis zwischen Verursachung und Wirkung steht der Zurechnung von Verantwortung ebenso im Wege wie der Zuschreibung von Pflichten, die aus der Abwendung der möglichen Katastrophe entstehen. Und da das Klima träge ist, kann sein Wandel vorerst nicht beeinflusst werden; was man tun könnte, wenn etwas getan würde, hätte auf Jahrzehnte kein sicht- und fühlbares Resultat – das Äußerste, was alle Anstrengungen hervorbrächten, wäre eine mit irgendwelchen unverständlichen Verfahren messbare Verlangsamung des Anstiegs von CO_2-Konzentrationen, aber die Gletscher würden trotzdem weiterschmelzen und die Eisbären auch dann aussterben, wenn die Skalenwerte sich verbesserten.

Die Ungleichheit der Folgelasten ist ihrer schieren Dimension wegen nicht zu kompensieren – schließlich kann man nicht die Hälfte der afrikanischen Bevölkerung umsiedeln, schon gar nicht, wenn auch den Leuten aus Bangladesch und den Bewohnern der Arktis ihr Überlebensraum abhanden gekommen ist. Im Unterschied zu Katastrophen wie dem Tsunami Weihnachten 2004 oder dem Hurrikan Katrina im Sommer 2005 ist der Klimawandel nicht irgendwann *vorbei*, und schon die Folgen dieser Flut und jenes Sturms überforderten das Vorstellungsvermögen der Zeitgenossen ebenso wie die Pläne und Kapazitäten des Katastrophenschutzes. Wie stellt man sich aber dann eine *gewusste*, jedoch nicht gefühlte Katastrophe vor, die geeignet ist, die Verhältnisse auf der Welt zumindest in einigen Regionen radikal zu verändern? Gestattet der westliche Fortschrittsglaube und die damit verschwisterte Überzeugung, es gäbe nichts, was nicht gelöst werden könnte, überhaupt eine vernünftige Ausmessung der Dimension des Problems? Und falls ja: Was wären die lebenspraktischen Konsequenzen daraus?

Die Gegenwart der Katastrophe

Technische, natürliche[1] und soziale Katastrophen, die unerwartet waren und sowohl das Vorstellungsvermögen wie die Bewältigungsmöglichkeiten übersteigen, sind schon vorgekommen.

Der Unfall im Kernreaktor von Tschernobyl im April 1986 war eine *technische* Katastrophe, die statistisch nach den Berechnungen der Eintrittswahrscheinlichkeit einer Kernschmelze nicht hätte passieren können,[2] und die, als sie dann doch geschah, die Welt mit Fassungslosigkeit erfüllte. Das lag daran, dass erstens das Unerwartete eingetreten war, und dass man zweitens keine Ahnung hatte, wie man einer solchen Katastrophe Herr werden sollte. Und drittens daran, dass sich hier zum ersten Mal zeigte, dass Umweltbelastungen wie radioaktiver Fallout sich an Unterscheidungen zwischen Verursachern und Betroffenen nicht halten – auch Regionen in Schweden, Finnland oder Polen wurden verseucht, weil der Wind eben so wehte. Insofern war Tschernobyl ein früher Ausblick auf die Zukunft globaler Umweltdesaster. Übrigens stellte der Unfall auch ein Debakel für die Kontrollphantasien derjenigen dar, die sich ökologisch zu ernähren bemühten, und die jetzt froh waren, dass es holländisches Treibhausgemüse gab, das nicht vom Fallout verseucht war, der das kontrolliert biologische Freilandgemüse in schwach radioaktiven Abfall verwandelt hatte. Aber die größte Demoralisierung des Sicherheits- und Kontrollbewusstseins der Bewohner einer technischen Zivilisation stellt die Armseligkeit und Primitivität der Problemlösung dar – jener technologisch lächerliche Schutzmantel aus Beton um den schmelzenden Reaktorkern, der dauernd wieder brüchig wird und jeweils um eine weitere Schicht ergänzt werden muss, ist das eindringlichste Symbol dafür, dass es technische Katastrophen gibt, die *nicht heilbar* sind.

Mit einer *natürlichen* Katastrophe wie dem auf ein Seebeben zurückgehenden Tsunami vom zweiten Weihnachtstag 2004 verhält es sich etwas anders. Auch dieses Ereignis kam unerwartet, konnte aber als schicksalhaft und damit als unabwendbar und unkontrollierbar verstanden werden – was es weniger beschämend und demoralisierend macht, als wenn die Ursache einer Katastrophe in einem großen banalen Fehler liegt, den Menschen gemacht haben.[3] Aber auch der Tsunami war eine globale Katastrophe, nicht nur, weil er medial sofort weltweite Verbreitung fand, sondern weil so viele internationale Touristen betroffen waren. Er überforderte die Bewältigungskapazitäten

---

1 Im strengen Sinn gibt es keine natürlichen Katastrophen, denn der Natur ist es vollkommen gleichgültig, was mit ihr geschieht. Katastrophen sind immer etwas, wovon Menschen betroffen sind und insofern nur relativ zu ihnen, den einzigen zukunftsbewussten Lebewesen, die die Evolution hervorgebracht hat. Aus Gründen der Unterscheidung zu anthropogenen Katastrophen behalte ich den Begriff „natürlich" hier bei.

2 Später stellte sich allerdings heraus, dass die statistische Möglichkeit eines solchen Unfalls, die bei einem Ereignis auf 20 000 Jahre lag, über alle existierenden Reaktoren gerechnet war, insofern auch rechnerisch häufiger vorkommen konnte. Außerdem war im Publikum den meisten nicht klar, dass das so unwahrscheinliche Ereignis nach der Wahrscheinlichkeitsrechnung ebenso gut auch am ersten Tag der 20 000 Jahre eintreten könnte.

3 Für die Verarbeitung und Bewältigung von Katastrophenerfahrungen macht es psychologisch einen erheblichen Unterschied, ob ein Ereignis prinzipiell kontrollierbar bzw. abwendbar gewesen wäre oder ob es unkontrollierbar, also schicksalhaft, war; vgl. Julian Rotter, Clinical Psychology, New York 1964.

der betroffenen Länder radikal und störte das Sicherheitsgefühl von Fernreisenden nachhaltig. Freilich war diese Katastrophe *heilbar* in dem Sinn, dass man die Toten betrauern und sich an die Restauration der Strände und Hotels machen konnte.

Die *soziale* Katastrophe des Holocaust liegt viel länger zurück, hat aber bis heute nachhaltige Wirkung, zumindest in der westlichen Welt. Dass aus der christlich-abendländischen Kultur ein Gesellschaftsverbrechen erwachsen konnte, das sich zuvor weder literarische Apokalyptiker noch politische Zyniker hatten vorstellen können, verstört noch heute, mehr als sechs Jahrzehnte danach, jeden, der über den Charakter und die Dialektik von Zivilisationsprozessen nachdenkt. Dass man das Prinzip rationaler Problemlösung so weit treiben würde, dass die Einrichtung von Menschenvernichtungsanlagen als folgerichtig erscheinen konnte, war weder in den Theorien der Moderne noch im Bewusstsein ihrer Bewohner vorgesehen. Auch der Holocaust hatte globalen Charakter, weil ihm mit dem Weltkrieg, in dessen Rahmen er stattfand, Opfergruppen unterschiedlichster Herkunft und Nationalität zugeführt wurden (insgesamt kamen die Opfer aus 20 Nationen),[4] und er hatte auch insofern globale Wirkung, als die Nürnberger Prozesse, die das bis dato unvorstellbare Verbrechen juristisch zu fassen versuchten, die Geburtsstunde des heutigen Menschenrechtskonzepts und auch des Völkerstrafrechts waren.

Die sozialen, politischen und psychologischen Folgen dieser Katastrophe haben sich freilich wiederum als *nicht heilbar* erwiesen – noch immer gibt es zwischenstaatliche Spannungen und transgenerationelle Wirkungen, die auf dieses soziale Ereignis extremer Gewalt zurückgehen. Der Holocaust ist überdies eine soziale Katastrophe, die das Weltvertrauen, jedenfalls des säkularen Westens, nachhaltig erschüttert hat. Er war die erste systematische Vorführung dessen, dass gerade in einer aufgeklärten Welt Menschen mit Menschen *alles* machen können, was ihnen richtig und vernünftig erscheint, weil ihnen keine transzendentale Instanz Verpflichtungen auferlegt, die den Freilauf der eigenen Vernunft begrenzen würden.

Technische, natürliche und soziale Katastrophen können also *unvorstellbar* groß ausfallen; bevor sie geschehen sind, gibt es keinen Referenzrahmen, in den sie eingeordnet werden könnten. Der Klimawandel als *ökosoziales* Problem hat insofern etwas mit diesen überlebensgroßen Katastrophen gemein, als seine Bedrohung global, seine Folgen unabsehbar, die Mittel zu seiner Kontrolle harmlos und seine psychologische Wirkung desorientierend ist. Alle diese Elemente werden, wenn Flut- oder Sturmkatastrophen, Hungersnöte oder Verwüstungen von Megastädten geschehen, das grundlegende Gefühl von Hilflosigkeit, das er erzeugt, verstärken. Kurz: Wir haben es mit einem qualitativ wie quantitativ *neuen* Problem zu tun, für dessen Bewältigung weder Masterpläne vorliegen noch Handlungsanleitungen. Und eine psychologische Reaktion auf etwas, was bedrohlich ist, sich aber der Kontrollierbarkeit entzieht, ist im Normalfall Abwehr: Man reduziert die Dissonanz, die aus dem Bewusstsein einer unkontrollierbaren Bedrohung erwächst, indem man

---

4   Wolfgang Benz, Dimension des Völkermords. Die Zahl der jüdischen Opfer des Nationalsozialismus, München 1996.

die Gefahr ignoriert oder sie kleiner macht, als sie ist. Die Möglichkeiten dafür sind vielfältig und reichen von Skepsis gegenüber der Wissenschaft bis zur achselzuckenden Einschätzung, bislang sei die Menschheit ja noch mit allem fertig geworden, warum also nicht auch mit der Erderwärmung?

Das Ende der sozialen Gewissheit und die Erschütterung des Vertrauens

Da sich Katastrophenfolgen sozial ungleich auswirken und nicht selten die Unfähigkeit von Regierungen und Administrationen offenlegen, mit unerwarteten Ereignissen umzugehen, folgen der Bestattung der Katastrophenopfer und dem Taxieren der Schäden immer öfter Plünderungen, Massenproteste, Demonstrationen usw. Das war nach der Flut in New Orleans im Herbst 2005 nicht anders als nach der Brandkatastrophe in Griechenland im Sommer 2007 oder nach dem Erdbeben in Peru im August 2007. Sogar Systemwechsel können durch Umweltereignisse beschleunigt werden – so erfolgte etwa der Sturz der Somoza-Diktatur in Nicaragua 1979 nach einem Erdbeben.[5]

Mit anderen Worten: Nicht beherrschbare Ereignisse führen zu Unmut bei denjenigen, die am meisten unter ihnen zu leiden haben – ihre Schutz- und Fürsorgeerwartungen an den Staat werden enttäuscht, und diese Enttäuschung artikuliert sich in Protest und nicht selten auch in Gewalt. Besonders heftig fallen Unruhen dann aus, wenn die jeweilige Katastrophe deutlich gemacht hat, dass diejenigen besonders hart getroffen werden, die arm sind und deshalb ohnehin wenig Bewältigungs- und Kompensationsmöglichkeiten haben. Hier schlummert ein Gewaltpotential, das mit künftigen Katastrophen virulenter wird, da auch diese asymmetrische Folgen haben.

Soziale Katastrophen zerstören soziale Gewissheiten; was zuvor die selbstverständliche Grundierung des Alltags bildete, verliert schlagartig seine Verlässlichkeit; die Rezepte, nach denen man sich bisher verhalten hat, erweisen sich als untauglich und die Regeln als ungültig. Das Resultat ist eine tiefe „Erschütterung des Vertrauens in die eigene Kultur, in die Beherrschbarkeit von Risiken, aber auch in die Zuverlässigkeit insbesondere planenden, also auch voraussehenden Handelns".[6]

Die Verkürzung des Planungshorizonts, die Verengung von Handlungsspielräumen und der Verlust aller Selbstverständlichkeiten kann dort in Gewalt münden, wo es keine stabilen Institutionen der Konfliktregulierung gibt oder wo diese selbst durch ein unbeherrschbares Ereignis in eine Krise geraten sind. Technische, natürliche und soziale Katastrophen, also atomare oder chemische Unfälle, Erdbeben oder Tsunamis, Revolutionen und Völkermorde, können in verblüffend kurzer Zeit vorführen, dass Instabilität die Regel ist und Stabilität die Ausnahme.

Zugleich hat die Moderne in der Auflösung vergleichsweise träger traditioneller Produktions- und Beziehungsverhältnisse dafür gesorgt, dass sich die

---

5 Elke M. Geenen, Kollektive Krisen. Katastrophe, Terror, Revolution – Gemeinsamkeiten und Unterschiede, in: Lars Clausen u.a. (Hg.), Entsetzliche soziale Prozesse, Münster 2003, S. 5-24, hier S. 15.
6 Ebd., S. 6.

Lebensformen immer weiter flexibilisiert und die Beziehungsmuster kompliziert haben. Im Vergleich zum instabilen individuellen Leben erscheinen heute die Institutionen relativ verlässlich und dauerhaft, und sie sind es in der Regel auch. Jedenfalls sind im Zuge der Modernisierung viele Mittel der Herstellung von Vorausschau und Stabilität aus der direkten Verantwortung der Einzelnen ausgelagert worden – Gesundheits- und Altersvorsorge ist keine Aufgabe der Familie, sondern der Systeme der sozialen Versorgung, die Regelung von Konflikten ist keine Sache der Clans und Familien, sondern des Staates und seiner Organe, die Kontrolle von Risiken übernehmen Versicherungen. Das ist der normale Gang in funktional differenzierten Gesellschaften, und diese Delegationen von Verantwortung an Institutionen garantieren im Normalfall, wenn alles wie erwartet läuft, Kontinuität, Stabilität und Planbarkeit.

Die Kehrseite dieser Entwicklung steckt aber darin, dass die Wirkungsketten zwischen Maßnahmen, Interventionen und Folgen länger werden und sich die Sichtbarkeit dessen, was da eigentlich wie funktioniert, verringert, da „Versorgungs-, Transport-, Kommunikations- und andere Infrastrukturnetzwerke idealtypisch reibungsarm im Hintergrund der Funktionssysteme in Gang gehalten werden". Im Krisenfall können sich diese Garantien freilich als Chimäre erweisen – und der Krisenfall ist es, der plötzlich spürbar macht, was eigentlich alles im Normalfall zum unauffälligen Funktionieren einer Gesellschaft dazugehört. Die abgeschotteten Bereiche des Funktionszusammenhangs werden im Augenblick ihres Versagens sichtbar – und insofern offenbaren Katastrophen, dass „in alltäglichem Handeln und Entscheiden Risiken und Gefahren systematisch ausgeblendet werden".[7] Dass dabei Selbstverstärkungseffekte von Unsicherheit, Fehlentscheidungen, Panikreaktionen usw. entstehen, die die Rückkehr zum Normalfall erschweren oder gar unmöglich machen, liegt auf der Hand – weshalb die Katastrophe selbst auch keiner inneren Ordnung oder Logik folgt, sondern hinsichtlich ihres Ergebnisses offen ist. Wenn sie groß genug ist, weiß niemand, was passieren wird.

Gleichwohl hat eine über nunmehr zwei Generationen anhaltende Friedens- und Prosperitätsphase in den westlichen Ländern dafür gesorgt, dass man Stabilität für das Erwartbare und Instabilität für ausgeschlossen hält. Wenn man in einer Welt aufgewachsen ist, in der nie ein Krieg stattgefunden hat, nie die Infrastruktur durch ein Erdbeben zerstört wurde, nie Hunger geherrscht hat, wird man Massengewalt, Chaos und Armut für ein Problem halten, das *für andere* vorgesehen ist. Die Referenzrahmen, die in Phasen relativer Stabilität ausgebildet werden, sind nicht auf Krisen oder Katastrophen geeicht, sondern allenfalls auf kleinere Unregelmäßigkeiten wie Waldbrände oder Überschwemmungen. Daher wird in solchen Regionen aus jedem Hochwasser eine „Jahrhundertflut".[8]

7 Ebd., S. 12.
8 Auch Sozialwissenschaftler leben mehrheitlich in gefühlt stabilen Welten, und deshalb ist es nicht verwunderlich, dass ihre Theorien den Zusammenbruch ganzer Systeme, den Ausbruch extremer Gewalt, das Umschlagen sozialer Verhältnisse in ein ganz Anderes nicht vorsehen und es als „Ausnahme" definieren, wenn es trotzdem geschieht. Während Ozeanologen, Meteorologen und Paläoarchäologen kein Problem damit haben, Modellannahmen für problematische Entwicklungen vorzulegen, haben ihre Kolleginnen und Kollegen aus den Kulturwissenschaften offensichtlich Schwierigkeiten zu erforschen, was eine Erhöhung der globalen Durchschnittstemperatur um zwei Grad und ein Anstieg des

Das allerdings birgt die Gefahr, dass die Entstehung von Potentialen für rapide soziale Veränderungen selbst dann nicht gesehen wird, wenn diese fast schon mit Händen zu greifen sind. So sind die Menschen, die vor 1989 in der DDR und der Bundesrepublik gelebt haben, davon ausgegangen, dass sich die Verhältnisse in beiden Ländern nicht radikal ändern würden; viele Juden in Deutschland waren noch bis zum Zeitpunkt ihrer Deportation derselben Auffassung, und die Menschen, die in der Umgebung des Atomreaktors in Tschernobyl lebten, haben das ebenso geglaubt – wie übrigens Untersuchungen zeigen, dass Menschen desto weniger Unsicherheitsgefühle artikulieren, je näher sie an einem Atomkraftwerk leben.[9] Je unabweisbarer eine Gefährdung ist, desto größer ist das Maß an Dissonanz und desto notwendiger ihre Reduktion durch Indolenz, Verdrängung oder Abwehr. Man kann mit Gefahren, die man nicht kontrollieren kann, sonst nicht gut leben.

Die überlegene Anpassungsfähigkeit von Menschen an veränderte Umweltbedingungen liegt in ihrem Vermögen zur kulturellen Tradierung – neue Generationen finden die Kenntnisse und Techniken vor, die ihre Vorgänger entwickelt haben, und können mit ihren Problemlösungsstrategien schon auf dem Niveau ansetzen, das die Generation zuvor erst entwickeln musste.[10] Was in den Theorien, die sich mit diesem faszinierendsten Aspekt der menschlichen Lebensform beschäftigen, allerdings leicht übersehen wird, ist das Problem, dass im Rahmen dieser sozialen Co-Evolution nicht nur *evolutionär erfolgreiche* Strategien tradiert, transgenerationell ausgebaut werden und global diffundieren, sondern dass auch Fehler gemacht werden, für die das genauso gilt.

Dabei kann kurzfristiger Erfolg, wie die atemberaubende Erhöhung der Überlebenssicherheit und des Lebensstandards in den frühindustrialisierten Ländern, die auf Ausbeutung von Ressourcen basiert und nur durch Wachstum bestehen kann, mittelfristig zum Desaster werden. Wenn *alle* Gesellschaften in den Sog der industriellen Moderne gezogen werden, gerät das Prinzip der Wohlstandsmehrung durch Ausbeutung und Wachstum sehr schnell an eine natürliche Grenze. Menschen sind psychologisch aber so gebaut, dass sie lediglich abrupte Veränderungen ihrer Lebenswelt registrieren, schleichende dagegen nicht.

Es kommen also zwei psychologische Aspekte zusammen, wenn man es mit einem überlebensgroßen Problem zu tun hat, gegen das man nicht viel machen kann: die anachronistische Trägheit der Gefühle, die gelebte Erfahrung, dass schon nichts Weltbewegendes passieren wird, und das Bedürfnis, Dissonanzen zum Verschwinden zu bringen. Bei Norbert Elias wird diese Trägheit als Nachhinken des Habitus hinter der Fortentwicklung der Wirklichkeit

Meeresspiegels um 15 cm sozial bedeutet. Der Grund dafür ist einfach: Sie sind Teil der Welt, mit der sie sich wissenschaftlich beschäftigen, und deshalb vermeiden sie Themen, die Gefühle von Bedrohung, Angst, Unsicherheit und Kontrollverlust auslösen können.

9 Dies gilt sogar dann, wenn ein Unglück geschieht. Eine Studie zum Zeitpunkt des Kraftwerkunfalls von Three Mile Island hat gezeigt, dass Personen desto eher den Versicherungen der Kraftwerksbetreiber glaubten, dass kein schwerwiegender Unfall vorläge, je näher sie am betroffenen Atommeiler wohnten; vgl. Elliot Aronson, Sozialpsychologie. Menschliches Verhalten und gesellschaftlicher Einfluss, München 1994, S. 244.

10 Michael Tomasello, Die kulturelle Entwicklung menschlichen Denkens, Frankfurt a. M. 2002.

beschrieben, was verhindert, dass der sozialen Transformation eine Transformation der Wahrnehmung Schritt hält.[11] Wir *sind* noch, was wir gestern über uns geglaubt haben, schreibt Günter Anders, Einstellungen synchronisieren sich nicht mit veränderten Bedrohungslagen. Anders führt die „Apokalypseblindheit", die Unfähigkeit, reale Gefahren angemessen einschätzen und auf sie reagieren zu können, auf den „generationenlangen Glauben an den angeblich automatischen Aufstieg der Geschichte" zurück.[12] Die Kehrseite dieser Trägheit gegenüber Veränderungsprozessen und der Unfähigkeit, ihre Dimension einzuschätzen, ist das Phänomen der *shifting baselines*: Wahrnehmungen und ihre Interpretationen verschieben sich unmerklich zusammen mit einer sich verändernden Wirklichkeit.

Veränderte Wirklichkeiten und gleitende Referenzpunkte

In der gleitenden Gegenwart ist es schwer zu entscheiden, ob man sich an einem kritischen Punkt einer Entwicklung befindet, ab welchem Niveau eine Entscheidung irreversibel wird oder in welchem Augenblick des Verfolgens einer Strategie eine Katastrophe entsteht. Wo wäre dieser Punkt auf der Osterinsel gewesen, die sich durch die rastlose Tätigkeit ihrer Bewohner von einem grünen Idyll in eine Einöde verwandelte? Von heute aus würde man sagen: als so viel Baumbestand vernichtet war, dass der Wald sich nicht mehr regenerieren konnte. Aber das hat man damals, auf dieser Insel, vermutlich nicht wissen können. Das verfügbare Umweltwissen und die mentalen Referenzrahmen, die einen angemessenen Umgang mit der Welt vorgaben, ließen wahrscheinlich gar nicht zu, dass man so etwas hätte *besser* wissen können.[13] Deshalb ist Jared Diamonds Frage, was jener Osterinsulaner gedacht hat, der den letzten Baum fällte, falsch gestellt: Denn das Verhängnis liegt nicht *am Ende* eines Zerstörungsprozesses, sondern dort, wo noch niemand sehen kann, dass sein Tun zerstörerisch ist.

Die soziale Katastrophe der Osterinsel beginnt nicht, wenn der letzte Baum gefällt wird, so wenig wie der Holocaust mit der Installierung der ersten Gaskammer in Auschwitz anfängt. Soziale Katastrophen beginnen dort, wo falsche Entscheidungs*richtungen* eingeschlagen werden – also dort, wo Distinktions- und Statusregeln auf der Osterinsel den Verbrauch von Holz für die Skulpturenproduktion fordern, oder dort, wo wissenschaftlich begründete Annahmen über die Ungleichheit von Menschen in Deutschland den Rang von Gesetzen und Verordnungen erhalten. Aber – um beim Beispiel des Holocaust zu bleiben – wie bewusst konnte das zu diesem Zeitpunkt noch gar nicht entworfene Verhängnis der Juden in einer Gegenwart werden, als noch niemand an so etwas Bizarres dachte wie an die Erfindung von Menschenvernichtungsanlagen?

11 Norbert Elias, Die Gesellschaft der Individuen, Frankfurt a. M. 1987, S. 219.
12 Günter Anders, Die Antiquiertheit des Menschen, München 1987, S. 278 und 277.
13 Stephen Jay Gould hat sich in vielen Untersuchungen mit dem beschäftigt, was Menschen zu einem gegebenen Zeitpunkt *nicht* wissen konnten; vgl. zum Beispiel Stephen Jay Gould, Die Lügensteine von Marrakesch. Vorletzte Erkundungen der Naturgeschichte, Frankfurt a. M. 2003.

„Es gab starke Stürme, und in den Regenwäldern fiel kein Regen. In den knochentrockenen Urwäldern in Borneo und Brasilien, Peru und Tansania, Florida und Sardinien wüteten Waldbrände von nie da gewesener Heftigkeit. Neuguinea verzeichnete die schlimmste Dürre seit 100 Jahren, und Tausende verhungerten. Ostafrika erlebte die verheerendsten Überschwemmungen seit 50 Jahren – mitten in der Trockenzeit. Uganda war mehrere Tage von der Umwelt abgeschnitten, ein Großteil der Wüste im Norden stand unter Wasser. Mongolische Stammesangehörige erfroren, während in Tibet so viel Schnee fiel wie seit 50 Jahren nicht mehr. Im Wüstenstaat Kalifornien rissen Schlammlawinen Häuser von den Klippen. In Peru verloren an einem Küstenstreifen, an dem oft jahrelang keine Niederschläge fallen, durch Überflutungen eine Million Menschen ihr Dach über dem Kopf. Der Panamakanal hatte einen so niedrigen Wasserpegel, dass er für große Schiffe nicht mehr befahrbar war. Eisstürme legten Stromleitungen durch Neuengland und Quebec lahm, so dass Tausende wochenlang ohne Strom und Licht auskommen mussten. In Indonesien fiel die Kaffeeernte aus, in Uganda gingen die Baumwollpflanzen ein, und im Ostpazifik brach der Fischfang zusammen. Aufgrund einer nie da gewesenen Erwärmung der Meere zogen sich die Abermilliarden winziger Algen, die den Korallen ihre Farbe verleihen, von den Riffen überall im Indischen und Pazifischen Ozean zurück und hinterließen die farblosen Skelette ihrer toten Wirte."[14]

Soweit ein Bericht aus der Zukunft, wenn die Klimaerwärmung um ein weiteres Grad vorangeschritten ist, sagen wir im Jahr 2018. Falsch: Alle aufgelisteten Ereignisse fielen in ein Jahr der Vergangenheit, nämlich 1998, und hingen mit dem Klimaereignis El Niño zusammen. Sie waren mithin kein Ergebnis der Erderwärmung, obwohl man davon ausgeht, dass auch El-Niño-Ereignisse in Zukunft wegen des Klimawandels häufiger auftreten werden. Die Ereignisse von 1998, denen man beliebige aus den Jahren 1999, 2000, 2001 etc. hinzufügen könnte, zeigen vor allem eines: die Vergesslichkeit, die Menschen gegenüber Katastrophen entwickeln, von denen sie nicht selbst betroffen waren, sondern die sie lediglich über die Medien wahrgenommen haben.

Hinsichtlich medial vermittelter Katastrophen hatten die vergangenen zehn Jahre einiges zu bieten – ein verheerender Brand des Regenwaldes in Borneo, der die Hauptstadt Palangkaraya 1997/98 monatelang im Smog verschwinden ließ und zwischen 800 Mio. und 2,6 Mrd. Tonnen Kohlendioxid freisetzte.[15] Oder eine Serie von Tornados, die im Mai 1999 Oklahoma verwüsteten, 40 Tote und 675 Verletzte forderten und einen Schaden von 1,2 Mrd. US-Dollar anrichteten. Besonders spektakulär waren die Hurrikane: Mitch kostete 1998 mehr als 10 000 Menschen in Mittelamerika das Leben, Katrina setzte 2005 mit New Orleans zum ersten Mal eine westliche Großstadt unter Wasser, und Wilma war im selben Jahr gleich dreifach rekordträchtig: Als Nummer 22 der Hurrikansaison übertraf er die bisherige Höchstmarke von 21 Stürmen pro Saison, er war zudem der stärkste atlantische Hurrikan, der jemals gemessen wurde, und richtete Schäden in Höhe von 29 Mrd. US-Dollar an.

14 Fred Pearce, Das Wetter von morgen. Wenn das Klima zur Bedrohung wird, München 2007, S. 39.
15 Ebd., S. 99.

Solche extremen Wettereignisse sind nicht neu, aber in dieser Häufung und Dimension treten sie erst seit einigen Jahren auf. Gleichwohl erscheinen sie den Menschen inzwischen als normal, die Aufmerksamkeitsintensität nimmt ebenso ab wie der Nachrichtenwert. Man hält zunehmend für „natürlich", was eigentlich wenig mit der Natur, sondern vielmehr mit der eigenen Lebens- und Erfahrungszeit zu tun hat.

Veränderungen der sozialen und physischen Umwelt werden nicht absolut wahrgenommen, sondern immer nur relativ zum eigenen Beobachterstandpunkt *(shifting baselines)*. Deshalb haben die in einer jeweiligen Gegenwart lebenden Generationen allenfalls vage oder abstrakte Vorstellungen darüber, dass nicht nur die bebaute und mit Infrastrukturen versehene Lebenswelt ihrer Vorgängergenerationen eine andere war, sondern auch die, die als natürliche Umwelt aufgefasst wird – dass zum Beispiel Auen- und Heidelandschaften als Produkte lange zurückliegender Abholzungen und Erosionsprobleme in Mitteleuropa schon seit den massiven Rodungen des Hochmittelalters bekannt sind.[16]

Aber man muss die Zeiträume, in denen Veränderungen *nicht* bemerkt werden, gar nicht so weit strecken – in der Regel genügt der Übergang von einer Generation zur nächsten, um massive Veränderungen der Umweltwahrnehmung zu finden. So hat eine Gruppe von Ökologinnen und Ökologen unlängst untersucht, wie kalifornische Fischer Veränderungen in ihren Fischbeständen und Fanggründen im Generationenvergleich wahrnehmen. Das ist die bislang einzige empirische Untersuchung über sich verändernde Wahrnehmungen der Umwelt, und ihre Ergebnisse sind verblüffend. Die Forscher haben drei Generationen von Fischern danach gefragt, wo aus ihrer Sicht welche Bestände zurückgegangen seien, welche Arten ihnen hauptsächlich ins Netz gegangen sind, was der größte Fang und wie groß der mächtigste Fisch war, den sie je an Bord gezogen haben. Die jüngste Befragtengruppe war zwischen 15 und 30 Jahre alt, die mittlere 31 bis 54 Jahre, die dritte entsprechend älter als 54 Jahre. Zwar sagten 84 Prozent der Befragten, dass es einen Rückgang der Bestände insgesamt gäbe, aber die Annahmen darüber, welche Fische wo nicht mehr vorkämen, fielen krass unterschiedlich aus. So nannten die Fischer der ältesten Gruppe elf Arten, die verschwunden waren, die der mittleren Gruppe sieben, aber die Jüngsten nannten lediglich zwei Fischarten, die in ihren Fanggründen nicht mehr vorkämen.[17]

Die Jüngsten hatten auch gar keine Vorstellung mehr darüber, dass es dort, wo sie selbst täglich fischten, vor nicht allzu langer Zeit massenhaft Weißhaie, Judenfische (Epinephelus itajara)[18] oder auch Perlaustern gegeben hatte. Derselbe Befund zeigte sich, als es um die Fischgründe ging. Während die älteste Befragtengruppe sich erinnerte, dass man früher nicht weit herausfahren musste, um die Netze zu füllen, müssen sie heute weit aufs Meer, um annähernd ausreichende Fänge zu machen. Von den jüngsten Befragten hatte

---

16 Joachim Radkau, Natur und Macht. Eine Weltgeschichte der Umwelt, München 2000, S. 164 ff.
17 Andrea Sáenz-Arroyo u.a., Rapidly Shifting Environmental Baselines Among Fishers of the Gulf of California, in: „Proceedings of the Royal Society", 272 (2005), S. 1957-1962, hier S. 1959.
18 Judenfische sind eine Unterart der Zackenbarsche, heißen im Amerikanischen Goliath Groupers und können bis zu zwei Meter lang und mehrere hundert Pfund schwer werden.

niemand mehr auch nur die Idee, dass man in Küstennähe überhaupt etwas fangen könnte, und deshalb hielt diese Regionen auch niemand für überfischt. Mit anderen Worten: In ihrem Referenzrahmen *gab es* in der Nähe der Küste überhaupt keine Fische.

Diese rapiden Veränderungen in der Wahrnehmung der Umwelt erklären, warum die meisten Menschen den Rückgang der Artenvielfalt ziemlich gelassen sehen: In ihrer eigenen Wahrnehmung nämlich verändert sich wenig, weil sie das Schwinden der Vielfalt von einem gleitenden Referenzpunkt aus betrachten. Dieser Befund ist für Ökologen natürlich deprimierend, weil das zugleich bedeutet, dass ein Handlungsbedarf zum Schutz von Beständen, der aus Sicht der Wissenschaft dringend erforderlich scheint, in der Alltagswahrnehmung erst mühsam vermittelt werden muss. Sozialpsychologisch liefert die Studie ein ausgezeichnetes Beispiel dafür, dass sich die Einschätzungen von Menschen mit der Veränderung ihrer Umwelten gleitend selbst verändern – das ist wie mit zwei Zügen, die auf parallelen Gleisen fahren und relativ zueinander stillzustehen scheinen. *Shifting baselines* beeinflussen natürlich die Art und Weise, wie man Bedrohungen und Verluste wahrnimmt und bewertet, das also, was man für *normal* hält und was nicht.

Shifting baselines betreffen keineswegs nur die Sphäre des Biologischen, sie lassen sich vielleicht sogar noch besser im Rahmen sozialer Prozesse beschreiben. Wenn man sich etwa daran erinnert, welche Woge der Empörung Anfang der 80er Jahre die Absicht der damaligen Bundesregierung auslöste, eine Volkszählung durchzuführen, und die damaligen Debatten um den „totalen Überwachungsstaat" und den „gläsernen Bürger" mit der Sorglosigkeit vergleicht, mit der heute Kreditkarten, Mobiltelefone, Internetanschlüsse etc. benutzt werden, hat man ein vielsagendes Beispiel für eine *shifting baseline* im Bereich des Sozialen. Jeder Benutzer solcher Techniken hinterlässt elektronische Spuren seines Handelns, die jederzeit rekonstruierbar sind, und der Begriff des intimen Persönlichkeitsbereiches hat sich dadurch völlig verändert. Aber kaum jemand scheint sich dadurch in seinen Persönlichkeitsrechten eingeschränkt oder gar „gläsern" zu empfinden, und dies ist wahrscheinlich gerade deshalb so, weil es sich hier nicht um eine absichtsvolle Erhöhung von Transparenz handelte, sondern um einen Kollateraleffekt technischer Innovationen, bei denen Kategorien wie informationelle Selbstbestimmung, Datenschutz oder Persönlichkeitsrecht aus der Nutzerperspektive zunächst mal gar keine Rolle zu spielen scheinen. Die Technik erhöht die kommunikativen Möglichkeiten, die zugleich zu erheblichen normativen Veränderungen führen, was aber wegen des gleitenden Referenzpunktes nicht weiter auffällt.

Soziale *shifting baselines* lassen sich auch hinsichtlich der Akzeptanz von Normenveränderungen in der Sozialgesetzgebung ebenso verzeichnen wie etwa im Hinblick auf die Akzeptanz von Einsätzen der Bundeswehr. Ablesbar sind sie am sinkenden bzw. irgendwann ganz ausbleibenden Diskussionsbedarf. Besonders deutlich sind Beispiele aus dem ökologischen Bereich: So haben etwa verschärfte Umweltschutzauflagen und erhöhte Energiekosten in den vergangenen Jahrzehnten zur Entwicklung erheblich effizienterer Automotoren geführt, während zugleich gestiegene Sicherheits- und Statusbedürfnisse die Fahrzeuge immer größer und schwerer werden ließen. Die Folge war ein kontinuierlicher Anstieg der Hubräume und Leistungen der Motoren, die die erzielten Effizienzgewinne weitgehend aufzehrten oder sogar ins Gegenteil verkehrten.

Shifting baselines lassen sich auch in Bezug auf Normen und Überzeugungen verzeichnen, also auf Referenzrahmen, die darüber orientieren, was richtig oder falsch, gut oder schlecht ist.

Veränderte Referenzrahmen und die Struktur des Nichtwissens

Am 2. August 1914, dem Tag nach der deutschen Kriegserklärung gegen Russland, notiert Franz Kafka in Prag in seinem Tagebuch: „Deutschland hat Russland den Krieg erklärt. – Nachmittag Schwimmschule." Das ist lediglich ein besonders prominentes Beispiel dafür, dass Ereignisse, die die Nachwelt als *historische* zu bewerten gelernt hat, in der Echtzeit ihres Entstehens und Auftretens nur selten als solche empfunden werden. Wenn sie überhaupt zur Kenntnis genommen werden, dann als Teil eines Alltags, in dem noch unendlich viel mehr anderes wahrgenommen wird und Aufmerksamkeit beansprucht, und so geschieht es, dass selbst außergewöhnlich intelligente Zeitgenossen einen Kriegsausbruch mitunter nicht bemerkenswerter finden als den Umstand, dass man am selben Tag seinen Schwimmkurs absolviert hat. Wann beginnt also eine soziale Katastrophe?

In dem Augenblick, in dem Geschichte stattfindet, erleben Menschen Gegenwart. Historische Ereignisse zeigen ihre Bedeutung erst im Nachhinein, nämlich dann, wenn sie nachhaltige Folgen gezeitigt haben oder sich, mit einem Begriff von Arnold Gehlen, als „Konsequenzerstmaligkeiten" erwiesen haben, also als präzedenzlose Ereignisse mit Tiefenwirkung für alles, was danach kam. Damit ergibt sich ein methodisches Problem, wenn man die Frage stellt, was Menschen eigentlich von solch einem heraufdämmernden Ereignis wahrgenommen bzw. gewusst haben bzw. wahrnehmen und wissen *konnten*. Denn Erstmaligkeitsereignisse werden in der Regel gerade deshalb nicht wahrgenommen, weil sie neu sind, man also das, was geschieht, mit den verfügbaren Referenzrahmen zu erfassen versucht, obwohl es sich um ein präzedenzloses Geschehen handelt, das selber erst eine Referenz für spätere vergleichbare Ereignisse liefern kann.

Aus genau diesem Grund haben, wie gesagt, viele der jüdischen Deutschen nicht die Dimension des Ausgrenzungsprozesses erkannt, deren Opfer sie wurden. Die nationalsozialistische Herrschaft wurde als kurzlebiges Phänomen betrachtet, „das man durchstehen müsse, oder als ein Rückschlag, auf den man sich einstellen konnte, schlimmstenfalls als Bedrohung, die einen zwar persönlich einengte, aber immer noch erträglicher war als die Fährnisse eines Exils."[19] Die bittere Ironie liegt im Fall der Juden gerade darin, dass ihr Referenzrahmen Antisemitismus, Verfolgung und Beraubung aufgrund

---

[19] Raul Hilberg, Täter, Opfer, Zuschauer. Die Vernichtung der Juden 1933-1945, Frankfurt a. M. 1992, S. 138.

leidvoller historischer Erfahrungen ohne weiteres umfasste, er es ihnen aber gerade dadurch unmöglich machte zu sehen, dass nun etwas geschah, was anders, nämlich absolut tödlich, war.

Insofern hängt, was man wissen kann, zunächst davon ab, was man wahrnimmt. Aber nicht nur deshalb ist die Erforschung dessen, was Menschen zu einem früheren Zeitpunkt gewusst haben, ein schwieriges Unterfangen. Denn Geschichte wird im Rahmen gleitender Referenzlinien wahrgenommen, weshalb sie ein für die Wahrnehmung *langsamer* Prozess ist, der erst durch Begriffe wie etwa „Zivilisations*bruch*" nachträglich auf ein abruptes Ereignis verdichtet wird – dann nämlich, wenn man weiß, dass eine Entwicklung radikale Konsequenzen gehabt hat. Die Interpretation dessen, was Menschen vom Entstehen eines Prozesses wahrgenommen haben, der erst sukzessive sich zur Katastrophe auftürmte, ist also ein äußerst vertracktes Unterfangen – vertrackt auch deswegen, weil wir unsere Frage nach der zeitgenössischen Wahrnehmung im Wissen darum stellen, wie die Sache ausgegangen ist, das aber die Zeitgenossinnen und Zeitgenossen logischerweise gar nicht haben konnten. Man blickt also vom Ende einer Geschichte auf ihren Beginn und müsste gewissermaßen das eigene historische Wissen suspendieren, um für einen jeweiligen Zeitpunkt angeben zu können, was man damals gewusst hat. Norbert Elias hat es deshalb nicht zu Unrecht als eine der schwierigsten Aufgaben der Sozialwissenschaften bezeichnet, die Struktur des Nichtwissens zu rekonstruieren, die zu anderen Zeiten vorgelegen hat.[20]

Umgekehrt verfügt man als Zeitgenosse von Ereignissen nicht über das Wissen eines künftigen Betrachters dessen, was heute Gegenwart und morgen Geschichte ist. Die paradoxe Aufgabe wäre also auszuloten, was unter gegenwärtigen Bedingungen nicht sichtbar ist, aber gleichwohl die Zukunft bestimmt. Eine solche Zukunftsheuristik kann sich nur auf eine einzige Quelle stützen: die Vergangenheit.

Die wachsende Kluft zwischen gesellschaftlicher Veränderung und habitueller Trägheit

„Bei der Untersuchung gesellschaftlicher Entwicklungsvorgänge begegnet man immer von Neuem einer Konstellation, wo die Dynamik ungeplanter sozialer Prozesse über eine bestimmte Stufe hinaus in der Richtung auf eine andere [...] Stufe vorstößt, während die von dieser Veränderung betroffenen Menschen in ihrer Persönlichkeitsstruktur, in ihrem sozialen Habitus auf einer früheren Stufe beharren," stellt Norbert Elias fest. „Es hängt ganz von der relativen Stärke des sozialen Entwicklungsschubes ab und von deren Verhältnis zur Tiefe des Einbaus und so zur Widerstandskraft des sozialen Habitus der Menschen, ob – und wie schnell – die Dynamik des ungeplanten Gesellschaftsprozesses eine mehr oder weniger radikale Umstrukturierung dieses Habitus herbeiführt oder ob sich der soziale Habitus der Individuen erfolg-

20 Norbert Elias, Was ist Soziologie? München 2004.

reich der weiterdrängenden Gesellschaftsdynamik widersetzt und sie sei es teilweise bremst, sei es auch völlig unterbindet."[21]

Es könnte sein, dass der ungeplante und ungleiche Entwicklungsprozess der Menschheit mit der ungebremsten Klimaentwicklung eine Dynamik erreicht hat, hinter der Habitusformen, die sich über Jahrzehnte und Jahrhunderte herausgebildet haben, tatsächlich nur nachhinken können. Das weithin fehlende Vermögen, das Problem einer globalen Bedrohung mit angemessenen Dimensionen zu versehen, spricht dafür, ebenso wie die verbreitete Indolenz gegenüber den Gewaltfolgen, die mit dem Klimawandel faktisch und potentiell verbunden sind. Und natürlich sind es die in internationaler Perspektive völlig disparaten Interessenlagen, die ein entschlossenes gemeinsames Abbremsen des Erwärmungsanstiegs auch mittelfristig verhindern werden. Die nachholenden Industrialisierungsprozesse in den Schwellenländern, der ungebrochene Energiehunger der frühindustrialisierten Staaten und die globale Verbreitung eines auf Wachstum und Ressourcenvernutzung setzenden Gesellschaftsmodells lassen es als unrealistisch erscheinen, dass ein Abstoppen der Klimaerwärmung bei plus zwei Grad bis zur Mitte des Jahrhunderts erreicht werden wird. Und dies ist ein Resümee, das nur auf die lineare Betrachtung der Dinge zurückgeht; autokatalytische Prozesse, die zur Beschleunigung der Entstehung sozialer Klimafolgen und zur Eskalation von Gewalt führen können, sind darin noch gar nicht berücksichtigt.

Auf der geophysikalischen Ebene können nicht-lineare Prozesse auftreten, die das Klimaproblem radikal verschärfen würden – wenn etwa das Auftauen der Permafrostböden Methan in ungeheuren Mengen freisetzt, was seinerseits das Klima beeinflusst, oder wenn Waldverluste oder Meerwasserübersäuerungen einen kritischen Punkt erreichen und bislang noch unabsehbare Dominoeffekte erzeugen. Auf der sozialen Ebene gilt dasselbe – wenn etwa Konflikte um Rohstoffe Kriege auslösen, die wiederum Flüchtlingsbewegungen zur Folge haben, die ihrerseits Grenzkonflikte verstärken, was inner- wie zwischenstaatlich zu unberechenbarer Gewalt führen kann.[22] Die Logik sozialer Prozesse ist nicht linear; das gilt auch für die Folgen des Klimawandels. Nichts in der Gewaltgeschichte der Menschen deutet darauf hin, dass Zeitspannen des Friedens zugleich dauerhaft stabile Gesellschaftszustände anzeigen; die ganze Geschichte belegt, dass der massive Gebrauch von Gewalt *immer* eine Handlungsoption darstellt.

Gegenwärtig lassen sich Vertiefungen der globalen Asymmetrien genauso beschreiben wie Kriege, die ihre Ursache im Klimawandel haben und zu ganz neuen Formen endloser Gewalt führen. Da die härtesten Klimafolgen die Gesellschaften mit den geringsten Bewältigungsmöglichkeiten treffen, wird die weltweite Migration im Laufe des 21. Jahrhunderts dramatisch zunehmen und jene Gesellschaften zu radikalen Problemlösungen veranlassen, in denen der Migrationsdruck als Bedrohung empfunden wird. Wie tragfähig die Außenverlagerung der Grenzen und damit der Gewalt gegen die Flüchtlinge sein wird, wenn die illegalen Einwanderungen Zwischenländer wie Libyen,

---

21 Elias, Gesellschaft, a.a.O., S. 281.
22 Vgl. hierzu auch den Beitrag von Ernst Ulrich von Weizsäcker in diesem Band.

Israel, Algerien oder Marokko noch weiter überfordern, als es jetzt schon der Fall ist, muss offen bleiben.

Die Kehrseite der Sicherung der Außengrenzen Europas und Nordamerikas ist die kontinuierliche Verschärfung der Sicherheitsmaßnahmen nach innen und die Entstehung neuer Sicherheitspolitiken, die das staatliche Gewaltmonopol und die parlamentarische Gewaltlegitimierung unterlaufen – Stichworte hierzu sind exterritoriale Lager, Entführungen, Exekutionen, Folter, Söldnerarmeen und die Privatisierung von Gewalt überhaupt. All dies steht in vitaler Wechselwirkung mit dem wachsenden Terror in Zeiten der globalisierten Moderne. Das Aufschaukeln gegenseitigen Gewaltgebrauchs geht, das zeigt der Erfolg der irregulären Gewalt im 20. Jahrhundert, erstens immer zu Ungunsten der hochgerüsteten staatlichen Kriegsparteien aus und löst zweitens immer stellvertretende Angriffe auf die Sicherheit der etablierten Gesellschaften aus.

Im 21. Jahrhundert wird, anders als im vergangenen, weniger aus ideologischen Gründen getötet werden, und auch nicht deshalb, weil wissenschaftliche Utopien Entwürfe dafür bereitstellen, wie die Welt nach den ewigen Gesetzen der Natur einzurichten wäre und wer diesen Gesetzen nach auszurotten sei. Das 21. Jahrhundert ist in Ermangelung zukunftsfähiger Gesellschaftsmodelle utopiefern und ressourcennah – es wird getötet, weil die Täter jene Ressourcen beanspruchen, die die Opfer haben oder auch nur haben möchten.

Kann man also wirklich glauben, dass sich die Dinge doch noch zum Besseren wenden werden? Mit der Verbreitung und Spürbarkeit der Klimafolgen, mit dem Wachsen von Not, Migration und Gewalt wird sich der Problemlösungsdruck verschärfen und der mentale Raum einengen. Die Wahrscheinlichkeit irrationaler und kontraproduktiver Lösungsstrategien erhöht sich. Das gilt insbesondere für die Gewaltproblematik, die durch den Klimawandel verschärft wird. Es besteht aller historischer Erfahrung nach eine hohe Wahrscheinlichkeit, dass Menschen, die den Status von *Überflüssigen* bekommen und die Wohlstands- und Sicherheitsbedürfnisse von Etablierten zu bedrohen scheinen, in großer Zahl zu Tode kommen werden; sei es durch fehlendes Wasser und mangelnde Ernährung, sei es durch Kriege an der Grenze, sei es durch Bürgerkriege und zwischenstaatliche Konflikte infolge veränderter Umweltbedingungen. Das ist keine normative Aussage; sie entspricht lediglich dem, was man aus Lösungen gefühlter Probleme im 20. Jahrhundert gelernt haben kann.

Das alles wird nicht die Gestalt einer Wiederholung des Holocaust haben; Geschichte wiederholt sich nicht. Aber Menschen nehmen Probleme wahr, und wenn sie diese als bedrohlich für die eigene Existenz interpretieren, neigen sie zu radikalen Lösungen, solchen, an die sie *vorher nie gedacht* hätten. Den westlichen Kulturen muss man attestieren, dass sie diese Lektion des 20. Jahrhunderts nicht gelernt haben, sondern sich auf Humanität, Vernunft und Recht viel zugute halten, obwohl diese drei Regulierungen menschlichen Handelns historisch jedem Angriff erlegen sind, wenn er nur heftig genug ausfiel. Sehr lange werden diese Kulturen nicht mehr existieren, wenn sie an den gewohnten Strategien des Lösens von Problemen festhalten – vielleicht noch zwei, drei Generationen. Ihre Verweildauer wäre dann, gemessen an der Existenzzeit anderer Kulturen, lächerlich gering.

„Die Institutionen", schreibt der Anthropologe Claude Levi-Strauss am Ende von „Traurige Tropen", seinem melancholischsten Buch, „die Sitten und Gebräuche, die ich mein Leben lang gesammelt und zu verstehen versucht habe, sind die vergänglichen Blüten einer Schöpfung, der gegenüber sie keinen Sinn besitzen, es sei denn vielleicht den, dass sie es der Menschheit erlauben, ihre Rolle in dieser Schöpfung zu spielen." Tatsächlich hat Kultur Sinn nur in sich selbst – als Technik, die Überlebenschancen sozialer Gruppen zu erhöhen. Ob dieses in der Evolution einzigartige Vermögen der Menschen, ihre Überlebensbedingungen durch kulturelle Tradierung kontinuierlich und exponentiell zu verbessern, mittelfristig erfolgreich sein wird, bleibt eine offene Frage. Dieses *experimentum mundi* dauert erst 40 000 Jahre, die westliche Variante davon 250, und in diesem verschwindend kurzen Zeitraum ist mehr an Überlebensgrundlagen zerstört worden als in den 39 750 Jahren davor. Zerstörte Überlebensgrundlagen sind nicht nur vernichtete Chancen der Gegenwart, sondern auch der Zukunft.

Die rastlose Tätigkeit der Menschen bestehe, fährt Levi-Strauss fort, in der fortschreitenden Auflösung einer komplexen Struktur und in der Nivellierung des Gefälles zwischen den verschiedenen Kulturen, also von Organisationsformen menschlicher Überlebensgemeinschaften. „Was die Schöpfungen des menschlichen Geistes angeht, so existiert ihr Sinn nur in Bezug auf ihn selbst, und sie werden im Chaos versinken, sobald er erloschen sein wird. So dass sich die ganze Kultur als ein Mechanismus beschreiben lässt, in dem wir nur zu gern die Chance des Überlebens sehen möchten, die unser Universum besitzt, wenn seine Funktion nicht darin bestünde, das zu produzieren, was die Physiker Entropie und wir Trägheit nennen. Jedes ausgetauschte Wort, jede gedruckte Zeile stellt eine Verbindung zwischen zwei Partnern her und nivelliert die Beziehung, die vorher durch ein Informationsgefälle, also durch größere Organisation gekennzeichnet war."[23]

Auch auf diese Weise lässt sich der Prozess der Globalisierung beschreiben – als ein sich beschleunigender Vorgang sozialer Entropie, der die Kulturen auflöst und am Ende, wenn es schlecht ausgeht, nur noch die Unterschiedslosigkeit bloßen Überlebenswillens zurücklässt. Das allerdings wäre die Apotheose jener Gewalt, zu deren Abschaffung die Aufklärung und mit ihr die westliche Kultur den Schlüssel gefunden zu haben glaubte. Aber von der neuzeitlichen Sklavenarbeit und der gnadenlosen Ausbeutung der Kolonien bis zur frühindustriellen Zerstörung der Lebensgrundlagen von Menschen, die mit diesem Programm nicht das Geringste zu tun hatten, schreibt die Geschichte des freien, demokratischen, aufgeklärten Westens eben doch seine Gegengeschichte der Unfreiheit, Unterdrückung und Gegenaufklärung. Aus dieser Dialektik, das zeigt die Zukunft der Klimafolgen, wird die Aufklärung sich nicht entlassen können. Sie wird an ihr scheitern.

23 Claude Levi-Strauss, Traurige Tropen, Frankfurt a. M. 1982, S. 411.

Lehren des New Deal

Was wir von Roosevelt lernen können

Von **James K. Galbraith**

Gegenwärtig erleben wir – nicht nur, aber speziell in den Vereinigten Staaten – eine intensive Debatte über Geschichte und gegenwärtige Bedeutung des amerikanischen New Deal. Nach meiner Auffassung haben die Große Depression, also die Weltwirtschaftskrise Anfang der 30er Jahre, Franklin Roosevelts New Deal und dann der Zweite Weltkrieg drei prinzipielle Einsichten über die Wirtschaftspolitik hervorgebracht.

Die erste dieser Grundeinsichten lautet: Unregulierter Kapitalismus korrigiert sich nicht notwendigerweise selbst; es kann zu Massenarbeitslosigkeit kommen und diese kann lange anhalten. Die zweite Einsicht besagt, dass direkte Interventionen der Politik ins Wirtschaftsgeschehen die größte Wirkung entfalten, wenn sie die breite Bevölkerung unmittelbar ins Auge fassen – also nicht gefiltert durch diejenigen, die oben stehen – und wenn ihre Größenordnung ausreicht. Und drittens haben die fiskalischen Rückschritte, die die Rezession der Jahre 1937/38 verursachten, gezeigt, dass ein Griff nach dem Rückwärtsgang sich verheerend auswirkt.

Im Folgenden möchte ich vier Aspekte herausarbeiten.

Erstens: Genau wie unsere gegenwärtigen Probleme erwuchs die Große Depression aus einem Zusammenbruch des Bankensystems und der Vermögenswerte – eben dem *Great Crash*. Dies schloss die Möglichkeit aus, die Krise dadurch zu überwinden, dass man sich zunächst auf eine Wiederbelebung des Finanzsystems konzentrierte.

Zweitens: Der New Deal bestand großenteils in der Schaffung einer umfassenden Sozialversicherung und darin, Institutionen für kollektives Handeln einzurichten oder zu stärken, unter Einschluss der Gewerkschaften.

Drittens: Die Beschäftigungswirksamkeit der als New Deal bezeichneten Maßnahmen ist in der neueren Fachliteratur oft unterschätzt oder sogar verfälscht worden, was zum Teil an der weit verbreiteten Missdeutung der Statistiken liegt.

Viertens: Die beschäftigungspolitischen Maßnahmen, mit denen der New Deal begann, waren nicht als „fiskalischer Stimulus" sondern eher als Programme gedacht, mit denen Arbeitsplätze geschaffen und öffentliche Investitionen in Gang gebracht werden sollten. Die Investitionsprogramme orientierten sich in hohem Maße am langfristigen Nutzen verbesserter Verhältnisse in den Bereichen Bildung, Verkehr, Kunst und Kultur sowie Natur- und Denk-

malschutz. Diese Programme zeitigten bedeutsame makroökonomische Auswirkungen, aber sie dienten zugleich der Erneuerung des ganzen Landes.

Eine Kultur der Korruption, Spekulation und Selbstbedienung

Der New Deal erwuchs aus der Großen Depression, und die Roosevelt-
Administration war sich vollkommen klar darüber, dass die Depression ihren
Ursprung im *Great Crash*, dem Börsenkrach von 1929, und im darauf folgenden Zusammenbruch des Bankensystems 1930 hatte. Den Kern des Problems
bildete, wie die „Pecora-Investigations" [1] enthüllten, eine Kultur der Korruption, der Spekulation und der Selbstbedienung an der Wall Street und ein nur
zu berechtigter Vertrauensverlust der Öffentlichkeit gegenüber den Finanz-
kapitänen.

Als Präsident Roosevelt sein Amt antrat, wurde so gut wie jede Bank in Amerika erst einmal geschlossen. Der von ihm verfügte *bank holiday* ermöglichte
es, die Geldinstitute zu inspizieren und dann wieder zu eröffnen; die Öffentlichkeit begriff, dass man sich auf diejenigen, die ihre Schalter wieder öffne-
ten, verlassen konnte. Es folgten weitere wichtige erste Schritte. Die Schaffung
einer Einlagensicherung, der *federal deposit insurance*, machte Panikreaktionen und ungeordneten Versuchen der Bankkunden, an ihr Geld zu kommen,
ein Ende; das Glass-Steagall-Gesetz trennte Geschäfts- und Investmentbank-
Aktivitäten voneinander; eine Aufsichtsbehörde für den Wertpapierhandel,
die *Securities and Exchange Commission* (SEC), wurde eingerichtet und der
Goldstandard abgeschafft. Zusammengenommen liefen diese Maßnahmen
darauf hinaus klarzustellen, dass das Finanzwesen insgesamt öffentlicher
Aufsicht und Anleitung unterlag. Diese Machtstellung wurde 1944 durch die
Schaffung des Bretton-Woods-Systems weiter gestärkt, das feste, aber regu-
lierbare Wechselkurse und Kapitalverkehrskontrollen einführte, und hatte im
Großen und Ganzen Bestand, bis Richard Nixon das System 1971 abschaffte.
Das Hauptergebnis der beschriebenen Konstellation, also der Staatsaufsicht
über das Finanzwesen, bestand darin, dass es in der Nachkriegszeit eine
Generation lang vergleichsweise kräftiges, stetiges und finanzkrisenfreies
Wirtschaftswachstum gab – und dieses stabile Wachstum brachte einen lang-
samen, aber stetigen Rückgang der Einkommens- und Vermögensungleich-
heiten mit sich.

Am Beginn des New Deal stand ein grundsätzlicher Bruch mit der Rolle,
die die Banken vorher gespielt hatten. Unter der Hoover-Administration war
die Finanzpolitik wie Anfang der 30er Jahre auch in England von der geradezu reflexhaften Sorge bestimmt, die Märkte bei Laune zu halten – daher
die Beschwörungsformel „prosperity is just around the corner" alias „Der Aufschwung steht vor der Tür" – und die großen Banken durch ein Festhalten
am Goldstandard zu stützen. Für Menschen, die ihr Leben größtenteils in der

---

1 So benannt nach Ferdinand Pecora, der im Laufe der Untersuchungen des zuständigen Senatsaus-
schusses über die Ursachen des Bankenkrachs von 1929 in den Jahren 1933 und 1934 besonders her-
vortrat. – D. Übs.

Finanzwelt New Yorks und Londons verbracht hatten, verstand sich dies ganz von selbst. Aber die Banken dachten nicht daran, auf der Talsohle der Depression erneut Kredite zu vergeben, nur weil sie Gold im Keller hatten. Es gab weder Kunden noch Sicherheiten, die sie zur Kreditvergabe hätten veranlassen können. Lektion Nummer Eins der Depression lautet deshalb: Eine Kreditblockade lässt sich nicht dadurch beheben, dass man die Banken mit Geld überschüttet.

Der New Deal löste das Problem, indem er die Banken umging oder sie, in einigen Fällen, vermittels der *Reconstruction Finance Corporation*, selbst betrieb. Außerdem richtete Roosevelt neue Institutionen, neue staatliche Ämter ein, um Arbeitsplätze zu schaffen sowie Preise, Löhne und Kaufkraft zu stabilisieren. Über die Regulierung des Finanzwesens hinaus kennzeichneten den New Deal also von Anfang an und später erst recht drei besonders wichtige Elemente: die Einführung einer umfassenden Sozialversicherung, der Einsatz öffentlicher Mittel für die Schaffung von Arbeitsplätzen sowie gewaltige Staatsprogramme für öffentliche Investitionen und Erhaltungsmaßnahmen, die auf nicht weniger als darauf hinausliefen, das ganze Land von einem Ende zum anderen wieder auf- und umzubauen.

Die „Angst an sich" und die „Not vor der Tür"

Mit der Einführung einer Sozialversicherung ging man ein Grundproblem des Kapitalismus an: Unregulierte private Märkte sind instabil. Man kann sich nicht darauf verlassen, dass sie der arbeitenden Bevölkerung ein Mindestmaß angemessener Lebensbedingungen sichern. Ebenso wenig kann man sich darauf verlassen, dass sie Ersparnissen einen zuverlässigen Schutz bieten. Und schließlich kann man sich nicht darauf verlassen, dass sie anständige Alterseinkommen gewährleisten. Die Problematik der Depression bestand vielleicht vor allem in der entstandenen Unsicherheit oder, wie Roosevelt formulierte, in „fear itself", in der Angst an sich. Was „vor der Tür stand", war für die meisten Amerikaner nicht „der Aufschwung", nicht Prosperität, sondern bittere Not.

Was der New Deal an sozialen Innovationen einführte, entsprang dem Wunsch, dieses Grundproblem anzupacken. Ob Einlagensicherung, *Social Security*, Preisstützungsmaßnahmen für Agrarerzeugnisse, das Gesetz zur wirtschaftlichen Wiederbelebung (der *National Industrial Recovery Act/ NIRA*), der Mindestlohn oder die Arbeitsgesetzgebung (der *National Labor Relations Act*) – sie alle zielten auf unterschiedliche Weise darauf, Stabilität und anständige Mindeststandards zu schaffen. Manches davon erschreckte die Ökonomen der damaligen Zeit, wie auch die heutigen, und dies ganz besonders dort, wo das energische Streben nach Stabilität ihrer tiefverwurzelten philosophischen, ja sogar gefühlsmäßigen Bindung an Wettbewerb und Antikartellpolitik widerspricht. Der Oberste Gerichtshof verurteilte den NIRA als verfassungswidrig. Und manche Ökonomen haben sich seither und bis heute mächtig angestrengt nachzuweisen, dass Gewerkschaften und Mindestlöhne zu höherer Arbeitslosigkeit führten, dass Preissubventionen für die Bauern eine Vergeudung darstellten und nutzlos seien, und dass die Sozialversicherung die Leute vom Sparen abhalte. Die New Deal-Verfechter hatten es einfach dagegenzuhalten, nämlich mit dem Hinweis, dass die Alternativen zu den derart kritisierten Maßnahmen nachweislich in Armut, Migration und früher Mortalität bestünden.

Arbeitsbeschaffung ohne Kriegseinfluss

Als Roosevelt im März 1933 sein Amt antrat, gab es durchaus noch nicht alle makroökonomischen Instrumente und Einsichten, über die wir heute verfügen.[2] Die Wirtschaftswissenschaft hatte noch keine überzeugende Erklärung für Massenarbeitslosigkeit, deren Entstehung akademische Kreise mal den Gewerkschaften, mal dem technologischen Wandel, mal „Vorgängen, die sich unserer Kontrolle entziehen" oder alledem gleichzeitig anlasteten. Damals sah die akademische Lehrmeinung großenteils, wie heute auch, das Heilmittel in niedrigeren Löhnen. Damals begriff und empfahl aber auch, wie heute wieder, eine beträchtliche Anzahl von Ökonomen öffentliche Investitions- und Entwicklungs-Programme als Mittel, Menschen vor dem Verhungern zu bewahren oder von einer Revolution abzuhalten. Doch der Gedanke, es ließen sich öffentliche Projekte in einem solchen Ausmaß entwickeln, dass man mit ihnen die Depression beenden konnte, harrte noch seiner vollständigen Ausarbeitung. Und ebenso wenig besaß das Land seinerzeit die Einkommens- und Arbeitslosigkeitsstatistiken, mit deren Hilfe wir heute diese Probleme analysieren können: Makroökonomisch gesehen befand die Regierung sich damals im Blindflug.

In Sachen Beschäftigungspolitik nahm der New Deal eine direkte und ergebnisoffene Haltung ein. Unter Harry Hopkins wurden so schnell wie möglich Jobs geschaffen, um es Millionen Menschen zu ermöglichen, das laufende Jahr durchzustehen. An den Haushalt dachte man erst in zweiter Linie. Hohe wirtschaftliche Zuwachsraten zu erzielen, stand nicht im Vordergrund des Bemühens, denn die strategische Orientierung auf Wirtschaftswachstum (im heutigen Sinne) gab es noch nicht. Nichtsdestoweniger zeitigten die staatlich finanzierten Programme des New Deal kräftige makroökonomische Wirkungen. Zwischen Dezember 1932 und Dezember 1936 verdoppelte sich die Industrieproduktion. Das lohnt die Erwähnung, weil es manchmal bestritten wird: So schreibt die Journalistin Amity Shlaes in ihrem kürzlich erschienenen Buch „The Forgotten Man", die Industrieproduktion sei in den Vereinigten Staaten nach 1932 nicht gewachsen. In Wirklichkeit aber nahm sie rapide zu.

Was die Beschäftigungswirkung des New Deal angeht, so heißt es weithin: „Nur der Krieg hat die Depression beendet." Hierzu hat der Wirtschaftswissenschaftler Martin Auerback kürzlich in einem Arbeitspapier[3] aufschlussrei-

2 Die erste nationale Einkommensstatistik wurde in den USA 1934 von Simon Kuznets veröffentlicht.
3 Marshall Auerback, Time for a New New Deal, Arbeitspapier, 2009.

che Hinweise gegeben: Die gern zitierten (im nachhinein erstellten) Arbeits-
losenstatistiken behandeln nämlich die dreieinhalb Millionen Menschen, die
auf dem Höhepunkt des New Deal von öffentlichen Agenturen beschäftigt
wurden, so als wären sie arbeitslos gewesen. Das hat ursprünglich ideologische Gründe, insofern unter Wirtschaftsbelebung lediglich die Belebung des
privaten Sektors verstanden wurde. Doch praktisch gesehen ist die Unterscheidung absurd. Sie unterstellt, dass jemand, der 1928 zeitlich befristet am
Bau eines Privathauses beteiligt ist, Arbeit hat; nicht aber der gleiche Arbeiter,
wenn er 1935 am Lincoln-Tunnel mitbaut.

Um einen Eindruck davon zu vermitteln, wie stark die Arbeitslosigkeit
unter dem New Deal tatsächlich verringert werden konnte, greife ich auf ein
Schaubild Auerbacks zurück. Darin sind die Zahlen der offiziellen Statistik mit
und ohne Einbeziehung derjenigen, die für New-Deal-Programme arbeiteten,
dargestellt. Als Beschäftigte mitgerechnet sind sie in der gestrichelten, nicht
berücksichtigt dagegen in der durchgezogenen Kurve. Die Abbildung zeigt,
dass die Maßnahmen des New Deal die Arbeitslosigkeitsrate in Wirklichkeit
von 25 Prozent auf unter 10 Prozent drücken konnten, bevor es 1937 zu einer
Umkehr der Politik und zur Rezession kam; eine vergleichbare Reduktion
gelang dann wieder bis 1940 – also immer noch vor dem Kriegseintritt.

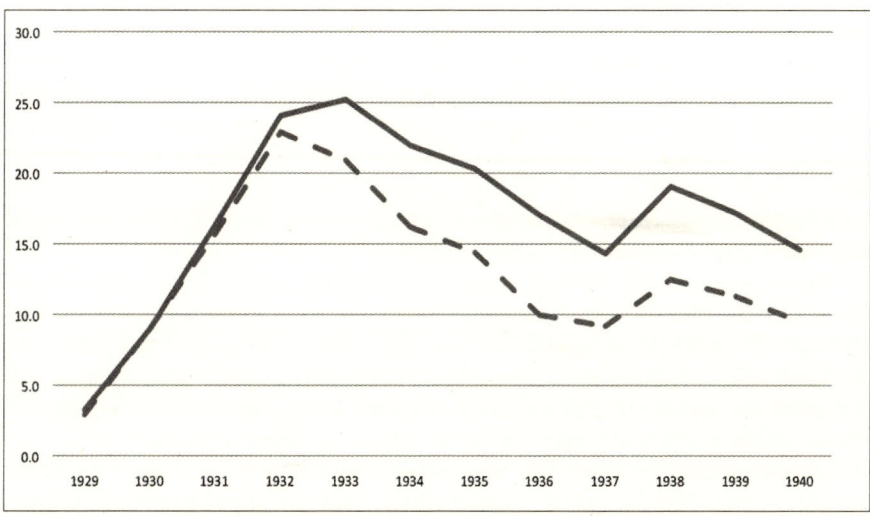

Abbildung: Höhe der Arbeitslosigkeit mit und ohne Berücksichtigung der staatlichen New-Deal-Programme (in Prozent).

Der New Deal bestätigte die Annahmen des Ökonomen Richard Kahn, eines
engen Mitarbeiters von Keynes, der Anfang der 30er Jahre die Vorstellung
vom „employment multiplier" (also vom Beschäftigungsmultiplikator) entwickelt hatte; die Vorstellung nämlich, dass eine Zunahme der Staatsausgaben
zur Verbesserung öffentlicher Einrichtungen und Dienstleistungen sowohl
unmittelbar wie mittelbar Arbeitsplätze schaffen würde: direkt im Öffentlichen
Dienst und indirekt im Privatsektor. 1930 übertrug Keynes in seiner *General*

Theory diese Einsicht von der Ebene der Beschäftigung auf die des Output und gab uns damit das mittlerweile vertraute Konzept vom Multiplikatoreffekt erhöhter Staatsausgaben auf das Volkseinkommen. Und danach machte natürlich das ungeheure Ausmaß neuer Staatsausgaben während des Krieges nicht nur der Arbeitslosigkeit, sondern auch der hier referierten Diskussion ein Ende: Dass Arbeitslosigkeit mittels öffentlicher Ausgaben überwunden werden kann, war für diese Generation keine bloße Behauptung mehr, sondern bewiesen.

Desgleichen ist festzuhalten, dass in der damaligen Zeit die innerstaatliche Geldpolitik noch kaum eine Rolle spielte. Das ging so weit, dass die Ökonomen jener Generation dazu neigten, die Federal Reserve, die US-Notenbank, als eine Art stehendes Gewässer abzutun. Ich denke gar nicht daran, die derzeit modische Ansicht ernst zu nehmen, wonach es vor allem eine Lockerung der Geldmengenpolitik gewesen sein soll, die zum wirtschaftlichen Aufschwung nach 1933 führte – es sei denn man rechnet staatliche Kreditgarantien und Direktkredite zur Geldpolitik.[4] Sollten die 1930er Jahre irgendwie doch ein neues Goldenes Zeitalter privater Kreditvergabe (und das bei Null-Zinssätzen!) und einer neuen Konzentration auf gewerbliche Investitionen gewesen sein, so wäre dieses Faktum der zeitgenössischen Aufmerksamkeit gänzlich entgangen. Verdankt die Formel „pushing on a string" ihre Entstehung doch gerade dem Versuch, die seinerzeitige Ohnmacht monetärer Politik zu charakterisieren – eben mit dem paradoxen Bild von der Schnur, an der nicht gezogen wird, sondern die man zu stoßen versucht.

In meinem Dissens mit Professor DeLong[5] über die Rolle der Fiskalpolitik schließlich geht es darum, dass man auf die *ex ante* erfolgten öffentlichen Ausgaben schauen muss und nicht auf *ex-post*-Defizite, will man Kraft und Wirksamkeit einer expansiven Fiskalpolitik bewerten. Die Ausgaben der öffentlichen Hand wuchsen zwischen 1932 und 1934 um 55 Prozent; ihr Anteil an dem (kollabierenden) Bruttoinlandsprodukt (GDP) stieg von 10,2 Prozent im Jahre 1932 auf 17,4 Prozent 1934 an. Ich habe auch nie begreifen können, wieso der Goldzufluss am Vorabend des Zweiten Weltkrieges die Wirtschaft stimuliert haben soll, war doch Gold zu jener Zeit seiner monetären Rolle verlustig gegangen. Und was die Wirtschaft 1939-1940 in Schwung brachte, war natürlich die neuerliche Steigerung der Staatsausgaben, nunmehr erstmals von keynesianistischen Ideen beflügelt – und von Exportaufträgen.

Ein viertes Feld, auf dem der New Deal Großes leistete, war der physische, moralische und kulturell-künstlerische Wiederaufbau des Landes. Das Amerika der frühen 1930er Jahre muss als unterentwickelt bezeichnet werden. Nur ein Beispiel: 1930 fuhr mein Vater in einem Ford T von Ontario, wo er wohnte, nach Berkeley in Kalifornien, und ihm fiel auf, dass von Lincoln in

---

4   Die Arbeiten von Professor Thomas Ferguson über die Anfänge des New Deal vermitteln einen guten Einblick in diese Thematik, insbesondere die Beiträge „Monetary Policy, loan liquidation and industrial conflict: The Federal Reserve and open market operations of 1932" („Journal of Economic History", 1984) und „From Normalcy to New Deal" („International Organisation", 1984).

5   Brad deLong war stellvertretender Generalsekretär des Schatzamtes im US-Finanzministerium und ist in der gegenwärtigen Krise einer der stärksten Verteidiger der Politik von Finanzminister Timothy Geithner.

Nebraska bis Kalifornien die Straßen nicht asphaltiert waren. Auerback liefert eine elegante Beschreibung dessen, was im darauf folgenden Jahrzehnt geschah:

Der geistige Wiederaufbau des Landes

Der Staat stellte ungefähr 60 Prozent der Arbeitslosen für öffentliche Projekte, Instandsetzungs- und Erhaltungsarbeiten ein, in deren Verlauf sie eine Milliarde Bäume pflanzten, den Schreikranich (Grus americana) vor dem Aussterben retteten, das ländliche Amerika modernisierten und so unterschiedliche Dinge bauten wie die *Cathedral of Learning* in Pittsburgh, das Parlamentsgebäude von Montana, große Teile der *lakefront*, der Seeuferbebauung in Chicago, den New Yorker Lincoln-Tunnel und den Triborough Bridge-Kompex ebendort, das TVA-Projekt der *Tennessee Valley Authority* sowie die Flugzeugträger *Enterprise* und *Yorktown*. Gleichzeitig baute oder renovierte der Staat 2500 Krankenhäuser, 45000 Schulen, 13000 Parkanlagen und Spielplätze, 7800 Brücken, 700000 Meilen Straßen und tausend Flugplätze. Außerdem stellte er 50000 Lehrer ein, erneuerte das gesamte Schulsystem auf dem Lande und vergab Aufträge an 3000 Schriftsteller, Musiker, Bildhauer und Maler, unter ihnen Willem de Kooning und Jackson Pollock.

Diese Leistungen zeitigten wichtige Auswirkungen im Keynesschen Sinne, aber sie waren nicht Ergebnis einer kurzfristig angelegten keynesianistischen Expansionspolitik und wären auch gar nicht möglich gewesen, hätte es sich um eine solche gehandelt. Große Bauprojekte bedürfen längerfristiger Planung im Voraus und brauchen viel Zeit, bis sie fertiggestellt sind. Aber Roosevelt beschränkte sich nicht auf „startreife" Projekte. Er ging nicht davon aus, dass die Wirtschaft nur einer „Stimulation" bedürfe, um „die Kreditströme wieder fließen" zu lassen und in die glücklichen Zeiten der 20er Jahre zurückkehren zu können. Er hatte überhaupt kein Interesse daran, diese Zeiten noch einmal zu erleben. Die Geldwechsler waren aus dem Tempel geflohen und er dachte nicht daran, sie zurückzuholen. Der New Deal baute für künftige Zeiten und auf lange Sicht, wie die Tatsache zeigt, dass seine größten Errungenschaften – von der TVA bis zur *Social Security* – noch immer bestehen.

Gewiss, es stimmt, dass es in Roosevelts Team Spannungen zwischen Hopkins, dem Chef der Arbeitsbeschaffungsprogramme der *Works Progress Administration* (WPA), und Harold Ickes, Leiter der großen Investitionsprojekte der *Public Works Administration* (PWA), gab. Mein Vater erzählte gerne von einem Vormittag, an dem Roosevelt die beiden Männer unmittelbar nacheinander empfing und sich erst Hopkins' Plädoyer für Sofortprogramme zur Arbeitsbeschaffung und anschließend Ickes' Argumente für lohnende Kapitalprojekte anhörte. Beide verließen ihn mit dem gleichen Bescheid: „Sie haben völlig recht!" Hinterher machte Mrs. Roosevelt ihrem Gatten Vorhaltungen: Hatte er sich nicht selbst widersprochen, als er diese beiden einander scharf widersprechenden Auffassungen gleichermaßen bejahte? Der Präsident antwortete ihr: „Du hast völlig recht, Eleanor."

Um diesen knappen Überblick abzurunden, möchte ich noch auf etwas hinweisen, was der New Deal *nicht* bewirkte: Das kommerzielle Bankensystem hat er nicht wiederhergestellt. Der New Deal veranlasste die Neuaushandlung kurzfristiger Hypotheken, die nicht refinanziert werden konnten; er schuf mit einem neuen Hypothekentyp, 30 Jahre Laufzeit mit festgelegtem Zinssatz, das Hauptfinanzierungsinstrument für den Haus- und Wohnungsbau bzw. -kauf des nächsten halben Jahrhunderts. Er begünstigte den Spar- und Darlehenskassensektor durch eine strenge Regulierung der Zinssätze und begann mit der Wiedervermarktung erstklassiger Hypotheken. Unter dem New Deal wurden viele insolvente oder sonstwie gescheiterte Banken in staatliche Regie überführt. Die *Reconstruction Finance Corporation* verschaffte privaten Unternehmungen Rettungskredite. Kommerzielle Kreditvergabe durch Privatbanken hingegen spielte bei der wirtschaftlichen Erholung keine große Rolle. Der Verfall der Vermögenswerte hatte weitgehend dazu geführt, dass nur wenige Privatleute oder Betriebe hoffen konnten, von Privatbanken kommerzielle Darlehen zu erhalten, und die Flucht in liquide Mittel bewirkte zudem, dass trotz niedriger Zinssätze nur wenige überhaupt Interesse an solchen Krediten gehabt hätten.

Was dann schließlich zur Wiedererrichtung des privaten Bankwesens führte, war die Entstehung überschüssiger Geldvermögen während des Zweiten Weltkrieges. In diesem Zeitraum verdoppelte sich das US-Volkseinkommen, während das für zivile Zwecke verfügbare Produktionsaufkommen in etwa konstant gehalten wurde. Arbeitnehmerfamilien verdienten daher ungefähr doppelt soviel, wie sie ausgeben konnten, und rigorose Preiskontrollen beugten einer Inflation vor, die die Nominaleinkommen absorbiert hätte. Die Amerikaner zeigten sich infolgedessen gewillt, ihre überschüssigen Einkünfte dem Staat leihweise zur Finanzierung der Kriegsaufwendungen zurückzugeben. Die so zustande gekommenen Kriegsanleihen, die bei Kriegsende einen Umfang von 125 Prozent des Bruttoinlandsprodukts erreicht hatten, bildeten das Fundament der starken finanziellen Stellung der Mittelschichten nach dem Kriege. Erst durch diese Entwicklung (und im Gefolge der zusätzlichen Vermehrung privaten Wohlstands durch den Koreakrieg ab 1950) wurde das amerikanische Publikum für die Privatbanken erneut zu einer profitablen Klientel. Und es verging noch viel mehr Zeit, bis die Öffentlichkeit den Aktienmarkt wieder zu entdecken begann.

Meine Schlussthese lautet deshalb, dass eine Bankenkrise des Typs, wie er in den 1930er Jahren auftrat und, wie ich sagen würde, seit August 2007 erneut in Erscheinung tritt, außerordentlich langfristige Auswirkungen auf Funktion und Belastbarkeit des Bankensystems mit sich bringt – gleichgültig, welche Schritte die Politik zur Wiederbelebung der Produktion, der Beschäftigung und der Vermögensbildung unternehmen mag und wie wirksam diese Schritte sind. Es gibt keinen bequemen oder schnell ans Ziel führenden Weg zurück zu alsbaldiger Kreditausweitung. Und es geht noch langsamer und mühseliger voran, wenn die politischen Energien auf vergebliche Versuche, ein verlorenes Paradies wiederzuerrichten, konzentriert werden: eine von den Geschäftsinteressen privater Banken angeführte und gesteuerte Wirtschaft.

Dergleichen ist, selbst wenn es wünschenswert wäre, wahrscheinlich nicht machbar.

Glauben statt Wissen auf Seiten der Gegner

Beim Council on Foreign Relations habe ich mich kürzlich mit einem Teil der neueren wissenschaftlichen Literatur befasst, in der behauptet wird, der New Deal habe die Große Depression verlängert oder sogar vertieft. Diese These kreist um die folgende Argumentation: In normalen Zeiten – wird behauptet – stellen, wenn die Politik sich nicht einmischt, fallende Reallöhne sehr schnell die Voraussetzungen einer Vollbeschäftigung wieder her. Da dies in den 1930er Jahren nicht geschah, so die Logik dieser Argumentation, sind die Löhne offenbar nicht tief genug gesunken. Die Antwort auf die Frage, warum nicht, liegt dann auf der Hand: Weil die Bestrebungen des New Deal, Preise und Löhne zu erhöhen, die Gewerkschaften zu fördern und einen Mindestlohn zu erzwingen, allesamt kontraproduktiv waren, insofern das Ziel in der Erhaltung oder Vermehrung von Arbeitsplätzen bestand. Schließlich wird der New Deal dafür verantwortlich gemacht, dass eine Rückkehr zur Trendlinie der 1920er Jahre in der Gesamtproduktion nicht – bzw. erst nach dem Beginn des Zweiten Weltkriegs – gelang.

In den ersten Kapiteln seiner *General Theory* hat Keynes sich auf den Nachweis konzentriert, dass Einschnitte bei den Nominallöhnen, wie sie damals (und heute) den Arbeitnehmern abverlangt wurden, die der Theorie zufolge erforderlichen Reallohnsenkungen überhaupt nicht hervorrufen, weil ja die Preise ebenfalls sinken würden. Dementsprechend führt es auch, anders als die These behauptet, zu keiner Reallohnerhöhung, wenn man sowohl die Preise als auch die Löhne anhebt.

Doch die These hat auch noch andere Fehler. Erstens ignoriert sie, wie tief die Große Depression einschnitt, und stellt sich der Frage nicht, wie und warum die Arbeitslosigkeit bis Ende 1932 auf 25 Prozent steigen konnte – also bevor Roosevelt sein Amt antrat und folglich bevor irgendeiner der angeblichen Fehler des New Deal überhaupt erst hatte gemacht werden können. Zweitens ignoriert sie die außerordentlich rasche wirtschaftliche Erholung in den Jahren 1933-1936 oder kapriziert sich auf die schlichte Frage, warum dieser Aufschwung sich nicht noch schneller entwickelte. Damit unterstellt sie im Grunde, das Tempo wäre noch höher gewesen, hätte der Staat überhaupt nichts getan. Doch dergleichen anzunehmen, ist ein bloßer Glaubensakt. Drittens wird unterstellt, die spekulative Blase gegen Ende der 1920er Jahre sei nicht zum Platzen verurteilt gewesen; vielmehr hätte ein Wirtschaftswachstum des gleichen Typs weitere zehn Jahre (oder sogar endlos) anhalten können. Das kommt der Behauptung gleich, der Bankenkrach habe seine Wurzeln nicht in den gefährlichen Praktiken der Geldinstitute Ende der 20er Jahre und keine Auswirkungen auf die anschließende Depression gehabt.

Ich brauche wohl nicht zu betonen, dass ich anderer Auffassung bin.

Die Mosaik-Linke

Vom Aufbruch der Gewerkschaften zur Erneuerung der Bewegung

Von **Hans-Jürgen Urban**

Die Lage ist ernst. Die globale Wirtschaftsleistung befindet sich im freien Fall, erstmalig seit 1945 dürfte sie im Jahr 2009 sinken.[1] Was als Krise des amerikanischen Immobiliensektors begann, wuchs sich schnell zur globalen Finanzkrise aus und hat längst die sogenannte Realwirtschaft erfasst. Die deutsche Wirtschaft ist von dieser Abwärtsspirale besonders stark betroffen. Sie befindet sich in der tiefsten Rezession der Nachkriegzeit. Mit bisher ungekannter Geschwindigkeit brechen gerade der Exportwirtschaft Märkte und Aufträge weg. Dem folgt ein rasanter Rückgang von Produktion und Kapazitätsauslastung. Und durch die drastisch verschlechterten Bedingungen externer Unternehmensfinanzierung sehen sich insbesondere diejenigen Unternehmen durch Liquiditätsengpässe in ihrer Existenz bedroht, die trotz exorbitanter Gewinne in den vergangenen Jahren über keine stabile Eigenkapitalbasis verfügen. Liquiditätsabflüsse an Finanzinvestoren, von der Shareholder-Value-Ideologie angetriebene Dividendenausschüttungen und üppige Aktienrückkaufprogramme haben die Unternehmen der ökonomischen Substanz beraubt, die sie nun zum Überleben in der Krise schmerzlich vermissen. Setzt sich die Entwicklung fort, sind massiver Beschäftigungsabbau, explodierende Arbeitslosigkeit und – in der Folge – eklatante Einnahmeverluste und Mehrausgaben für Staatshaushalte und Sozialversicherungen programmiert.

Kein Zweifel: Finanzmarktkapitalismus und Neoliberalismus haben sich historisch blamiert – als Wirtschafts- und Gesellschaftsmodell wie als Leitbild von Politik und öffentlicher Meinung. Doch die gegenwärtige Krise ist weit mehr als eine Krise einer spezifischen Kapitalismusvariante und ihrer Ideologie. Es spricht viel für die Annahme, dass es sich um eine „Systemkrise der kapitalistischen Produktionsweise" handelt.[2] Diese Diagnose macht die Sache indessen nicht einfacher. Im Gegenteil: Fasst man die Finanz- und Realwirtschaftskrisen als Momente einer mehrdimensionalen Systemkrise des Kapitalismus und bezieht man in diese die ökologische Dimension in Form von

---

1 Institut für Makroökonomie und Konjunkturforschung (IMK), Prognose-Update. Im Freien Fall, März 2009.

2 So Elmar Altvater in seinem Beitrag in diesem Band; vgl. auch Arbeitsgruppe Alternative Wirtschaftspolitik, Memorandum 2009.

Energiekrise und drohendem Klimakollaps ein, wird die gigantische Aufgabe deutlich, vor der die Gesellschaft steht.

Eigentlich stünde also ein sozial-ökonomischer Systemwechsel an. Doch dazu bedarf es eines agierenden Akteurs, einer handlungswilligen und -fähigen Linken, und die ist weit und breit nicht in Sicht. Vielmehr weist die Linke eher Lähmungserscheinungen auf, als dass sie aus der historischen Bestätigung ihrer Kapitalismuskritik politischen Honig saugen könnte.[3]

Dies gilt auch für die Gewerkschaften. Sie waren im Finanzmarktkapitalismus unter dem Druck des Shareholder-Value-Regimes und der Deregulierungs- und Privatisierungspolitik in die Defensive geraten. Nun trifft sie die Krise in einer Phase, in der es zuletzt Anzeichen einer Revitalisierung und erneuten Stärkung ihrer Organisations- und Verhandlungsmacht gab.[4] Doch damit dürfte es vorerst vorbei sein. Die Wucht, mit der die Rezession Arbeitsplätze, Einkommen und Arbeitsstandards in Frage stellt, droht gewerkschaftliche Ressourcen erneut vor allem in Abwehrkämpfen zu binden. Zwar können sie sich einer neu erwachten medialen Aufmerksamkeit erfreuen.[5] Und zweifelsohne kann die Verhinderung von Massenentlassungen durch die massive Ausweitung von Kurzarbeit und Qualifizierungsmaßnahmen als interessenpolitischer Erfolg unter denkbar schwierigen Bedingungen gewertet werden. Doch die Uhr tickt: Kurzarbeit und Qualifizierungsmaßnahmen haben die drohende Entlassungswelle eher aufgehalten als abgewendet. Sie droht sich jedoch zeitverzögert umso massiver zu vollziehen. Und an die systemische Dimension der Krise reichen die Antikrisenstrategien der Gewerkschaften – jedenfalls bisher – ebenfalls nicht heran.

Zwischen strukturellem Konservatismus und strategischen Innovationen

Allen Widrigkeiten zum Trotz versuchen die Gewerkschaften dennoch, sich strategisch zu erneuern. Dabei befinden sie sich in einer strategischen Zwickmühle. Auf der einen Seite sehen sie sich mit eindeutigen Erwartungshaltungen der Mitgliedschaft konfrontiert, also mit der Sicherung von Standorten und der Verteidigung von Arbeitsplätzen, Einkommen und Arbeitsstandards. Sollten die Gewerkschaften diese Erwartungen ihrer Basis vernachlässigen, drohen Akzeptanz- und Legitimationsprobleme sowie letztlich weitere Mitgliederverluste – von Blockaden bei der Mobilisierung der Mitgliedschaft zur Aktivierung betrieblicher und politischer Verhandlungs- und Durchsetzungsmacht ganz zu schweigen.

Auf der anderen Seite wird eine strukturkonservative gewerkschaftliche Interessenpolitik den Anforderungen der historischen Konstellation nicht ge-

---

3 Albert Scharenberg, Die Lähmung der Linken, in: „Blätter", 4/2009, S. 5-9.
4 Ulrich Brinkmann u.a., Strategic Unionism: Aus der Krise zur Erneuerung? Umrisse eines Forschungsprogramms, Wiesbaden 2008; Hans-Jürgen Urban, Die post-neoliberale Agenda und die Revitalisierung der Gewerkschaften, in: Christoph Butterwegge, Bettina Lösch und Ralf Ptak (Hg.), Neoliberalismus. Analysen und Alternativen, Wiesbaden 2008, S. 355-373.
5 Vgl. Cornelia Schmergal, Zurück im Geschäft. Die Wirtschaftskrise beschert den Gewerkschaften eine ungeahnte Renaissance, in: „Wirtschaftswoche", 30.3.2009.

recht. Sie dürfte schnell an Grenzen stoßen. Weder lassen sich so die gegenwärtigen ökonomischen Strukturen, noch die Arbeitsplätze auf Dauer sichern. Vor allem aber würde eine solche Politik gegenüber dem notwendigen Umbau des industriekapitalistischen Produktionsmodells schlichtweg versagen.

Die IG Metall gehört zu den Organisationen, die der unübersichtlichen Situation mit strategischen Innovationen Herr zu werden versuchen. Auf der Grundlage einer Kritik neoliberaler Politik und eklatanten Marktversagens konstatiert sie einen „Systeminfarkt der Weltwirtschaft" und entwirft eine Krisenstrategie jenseits der Marktmechanismen. „Wer die Bewältigung der Krise jedoch den Märkten überlässt, der wird mit massiven Wohlstandsverlusten, mit Massenarbeitslosigkeit und einer lang andauernden Depression bestraft werden. Die Überwindung der Krise erfordert ein geschlossenes Handeln der Politik, die auch bereit sein muss, Strukturen grundlegend zu verändern. Dies gilt gleichermaßen für die Nationalstaaten, die Europäische Union und die G20."[6] Im Zentrum des gewerkschaftlichen Konzeptes steht die Forderung nach einem mit mindestens 100 Mrd. Euro ausgestatteten öffentlichen Beteiligungsfonds („Public Equity"), mit dem sich der Staat an existenzbedrohten Unternehmen beteiligen kann. Dieser Fonds soll über eine Zwangsanleihe in Höhe von zwei Prozent auf private Geldvermögen oberhalb von 750 000 Euro finanziert werden.

Zugleich will die IG Metall die Bereitstellung öffentlichen Sanierungskapitals als Kanal der öffentlichen Einflussnahme auf die Unternehmenspolitik nutzen, indem man Public Equity an Konditionen knüpft. Zu diesen Konditionen gehören der Ausschluss betriebsbedingter Kündigungen, die Abkehr vom Shareholder-Value-Paradigma und die Ausrichtung der Unternehmenspolitik an einer nachhaltigen Unternehmensentwicklung, die ökologische Modernisierung von Produktpalette und Produktionsverfahren, die Einhaltung tariflicher Mindeststandards und weiterer Arbeitnehmer- und Mitbestimmungsrechte sowie der Einstieg in ein neues Modell der Vorstandsvergütung. Bei der Entscheidung über öffentliche Finanzmittel und Beteiligungen sollen insbesondere gesamtwirtschaftliche und gesellschaftliche Aspekte Berücksichtigung finden. Als Entscheidungs- und Steuerungsgremium ist ein drittelparitätisch – das heißt ein aus Vertreterinnen und Vertretern von Unternehmen, Gewerkschaften und öffentlicher Hand – besetzter Rat vorgesehen.

Mit diesen Mitteln soll der Erhalt der industriellen Wertschöpfungsbasis mit der Vermeidung von Insolvenzen und Stellenabbau und der strategischen Neuausrichtung der Unternehmen verbunden werden. Eingebettet sind diese strukturpolitischen Maßnahmen in ein wirtschafts- und finanzpolitisches Gesamtkonzept, das Vorschläge zur Regulierung der Finanzmärkte, zur Modernisierung der gesellschaftlichen Infrastruktur im Rahmen eines europäischen Zukunftsinvestitionsprogramms, zum Ausbau der betrieblichen und Unternehmensmitbestimmung sowie für eine umfassende Einkommensumverteilung durch diverse steuerpolitische Maßnahmen vorsieht.

6 IG Metall Vorstand, Aktiv aus der Krise. Gemeinsam für ein gutes Leben. Aktionsplan der IG Metall, März 2009.

Industrieller Niedergang oder industriepolitischer Umbau

Doch durch die Sicherung von industrieller Wertschöpfung und Beschäftigung allein dürfte der interessenpolitische Spagat zwischen politischem Widerstand und strategischen Innovationen nicht zu meistern sein. Denn eine offensive Krisenüberwindungsstrategie kommt am Ziel eines alternativen sozial-ökonomischen Entwicklungsmodells nicht vorbei. Gefordert ist ein Modell, das die sozialen Reproduktionsinteressen der Arbeit, die allgemeinen Entwicklungsinteressen der Gesellschaft und die ökologischen Nachhaltigkeitserfordernisse der natürlichen Umwelt in Übereinstimmung bringt.

Dies ist allerdings – gerade aus Sicht einer Industriegewerkschaft – leichter gesagt als getan. Die exportorientierten Industriesektoren, etwa die Automobil- und Zulieferindustrie, der Maschinenbau sowie die Chemie- und Elektroindustrie, müssten im Zentrum einer solchen Umbaustrategie stehen. Sie sind jedoch die tragenden Säulen der industriellen Wertschöpfungsbasis, aus deren Produktivitätszuwächsen und Wettbewerbserfolgen beträchtliche Teile der sozialen Wohlfahrt finanziert werden. Sie können nicht ohne erhebliche Wertschöpfungs- und Wohlfahrtsverluste – gleichsam aus Umbaugründen – ökonomisch außer Funktion gesetzt werden. Und zugleich sind sie mit Blick auf Mitgliederbasis, betriebliche Verankerung und Beitragseinnahmen die Bastionen gewerkschaftlicher Macht, die nur um den Preis der Selbstentmachtung vernachlässigt werden können.

Aus gewerkschaftlicher Sicht wirkt daher auch die eigentümliche Teilnahmslosigkeit, mit der Teile der Linken den Kampf der Opel-Belegschaften um ihre sozialen Zukunftsperspektiven beobachteten, mitunter befremdlich. Offensichtlich wurden die Folgekosten, die ein abrupter marktgesteuerter Zusammenbruch der Automobil- und Zulieferindustrie für das deutsche Wirtschafts- und Sozialmodell nach sich gezogen hätte, eklatant unterschätzt. Zugleich verwundert es, wenn der für Linke eigentlich diskreditierte Krisenbewältigungsmechanismus des Marktes im Falle der automobilen Strukturkrise durchaus auf Zustimmung stößt – zumal der Markt im Moment nicht etwa Akteure deshalb aussortiert, weil diese Innovationen verschlafen hätten. Hat sich etwa auch in die Linke die Illusion eingeschlichen, jede marktgetriebene Zerstörung sei schöpferisch und Massenentlassungen und Standorterpressungen wiesen den Weg für einen innovativen Strukturwandel?

In den Gewerkschaften selbst hat sich jedenfalls längst die Erkenntnis durchgesetzt, dass der Automobilindustrie die Weiter-so-Option nicht mehr zur Verfügung steht.[7] Die Konflikte um die Opelstandorte betätigen beispielhaft und mit brutaler Eindringlichkeit die globale Krise der Automobilindustrie. Diese besteht weniger in einer zyklischen Branchenkrise, sondern ist Folge eines renditegetriebenen Aufbaus von Überkapazitäten und einer sträflichen Verschleppung der unabdingbaren ökologischen Modernisierung. Hier dürfte die tiefere Ursache für den rasanten Ansehensverlust liegen, den die Automobilbranche in den letzten Jahren in der Gesellschaft erlitten hat.

7   Dies war auch der Tenor einer Automobil- und Zulieferer-Konferenz der IG Metall am 25./26. März 2009 in Berlin.

Industrieller Niedergang oder industriepolitischer Umbau, so ließen sich die Szenarien für die Automobilindustrie auf den Begriff bringen. Zukunftsweisend ist dabei nur eine integrierte sozial-ökologische Konversionspolitik. Diese muss den Arbeitsplatz-, Einkommens- und Arbeitsinteressen der Beschäftigten, den Mobilitätsansprüchen einer flexiblen Gesellschaft sowie den Nachhaltigkeitskriterien des natürlichen Gleichgewichts zugleich gerecht werden, ohne sich in Zielkonflikten zu verfangen. Dabei muss der Rückbau von Überkapazitäten politisch gesteuert und mit einer ökologischen Erneuerung von Produkten und Produktionsverfahren und der Sicherung von sozial regulierter Beschäftigung verbunden werden. Die IG Metall kann dabei auf industrie- und ökologiepolitische Konzepte zurückgreifen, die sie zu Beginn der 90er Jahre entwickelt hat. Diese sind in den Folgejahren unter dem Druck anschwellender Arbeitslosigkeit und Verteilungskonflikte und wettbewerbsstaatlicher Deregulierung der Arbeits- und Sozialverfassung von der gewerkschaftlichen Agenda weitgehend verschwunden. Sie können und müssen heute reaktiviert werden.

Dies gilt etwa für das integrierte Verkehrskonzept, das die IG Metall seinerzeit vorgelegt hatte. Als strategisches Ziel wurde ein umweltverträgliches und effizientes Verkehrssystem definiert, in dem das Automobil als Bestandteil eines integrierten Gesamtverkehrskonzeptes neu konzipiert werden sollte. Ziel war „ein Gesamtkonzept, in dem die komplexen Zusammenhänge von Umwelt-, Verkehrs-, Industrie- und Beschäftigungspolitik in eine strategische Perspektive gebracht werden" und das im Bereich des individuellen Verkehrs auf ein Auto setzt, „das ohne Schadstoffe hergestellt wird, das vollständig wiederverwertbar ist, das leise und ohne Abgase, so weit wie möglich auf Basis erneuerbarer Energiequellen fährt."[8]

In diesem Sinne wurden internationale Abstimmungen und verbindliche Richtlinien bezüglich Grenzwerten und generellen Umweltstandards gefordert. Und der Aufbau eines integrierten Verkehrssystems wurde mit den Forderungen nach einer drastischen Reduzierung von Emissionen und Energieverbrauch, dem Ausbau des öffentlichen Verkehrs sowie der Vernetzung sämtlicher Verkehrträger verbunden. „Wo es um den Aufbau eines integrierten Gesamtverkehrssystems geht, sind staatliche Initiativen, staatliche Investition und eine breite Beteiligung und Mobilisierung für dieses gesellschaftliche Projekt notwendig", lautete bereits damals die heute wieder hochaktuelle Forderung.[9]

Eine neue ökologisch und sozial orientierte Wirtschaftsdemokratie

Dass diese konzeptionellen Ansätze in den Folgejahren keinen Eingang in die gewerkschaftliche Realpolitik fanden, hatte viele Ursachen. Zum einen schien

---

8 Zehn Vorschläge und Forderungen der IG Metall zu Auto, Umwelt und Verkehr, in: IG Metall und Deutscher Naturschutzring (Hg.), Auto, Umwelt und Verkehr. Umsteuern, bevor es zu spät ist, Köln 1992, S. 315-322, hier S. 315.
9 Ebd., S. 322.

ein solcher Umbau mit den Arbeitsplatzinteressen der Beschäftigten und den individualistischen Mobilitätsgewohnheiten der fordistischen Gesellschaft zu kollidieren. Doch nicht weniger ausschlaggebend war der Paradigmenwechsel in den transnationalen Automobilkonzernen, der sich im Übergang zum Finanzmarktkapitalismus mit seiner betrieblichen Shareholder-Value-Orientierung vollzog. Fortan lautete die Zauberformel: Fokussierung auf das Kerngeschäft und damit auf die Produktion marktgängiger Automobile. Mit dieser setzten sich renditegetriebene Produkt- und Marktstrategien durch, die Aspekte wie gesellschaftliche Nützlichkeit und ökologische Verträglichkeit weitestgehend ignorierten.

Bis in die Gegenwart wirken die profit- und machtbasierten Strukturen des Shareholder-Value-Regimes als die zentrale Innovationsblockade. Dabei könnte die umfassende Delegitimierung dieses Regimes als Chance für die Durchsetzung einer neuen sozial-ökologischen Corporate Governance genutzt werden. Hierfür wiederum erweist sich die Demokratisierung politischer und wirtschaftlicher Entscheidungsprozesse als Schlüsselfrage einer umfassenden Transformationsstrategie.[10] Konzeptionell müsste sie als Hebel der schrittweisen Überführung des Finanzmarktkapitalismus in ein Entwicklungsmodell sozialer und ökologischer Nachhaltigkeit entworfen werden.

Dies verdeutlicht, wie groß der gewerkschaftsstrategische Innovationsbedarf ist und wie unzulänglich Konzepte und Kategorien im traditionellen Strategiereservoir der Gewerkschaften sind. Auch in gewerkschaftlichen Debatten einschlägige Begriffe wie „soziale Marktwirtschaft" oder „keynesianische Nachfragepolitik" erweisen sich gegenüber den Essentials einer solchen Neuorientierung als weitgehend sprachlos. Ihre weitere Verwendung in der gewerkschaftlichen Rhetorik liefe Gefahr, strukturkonservierenden Akteuren und Konzepten in die Hände spielen, die die Bahnen des „fossilistischen Kapitalismus" eben nicht verlassen wollen.[11]

Neue Strategien brauchen neue Begriffe. Als vorläufiger, gleichsam politischer Arbeitsbegriff böte sich die neue, ökologisch und sozial orientierte Wirtschaftsdemokratie an. Es geht um nicht weniger als ein neues wirtschaftspolitische Regime, in dem die Politik weit stärker in wirtschaftliche Prozesse und Strukturen eingreift, als dies in traditionellen sozialreformerischen Strategien gedacht und praktiziert wurde. Ein solches Konzept würde weder gänzlich auf eine sozial-regulative Ordnungspolitik, noch auf Elemente keynesianischer Nachfragesteuerung verzichten können. Doch die begriffliche Neuerung könnte den neuen Anspruch von Gesellschaft zum Ausdruck bringen und hervorheben, dass man die Krisenbewältigung und den anstehenden Struk-

---

10 Zur Problematik der „politischen Demokratisierung der Demokratie" vgl. Hans-Jürgen Urban, Auf dem Weg in den postdemokratischen Kapitalismus. Über Dimensionen des Demokratienotstandes, in: Frank Deppe, Horst Schmitthenner und Hans-Jürgen Urban (Hg.), Notstand der Demokratie. Auf dem Weg in einen autoritären Kapitalismus, Hamburg 2008, S. 95-117.

11 Hier könnte die gewerkschaftliche Debatte von Erkenntnissen der Kritischen Theorie profitieren. „Es gehört zum heillosen Zustand, dass auch der ehrlichste Reformer, der in abgegriffener Sprache die Neuerung empfiehlt, durch die Übernahme des eingeschliffenen Kategorienapparates und der dahinterstehenden schlechten Philosophie die Macht des Bestehenden verstärkt, die er brechen möchte." (Max Horkheimer und Theodor W. Adorno, Dialektik der Aufklärung. Philosophische Fragmente, Frankfurt a. M. 1969 [1944], S. 4.)

turwandel nicht den Verwertungsinteressen dominierender Privatakteure zu überlassen, sondern ihn im Sinne sozialer Verträglichkeit und ökologischer Nachhaltigkeit politisch zu steuern gedenkt.

Die neue Mosaik-Linke: Hoffnungsträgerin der postneoliberalen Periode?

Ein solcher sozial-ökonomischer Paradigmenwechsel kollidiert jedoch mit den Einkommens- und Machtinteressen der finanzmarktkapitalistischen Eliten. Diese haben bisher – der Hegemoniekrise des Neoliberalismus zum Trotz – das Heft des Handelns nicht aus der Hand geben müssen. Gesellschaftliche Gegenwehr regt sich bislang wenig. Trotz anschwellender Krisendynamik scheint die von Jürgen Habermas vor Monaten konstatierte „eigentümliche Windstille"[12] in Deutschland anzuhalten. Erneut bestätigt sich: Die Krise politisiert nicht von allein, es gibt keinen Automatismus des wachsenden Protests. Im Gegenteil: Die dringend erforderliche Politisierung breiter Massen erfolgt nur dann, wenn es gesellschaftliche Bewegungen, Akteure, Kräfte gibt, die die Frustration bündeln und Perspektiven aufzeigen.

Wollen die Gewerkschaften hier eine bedeutendere Rolle spielen, setzt dies eine Wiederbelebung ihrer Organisations- und Verhandlungsmacht voraus. Ein solches Programm der gewerkschaftlichen Revitalisierung folgt zunächst einer nach innen gerichteten Logik und ist in erster Linie Aufgabe der Gewerkschaften selbst.[13] Die Neudefinition des gesellschaftspolitischen Mandats im Sinne von sozial-ökologischer Transformation und neuer Wirtschaftsdemokratie könnte hier wichtige Dienste leisten. Gleichwohl sollten sich die Gewerkschaften mit ihren Revitalisierungsbemühungen in den Kontext einer breiteren zivilgesellschaftlichen Aktivierung einordnen. Ziel müsste die Sammlung all jener Teile der Gesellschaft sein, deren Interessen durch die kapitalistische Krise und die derzeit vorherrschenden kapitalkonformen Lösungsstrategien der Eliten unter die Räder zu geraten drohen. Da es darum geht, tatsächlich Voraussetzungen für einen Politikwechsel zu schaffen, muss eine alternative Strategie auch die Parteien ins Visier nehmen.

Eine solche Bewegung könnte sich nicht nur auf die immer offensichtlicheren Risse im Gebälk des Neoliberalismus, sondern auch auf eine ausgewachsene Systemkrise der finanzmarktgetriebenen Kapitalismusvariante beziehen. Es geht um die politische Zusammenführung jener „Gegenbewegung" gegen die „Teufelsmühle" des (heute vor allem Finanz-)Marktes, der erneut die „Substanz der Gesellschaft als solche" angreift.[14] Ein solcher gegenhegemonialer Block müsste neben den Gewerkschaften die globalisierungskritischen Bewegungen, weitere Nichtregierungsorganisationen, die diversen sozialen Selbsthilfeinitiativen und nicht zuletzt die kritischen Teile der kulturellen Linken, also Wissenschaftler, Intellektuelle und andere, umfassen. Er

---

12 Jürgen Habermas, Nach dem Bankrott. Interview in: „Die Zeit", 46/2008.
13 Vgl. Hans-Jürgen Urban, Die post-neoliberale Agenda, a.a.O.
14 Karl Polanyi, The Great Transformation. Politische und ökonomische Ursprünge von Gesellschaften und Wirtschaftssystemen, Frankfurt a.M. 1995 [1944], S. 182ff.

hätte nach dem Prinzip der autonomen Kooperation nach gemeinsamen politischen Projekten und Zielen zu fahnden, sollte sich aber vor einem zu großen Vereinheitlichungsanspruch hüten. Der Betriebsratsvorsitzende eines Industrieunternehmens, die Aktivistin aus der Menschenrechts- oder Umweltbewegung und der Polit-Profi aus dem Attac-Koordinierungskreis kommen aus unterschiedlichen kulturellen Welten und sind von unterschiedlichen Milieus geprägt. Wollen sie sich gleichwohl zu gemeinsamen politischen Projekten zusammenfinden, müsste eine neue Kultur der wechselseitigen Toleranz und der Akzeptanz der spezifischen Bewegungs- und Organisationskulturen die Schlüsselressource eines solchen Bündnisses darstellen. Die Bewahrung der organisationskulturellen Autonomie der Kooperierenden muss der Attraktivität einer solchen Bewegung keineswegs abträglich sein. Denn wie ein Mosaik seine Ausstrahlungskraft als Gesamtwerk entfaltet, obwohl seine Einzelteile als solche erkennbar bleiben, könnte eine neu gegründete Linke als heterogener Kollektivakteur wahrgenommen und geschätzt werden.

Die Entstehung einer solchen Mosaik-Linken dürfte sich, sofern sie überhaupt zustande kommt, in einem längeren, eher holprigen Prozess vollziehen – einem Prozess also, der kollektiver theoretischer Anstrengungen bedarf, um die Dimensionen der Krise wirklich zu begreifen und Ansatzpunkte für Gegenwehr zu lokalisieren. Zugleich bedarf er einer widerständigen politischen Praxis. Demonstrationen wie die am 28. März 2009 in Frankfurt und Berlin sowie im Rahmen des Europäischen Aktionstages der Gewerkschaften am 16. Mai 2009 sollten in diesem Sinne als Knotenpunkte einer solchen Bewegung genutzt werden.

Doch dabei wird es nicht bleiben können. Auch die Gewerkschaften werden sich zu weiter reichenden Formen des Protestes und der politischen Mobilisierung für solidarische Krisenlösungen aufraffen müssen. Und Reichweite und Radikalität des Protests müssten mit der Krisendynamik und der Erwartungshaltung der Mitgliederbasis Schritt halten. Die Gewerkschaften könnten durch eine solchermaßen radikalisierte Politik zugleich in ihren Bemühungen um eine politische Revitalisierung vorankommen. Und ein Bündnis der autonom Kooperierenden böte der Linken vielleicht die Möglichkeit, sich in der postneoliberalen Periode des Kapitalismus als politische Hoffnungsträgerin zurückzumelden.

Kein Zweifel: Der Finanzmarktkapitalismus wackelt. Aber gestürzt ist er noch lange nicht. Angesichts der gegenwärtigen Kräfteverhältnisse plädiert der politische Verstand für Pessimismus. Doch – getreu der Devise Antonio Gramscis –[15] gilt: Ohne Optimismus des Willens wird die neue Mosaik-Linke nicht entstehen.

---

15 „Jeder Zusammenbruch bringt intellektuelle und moralische Unordnung mit sich. Man muss nüchterne, geduldige Leute schaffen, die nicht verzweifeln angesichts der schlimmsten Schrecken und sich nicht an jeder Dummheit begeistern. Pessimismus des Verstandes, Optimismus des Willens." (Antonio Gramsci, Gefängnishefte, Bd. 1, Heft 1, § 63, Hamburg 1991, S. 136.)

Postmoderner Kommunismus

Von **Gianni Vattimo**

Die ganze Wahrheit: Als Philosoph des „schwachen Denkens" und als Christ bin ich wieder Kommunist geworden.

Wir beginnen gerade eben, die Notwendigkeit zu entdecken, dass wir einen Kommunismus ohne den Mythos des wirtschaftlichen Wachstums brauchen, auch ohne den damit verbundenen Glauben an eine „wissenschaftlich" garantierte sozialistische Wirtschaft – gerade jetzt, in einer Welt, in der das Wachstum uns zu strangulieren beginnt.

Wenn Stalin sich der Transformation der sowjetischen Gesellschaft gewidmet hätte, ohne sie wie ein Wahnsinniger zu industrialisieren, hätte er zwar in den 50er Jahren nicht den Wettlauf ins All gewonnen, aber er hätte viele Leben gerettet. Ich weiß wohl, dass die Irrtümer und Schrecken des realen sowjetischen Kommunismus und danach auch des chinesischen nicht gänzlich mit dem noch immer „metaphysischen" Charakter der Marxschen Theorie erklärt werden können. Dennoch fällt es nicht schwer zu bemerken, dass das sowjetische Regime auch eine Folge des Marxismus war, der als dogmatische Philosophie der Geschichte der Emanzipation aufgefasst wurde. Marx plus Lenin und Stalin kann man höchstens mit einem Hegel vergleichen, der – wie Marx es ja auch vorschlug – auf die Füße gestellt und eine Realität wird, die aus reiner und simpler idealistischer Philosophie besteht. Deshalb konnte Adorno entgegen der These Hegels, nur das Ganze sei die Wahrheit, auch sagen, „das Ganze ist das Falsche".[1] Die Wahrheit ist der Feind jeder offenen Gesellschaft (das meint auch Karl Popper, der nur nicht den Mut hat, es offen auszudrücken, und deshalb davon spricht, dass man sich der Wahrheit nähere, indem man falsche Annahmen auf unbestimmte Weise falsifiziere) oder, einfacher, jeder Demokratie, denn wenn es in der Politik Wahrheit gäbe und wenn es eine wahre Ordnung gäbe, die man nur anzuwenden brauchte, dann würde es keinen Sinn haben, zu wählen. Dann müsste man sich den Nobelpreisträgern, Weisen und Päpsten anvertrauen.

Was Letztere betrifft, so haben diese stets die Demokratie abgelehnt und sie nur als kleineres Übel akzeptiert, um zu verhindern, dass die Menschen sich gegenseitig umbringen. Pascal hat aus demselben Grund die erbliche Monarchie akzeptiert, um zu vermeiden, dass jeder Tod eines Königs einen Bürgerkrieg auslöst. Gustavo Bontadini, der große katholische Gelehrte in den Jahren des Faschismus und der Nachkriegszeit, sagte einmal, die Kirche spricht

---

1 Theodor W. Adorno, Negative Dialektik, Frankfurt a. M. 1966.

von Freiheit, wenn sie in der Minderheit ist, und von Wahrheit, wenn sie die Macht hat. In Italien haben wir momentan die Situation Nummer zwei, dank der Hilfe vieler „gläubiger Atheisten".

Reformismus oder Die Korrumpierung der Demokratie

Es gibt keine Heiligen, sagt man. Keine Hoffnung, und es scheint auch unmöglich zu sein, auf eine Klasse revolutionärer Heiliger zu hoffen (tatsächlich besteht die einzige, die man in gewissen Weltgegenden trifft, aus Leuten wie Khomeini, Bin Laden, Pol Pot und ähnlichen Phantasten), wenn man die blutigen Erfolge sieht, die sie im Allgemeinen erzielen. Also arrangiert man sich mit dem Reformismus und allen seinen Widersprüchen. Man hofft darauf, doch ein paar sozialistische Elemente in eine Gesellschaft einzubauen, die nur kapitalistisch sein kann und die einem nur leidtun kann.

Das, was infolge so vieler Ärgernisse und der Überlegungen, die sich daran knüpfen, immer mehr in eine tiefe Krise gerät, ist der Glaube an die Demokratie. Sie erscheint als die korrupteste, wenn auch maßvollste Einrichtung zum Erhalt des kapitalistischen Systems, in dem wir leben. Korrumpierbare Korrumpiererin nenne ich sie, weil sie eine so hinterhältige Art hat, einen zu überreden, dass sie das einzige System sei, in dem es eine Hoffnung auf Leben gäbe – was nicht einmal so übel wäre, gäbe es nicht gleichzeitig gewisse Gefahren für das Zusammenleben, die wir nicht überwinden können, wenn wir das System nicht in Frage stellen.

Die italienische Geschichte der letzten Jahre ist ein hinreichender Beleg dafür, dass das System nicht stabil ist. Es hat eine innere Neigung – eine sehr vitale, wie es scheint –, seine eigenen Voraussetzungen, seine Freiheitsversprechen und seinen Einsatz für die Menschenrechte zu verschlechtern. Selbst die Verfassungsänderungen, die von den gemäßigten Parteien ausgehen, haben eine Rücknahme der Freiheitsgarantien zum Ziel und liquidieren schrittweise die Gewaltenteilung. Im Namen der Effizienz der inneren Sicherheit, zugegeben. Aber auch wenn das stimmen sollte, hätten wir darin eine Bestätigung für die Behauptung, dass das System dazu neige, sich auf natürliche Weise zu verschlechtern. Die Gefahrenabwehr gegen tatsächliche oder vermeintliche Terroristen, gegen das organisierte Verbrechen und die gemeine Kriminalität scheint jede Verschärfung der Disziplin und sozialen Kontrolle zu rechtfertigen. Die Reformisten sollten diese – im Übrigen vorhersehbare – Tendenz des demokratischen Systems (des besten aller schlechten, wie Churchill zu sagen pflegte), zu degenerieren und sein totalitäres Potential immer weniger zu verschleiern, stärker diskutieren und in Frage stellen.

Nehmen wir zum Beispiel die Äußerungen von Sergio Chiamparino, eines der Führer der reformistischen Linken, der mit Hilfe einer breiten Allianz zum Oberbürgermeister von Turin gewählt wurde. Chiamparino sprach kürzlich über seine Zeit in der kommunistischen Jugend, seine jugendlichen Sympathien für den außerparlamentarischen Extremismus, sogar seine kurze Militanz bei *Potere Operaio*. In seinen Erklärungen findet man keine Spur der

Ereignisse, die seinen Wechsel erklären könnten. Er betrachtet seine jetzigen Positionen anscheinend als einleuchtende Konsequenz seines Erwachsenwerdens, so wie man es in allen bürgerlichen Zeitungen lesen kann: Am Ende siegt immer der gesunde Menschenverstand. Es ist ganz normal, dass der junge Brandstifter, wenn er älter wird, bei der Feuerwehr endet. Sogar Benedikt XVI. erklärt in seiner Enzyklika *Deus caritas est*, es sei natürlich, dass der Kommunismus der primitiven frühchristlichen Gemeinschaften später weniger radikalen Formen des Gemeinwesens Platz gemacht habe, die das Privateigentum respektieren und ihre Caritas auf das Verteilen von Almosen beschränken.

Natürlich akzeptieren unsere „linken" Reformisten keine so simplen Erklärungen, wie wir sie notgedrungen bei Chiamparino lesen müssen. Aber ihr stärkstes Argument besteht noch immer in der Feststellung, dass „die Wahlen in der Mitte gewonnen werden". Das heißt, dass die „linke Linke" in Italien (und in Europa überhaupt) nicht darauf hoffen kann, eines Tages die Mehrheit zu erringen. Dass keine politische Kraft diese realistische Einschränkung einfach ignorieren kann, ist klar. Letzten Endes hat jedoch auch die viel geschmähte Frage nach der politischen Identität ihr Gewicht. Warum eigentlich sollte man Wahlen gewinnen? Themen wie Gleichheit (und also Erbrecht) zum Beispiel, Trennung von Staat und Kirche oder größere Themen wie die außenpolitischen Positionen, die man einnehmen sollte, alles Dinge, die die zwei Stimmblöcke (und auch die einzelnen Parteien, die dazugehören) charakterisieren und unterscheidbar machen könnten, werden mehr oder weniger im Halbschatten belassen. Das führt dazu, dass auch ausdrückliche Versprechungen, die die Schulpolitik, den Wohnungsbau, die Bürgerrechte betreffen, unwahrscheinlich werden, da sie eng damit zusammenhängen, wie wir die grundlegenden großen Fragen behandeln.

Doch die wahren Reformisten grinsen nur, wenn man sagt, die reformistische Linke gebe langsam den linken Geist auf, aber es stimmt.

Die Weisheit der Reformisten vom Schlage eines Chiamparino ist in Wirklichkeit eine Alterserscheinung – eine Spenglerische Art von „Untergang des Abendlands", die natürlich nicht nur die Parteien der Linken befällt, in ihnen jedoch besonders sichtbar ist, da sie im Unterschied zu anderen Parteien immer nur von einem fast religiös motivierten Enthusiasmus gelebt haben (erinnern wir uns an die zwei Kirchen, von denen man in Italien sprach, der katholischen und der kommunistischen).

Heute findet man in sämtlichen Parteibüros nur noch mehr oder weniger fähige und kompetente Funktionäre und Praktikanten, die solche werden wollen, häufig ohne Bezahlung. Die Demokratie durchzieht die Masse mit einem nicht immer notwendigen Kapillarsystem. Die Kosten der Parteiapparate sind unverhältnismäßig gestiegen, zugleich aber wurde auch die Möglichkeit, als Parteikarrierist auf lokaler Ebene anzufangen, multipliziert.

Die Parteiapparate bestehen aus politisch-administrativem Personal, das hauptberuflich zumeist aus dem öffentlichen Dienst stammt, sein Geld somit dort verdient. Andererseits werden die Stellen auf politischen Druck hin vergeben und nicht auf dem Dienstweg. Die Stärke einer Parteiführung besteht somit in der Möglichkeit, diese Arbeitsplätze zu vergeben und zu nehmen. Die Entscheidungen der satzungsmäßigen Organe bis hin zur Aufstellung der Wahllisten – die rigide gehandhabt werden, seit der Wähler nicht mehr zwischen verschiedenen Kandidaten auf einer Liste entscheiden kann – hängen völlig von ihnen ab. Ein solches Erscheinungsbild garantiert natürlich die radikalste Entideologisierung der Politik. Das Ergebnis davon ist, dass das politische Personal – die Elite, die auf allen Ebenen der Gesellschaft regiert – weder für ideologische Kohärenz eine Garantie bietet, noch, was offensichtlich ist, für administrative Effizienz, denn um die zu erreichen, bräuchte es eine unabhängige Bürokratie.

Wenn man dann noch berücksichtigt, dass der politische Einfluss bei der Stellenbesetzung die großen Bereiche der mehr oder weniger staatlichen Betriebe betrifft – der RAI 6 vor allem, des Bankwesens, der verschiedenen Wirtschaftsbereiche mit gemischten Eigentumsverhältnissen –, dann erkennt man, wie schädlich dieses System sein kann, das auf wirtschaftliche Effizienz und unternehmerische Freiheit angewiesen ist (Banken und Genossenschaften sollen Gewinn erwirtschaften), aber auch ideologische Kriterien braucht (und wenn es am Ende einfach nur ein Minimum an ethischer Sauberkeit wäre).

Wie die neuen bürokratischen Eliten der Parteien, so die Wählerinnen und Wähler, die sie unterstützen. Auch sie sind weitgehend entideologisiert und „glauben nicht mehr daran". Die einzige politische Kraft, die noch die Vogelscheuche der Ideologie aufstellt, ist, was nicht verwundern kann, die Rechte. Sie appelliert an das Misstrauen der Bürgerinnen und Bürger gegen jede Art von Programm, das Verantwortung zeigt, Ideale, ethische Erwägungen und Aussicht auf Veränderungen.

Die Bürokratisierung der Parteien ist zugleich Ursache und Wirkung dieser allgemeinen Korruption der öffentlichen Meinung. Mit „allgemein" beziehe ich mich nicht nur auf Italien, wobei dieses Land jedoch den Lauf der Dinge antizipiert (beispielsweise hinsichtlich der enormen Bedeutung der Massenmedien, vor allem des Fernsehens, für die politische Auseinandersetzung).

Die Rechte hatte die Wahlen im April 2006 verloren, aber die linke Mitte, angeführt von Romano Prodi, hatte sie auch nur knapp gewonnen. Noch dazu mit einem Programm, das bei realistischer Betrachtung zu wenige Unterschiede gegenüber der Rechten aufweist. Tatsache ist: Abgesehen von PACS [2] (sollte es stimmen, dass als lösbares linkes Projekt nur die Homosexualität übrig bleibt?) und der gewiss zentralen Frage der öffentlichen Schulen konnte die Regierung Prodi keine Wunder vollbringen. Vor allem nicht, was die internationale Positionierung Italiens betrifft. Wir sind insoweit eine US-amerikanische Kolonie. In Aviano und anderen Orten des Staatsgebiets lagern nicht nur Personen, die mit stillschweigendem Einverständnis unserer Behörden von der CIA auf italienischen Straßen aufgegriffen und als Terroristen behandelt werden, sondern auch die Atomwaffen der NATO, die nicht dem Zugriff der italienischen Regierung unterliegen. Im Rahmen der geltenden Verträge bildet die Zugehörigkeit zur Europäischen Union nur eine weitere Fessel für

2   Das italienische Pendant zur eingetragenen Partnerschaft.

unsere Wirtschaft – auf jeden Fall dann, wenn man kein anderes Heilmittel für die ökonomischen Schwierigkeiten kennt als die Marktfreiheit, und das hieß die letzten Jahrzehnte stets Restrukturierung der Industrien ohne sozialen Fallschirm und in der bloßen Hoffnung, dass der Markt uns letzten Endes retten möge.

Das Marxsche Gespenst

Es stimmt: Die Initialzündung für die Rückkehr zu dem, was einmal war – die Rückkehr zur Idee des Kommunismus –, mag bisher nur als Erinnerung an eine Alternative erschienen sein, der man sentimental verbunden bleibt: als Erinnerung an eine zu früh aufgegebene Utopie, zu der man in allgemeinen Krisenzeiten (wie momentan) glaubt zurückkehren zu müssen. Die Anrufung des „Gespenstes", das zu Zeiten von Marx bereits in Europa umging und das heute wortwörtlich gespenstisch ist, hat jedoch nicht nur den Sinn, den Bankrott der heilenden Kräfte des Kapitalismus und der Marktwirtschaft zur Kenntnis zu nehmen.

Im Übrigen braucht dieser letzte Punkt derzeit ohnehin keine großen Argumente. Die Marktwirtschaftler geben selbst zu, dass der Markt die Unterstützung der öffentlichen Hände braucht, um zu funktionieren. Vielleicht hängen also die Mitstreiter der Marktpartei in gleicher Weise am Markt, wie wir den Kommunismus als Orientierung beschwören. Was beiden zugrunde liegt, hat die Bedeutung einer Inspiration. Auch der Markt braucht etwas anderes als sich selbst. Er braucht die Unterstützung der öffentlichen Hände, um zu funktionieren. Die Marktwirtschaft wäre damit ebenfalls eine Utopie, wenn man so will.

Vom Kommunismus wollen wir uns hier nur den Aspekt des Idealen wieder aneignen – jetzt, da der realexistierende Kommunismus mit der Sowjetunion und Maos China tot ist –, das also, was eine Gesellschaft in Aussicht stellt, die frei ist von Herrschaft und deshalb von Privateigentum.

Heißt das, dass wir eine verstaatlichte Ökonomie wollen, die einer Bürokratie wie in der Sowjetunion anvertraut wird? Nach den Erfahrungen der Stalin-Jahre und der folgenden Zeit kann niemand mehr guten Glaubens den Kommunismus mit seinem derart deformierten Bild identifizieren. Was immer auch die Gründe für jene Deformation gewesen sein mögen, kann dahingestellt bleiben. Unserer Ansicht nach war es der Anspruch, mit der industriellen Entwicklung der westlichen Welt Schritt halten zu können, der die Illusion verstärkte, dass die staatlichen Strukturen das beste Mittel seien, die Warenproduktion zu organisieren, statt die Bestrebungen für ein Ende der kapitalistischen Herrschaft zu verwirklichen.

Es ist jedoch offenkundig, dass man die damaligen Erfahrungen nicht nur als zufälligen Irrtum abtun kann. Das heißt, es geht darum, den Kommunismus als Ideal einer gerechten Gesellschaft neu zu denken, die jedoch nicht als perfekte Gesellschaft gedacht werden kann, die vollendet ist, so dass weitere Veränderungen und alle von der gesellschaftlichen Basis mit demokratischen Mitteln betriebenen Erneuerungen ausgeschlossen werden können.

Eine gerechte Gesellschaft ist nie eine perfekte Gesellschaft, im Gegenteil. Die gesellschaftlichen Konflikte müssen als unterschiedliche Meinungen über den einzuschlagenden Weg ausgetragen werden. Die Interessen sind nicht notwendigerweise alle die gleichen. Die entscheidenden Faktoren der Herrschaft sind weder die Klassenunterschiede noch der Reichtum, noch die Macht, die aus dem Besitz hervorgeht.

Wenn wir in der industrialisierten westlichen Welt den Kommunismus nicht als Schmähbegriff benutzen, wie es die Rechte tut, um die Gemäßigten zu erschrecken, dann meinen wir vor allem dieses Ideal. Und wenn wir den Kapitalismus und seine Strukturen kritisieren, dann nicht, weil wir meinen, dass eine kommunistische Regierung die Wirtschaft besser instandhalten würde (ohne zyklische Krisen, ohne Arbeitslosigkeit usw.). Wir denken an eine fundamental andere Ökonomie, die einer wachsenden Bevölkerung ein „gutes" Leben sichern könnte. Der Idealkommunismus lehnt den (angeblich wissenschaftlichen) Ökonomismus ab, der die marxistisch-sowjetische Formel des Kommunismus begleitet hat. Nur wenn der Kommunismus das Fortschrittsideal erbt, das mit der wirtschaftlichen Entwicklung verknüpft ist (heute als Bruttoinlandsprodukt definiert), wird er totalitär und disziplinatorisch. Das hätte man voraussehen können. Man hätte diesen Irrtum auch schon im Europa des 19. Jahrhunderts verstehen und ihm wirksam begegnen können.

Die Grenzen des Wachstums und der freiheitliche Kommunismus

Heute, da gerade die grenzenlose Ausbeutung der Ressourcen der Erde darauf gerichtet zu sein scheint, das menschliche Leben zu zerstören, ist der Irrtum nicht mehr verzeihlich. Die Chancen und die Notwendigkeit, einen freiheitlichen Kommunismus zu entwickeln, verlaufen analog zu der Erkenntnis, dass es Grenzen des Wachstums und eine Differenz zwischen Lebensqualität und ökonomischer Produktivität gibt.

Man moniert natürlich, dass eine solche These ausgerechnet in den „entwickelten" Weltregionen aufgestellt wird, wo Warenüberfluss und Konsumphantasmagorien inzwischen grenzenlos sind. Die Länder der „Dritten Welt" (bzw. die Länder „auf dem Weg der Entwicklung", wie man verschämt sagt) können den Widerwillen der Satten und Lasterhaften nicht begreifen. Auch sie wollen Autos, Kühlschränke, Unterhaltungsstücke, Computer. Die Bürgerinnen und Bürger der westlichen Welt haben jedoch die Aufgabe, allen, auch ihnen, das Problem des Überlebens vor Augen zu halten – was damit vergleichbar ist, in der Postmoderne anzukommen, ohne die „modernen" Revolutionen durchzumachen, die wir in Europa kennengelernt haben. Was wir ihnen hingegen nicht weismachen und selbst nicht glauben dürfen, ist, dass die „Segnungen" des Kapitalismus sich nach und nach auch auf die „Dritte Welt" ausdehnen könnten. Grundsätzliche Erwägungen schließen diese Möglichkeit aus: die bevorstehende Erschöpfung der Ressourcen und die Tatsache, dass der Kapitalismus nur mit öffentlicher Unterstützung und durch Krieg überleben kann. Der „endlose Krieg", den der ehemalige US-Präsident George W. Bush ausrief, ist nicht nur Schuld der bösen Terroristen, vor denen wir uns angeblich verteidigen müssen, sondern „Normalzustand".

Es gibt die vorerst sehr vage Hoffnung, dass uns die Entwicklung neuer und erneuerbarer Energiequellen zu geringen Preisen aus der gegenwärtigen Krise helfen könnte, doch auch eventuelle technisch-wissenschaftliche Neuheiten unterliegen stets den Gesetzen des Privateigentums. Man denke nur an die Informatik, wo die Verfügbarkeit über Wissen und Entdeckungen tendenziell Gemeineigentum sein könnte, wo sich jedoch zwecks Verteidigung der Patente und des geistigen Eigentums an der Software die Vermarktung durchsetzt. Genau wie im Gesundheitswesen, wo die Medikamente auch nicht allen zur Verfügung stehen, die sie benötigen.

Fehlen wirklich die linken Projekte?

Wie wollen wir nun eine kommunistische Welt dieser Art konkret aufbauen, die also die Bedingungen für ein „gutes" Leben anpeilt und es andererseits nicht vom „Wachstum" abhängig macht? Meinen wir tatsächlich, dass uns die Ideen, Projekte und anwendbaren institutionellen Vorstellungen dafür fehlen? Mir scheint, die weltweite Linke hat seit dem Ende des Sowjetkommunismus in Wahrheit eine ungeheure Flut von Projekten produziert, die nie ernsthaft entwickelt werden konnten, da es zu den Eigenheiten der Gesellschaften im Turbokapitalismus gehört, auf „kurzfristige" Erfordernisse zu reagieren. Der Finanzbedarf der Weltwirtschaft und das Tempo der Kommunikationsflüsse (keine Ähnlichkeit mit den Brieftauben, die den Reichtum der Fugger begründeten) haben eine Situation geschaffen, in der nur die tägliche Wertsteigerung der Aktienpakete verschiedener Marktsubjekte zählt. Wie soll man da Pläne zur langfristigen Transformation der Steuerungsmittel ernst nehmen?

Die sogenannte Tobin-Steuer verfolgte eben den Zweck, diesen Rhythmus zu verlangsamen, doch niemand hat es bisher gewagt, sie in großem Maßstab anzuwenden, da sie „wirtschaftliche" Schäden hervorrufen würde. Die Investitionsverluste würden die Steuereinnahmen überschreiten. Es scheint, dass die Welt und die Wirtschaftsmächte, die sie beherrschen, erst einen heftigen Schock benötigen, bevor sie ihre Einstellung ändern. Roberto Mangabeira Unger, ein Professor der Law School in Harvard, der die Frage einer „linken" politisch-ökonomischen Neuordnung in etlichen Studien untersucht hat, spricht in der Hinsicht ausdrücklich von der Notwendigkeit einer Krise des kapitalistischen Systems, bevor gewisse Veränderungen stattfinden können, auch wenn er sich die Krise nicht wünscht. Bleibt diese erforderliche Krise aus, so müsste man in kleinen Schritten voranschreiten, aus den Erfahrungen lernen und versuchen, den Mechanismus zu reparieren, ohne alles abzuschalten.[3] Aus dem gleichen Grund (wir erinnern uns an Schillers „Briefe über die ästhetische Erziehung",[4] in denen er vor dem gleichen Problem stand: den

---

3 Roberto Mangabeira Unger, Wider den Sachzwang. Für eine linke Politik, Berlin 2007.
4 27 Briefe „Über die ästhetische Erziehung des Menschen", seit 1794 verfasst, 1801 in Buchform erschienen; Auseinandersetzung mit Kant und der Französischen Revolution.

Staat verändern, ohne ihn zu zerstören – schon damals Reformismus gegen Revolution, die Französische, die Napoleonische) scheint es jedoch schwierig, wenn nicht unmöglich zu sein, die kleinen Schritte Ungers zu bewerkstelligen. Unger betont eine eigentümliche Kraft, die linken oder auch sozialistischen Gesellschaften innewohne. Das mag voluntaristisch erscheinen, ist jedoch entscheidend: die Idee einer *high energy democracy*, einer Hochspannungsdemokratie. Bei Lenin hieß das: „Kommunismus ist Sowjetmacht plus Elektrifizierung des ganzen Landes", doch wie schon Oscar Wilde sagte: „Der Sozialismus ist eine feine Sache, aber man verliert zu viele Abende dabei." Die Sowjets, das heißt die Räte an der Basis, geben deshalb ihre Aufgaben an die Parteibürokratie ab, die zur staatlichen Bürokratie wird, welche bereit ist, sich in eine „neue Klasse" zu transformieren.[5]

Sartre hat diesen Prozess des Rückfalls ins „Praktisch-Träge" in seiner „Kritik der dialektischen Vernunft" beschrieben. Es ist ihm jedoch nicht gelungen, ein echtes Mittel dagegen aufzuzeigen. Weder die demokratischen Industrienationen des reichen Westens noch die Entwicklungsländer der „Dritten Welt" scheinen in der Lage zu sein, hochenergetische Demokratien zu werden.

Die industrialisierte Welt – hier folge ich abermals Unger – fördert in ihren Bürgern eine kleinbürgerliche Mentalität, die vor allem nach Sicherheit verlangt, das heißt Sozialismus als Wohlfahrtsprogramm zur sozialen Ruhestiftung. Die „Dritte Welt" strebt nach dem gleichen Ideal. Das politische Interesse nimmt ab – in der industrialisierten Welt und den USA mehr als in der „Dritten Welt", wo die *high energy* unter bestimmten Bedingungen aufrechterhalten werden kann, die Unger weder analysiert noch beschreibt.

Das Beispiel Lateinamerika

Schließt man Indien und China aus, wo das westliche Entwicklungsmodell angewandt wird (den Eindruck muss man jedenfalls haben), so sind hochenergetische Demokratien nur in Venezuela unter Chávez und in Kuba unter Castro erkennbar. Beide Beispiele sind nach westlichen Maßstäben sehr unglücklich, was auch Unger nicht in Abrede stellt. In vielerlei Hinsicht, zumindest aber unter verfassungsrechtlichen Gesichtspunkten, tragen sie Züge eines authentisch „sowjetischen", wenn auch noch nicht stalinistischen Regimes.

Chávez umgeht das Problem – wie kann man den Staatsapparat reparieren, ohne ihn zu zerstören? –, indem er der vorhandenen Bürokratie mehr oder weniger leise etwas an die Seite stellt, was er „Missionen" nennt – Freiwillige (mit Sachmitteln der Regierung unterstützt, nicht mehr), die in Problemzonen arbeiten, Schulen für Erwachsene und Analphabeten, medizinische Grundversorgung und verschiedene andere Formen der Sozialarbeit. Der alte Staat gibt auf diese Weise viele seiner Aufgaben ab, während Bürgerinnen und Bürger in ausreichender Zahl mit großem politischem, vor allem aber ethischem Engagement Entwicklungshilfe leisten. Bisher funktioniert das, trotz Sartres

---

5   Vgl. Milovan Djilas, Die neue Klasse. Eine Analyse des kommunistischen Systems, München 1960.

Pessimismus. Diese engagierten Bürger wurden offensichtlich nicht nach demokratischen Maßstäben gewählt. Es sind Mitglieder lokaler Gruppen, die vielleicht nicht einmal einer Partei angehören, aber Chávez unterstützen. Etwas Ähnliches passiert in Kuba, wo jedoch das Einparteiensystem existiert (auch wenn der bolivianische Präsident, Evo Morales, in einem Zeitungsgespräch behauptet, Fidel Castro habe empfohlen, in Bolivien weiterhin demokratische Verfahren anzuwenden, was bisher auch unter Chávez in Venezuela befolgt wird).

Die Kandidaten für die Wahlämter werden in Basisversammlungen gewählt – also nicht in geheimer Abstimmung, so dass die Versammlungsteilnehmer eventuell unter Druck stehen und Repressalien ausgesetzt sind. Mein nicht gerade oberflächlicher Eindruck ist jedoch, dass die Wahl der Kandidaten in diesen Versammlungen weitgehend vom Engagement abhängt, dass einer gezeigt hat, und nicht von differenzierten politischen Kriterien.

Das entspricht im Übrigen den Erfahrungen, die viele von uns gemacht haben. Wenn man sich in informellen Gruppen betätigt, wo alle mehr oder weniger an einem gemeinsamen Projekt arbeiten, spielen tiefschürfende weltanschauliche Konflikte keine große Rolle. Ich sage bewusst „gemeinsame Projekte"; das schließt radikale Meinungsverschiedenheiten aus, die durch formale demokratische Verfahren, wie wir sie anwenden (oder anzuwenden behaupten), gerade geschützt werden sollen. Aber sowohl in Kuba als auch in Venezuela ist das Fehlen solcher Verfahren, das einen Konsens hinsichtlich des gemeinsamen Projektes voraussetzt, durch den Ausnahmezustand, in dem sich beide Länder befinden, wenn auch in unterschiedlicher Weise, weitgehend gerechtfertigt.

Was aber ist die „Krise", von der Unger spricht? Kuba wird von den Vereinigten Staaten belagert, und Venezuela befindet sich in einem kalten Krieg mit den USA. In solchen Situationen ist es weniger skandalös, wenn ideologische Differenzen im Namen einer nationalen Solidarität hintangestellt werden. Italien beispielsweise hat so etwas zu Zeiten der Roten Brigaden ebenfalls erlebt.

Darüber hinaus finden zumindest in Venezuela entsprechend den zeitlichen Vorgaben und Regeln der Verfassung Wahlen statt. Die „Missionen" dagegen sind zweifellos parteiisch, aber nicht, um jemanden auszuschließen, sondern weil die gegen Chávez agierende Bourgeoisie sich hütet, daran teilzunehmen. Sie hat ihre eigenen Befürworter und Zeitungen, die eindeutig in der Übermacht sind.

Wer über den idealen Kommunismus nachdenkt, sollte auch diese lateinamerikanischen Erfahrungen im Auge behalten. Aus dem Blickwinkel der Konservativen und vieler gemäßigter, aber auch reformistischer Europäer betrachtet, scheinen sie irrig zu sein. Man sollte die Verfassungsgarantien unserer Demokratien verteidigen, aber man darf auch nicht übersehen, dass ebendiese Werte durch das gegenwärtig herrschende kapitalistische und neoimperialistische Regime heftig bedroht werden. Wenn europäische Reformisten die Gespenster der „Diktatur" und des „Populismus" (Kuba, Venezuela, Bolivien) anklagen, so verwerfen sie die lateinamerikanischen Erfahrungen allzu leichtfertig. Wer sie hingegen ernst nimmt, muss seinen Glauben an die westlichen „demokratischen" Institutionen gründlich überdenken. Nicht nur, weil diese letzten Endes durch den kapitalistischen Krieg bedroht sind, sondern weil dieser Kapitalismus, wie wir gegenwärtig erleben, schon in Zeiten seines „normalen" Funktionierens seine Glaubwürdigkeit unwiderruflich verloren hat.

Die Brüchigkeit der Demokratie

Wie normal aber ist eine Demokratie wie die italienische, wo jeder, der bei einer Wahl antreten will, über viel Geld verfügen muss, dazu die Unterstützung durch eine Parteibürokratie braucht, die gleichzeitig keine Veränderungen wünscht, durch die sie bedroht wäre?

Fassen wir zusammen: Die Demokratie im Westen wird immer brüchiger, auch insoweit sie verfassungsgemäß arbeitet. Es ist fast unmöglich, die Wahlergebnisse von den Einflussnahmen abzulösen, die das Privatfernsehen auf die Bürgerinnen und Bürger ausübt. Das Interesse an Politik sinkt weltweit, Machtverteilung und -kontrolle hören auf, und die Bildung kryptoautoritärer Regime nimmt zu. Es ist schwierig zu beurteilen, ob die gegenwärtige kriegerische Eskalation der Beziehungen zwischen dem „demokratischen" Westen und der „Dritten Welt", vor allem der islamischen, nur das zufällige Ergebnis eines Angriffs ist, der von dort ausging und gegen den man sich verteidigen muss. Es ist sehr wahrscheinlich, dass der „unendliche Krieg" soeben anfängt oder bereits angefangen hat, und das gibt Aufschluss über die verfügbaren zukünftigen Perspektiven.

Kommunismus folglich vor allem als Ausweg: Ausweg aus dem kapitalistischen System, das nicht Reichtum und Emanzipation schafft und stattdessen die Marxsche Prognose von der fortschreitenden Proletarisierung der mittleren Klassen bestätigt. Ein System, das ewig zu dauern droht, da die neuen Medien der Kommunikation und Kontrolle die weltweite elektronische Überwachung erlauben (und sei es nur wegen der angeblichen terroristischen Gefahr). Es ist sogar möglich, dass die neue Armut, die das weltweite Proletariat zum Aufstand zwingt, dazu führt, dass sie zum Objekt und nicht zum Subjekt des Riesenrundbildes wird, das die Informatik ermöglicht.

Doch im Moment leben wir möglicherweise noch unter den Bedingungen der ersten Phase der digitalen Revolution. Die Gesellschaft, die der globalen Kontrolle unterliegt, ist erst im Aufbau, und der mögliche Aufstand der Massen, egal was die Gründe sein mögen, wird nicht mehr durch den physischen Hunger erzeugt und richtet sich noch nicht gegen die Unterwerfung unter die soziale Disziplin, auch wenn diese allgegenwärtig geworden ist. Der Missbrauch der Kommunikationsmittel erregt jedoch bisher relativ wenig Aufmerksamkeit in der breiten Masse. Der Widerstand richtet sich höchstens gegen die Verfügung über den Unterhaltungsbereich, wenn zum Beispiel der Fußball am Sonntag in die Hände eines Privatsenders fällt und man sich bestohlen fühlt. Weniger hingegen regt man sich auf, wenn die Polizei nach einem Raubüberfall oder einem anderen Verbrechen die Bilder der versteckten Videokamera, die die Straße überwacht, verwendet, oder wenn illegal abgehörte Telefongespräche von einflussreichen Privatpersonen der Polizei überlassen werden, oder umgekehrt, wenn korrupte Polizeibeamte solche Abhörergebnisse, die nicht selten illegal sind, an Private abtreten.

Wir wissen nicht, ob diese „technologische" Notwendigkeit des Kommunismus jemals Realität wird oder nicht. Was wir genau wissen ist, dass wir den Kapitalismus nicht mehr haben wollen und welches die originären Elemente des Kommunismus sind, die wir bewahren wollen: „Sowjets und Elektrizität". Was die Elektrifizierung betrifft, so muss man natürlich wissen, wie eine Sicherung funktioniert. Aber nur der Sowjet entscheidet darüber, was man mit der Elektrizität macht. Der Sowjet ist der Souverän, und der respektiert die „Natur" nur in dem Maße, wie sie dazu dient, eine Gesellschaft aufzubauen, die frei von Herrschaft ist. Wird es jemals gelingen, diesen Kommunismus – so wie viele wohlmeinende Denker wie Unger und reformistische Theoretiker ihn sich vorstellen – mit demokratischen Methoden aufzubauen?

Die Idee einer weltweiten Arbeiterklasse, die fähig wäre, dem System im richtigen Augenblick einen Stoß zu versetzen, war populär bei den Linksintellektuellen – ich denke speziell an Herbert Marcuse, der meinte, das neue revolutionäre Proletariat sei in der „Dritten Welt" zu Hause. Es war eine Form der Stellvertretung, oftmals in gutem Glauben. Ich fürchte, auch in meinen Reflexionen über das heutige Südamerika, die ich erwähnt habe, wird man eine derartige „Stellvertretung" vermuten.

Nietzsche, der keine der Marxschen Überzeugungen teilte, dachte an eine Invasion der „Barbaren", die Europa aus seinem dekadenten Tiefschlaf und seinem nur noch reaktiven Nihilismus wachrütteln würde. Ich erinnere nicht zufällig an Nietzsche, und Heidegger wäre ihm an die Seite zu stellen. Der Kommunismus, an den wir denken, ist tatsächlich eine Form der Gesellschaft ohne das, was Heidegger „Metaphysik" nannte. Das heißt, sie beansprucht für sich, die menschlichen Handlungen und die sozialen Beziehungen auf eine „objektive" Kenntnis des „Realen" zu gründen. Doch die Wirklichkeit ist – wie man an den ethischen und sozialen Ergebnissen aller philosophischen Realismen sieht – nur die bestehende Ordnung, die die Sieger (die Walter Benjamin in seinen „Thesen" so bezeichnet) für vernünftig halten und zu bewahren versuchen.

Keiner, der nicht nur zu seiner eigenen Bequemlichkeit auf der Welt ist, glaubt ernstlich, dass man uns gibt, was objektiv real ist und es wert ist, bewahrt zu werden – an Wissen und an praktischer Erfahrung.

Kommunismus als Interpretation

Aber müssen wir dann annehmen, dass auch die „Menschenrechte" und das „Naturrecht" nicht absolut sind, wie wir das in gewissen Augenblicken der Revolution gedacht haben? Warum sollten die menschliche Natur und ähnliche metaphysische Wesenheiten größere Gewissheit und Aufmerksamkeit beanspruchen als die politische Ökonomie, die einem in der Marktgesellschaft beigebracht wird?

Auch die „Wissenschaft vom Arbeiter", von der Toni Negri spricht, interessiert uns nur, weil ihr Gegenstand der Arbeiter ist, nicht weil sie wissenschaftlicher ist als die bürgerliche Wissenschaft. Offensichtlich hat das kommunistische Denken, das auf Marx selbst basiert und dann zum Beispiel von Georg Lukács fortgeführt wurde, nie die Tiefe der Wissenschaftskritik und seiner eigenen objektiven Ansprüche erreicht. Ein fataler Fehler, wenn auch nicht der einzige Grund für das Scheitern der Freiheitshoffnungen des Kommunismus. Wenn die Arbeiterklasse legitimiert ist, die Revolution zu machen, weil sie nichts zu verlieren hat und deswegen einen authentischeren Zugang zum *Gattungswesen* und zur geschichtlichen Wahrheit besitzt, dann hätten ihre Avantgarden (das transzendentale Proletariat, nicht das „empirische" Proletariat, also die Parteibürokratien) das Recht und, mehr noch: die Pflicht, die Wahrheit, die ihr Privileg und ihre Exklusivität ist, allen Menschen aufzudrängen.

Die These lässt sich ganz brutal so zusammenfassen: Es gibt keinen freiheitlichen Sowjetkommunismus ohne Nihilismus und Ablehnung der Metaphysik. Wenn wir diese summarischen Schlüsse, die sich von Nietzsche und Heidegger herleiten lassen, so zusammenfassen, wie wir es meiner Ansicht nach tun sollten, lautet das Motto: „Es gibt keine Fakten, nur Interpretationen, und auch das ist eine Interpretation", und dann gründen wir den freiheitlichen Kommunismus auf eine hermeneutische Konzeption der Gesellschaft. Für ihn ist der Konflikt der Interpretationen eine normale Funktionsweise, die im Kampf zwischen unterschiedlichen Interpretationen, die sich als solche präsentieren, bestehen muss.

Ist dann aber der Kommunismus, und sei er nur die Summe aus Elektrifizierung und Sowjetmacht, auch „nur" eine Interpretation? Worin erweist sich seine „Wahrheit" im Vergleich zu anderen gesellschaftlichen Projekten und interpersonalen Beziehungen?

Es ist wahr, dass man historisch argumentieren kann, indem man Erfahrungen aufruft, die von allen geteilt werden oder geteilt werden könnten („Hast du dieses oder jenes Buch gelesen?" usw.), doch nie mit apodiktischen Argumenten (und wann hätte eine apodiktische Argumentation irgendjemanden überzeugt, wenn es um letzte Werte und Ideale geht?).

Der Kommunist und Revolutionär ist, wie sein bürgerlicher Gegner, stets nur Partei in eigener Sache, nie Repräsentant der Menschheit. Wie das? Und was ist mit den drei Wörtern der Französischen Revolution und der Proklamation der universalen Menschenrechte? Wir können sie emphatisieren, wenn wir sie als solche unseren Gegnern entgegenschleudern, die ihre Herrschaft unter metaphysischen Vorwänden (dem Gottesgnadentum zum Beispiel) dennoch fortsetzen wollen. Sobald die Menschenrechte jedoch als universale und „objektive" Rechte geltend gemacht werden, die alle zu respektieren haben, auch wenn sie sie nicht anerkennen, verwandeln sie sich in Instrumente der Unterdrückung: Die Kirche erlässt die absurdesten Vorschriften im Namen des Naturrechts (Verbot des Präservativs in Zeiten von Aids); George W. Bush bombardiert den Irak im Namen eines natürlichen Rechts auf Demokratie usw. Auch das Ideal des Kommunismus ist eine Interpretation, der zwar viele gute Gründe zur Seite stehen, mit denen man eine Menge Gegner überzeugen kann, doch es bleiben Vernunftgründe einer Person gegen eine andere oder im Unterschied zu einer anderen. Sie zielen nicht darauf ab, eine konfliktfreie Gesellschaft zu installieren.

Zuweilen entdeckt man, wie es auch auf manchen Buchseiten Nietzsches geschieht, dass die Ursache eines Konflikts nicht der Widerstreit Wahrheit gegen Irrtum ist, sondern eine Interpretation gegen die andere (ein Interesse gegen ein anderes). Nicht, dass man durch Präzisierung der Metaphysik und der Gewalt, die durch diese stets vorbereitet wird, die Chancen des Kommunismus verbessert, „demokratische" Mehrheitsmeinung zu werden, die in der Lage wäre, sich in „freien" Wahlen, wie wir sie in der westlichen Welt gewohnt sind, durchzusetzen. Die Gewalt und ihre ewige Funktion als Hebamme der Geschichte ist ein Problem, das nie völlig gelöst werden wird. Auch wenn wir, ausgehend von einem kommunistischen Ideal, eine wünschenswerte und gerechte Gesellschaft entwerfen können (und das mit mehr Details und größerer Genauigkeit, als das hier möglich ist), bleibt immer noch das Problem, wie wir sie erreichen.

Die kleinen Schritte, von denen die Reformisten häufig reden, und die „sozialistischen Elemente", die in 100 Jahren gewerkschaftlicher Kämpfe und im Rahmen der formalen Demokratie durchgesetzt werden konnten, sind besser als nichts, aber sie überschreiten nie die Schwelle der Kompatibilität mit dem System. Sogar die gewerkschaftliche Matrix der linken Kräfte dient nur den kleinen und mittelgroßen Schritten. Der Gewerkschafter vergisst niemals, dass er an einem bestimmten Zeitpunkt „einen neuen Vertrag nach Hause mitbringen" muss, dessen Klauseln nichts wert sind, wenn das komplexe Gebilde Wirtschaft von einer Revolution erschüttert wird.

Die Gewerkschaft muss den Erwartungen ihrer Mitglieder Rechnung tragen. Auch sie hoffen mehr oder weniger bewusst und intensiv nur auf eine Verbesserung ihrer Lebensbedingungen. Sie suchen Sicherheit, Lohnerhöhungen, und das heißt Werte, die selbst Unger „kleinbürgerlich" nennt. Marx dachte nicht umsonst, dass die Revolution erst käme, wenn die kapitalistische Ausbeutung unerträgliche Bedingungen erzeugt hätte. Solche Bedingungen sind zum Glück (noch) nicht gegeben in den fortgeschrittenen Industriegesellschaften. Sie scheinen auch – ungeachtet der dramatischen Krise des Kapitalismus – nicht wirklich bevorzustehen. Tatsächlich zeigen viele soziologische Analysen, dass die Massen angesichts der neuen Arbeitsverhältnisse (keine fordistische Fabrik mehr und deshalb auch keine Klasse und kein Klassenbewusstsein) fatalerweise dazu neigen, selbst umfangreiche Einschränkungen individueller Freiheitsrechte hinzunehmen, nur um die vielen materiellen Vorteile genießen zu können, die der Kapitalismus, wenigstens in einigen Teilen der Welt, ihnen immer noch garantiert.

Wenn wir dies bedenken, kehrt der Traum von den „Barbaren" zurück, die irgendwann von draußen kommen und uns zwingen, unseren Lebensstil und unsere Konsumgewohnheiten radikal zu ändern. Aber es ist unwahrscheinlich, dass die Barbaren bis zu uns kommen. Eher als durch einen Stoß von außen bricht das Hochsicherheitsuniversum, in das wir uns eingeschlossen haben, von innen heraus zusammen, weil die Bewohner die Unerträglichkeit des Lebens in einer Festung nicht mehr ertragen.

Die Chancen des Kommunismus

Keine gewaltsame Revolution also, sie wäre zum Scheitern verurteilt – egal ob sie von den proletarisierten Massen im Innern des Systems ausgeht oder von außen kommt: fanatische Islamisten, bewaffnete Chinesen, die entschlossen sind, uns die Energiequellen wegzunehmen.

Keine demokratische Transformation des Systems: Auch auf dieser Ebene ist die Verteidigung inzwischen so stark wie auf der militärischen und polizeilichen Ebene, die das System gegen gewaltsame Veränderungen schützen soll. Der Kommunismus hat somit keine große Chance, sich in absehbarer Zeit durchzusetzen. Hat es also Sinn, das „Gespenst" oder seine originären und konstituierenden Elemente zu beschwören, oder wäre das nur ein intellektuelles Spiel, um das Gewissen zu beruhigen?

Nicht aus Liebe zum „Happy End" (Filme mit einem tragischen Ende waren nie sonderlich beliebt): Dieser Beitrag möchte in realistischer Weise darauf aufmerksam machen, dass der Kapitalismus und die formalen Demokratien, die ihm auf institutioneller Ebene Substanz verleihen, an ihren eigenen Deformationen gescheitert sind, und dass die einzige mögliche Alternative darin besteht, zum „authentischen" Kommunismus zurückzukehren, der aus maßvoller technologischer Entwicklung gesteuert von sowjetischen Idealen besteht. Eben aus diesem Grund schlägt Unger vor, von einer „hochenergetischen Demokratie" zu sprechen.

In naher Zukunft ist dieses Ideal unter den bestehenden Bedingungen nicht realisierbar. Es bleibt jedoch, unserer Ansicht nach, das einzige, das die Mühe, die wirkliche Mühe des Einsatzes lohnt. Es muss lebendig und sichtbar bleiben. Politisch – um auf Italien zurückzukommen – bedeutet das vor allem, dass die Linke nicht in Formationen verschwinden darf, die in Wahlen Mehrheiten erringen und zu diesem Zweck die Pax Americana und die westlich-atlantische Kompatibilität, die zu den herrschenden Ordnungsparolen jedes Reformismus gehört, vollständig akzeptieren.

Was wir wiedergefundenen Kommunisten nicht ersehnen, ist der Reformismus. Auch wenn das im Augenblick alles ist, was wir erhoffen können (wenn nicht der „endlose Krieg" doch eines Tages ein akute Krise auslöst, die wir uns nicht wünschen wollen): Die Unterschiede zwischen den wenigen verbliebenen Linken und den Reformisten müssen deutlich erkennbar bleiben.

Die kleinen Schritte, die eine Regierung der linken Mitte in Italien gehen kann – womit wir zugeben, dass sie besser wäre als Berlusconi –, sind nur möglich, wenn ein empfindlicher Druck von einer Linken ausgeübt wird, die nicht von der Regierungstätigkeit kompromittiert wird und stark genug ist, sich Gehör zu verschaffen. Eine solche Linke kann stimulieren und kreativ bleiben, wenn sie die Ideen des Kommunismus kultiviert und weiterentwickelt, so wie wir meinen, dass er wiedergefunden werden sollte – als Traum von einer befriedeten und von Gesetzen geregelten Welt.

Diese Linke wird sich nur dann Gehör verschaffen, wenn sie ihr Wählergewicht nicht völlig verliert. Das aber ist in Gefahr, verloren zu gehen, wenn die kommunistischen Ideale in den Dienst einer lediglich kompromisslerischen Regierungsmehrheit gestellt werden.

An diesem Punkt kommt der Internationalismus ins Spiel, der stets eine Tradition der kommunistischen Bewegung war. Eine italienische Linke, die sich ihrer Wurzeln erinnert, sollte sich durch ihre Nähe zu den antikapitalistischen Regierungen auszeichnen, die heute vor allem in Südamerika zu finden sind. Auch in diesem Punkt unterscheiden wir uns deutlich von den Reformisten, die von Castro, Chávez und Evo Morales nur als autoritären Populisten reden, die zur demokratischen Ordnung gerufen werden müssen.

Für die Zukunft der Linken ist eine reformistische Regierungsmehrheit besser; das sollte in Wahlzeiten aus taktischen Gründen berücksichtigt werden. Aber auch eine rechte Mehrheit, die ebenfalls von kapitalistisch-atlantischer Kompatibilität abhängig ist, wäre kein Drama, und unter gewissen Bedingungen könnte sie sogar ein klärendes Element bilden.

Was wir hier zu entwerfen versuchen, ist in erster Linie ein Programm für die politische Arbeit und nicht nur ein Studienprogramm oder eine geistige Reise durch die Bibliotheken und Seminare. Meine Thesen werden notwendigerweise noch abstrakt erscheinen und sollten von praktisch-politischer Arbeit begleitet werden, auch wenn sie bei Wahlen minoritär bleiben müssen.

Tatsächlich braucht die Linke vielleicht nicht so sehr eine Theorie. Sie muss die Signale der Zeit hören – und sie muss diese in kollektiver Anstrengung dechiffrieren, so marginal die Zeichen auch sein mögen.

Code Green

Warum wir eine grüne Revolution brauchen

Von **Thomas L. Friedman**

Am 20. November 2003, während eines Treffens zwischen Präsident George W. Bush und dem damaligen Premierminister Tony Blair in London und etwa sechs Monate nach der Eröffnung des neuen Konsulats in Istanbul, zündeten türkisch-muslimische Terroristen vor der HSBC-Bank und dem britischen Konsulat in Istanbul Autobomben. Bei dem Anschlag kamen 30 Menschen ums Leben, darunter der britische Generalkonsul, mindestens 400 weitere wurden verletzt. Einer der nach dem Anschlag festgenommenen Terroristen soll gegenüber der türkischen Polizei ausgesagt haben, seine Gruppe habe ursprünglich das neue amerikanische Konsulat sprengen wollen, aber als man die Anlage in Istinye erkundete, sei man zu dem Schluss gelangt, sie sei uneinnehmbar. Ein höherer amerikanischer Diplomat in Istanbul erzählte mir Genaueres. Nach Auskunft türkischer Sicherheitskreise hatten die Terroristen erklärt, das amerikanische Konsulat sei einfach zu sicher: „Da dürfen nicht einmal Vögel fliegen." Dieses Bild geht mir nicht aus dem Kopf. Es war so gut bewacht, *dass nicht einmal Vögel dort fliegen durften...* (Eine weitere Bestätigung fand dieser Gedanke am 9. Juli 2008, als türkische Polizisten außerhalb des Konsulatsgeländes drei Terroristen töteten, die offenbar eine Bresche in die Mauer sprengen wollten.)

Denn an einem Ort, an dem keine Vögel fliegen, finden auch keine Menschen unterschiedlicher Herkunft zusammen und kommen keine zündenden Ideen auf, an einem solchen Ort können keine Freundschaften entstehen und keine Klischees durchbrochen werden, kommt es nie zur Zusammenarbeit, wird kein Vertrauen aufgebaut und herrscht keine Freiheit. Das ist kein Ort für Amerika, kein Ort, den Amerika sich leisten könnte. Ein Amerika, das in einer Festung lebt, vermag den gewaltigen Strom des Idealismus, der Innovation, der Hilfsbereitschaft und der Philanthropie nicht anzuzapfen, der unsere Nation immer noch durchfließt. Und es vermag auch nicht die lebenswichtige Rolle zu übernehmen, die es lange für die übrige Welt gespielt hat – als Leuchtturm der Hoffnung und als das Land, von dem man jederzeit erwarten darf, dass es bei der größten Herausforderung, vor der die Welt gerade steht, die Führung übernimmt. Wir brauchen dieses Amerika – *und wir müssen dieses Amerika sein* – heute mehr denn je.

Doch Amerika hat ein Problem, und die Welt hat ein Problem. Amerika hat das Problem, dass es in den letzten Jahren die Orientierung verloren hat – teils wegen des 11. September und teils wegen der schlechten Gewohnheiten, die wir in den vergangenen drei Jahrzehnten bei uns haben aufkommen lassen, Gewohnheiten, die unsere Fähigkeit und Bereitschaft geschwächt haben, große Herausforderungen anzunehmen. Auch die Welt hat ein Problem, das man mit drei Worten umreißen kann: heiß, flach und übervölkert. Das heißt, die globale Erwärmung, die erstaunliche Zunahme der Mittelschicht in aller Welt und das schnelle Bevölkerungswachstum wirken in einer Weise zusammen, die unseren Planeten gefährlich instabil werden lassen könnte. Das Zusammenwirken dieser drei Faktoren belastet die Energieversorgung, beschleunigt das Aussterben von Pflanzen und Tieren, vergrößert die Energiearmut, stärkt die Petrodiktaturen und verschärft den Klimawandel. Unser Umgang mit diesen ineinander verwobenen globalen Entwicklungstrends hat große Auswirkungen auf die Lebensqualität im 21. Jahrhundert.

Amerika löst sein eigenes großes Problem nach meiner Überzeugung am ehesten (und kann damit auch seinen *groove* zurückgewinnen), indem es bei der Lösung des großen Weltproblems die Führung übernimmt. In einer Welt, die zunehmend heiß, flach und übervölkert ist, besteht die größte Herausforderung für uns Zeitgenossen darin, die Werkzeuge, Systeme, Energiequellen und ethischen Vorstellungen zu entwickeln, die auf unserem Planeten ein saubereres und nachhaltigeres Wachstum ermöglichen. Diese Herausforderung ist eine Chance für Amerika. Wenn wir sie annehmen, wird das Amerika mit neuem Leben erfüllen, die Verbindung zu den anderen Menschen und Nationen wiederherstellen und unser Land für die Zukunft rüsten. Amerika ist immer dann am stärksten und einflussreichsten, wenn es Innovation und Inspiration, die Schaffung von Reichtum und die Förderung der Menschenwürde, das Streben nach großem Profit und das Bemühen um die Lösung großer Probleme miteinander verbindet. Tun wir jeweils nur eines von beidem, sind wir weniger als die Summe unserer Teile. Tun wir beides, sind wir mehr als die Summe unserer Teile – viel mehr.

Aber es ist nicht nur eine Chance, sondern auch ein Test. Eine Probe nämlich, ob wir fähig und bereit sind, die Führung zu übernehmen. Ob man uns liebt oder hasst, ob man an Amerikas Macht glaubt oder nicht, das Zusammenwirken der drei Entwicklungstrends hat eine so gefährliche Situation geschaffen, dass man sich keine sinnvolle Lösung ohne eine Beteiligung Amerikas vorstellen könnte. „Wir werden entweder Verlierer oder Helden sein – für Halbherzigkeiten ist keine Zeit mehr", sagt Rob Watson, CEO von EcoTechn International und einer der besten Kenner der Umweltprobleme in Amerika.

Entweder schwingen wir uns auf zu der erforderlichen Führung, Innovation und Zusammenarbeit, oder alle werden die Verlierer sein – große Verlierer. Durchzuwursteln wie bisher und dieselben alten Dinge zu tun, ist heute keine Option mehr. Wir brauchen einen vollkommen neuen Ansatz. Wie man in Texas sagt: „Wenn du nicht mehr tust, als du immer schon getan hast, wirst du auch nicht mehr bekommen, als du immer schon bekommen hast." Der einfache Name für das neue Projekt, das ich hier vorschlage, lautet *Code Green*, „Warnstufe Grün". Die Bedeutung, die im Amerika der 50er und 60er Jahre „Rot" besaß: ein Symbol für die allgegenwärtige kommunistische Bedrohung, das unser Land mobilisieren und dazu bewegen sollte, seine militärische Schlagkraft, die industrielle Basis, seine Autobahnen und Eisenbahnen, See- und Flughäfen, sein Bildungssystem und seine wissenschaftlichen Kapazitäten auszubauen, um die Welt bei der Verteidigung der Freiheit anzuführen – sie muss heute „Grün" übernehmen.

Leider hat Präsident George W. Bush nach dem 11. September Rot nicht durch Grün ersetzt, sondern durch all die verrückten Farben der Warnskala des Department of Homeland Security. Es ist höchste Zeit, all das über Bord zu werfen und zur Warnstufe Grün überzugehen.

Drei große Entwicklungstrends: Angst statt Hoffnung, Subprime-Schlamassel und Nation-Building im eigenen Land

Im heutigen Amerika erkenne ich drei große Entwicklungstrends – von denen zwei wirklich beunruhigend sind, während einer mir die Hoffnung gibt, dass die Amerikaner sich mit einer anderen Führung dazu aufschwingen werden, diese Herausforderung zu bestehen.

Eine der beunruhigenden Entwicklungen habe ich bereits genannt: Nach dem 11. September haben wir als Nation mehr Mauern um uns gezogen als jemals zuvor und uns dabei emotional, wenn nicht sogar physisch, von vielen unserer natürlichen Verbündeten distanziert und von unserer Weltoffenheit verabschiedet. Von einem Land, das immer seine Hoffnungen exportierte (und dadurch die Hoffnungen Millionen anderer Menschen importierte), sind wir zu einem Land geworden, das den Eindruck erweckt, sein Ängste zu exportieren.

Die zweite beunruhigende Entwicklung hat sich langsam seit den 80er Jahren aufgebaut. Unsere politische Elite hat sich eine Einstellung zu eigen gemacht, die man mit dem Satz umschreiben könnte: „Wir dürfen so dumm sein, wie wir wollen" – eine Haltung, die zu sagen scheint, wir könnten uns kleinkarierte Streitereien zwischen demokratischen und republikanischen Bundesstaaten leisten, so lange es uns beliebt, und dabei alles andere endlos vor uns her schieben: die Verbesserung unseres Gesundheitswesens, die Reparatur unserer zerfallenden Infrastruktur, die Reform der Einwanderungsgesetze, den Umbau des staatlichen Sozial- und Gesundheitssystems sowie eine umfassende Auseinandersetzung mit unserer Energieverschwendung und mit der Unsicherheit unserer Energieversorgung. Bei zahlreichen wichtigen Fragen scheint heute in Washington die Einstellung vorzuherrschen: „Wir werden uns damit befassen, wenn uns danach ist. All das kann uns nichts anhaben, weil wir Amerika sind."

In gewisser Weise sind der *Subprime*-Hypotheken-Schlamassel und die Immobilienkrise Metaphern für das, was in den letzten Jahren mit Amerika geschehen ist: Die Verbindung zwischen harter Arbeit, Leistung und Verantwortung existiert nicht mehr. Wir sind zu einer *Subprime Nation* geworden, die glaubt, sie könne durch Borgen reich werden – und zwei Jahre lang nichts zurücklegen oder zurückzahlen. Die Anbieter der Subprime-Hypothekenkre-

dite sagten uns, wir könnten den amerikanischen Traum – ein eigenes Haus
– ganz ohne die Disziplin und die Opfer verwirklichen, die ein solcher Besitz
voraussetzt. Wir bräuchten nicht intensiv zu lernen und eine solide Bildung
zu erwerben. Wir bräuchten nicht zu sparen und eine solide Grundlage für
Kredite zu schaffen. Die Bank an der nächsten Ecke oder eine Online-Bank
werde das Geld in China ausleihen und es uns weiterverleihen – mit einer
Bonitätsprüfung, bei der wir nicht gründlicher durchleuchtet werden als auf
dem Flughafen, wo man den Namen auf dem Flugticket mit den Namen auf
dem Führerschein vergleicht. Als diese von einigen unserer besten Finanzinstitute erzeugte Pyramide zusammenbrach, erwarteten alle, vom einfachen
Hausbesitzer bis hin zum skrupellosen Kreditvermittler, Hilfe vom Staat. Die
Politiker sprangen ihnen bei, obwohl alle wussten, dass die Kreditgeber nicht
darauf gesetzt hatten, harte Arbeit oder Sparsamkeit oder Innovation werde
ihre Kunden befähigen, die nötigen Rückzahlungen zu leisten. Sie hatten einfach darauf gesetzt, dass die Immobilienblase die Häuserpreise weiter in die
Höhe trieb und die Hypothekenzinsen weiter fielen – dass der Markt sie alle
retten werde. Er tat es – bis er es nicht mehr tat. Und wie mit unseren Häusern,
so mit unserem Land. Wir haben unsere Zukunft geliehen, statt in sie zu investieren.

Während der Vorwahlen für die Präsidentschaftskandidaturen des Jahres
2008 machten die Senatoren John McCain und Hillary Clinton den Vorschlag,
die Mineralölsteuer von 18,4 Cent pro Gallone für die Dauer der Sommerreise-
saison auszusetzen, um den amerikanischen Autofahrern eine „Pause" zu
gewähren, obwohl sie genau wussten – weil alle Experten des Landes dies
sagten –, dass dadurch nur die Nachfrage nach Benzin angeheizt würde, mit
der Folge weiterhin hoher Benzinpreise und einer vergrößerten Belastung der
Erdatmosphäre, die bekämpfen zu wollen beide Senatoren von sich behaup-
teten. Der Vorschlag war ein Paradebeispiel für eine Politik des „Wir dürfen so
dumm sein, wie wir wollen".

Es gibt jedoch einen dritten Trend, und das ist die Entwicklung, die mir
Hoffnung gibt. Diesen Trend könnte man mit dem Begriff *„Nation-Building
im eigenen Land"* umschreiben. Die Regierung mag unfähig sein für einen
Schritt nach vorwärts und nur noch seitwärts driften, und unser wirtschaftliches Führungspersonal mag alles andere als verantwortungsbewusst gehandelt haben – unser Land ist dennoch voll von Innovatoren und Idealisten. Jede
Woche propagieren Menschen neue Ideen zur Gewinnung sauberer Energie
oder neue Ansätze für das Bildungssystem oder neue Vorstellungen dazu, wie
dringend reparaturbedürftige Dinge in unserem Land repariert werden können. Und auch wenn manche dieser Ideen verrückt sind, besagt die schiere
Zahl der Menschen, die in ihren Garagen oder in ihrer Gemeinde experimen-
tieren, ganz eindeutig, dass dieses Land immer noch strotzt von einer Vitali-
tät, die von unten kommt. Unsere jungen Leute sind weitaus idealistischer,
als wir es verdienen, und die breite Öffentlichkeit, obwohl gelegentlich niedergeschlagen, engagiert sich immer noch in großem Stil: für die Reform des
Bildungswesens, für die Erforschung erneuerbarer Energie, für die Reparatur
unserer Infrastruktur, für die Unterstützung anderer Menschen. Das erkennt

man zum Beispiel an der Zahl der College-Absolventen, die sich in den Dienst des Programms *Teach for America* stellen. Sie wollen, dass unser Land wieder etwas zählt. Sie wollen aufgefordert werden, und zwar dazu, *Nation-Building* nicht nur im Irak oder in Afghanistan zu betreiben, sondern auch in unserem eigenen Land. Sie möchten etwas wiederherstellen und revitalisieren, das ihnen wertvoll ist, aber gegenwärtig zu verfallen scheint.

Abhängig vom Öl: Die Politik von Reagan bis Bush

Es gibt jedoch heute viel zu wenig Visionen für ein Amerika des 12. September – nur immer und immer wieder der 11. September. Ich ginge gerne bei jedem Abflug aus Washington, D.C., durch fünf Sicherheitskontrollen, wenn ich nur das Gefühl hätte, dass jenseits der Detektorschleusen ein großes Projekt wartete, das Amerika würdig wäre – und nicht nur der „Krieg gegen den Terrorismus". Selbst im Kalten Krieg, als wir im Keller meiner Schule Atomschutzübungen abhielten, fanden wir heraus, wie man einen Menschen in den Weltraum bringen konnte – als Erkundung der nächsten Grenze und als Inspiration für die junge Generation. Wir brauchen ein Amerika, und die Welt braucht ein Amerika, das mehr ist als die „Vereinigten Staaten der Terrorismusbekämpfung". Wir dürfen gewiss nicht vergessen, wer unsere Feinde sind, aber wir dürfen auch nicht vergessen, wer wir sind. Unsere Feinde, das sind die Leute, die Anschläge nach Art des 11. September verüben. Wir dagegen sind die Menschen, die den 4. Juli feiern. Das ist unser Nationalfeiertag – nicht der 11. September.

Wir haben unendlich mehr zu gewinnen als nur den Krieg gegen den Terror. Wir können unendlich mehr leisten. Doch Veränderungen unserer Politik und unserer Einstellungen haben in den letzten drei Jahrzehnten – und nicht erst seit dem 11. September – unsere Aufmerksamkeit zersplittert und unsere Anstrengungen auf den Privatbereich eingeengt. Wir kümmern uns offenbar weniger um die nationalen Interessen, den öffentlichen Raum und langfristige Perspektiven. „Wir werden uns schon irgendwann damit befassen" scheint immer noch die Losung des Tages zu sein.

Es gibt wahrscheinlich kein besseres Beispiel für die mangelnde Bereitschaft Amerikas, eine große Herausforderung anzunehmen, als unsere Reaktion auf die Energiekrise. Auf das arabische Erdölembargo 1973-1974 reagierten die Europäer und die Japaner mit einer Erhöhung der Mineralölsteuern, und vor allem die Japaner unternahmen große Anstrengungen in Richtung einer effizienteren Energienutzung. Frankreich baute mit staatlichen Mitteln die Kernkraft so weit aus, dass dort heute 78 Prozent des elektrischen Stroms aus Atomkraftwerken stammen. Außerdem wird ein großer Teil des Atommülls wiederaufbereitet und zur weiteren Energieerzeugung genutzt. Selbst das Entwicklungsland Brasilien ergriff Maßnahmen zur Erzeugung von Äthanol aus Zuckerrohr, um die Abhängigkeit von Erdölimporten zu verringern. Heute braucht Brasilien dank der eigenen Erdölförderung und der Äthanolproduktion gar kein Rohöl mehr zu importieren.

Die erste Reaktion der Vereinigten Staaten war durchaus nicht unbedeutend. Unter dem Druck der Präsidenten Gerald Ford und Jimmy Carter wurden die Richtlinien für die Energieeffizienz amerikanischer Personen- und Lastkraftwagen verschärft. 1975 verabschiedete der Kongress den Energy Policy and Conservation Act, der für Personenwagen eine schrittweise Verdopplung der Mindestkilometerleistung auf 11,7 km pro Liter Kraftstoff verfügte – bei Neuwagen und innerhalb von zehn Jahren. Wie kaum anders zu erwarten, funktionierte das alles gut. Von 1975 bis 1985 erhöhte sich die Mindestkilometerleistung amerikanischer Personenwagen von durchschnittlich 5,74 auf 11,7 km/l, während sie bei leichten Lastkraftwagen von 4,93 auf 8,29 km/l stieg. All das trug dazu bei, dass von Mitte der 80er bis zur Mitte der 90er Jahre auf dem Erdölmarkt ein Überangebot bestand, das nicht nur die OPEC-Staaten schwächte, sondern auch den Zerfall der Sowjetunion beschleunigte, des damals zweitgrößten Erdölproduzenten der Welt.

Und was geschah dann? Bemühten wir uns um langfristige Veränderungen? Nein. Als die gesetzliche Vorgabe ab 1985 galt, verschärfte Präsident Ronald Reagan nicht etwa die Grenzwerte für den Verbrauch, um unsere Abhängigkeit von ausländischem Öl zu verringern, sondern senkte 1986 die Mindestkilometerleistung sogar von 11,7 auf 11,0 km/l. Reagan strich auch die Budgets der meisten von Präsident Carter ins Leben gerufenen Projekte zur Förderung alternativer Energien zusammen, insbesondere für das Solar Energy Research Institute mit seinen vier regionalen Zentren, die gerade erst ihre Arbeit aufgenommen hatten. Die Reagan-Administration und der demokratische Kongress ließen gemeinsam auch die Steuervorteile für neue Unternehmen im Bereich der Solar- und der Windenergie auslaufen, so dass mehrere anfänglich vom amerikanischen Steuerzahler subventionierte Firmen auf diesem Sektor in japanischen und europäischen Besitz übergingen und dort zum Aufschwung jener Branchen beitrugen, die sich mit erneuerbaren Energien befassen. Reagan holte sogar die Solaranlage vom Dach des Weißen Hauses, die Carter dort hatte installieren lassen. Man schenkte sie einem College in Maine, das sie später auf einer Online-Auktion an Geschichtsfans verkaufte.

Mit der Reduzierung der Mindestkilometerleistung pro Liter Kraftstoff wollte Reagan offenbar der schwächelnden heimischen Öl- und Autoindustrie auf die Beine helfen. Aber er vergrößerte damit erneut unsere Abhängigkeit von Ölimporten. Die Reagan-Regierung trug einiges zum Niedergang der Sowjetunion bei, aber auch viel zu unserer gegenwärtigen Abhängigkeit von Saudi-Arabien. Die Reagan-Administration leitete auch in der Umweltpolitik eine Wende ein. Weil es schon so lange her ist, vergessen wir leicht, dass es in Washington einst eine parteiübergreifende Umweltpolitik gab. Es war ein Republikaner, nämlich Richard Nixon, der die ersten wichtigen Umweltschutzgesetze der Vereinigten Staaten gegen die erste Generation der Umweltprobleme unterzeichnete: die Luftverschmutzung, die Wasserverschmutzung und den Giftmüll. Doch Reagan änderte das. Reagan war nicht nur gegen den Staat im Allgemeinen, sondern auch gegen Umweltschutzgesetze im Besonderen. Er und sein Innenminister James Watt sorgten in der Umweltpolitik für eine weitaus stärkere parteipolitische Polarisierung, als sie bis dahin bestanden hatte. Und dabei ist es bis heute geblieben. Mit einer bemerkenswerten Ausnahme: Das Team von Außenminister George P. Shultz engagierte sich entschieden für die Verabschiedung des „Montreal-Protokolls über Stoffe, die zum Abbau der Ozonschicht führen" – ein wegweisendes internationales Abkommen zum Schutz der Schicht, die unseren Planeten vor der schädlichen UV-B-Strahlung schützt.

Die Administration von George Bush sen. erhöhte 1989 die Mindestkilometerleistung pro Liter Kraftstoff immerhin wieder auf 11,7 km/l und damit auf das Niveau von 1985. Sie verbesserte erheblich die Mindestanforderungen an Gebäude, Anlagen und Geräte, führte eine steuerliche Förderung für erneuerbare Energien, den sogenannten Production Tax Credit (PTC), ein und erhob das Solar Energy Research Institute zu einer nationalen Einrichtung mit dem Namen National Renewable Energy Laboratory. Doch als Bush Kuwait befreit hatte und die Ölpreise wieder fielen, unternahm er keine weiteren strategischen Schritte, um Amerika aus der Abhängigkeit vom Erdöl des Nahen Ostens zu befreien.

Als die Clinton-Administration die Amtsgeschäfte übernahm, hatte sie die Absicht, den Grenzwert für den Kraftstoffverbrauch weiter zu senken, zumindest bei leichten Lastkraftwagen. Aber um das zu verhindern, knebelte der Kongress die Regierung buchstäblich bei diesem Vorhaben – unter dem Druck der Abgeordneten aus Michigan, die sich uneingeschränkt als Interessenvertreter der drei großen amerikanischen Autohersteller und der Gewerkschaft United Auto Workers begreifen. Insbesondere nahm der Kongress in den Haushalt des Verkehrsministeriums für die Zeit von 1996 bis 2001 eine Bestimmung auf, die es untersagte, Haushaltsmittel der National Highway Traffic Safety Administration (NHTSA) für die Senkung des Kraftstoffverbrauchs amerikanischer Personen- und Lastkraftwagen einzusetzen. Damit kam das gesamte Unterfangen der Regierung zum Stillstand. Der Kongress verhinderte erfolgreich, dass die NHTSA sich um eine effizientere Energienutzung im Straßenverkehr bemühen konnte.

Dieser Schachzug blockierte jede weitere Verbesserung bis 2003, als die Administration des jüngeren Bush die Mindestkilometerleistung für leichte Lastkraftwagen ein wenig anhob. Selbst China überholte die Vereinigten Staaten noch im selben Jahr mit der Ankündigung, die Mindestkilometerleistung bei neuen Personenkraftwagen, Vans und Geländewagen auf einen Wert zu erhöhen, der 2005 um 0,85 km/l und 2008 um 2,12 km/l über dem in Amerika geforderten Durchschnitt liegen sollte. Erst Ende 2007 – 32 Jahre nach der Anhebung der Mindestkilometerleistung auf 11,7 km/l – tat Amerika den nächsten Schritt und erhöhte die geforderte Kilometerleistung auf 14,9 km/l – bis 2020. Das ist etwa der Wert, den Europa und Japan heute schon erreichen.

Ein Ergebnis all diesen Unsinns war nach Angabe der Pew Foundation die Tatsache, dass die Ende der 90er Jahre in Amerika verkauften Personen- und Lastkraftwagen „pro Liter Kraftstoff etwa 0,4 km weniger fuhren als ein Jahrzehnt zuvor". All das hatte direkten Einfluss auf den amerikanischen Ölverbrauch – und auf die amerikanische Außenpolitik. Der Experimentalphysiker Armory Lovins, Leiter des Rocky Mountain Institute, meint, wenn die Vereinigten Staaten in den 90er Jahren den Ölverbrauch im selben Maße gedrosselt hätten wie im Zeitraum von 1976 bis 1985, was damals weitgehend den Vorschriften für den Kraftstoffverbrauch zu verdanken war, dann hätte man nach 1985 auf das Erdöl aus der Golfregion verzichten können. „Allein die Senkung der Richtwerte für den Kraftstoffverbrauch durch Reagan bedeutete einen Mehrverbrauch in Höhe der Menge Erdöl, die im Arctic National Wildlife Refuge vermutet wird."

Gleichzeitig machte der Unfall im Atomkraftwerk Three Mile Island 1979 alle Hoffnungen zunichte, die amerikanischen Atomkraftwerke weiter ausbauen zu können. Dann führte Detroit den SUV ein und erreichte durch erfolgreiche Lobbyarbeit, dass diese Geländewagen als leichte Lastkraftwagen eingestuft wurden, so dass sie statt der Mindestkilometerleistung von 11,7 km/l für normale Personenwagen nur die geringere Anforderung von 8,0 km/l für leichte Lastkraftwagen zu erfüllen brauchten. So wurden wir noch abhängiger vom Erdöl. Als ich Rick Wagoner, CEO von General Motors, fragte, warum sein Unternehmen keine sparsameren Autos baute, gab er mir die übliche Antwort: „Wir bauen die Autos, die der Markt will. Wenn die Menschen SUVs und Hummers haben wollen, geben wir ihnen, was sie haben wollen."

Die Macht der Lobbys

Dabei verschweigen die Manager der Autoindustrie einen wichtigen Grund, weshalb die Käufer in diesen Jahren SUVs und Hummers haben wollten, nämlich die Tatsache, dass Detroit und die Ölindustrie durch geschickte Lobbyarbeit im Kongress jede Erhöhung der Mineralölsteuer verhinderten, die zu einem ganz anderen Kaufverhalten hätte führen können. In Europa setzte und setzt man auf hohe Mineralölsteuern und eine hohe Besteuerung von Motoren mit großem Hubraum. Und das Ergebnis? Die Europäer kauften immer kleinere Autos. In Amerika verzichtete man auf hohe Mineralölsteuern und eine entsprechende Besteuerung nach dem Hubraum, so dass amerikanische Käufer immer größere Autos nachfragten. Die Öl- und die Automobilindustrie setzten in Washington alle Hebel in Bewegung und sorgten durch ihre Lobbyarbeit dafür, dass die Menschen jene Autos kauften, die am meisten Kraftstoff verbrauchen und ihren Herstellern den größten Gewinn einbringen – und der Kongress tat nichts dagegen. Er hatte sich kaufen lassen.

Das waren die Jahre hemmungslosen Spritverbrauchs – und der billige Sprit an der Tankstelle nebenan verdankte sich einer parteiübergreifenden Allianz zweier Sonderinteressen: Die Demokraten unterstützten die Autoindustrie und deren Gewerkschaften, die Republikaner förderten die Ölindustrie, während die Gruppe, die sich für die allgemeinen Interessen des Landes einsetzte, an den Rand gedrängt und als Teil einer kleinen Ökobewegung verspottet wurde – ein weiteres Beispiel für die Devise: „Wir dürfen so dumm sein, wie wir wollen." Wenn die Öffentlichkeit Druck macht, wie 1973, als die Autofahrer an den Tankstellen Schlange standen, kann sie etwas gegen die Interessen der Automobil- und Öllobbys erreichen. Aber sobald sie den Blick wieder abwendet, strömen diese Lobbyisten zurück in die Hinterzimmer des Kongresses, winken mit Spenden an die politischen Parteien und versuchen, die Entwicklung nach ihren eigenen Bedürfnissen statt denen des Landes zu beeinflussen. Was gut war für General Motors, war nicht immer auch gut für Amerika, aber nur wenige Demokraten oder Republikaner in hohen Ämtern waren bereit, Amerika auf einen anderen Energiepfad zu führen.

Vorreiter Dänemark

Vergleichen wir damit einmal, wie ein kleines europäisches Land, nämlich Dänemark, seit 1973 auf diesem Gebiet agierte. „Wir erkannten damals, dass wir unsere Abhängigkeit vom Öl verringern mussten", erzählte mir Connie Hedegaard, die dänische Ministerin für Klima und Energie. „Wir hatten eine große Debatte über die Atomkraft, aber 1985 entschieden wir uns gegen sie. Stattdessen setzten wir auf effiziente Energienutzung und erneuerbare Energie. Wir beschlossen, durch Besteuerung die Energie relativ teuer zu machen und den Menschen dadurch einen Anreiz zu geben, Energie zu sparen und bei sich selbst für einen effizienten Energieverbrauch zu sorgen […]. Das war das Ergebnis eines politischen Willens."

In Dänemark kostet Superbenzin 2008 etwa 1,45 Euro pro Liter. Außerdem gibt es in Dänemark eine CO_2-Steuer, die man Mitte der 90er Jahre einführte, um den sparsamen Umgang mit Energie zu fördern, obwohl damals vor der Küste des Landes Ölvorkommen entdeckt worden waren. „Wenn Sie Ihre Stromrechnung erhalten, ist darauf die CO_2-Abgabe ausgewiesen", erklärte die Ministerin. Das alles bedeutete natürlich den Ruin der dänischen Wirtschaft, oder? „Seit 1981 ist unsere Wirtschaft um 70 Prozent gewachsen, obwohl der Energieverbrauch im selben Zeitraum etwa derselbe geblieben ist", berichtet sie. Die Arbeitslosenquote liegt unter zwei Prozent. Und da man das Schwergewicht schon früh auf Sonnen- und Windenergie legte, die heute 16 Prozent des gesamten dänischen Energieverbrauchs decken, entstand eine vollkommen neue Exportbranche.

„Dadurch wurden neue Arbeitsplätze geschaffen", sagte Hedegaard. „In den 70er Jahren gab es so gut wie keine Windkraftanlagenindustrie. Heute kommt ein Drittel der weltweit aufgestellten Windkraftanlagen aus Dänemark. Die Industrie wachte auf und erkannte, dass dies in unserem Interesse liegt. Auf diesem Gebiet die Nase vorn zu haben, wenn der Rest der Welt sich gleichfalls darauf einlassen muss, wird von Nutzen für uns sein." Zwei der weltweit innovativsten Hersteller von Enzymen für die Umwandlung von Biomasse in Treibstoffe – Danisco und Novozymes – kommen gleichfalls aus Dänemark. „1973 bezogen wir 99 Prozent unserer Energie aus dem Nahen Osten", berichtete Hedegaard. „Heute sind es null Prozent." Ich weiß, Dänemark ist ein kleines Land, und Veränderungen lassen sich dort leichter realisieren als in einer so riesigen Volkswirtschaft wie der amerikanischen. Dennoch wird beim Blick auf Dänemark der Weg deutlich, den wir hätten einschlagen können.

Die Bürde der nächsten Generation

Diese Haltung des „Wir dürfen so dumm sein, wie wir wollen", und des „Wir werden uns damit befassen, wenn uns danach ist", wurde noch verstärkt durch das Misstrauen unserer politischen Führer gegenüber dem von ihnen selbst geführten Staat. Reagan war der erste moderne Präsident, der tatsächlich gegen den Staat regierte. Angesichts des Vietnamkriegs, des Scheiterns der „Great Society", die das Problem der Armut hatte lösen sollen; angesichts des Zynismus der Watergate-Affäre und der Hyperinflation sowie der geopolitischen Schwäche Jimmy Carters behauptete Reagan, überzogene staatliche Regulierungen und hohe Steuern bedrohten den amerikanischen *Way of life* und schwächten die amerikanische Wirtschaft. Vieles an Reagans Wirtschaftspolitik war anfangs durchaus sinnvoll. Es war notwendig, die Talente, die Kraft und den Unternehmergeist freizusetzen, die in unserer Wirtschaft schlummerten. Wie alle guten Dinge in der Politik hat alles seine Zeit und seine Grenzen. Der Reaganismus, der mit dem Zusammenbruch des Todfeindes Amerikas, der Sowjetunion, zusammenfiel, endete schließlich in einer Geschichtsphase, in der immer mehr Politiker den Staat schlechtmachten und mühelose Wege zum Wohlstand anpriesen. Der Markt habe *immer* Recht, der Staat dagegen immer Unrecht. Und jeder politische Vorschlag, der vom amerikanischen Volk eine Anstrengung verlangte, etwa mehr zu sparen, verbrauchsärmere Autos zu fahren, fleißiger zu studieren oder bessere Eltern zu sein, war sogleich „vom Tisch". Wer solche Forderungen stellte, so hieß es, könne nicht erwarten, in irgendein höheres Amt gewählt zu werden.

Die Generation unserer Eltern muss offenbar die größte Generation aller Zeiten gewesen sein, „denn die Bedrohungen, mit denen sie fertig werden musste, waren real, gewaltig, unmittelbar und unausweichlich – die Weltwirtschaftskrise, die Nazis, der nuklear hochgerüstete Sowjetkommunismus", meint Michael Mandelbaum, Fachmann für Außenpolitik an der Johns Hopkins University. „Diese Generation war gerade deshalb bereit, in Korea zu kämpfen und die Herausforderungen des Kalten Kriegs anzunehmen, weil sie die Weltwirtschaftskrise und den Zweiten Weltkrieg erlebt hatte. Diese Generation wusste, wie schlimm die Lage werden konnte."

Robert Hormats, stellvertretender Vorstandsvorsitzender von Goldman Sachs (International), schreibt in seinem Buch *The Price of Liberty* (über den Preis, den Amerika für seine Kriege seit 1776 zahlen musste), dass George Washington in seiner Abschiedsrede davor gewarnt hatte, „der Nachwelt Bürden aufzulasten, die wir eigentlich selbst tragen sollten". Aber genau das tun wir heute – und die ersten Risse zeigen sich bereits. Ich war sehr beunruhigt, als ich vom plötzlichen Einsturz der Brücke auf der Interstate 35W in meinem Heimatstaat Minnesota hörte, denn über diese Brücke war ich in meiner Jugend hunderte Male gefahren. Aber das ist noch nicht alles. Im März 2008 flog ich mit meiner Frau vom New Yorker John F. Kennedy Airport nach Singapur. In der Abfluglounge des Flughafens konnten wir kaum einen Sitzplatz finden. 18 Stunden später landeten wir auf dem weiträumigen, ultramodernen Flughafen in Singapur, mit kostenlosen Internetportalen und Spielzonen für Kinder überall in den Gebäuden. Wenn alle Amerikaner den luxuriösen Hauptbahnhof in Berlin mit der finsteren, überfüllten Penn Station in New York City vergleichen könnten, wären sie sicher der Überzeugung, Amerika hätte den Zweiten Weltkrieg verloren und nicht die Deutschen.

Im Rückblick hat man den Eindruck, der Kalte Krieg hätte neben zahlreichen schlimmen Seiten auch eine gute gehabt: Er zwang uns, als Nation zusammenzustehen. Er war ein Disziplinierungsmechanismus. Wir wussten, dass wir gegenüber der Sowjetunion nicht so dumm sein durften, wie wir wollten. Doch seit die scheinbar übermächtige „rote Gefahr" verschwunden ist, gebe „es nicht mehr viel Konkurrenz" und wir seien herablassend und faul geworden, meint Fareed Zakaria in seinem Buch *The Post-American World*. „Abgesehen vom Privatsektor haben die multinationalen amerikanischen Unternehmen sich dem weltweiten Wettbewerb zu stellen, und sie wissen, wie man das macht. Die großen multinationalen Unternehmen nehmen diese neue Welt an – sie leben oder sterben damit."

Die Gefahr ist Zakaria zufolge demnach weniger, dass Amerika morgen in eine schwere Wirtschaftskrise stürzen könnte, sondern vielmehr, dass die Lähmung des politischen Systems Amerikas – seine Unfähigkeit, auch nur eines der generationsübergreifenden Probleme zu lösen – unsere gesellschaftliche Stärke und unser gesellschaftliches Kapital erodieren lässt. Wir werden die Einwanderung langsam zurückfahren; wir werden langsam unser Engagement für den freien Welthandel aufgeben; wir werden zulassen, dass die Mittel für die wissenschaftliche Forschung zurückgehen und unsere Schulen in der Mittelmäßigkeit versinken; und wir werden uns nur langsam dem Energieproblem stellen. Die Gefahr, so schreibt Zakaria, „liegt darin, dass all das langsam genug geschehen wird, um uns die Möglichkeit zu geben, uns unsere Arroganz zu erhalten und die Probleme zu verleugnen". Es wird weitergehen und weitergehen – bis es nicht mehr geht, bis wir eines Tages aufwachen und uns umschauen und feststellen, dass wir als Nation zurückgefallen sind.

American way of life – ein plötzlicher Aufprall am Ende

Mein Freund Rob Watson, der Umweltschutzberater, sagt gerne: „Wenn Du aus dem obersten Stockwerk eines 80stöckigen Hochhauses springst, kannst Du Dich 79 Stockwerke lang durchaus wohl fühlen. Erst der plötzliche Aufprall am Ende kostet Dich das Leben." Wenn wir nicht aufwachen, steht uns genau das bevor: ein plötzlicher Aufprall am Ende. Dieses Szenario müssen wir unbedingt vermeiden. Es ist nicht unausweichlich, aber die Aufgabe, es zu vermeiden, ist unausweichlich. Jeden Tag verstärkt sich mein Eindruck, dass wir von den Überschüssen und der Infrastruktur zehren, die uns die „größte Generation aller Zeiten" hinterlassen hat, und dass wir nicht genug tun, um diese Ressourcen wieder aufzufüllen. Während unsere Eltern ein sehr viel reicheres und florierenderes Amerika hinterlassen haben, als sie es von ihren Eltern übernommen hatten, scheint unsere Generation entschlossen, unseren Kindern ein Amerika in Abstiegsbewegung zu hinterlassen.

Als George W. Bush ins Amt kam, war er entschlossen, dem amerikanischen Volk in Sachen Energie keinerlei harte Maßnahmen zuzumuten. Am 7. Mai 2001 stellte ein Journalist dem damaligen Sprecher des Weißen Hauses Ari Fleischer auf der täglichen Pressekonferenz die Frage: „Ist der Präsident der Ansicht, wir müssten angesichts des amerikanischen Energieverbrauchs pro Kopf der Bevölkerung, der weit über dem Prokopfverbrauch irgendeines anderen Landes der Erde liegt, unseren Lebensstil ändern und uns mit dem Energieproblem auseinandersetzen?"

Fleischer antwortete: „Ein eindeutiges Nein. Der Präsident ist der Ansicht, dass dies der *American way of life* ist und dass amerikanische Politiker sich das Ziel setzen sollten, diesen *American way of life* zu schützen. Der *American way of life* ist eine gute Sache." Fleischer fügte hinzu, der Präsident begrüße natürlich einen effizienten und sparsamen Umgang mit Energie, aber dann wiederholte er, der Präsident glaube: „Der Umgang des amerikanischen Volkes mit Energie ist Ausdruck der Stärke unserer Wirtschaft – des Lebensstils, den das amerikanische Volk zu schätzen gelernt hat." Und das sollte sich auch nicht ändern.

Nach dem 11. September vertraten manche, darunter auch ich, die Ansicht, wir bräuchten eine Steuer von einem Dollar pro Galone Kraftstoff, eine „Patriot Tax", um den Kräften hinter dem Massenmord entgegenzutreten und um die amerikanische Verkehrs- und Energieinfrastruktur wiederaufzubauen. Es wäre George W. Bushs Gegenstück zu Nixons Chinapolitik gewesen – der Ölmann aus Texas befreit Amerika aus seiner Abhängigkeit von den Ölquellen des Nahen Ostens. Es wäre eine echte Veränderung gewesen. Er hätte im Kongress leicht eine Mehrheit dafür gefunden. Und die Bevölkerung hätte diese Politik vollständig gebilligt. Der Benzinpreis hätte einen Sprung nach oben gemacht, aber das hätte die amerikanische Wirtschaft stimuliert, eine führende Rolle bei der Entwicklung sparsamer Automobile und erneuerbarer Energien zu übernehmen, wodurch wir weniger anfällig für die massive Erhöhung der Erdölpreise im Jahr 2008 gewesen wären. Stattdessen propagierte Bush eine massive Steuersenkung, die Amerikas Abhängigkeit von China bei der Finanzierung seines Außenhandelsdefizits und von Saudi-Arabien beim Auffüllen unserer Benzintanks verstärkte. Gegen Ende seiner Amtszeit sah George W. Bush sich gezwungen, nach Saudi-Arabien zu reisen und König Abdullah flehentlich um ein wenig Entgegenkommen bei den Rohölpreisen zu bitten. Darin lag eine gewisse Gerechtigkeit. Wenn der Präsident die Amerikaner nach dem 11. September auffordert, Einkaufen zu gehen, statt sich zu bemühen, unsere Abhängigkeit vom Erdöl zu verringern, dann ist es nur gerecht, wenn der Präsident am Ende versuchen muss, in aller Welt Öl zu Discountpreisen aufzutreiben.

Alles in allem war die Politik nach dem 11. September eine der größten verpassten Gelegenheiten in der amerikanischen Geschichte für ein *Nation-Building* im eigenen Land.

Ex-Verteidigungsminister Donald Rumsfeld fasste in seiner Antwort an den Soldaten, der ihn gefragt hatte, warum er und seine Kameraden ohne passende Ausrüstung in den Irakkrieg geschickt würden, in wenigen Worten zusammen, wie weit es mit unserem Land gekommen ist: „Sie ziehen mit der Army in den Krieg, die wir haben, und nicht mit der Army, die wir uns vielleicht für jetzt oder für die Zukunft wünschen mögen." Wir haben beschlossen, mit der Regierung in die Zukunft zu marschieren, die wir haben, und nicht mit einer, die wir vielleicht wünschen oder benötigen.

Aber wir können nicht einfach mit der Regierung, die wir haben, in die Zukunft marschieren, denn wie der französische Dichter Paul Valéry einmal sagte: „Das Schwierige an unserer Zeit ist die Tatsache, dass die Zukunft auch nicht mehr ist, was sie einmal war." Das Zeitalter, in das wir eintreten, ist gefährlicher, als es aussieht, und bietet zugleich sehr viel mehr Chancen, als es zunächst den Eindruck macht. Wenn Amerika in diesem Zeitalter bestehen soll, muss es auf der Höhe seiner Möglichkeiten sein.

Und das bringt mich zurück zu *Code Green*, der „Warnstufe Grün". „Kennzeichen von Unternehmen und Ländern, die dauerhaft prosperieren, ist die Tatsache, dass sie sich ständig neu erfinden", sagt David Rothkopf, Energieexperte und Gastdozent am Carnegie Endowment. „Im 19. Jahrhundert erfanden wir uns neu als kontinentale Industriemacht, im 20. Jahrhundert erfanden wir uns neu als globale Industriemacht, und im 21. Jahrhundert nun als globale Informationsgesellschaft." Jetzt muss Amerika – um seiner selbst und der Welt willen – sich noch einmal neu erfinden. Amerika zum grünsten Land der Welt zu machen ist kein Akt selbstloser Mildtätigkeit oder naiven Moralisierens. Es handelt sich vielmehr um eine Kernfrage nationaler Sicherheit und wirtschaftlicher Interessen. „Grün bedeutet nicht einfach eine neue Art der Erzeugung elektrischen Stroms", erklärt Rothkopf, „sondern eine neue Art der Erzeugung nationaler Kraft."

Diesen Satz sollten wir uns merken. Es geht nicht um die Lampen in den Wohnungen, sondern um die Erleuchtung unserer Zukunft.

Ja, der Wind hat sich gedreht. Die Zeit, die vor uns liegt, ist eine Zeit, in der unser Leben, unsere Ökosysteme, unsere Volkswirtschaften und unsere politischen Entscheidungsmöglichkeiten deutlich eingeschränkt sein werden, wenn wir keinen Weg finden, Energie auf saubere Weise zu erzeugen und unsere natürliche Umwelt zu schützen. Darum sage ich, wir sollten Windmühlen bauen. Dann werden wir die Führung übernehmen.

In einem solchen Amerika werden ganz sicher wieder Vögel fliegen – in jeder Bedeutung des Wortes: Unsere Luft wird sauberer und unsere Umwelt gesünder sein; unsere jungen Leute werden in einem Staat leben, der ihrer Begeisterungsfähigkeit entgegenkommt, und unsere Industrien werden über mehr Mittel verfügen, Gutes für sich selbst und zugleich für die Welt zu tun. Dieses Amerika wird seine Identität wiedergefunden haben, ganz zu schweigen von seinem Selbstvertrauen, weil es in den wichtigsten strategischen Aufgaben und in Wertefragen erneut weltweit die Führung übernommen hat.

Wir leben schon zu lange von geborgter Zeit und geborgtem Geld. Wir müssen wieder an unserem Land und an der Welt arbeiten. Es ist schon spät, sehr viel steht auf dem Spiel, und das Projekt ist äußerst schwierig – aber der Lohn könnte nicht größer sein.

Wer wird die Arche bauen?

Das Gebot utopischen Denkens
im Zeitalter der Katastrophen

Von **Mike Davis**

Kennen Sie die berühmte Gerichtsszene aus dem Welles-Klassiker „Die Lady von Schanghai"? Dieser Film Noir aus dem Jahr 1947 ist eine Allegorie auf proletarische Tugenden unter dem Joch einer dekadenten Oberschicht. Welles spielt einen Matrosen namens Michael O'Hara, der sich auf ein Schäferstündchen mit der Femme Fatale Rita Hayward einlässt, deren Ehemann, Arthur Bannister (gespielt von Everett Sloan), ihm daraufhin einen Mord anhängt. Bannister gilt als bester Strafverteidiger des Landes und bringt O'Hara dazu, sich von ihm verteidigen zu lassen. In Wahrheit will er aber nur sicherstellen, dass der Angeklagte verurteilt und hingerichtet wird. Höhepunkt des Verfahrens ist eine Szene, die der Staatsanwalt verächtlich als „erneuten Griff in die Bannister-Trickkiste" bezeichnet. Der Verteidiger Bannister ruft Bannister, den betrogenen Ehemann, in den Zeugenstand und befragt sich selbst in einem rasanten, schizoiden Schlagabtausch, der sehr zur Erheiterung der Geschworenen beiträgt.

Ganz im Stil der „Lady aus Schanghai" möchte ich heute einmal mit mir selbst diskutieren. Werden Sie also Zeuge eines mentalen Konflikts zwischen analytischer Verzweiflung und utopischer Möglichkeit, der aus meiner Sicht, und vermutlich auch objektiv gesehen, nicht zu lösen ist.

Der erste Teil meiner Ausführungen, „Pessimismus des Intellekts", widmet sich der Argumentation, dass wir die erste entscheidende Schlacht im Kampf gegen die Erderwärmung bereits verloren haben. Das Kyoto-Protokoll hat laut der etwas selbstgefälligen, aber leider allzu wahren Aussage einer seiner größten Gegner „keine messbaren Ergebnisse im Hinblick auf die klimatischen Veränderungen gebracht. Statt der beabsichtigten Reduzierung der globalen CO_2-Emissionen kam es zu einem Anstieg in derselben Größenordnung."

Es ist zudem unwahrscheinlich, dass Post-Kyoto-Bemühungen die Treibhausgaswerte bis 2020 diesseits der berühmten „roten Linie" von 450 ppm stabilisieren können. In diesem Fall werden auch die größten Anstrengungen der nächsten Generation nicht ausreichen, um radikale Umwälzungen in den Bereichen Ökologie, Wasservorkommen und Agrarsysteme zu verhindern. Auf einer wärmeren Erde wird sozioökonomische Ungerechtigkeit meteorologische Ursachen haben, und die reichen Länder der nördlichen Hemisphäre, deren Kohlenstoffemissionen für die Zerstörung des klimatischen Gleichgewichts des Holozäns[1] verantwortlich sind, werden sich kaum veranlasst fühlen, die für eine Anpassung der Agrarsysteme nötigen Mittel mit den ärmeren, subtropischen Ländern zu teilen, die am stärksten unter Dürren und Überflutungen zu leiden haben.

Im zweiten Teil folgt mein eigener Gegenbeweis („Optimismus durch Phantasie"). Ich berufe mich auf das Paradoxon, dass die wichtigste Ursache der Erderwärmung – die Urbanisierung durch den Menschen – möglicherweise eine grundlegende Lösung für das Überleben der Menschheit im späteren 21. Jahrhundert beinhalten könnte. Wenn sich an der kläglichen Politik der Gegenwart nichts ändert, werden die derzeitigen Armutsstädte mit größter Wahrscheinlichkeit untergehen. Diese Tatsache sollte für uns jedoch umso mehr Grund sein, im Sinne Noahs endlich damit zu beginnen, unsere eigene Arche zu bauen. Da wir jedoch einen Großteil unseres einstigen Baumbestands bereits dem Fortschritt geopfert haben, wird diese neue Arche zwangsläufig aus den Materialien gemacht sein müssen, die der Menschheit heute im Zeitalter der Aktivisten-Communitys, Piratentechnologien, Raubkopien, Wissenschaftsrevolutionäre und vergessenen Utopien zur Verfügung stehen.

Plädoyer der Anklage: Pessimismus des Intellekts

Unsere Erde, unsere gute, alte Erde, die in den letzten 12 000 Jahren unsere Heimat war, existiert nicht mehr, auch wenn bisher noch keine Zeitung in Nordamerika oder Europa ihren wissenschaftlichen Nachruf gedruckt hat.

Während im Februar des vergangenen Jahres Baukräne die Außenverkleidungen des 141. Stockwerks des *Burj Dubai* – des Turms von Dubai, der jetzt doppelt so hoch ist wie das Empire State Building – in die Höhe hievten, enthüllte die Stratigraphie-Kommission der *Geological Society of London* das neueste und oberste Stockwerk der geologischen Säule.

Die London Society wurde im Jahr 1808 gegründet, sie ist die älteste geowissenschaftliche Vereinigung der Welt. Ihre Stratigraphie-Kommission agiert quasi als Kardinalsversammlung für Entscheidungen im Hinblick auf die geologische Zeitskala. Stratigraphen bringen die Geschichte unserer Erde, wie wir sie durch die Analyse der unterschiedlichen Gesteinsschichten nachvollziehen können, in eine Abfolge von Äonen, Ären, Perioden und Epochen, deren Abfolgen durch Massensterben, Artbildungsprozesse und/oder plötzliche Veränderungen der Erdatmosphäre gekennzeichnet sind (die sogenannten *Golden Spikes*).

Die Periodisierung ist in der Geologie, wie auch in der Biologie und Geschichte, eine komplexe, umstrittene Kunst, und der erbittertste Streit unter britischen Wissenschaftlern im 19. Jahrhundert, noch heute bekannt als die „Great Devonian Controversy", wurde über konkurrierende Interpretationen der Vorkommen walisischer Grauwacken und englischer Old-Red-Sandsteine ausgetragen.

---

1   Holozän bezeichnet die derzeitige Warmzeit, also die jüngste geologische Epoche der Erdgeschichte (etwa die letzten 12 000 Jahre). – D. Red.

Die Geowissenschaft setzt folglich außerordentlich strenge Maßstäbe für die Anerkennung neuer geologischer Unterteilungen. Obwohl die Idee des „Anthropozäns" – definiert durch das Auftreten der urban-industriellen Gesellschaft als geologischer Faktor – bereits seit langem in der Literatur ihre Kreise zieht, haben die Stratigraphen ihre Berechtigung bisher nicht anerkannt.

Zumindest was die London Society angeht, hat sich diese Position nun geändert. Die Frage „Leben wir derzeit im Anthropozän?" wurde von den 21 Mitgliedern der Kommission einstimmig bejaht. Sie liefern überzeugende Beweise dafür, dass das Holozän, dieser zwischeneiszeitliche Zeitraum mit ungewöhnlich stabilen Klimaverhältnissen, die die rasche Entwicklung landwirtschaftlicher und urbaner Zivilisation ermöglichten, zum Ende gekommen und die Erde in „einen stratigraphischen Abschnitt eingetreten ist, für den in den letzten Millionen Jahren keine Entsprechung zu finden ist". Neben dem Anstieg der Produktion von Treibhausgasen spielen für die Stratigraphen landschaftliche Veränderungen durch den Menschen, die „mittlerweile die Auswirkungen der natürlichen Sedimentproduktion [pro Jahr] um eine erhebliche Größenordnung übertreffen", die verhängnisvolle Übersäuerung der Ozeane und die stetige Zerstörung von Flora und Fauna eine Rolle.

Laut ihren Erläuterungen ist dieses neue Zeitalter sowohl durch die zunehmende Erwärmung (deren eheste Entsprechung wohl die als Paläozän/Eozän-Grenze bekannte Katastrophe vor 56 Mio. Jahren sein dürfte) als auch durch die für die Zukunft erwartete völlige Instabilität der Umgebungsbedingungen gekennzeichnet. Ganz nüchtern ausgedrückt warnen sie davor, dass „die Kombination von Artensterben, globalen Artenwanderungen und der weit verbreiteten Verdrängung natürlicher Vegetation durch landwirtschaftliche Monokulturen ein unmissverständliches biostratigraphisches Signal unserer Zeit darstellt. Diese Auswirkungen sind bleibend, da die zukünftige Entwicklung auf den überlebenden (und häufig anthropogen verschobenen) Beständen aufbaut."

Mit anderen Worten: Die Evolution selbst wurde in eine neue Bahn gezwungen.

Die Irrungen der Klimaberichte

Die Anerkennung des Anthropozäns durch die Kommission fällt mit zunehmenden wissenschaftlichen Debatten über den im letzten Jahr vom *Intergovernmental Panel on Climate Change* (IPCC, Zwischenstaatlicher Ausschuss für Klimaänderungen) veröffentlichten 4. Klimabericht zusammen.

Das IPCC ist damit betraut, die mögliche Reichweite von Klimaveränderungen zu analysieren und angemessene Zielwerte für die Reduzierung von Emissionen festzulegen. Die wichtigsten Basisdaten umfassen Einschätzungen der „Klimasensitivität" angesichts steigender Treibhausgasemissionen sowie sozioökonomische Tableaus, die den Einsatz unterschiedlicher Energieformen und folglich unterschiedliche Emissionsentwicklungen für die Zukunft gegenüberstellen. Eine überwältigende Anzahl erfahrener Forscher, einschließlich wichtiger Mitglieder der IPCC-eigenen Arbeitsgruppen, hat jedoch kürzlich ihr Unbehagen über die bzw. ihre Ablehnung der Bewertungsmethoden zum Ausdruck gebracht, die dem 4. Klimabericht zugrunde liegen und laut Vorwurf zahlreicher Forscher zu optimistische geophysikalische und soziale Prognosen ergeben.

Der berühmteste Gegner ist James Hansen vom Godard Laboratory der NASA. Der „Paul Revere der Erderwärmung",[2] der den US-Kongress zum ersten Mal in einer legendären Anhörung im Jahr 1988 vor den Gefahren der Treibhausgase warnte, kehrte in diesem Jahr mit der beunruhigenden Nachricht nach Washington zurück, das IPCC habe – durch sein Versäumnis, entscheidende Rückkopplungen im Erdsystem zu parametrisieren – einen viel zu großen Spielraum für mögliche Kohlenstoffemissionen in der Zukunft gelassen. Im Gegensatz zu der vom IPCC empfohlenen Grenze von 450 ppm Kohlendioxid fand sein Forschungsteam überzeugende paläoklimatische Beweise dafür, dass der sichere Grenzwert bei höchstens 350 ppm liegt.

Die „erstaunliche Konsequenz" dieser neuen Erkenntnisse über die Klimasensitivität besteht darin, dass „das so oft genannte Ziel, die Erderwärmung unter zwei Grad Celsius zu halten, statt zur Rettung unserer Erde zu einer globalen Katastrophe führen wird." Besonders beunruhigend ist der Gedanke, dass wir, da der derzeitige Wert bei rund 385 ppm liegt, den berühmten „Tipping Point", den Punkt des Umschlags, bereits überschritten haben könnten. Hansen hat daher eine wahre Armada idealistischer Wissenschaftler und Umweltaktivisten, zu denen unter anderem Al Gore und Bill McKibben gehören, zusammengetrommelt, um unsere Erde mit Hilfe einer Umweltsteuer zu retten. Diese könnte die Treibhausgaskonzentrationen bis 2015 auf den Stand der Zeit vor Bush zurückführen.

Ich beschäftige mich in meiner Freizeit zwar viel mit geowissenschaftlichen Themen, lese gern in der entsprechenden Fachliteratur und tausche mich gelegentlich auch mit befreundeten Geophysikern vom Lamont-Doherty-Erdobservatorium aus, bin jedoch nicht qualifiziert, mich zur Hansen-Debatte zu äußern oder zu mutmaßen, welche Einstellung des planetaren Thermostats die Erde retten könnte. Hingegen bin ich der festen Überzeugung, dass jeder, der sich mit Sozialwissenschaften beschäftigt oder einfach aufmerksam die aktuellen Makrotrends verfolgt, sich selbstbewusst in die Diskussion über den zweiten, sehr kontroversen Eckstein des 4. Klimaberichts einschalten sollte: nämlich die darin enthaltenen sozioökonomischen Prognosen und das, was wir das „politische Unterbewusstsein" nennen können.

Die aktuellen Szenarien wurden vom IPCC im Jahr 2000 erarbeitet und sollen zukünftige weltweite Emissionswerte auf der Grundlage verschiedener möglicher Entwicklungen in den Bereichen Bevölkerungswachstum, Technologie und Wirtschaft simulieren. Die Hauptszenarien – die A1-Familie, die B2 usw. – sind politischen Entscheidungsträgern und Umweltaktivisten bekannt. Von den Wissenschaftlern einmal abgesehen, haben jedoch die wenigsten auch wirklich das Kleingedruckte des Berichts gelesen, insbesondere die kühne Annahme

---

2 Paul Revere (1735-1818) war ein US-amerikanischer Freiheitskämpfer, der 1775 als Nachrichtenkurier vor herannahenden britischen Truppen warnte. – D. Red.

des IPCC, höhere Energieeffizienz werde ein „automatisches" Nebenprodukt der zukünftigen wirtschaftlichen Entwicklung sein. So gehen alle Szenarien – selbst die Varianten, in denen „alles bleibt, wie gehabt" – davon aus, dass fast 60 Prozent einer zukünftigen Reduktion von Kohlenstoffemissionen unabhängig von expliziten Umweltmaßnahmen erreicht werden können.

Das Panel setzt also alles, einschließlich unseres Planeten, auf eine Karte und hofft auf eine marktgesteuerte Entwicklung in Richtung einer Weltwirtschaft jenseits der Emissionsproblematik: ein Prozess, der nicht nur internationale Emissionsgrenzen und CO_2-Handel erfordert, sondern auch die Selbstverpflichtung der Unternehmen zum Einsatz von Technologien voraussetzt, für die es derzeit kaum Prototypen gibt, wie beispielsweise CO_2-Abscheidung, Wasserstoff- und andere alternative Antriebssysteme oder Biotreibstoffe auf Zellulosebasis. In vielen IPCC-Szenarien, die die zukünftige Entwicklung illustrieren sollen, „übersteigt der Einsatz emissionsfreier Energieversorgungssysteme die Größe des globalen Energiesystems von 1990", betonen die Autoren des jüngsten Berichts des „Wissenschaftlichen Komitees für Umweltprobleme" (SCOPE) zum Thema „Der globale Kohlenstoffkreislauf" (2004).

Übereinkommen vom Typ Kyoto und die Kohlenstoffmärkte sollen, in Analogie zur keynesianischen „Ankurbelung der Wirtschaft", die Lücke zwischen der spontanen CO_2-Reduktion und den von jedem Szenario vorausgesetzten Emissionszielen füllen. Auch wenn das IPCC dies nicht ausdrücklich formuliert, geht es in seinen Reduktionszielen doch davon aus, dass die Einnahmen, die durch höhere Preise für fossile Brennstoffe erzielt werden, innerhalb der nächsten Generation effizient in Technologien zur Förderung erneuerbarer Energie investiert und nicht auf den Bau riesiger Wolkenkratzer, in Spekulationsblasen und Mega-Ausschüttungen für Aktionäre verschwendet werden.

Schätzungen der Internationalen Energieagentur zufolge dürfte es insgesamt rund 45 Billionen US-Dollar kosten, den Ausstoß von Treibhausgasen bis 2050 zu halbieren. Ohne den wichtigen Quotienten des „automatischen" Fortschritts im Bereich Energieeffizienz wird dies allerdings niemals möglich sein, was die Ziele des IPCC in unerreichbare Ferne rückt. Im schlimmsten Fall (der einfachen Hochrechnung auf der Grundlage der aktuellen Energienutzung) könnten sich die CO_2-Emissionen bis Mitte des Jahrhunderts leicht verdreifachen.

In einer Ausgaben von „Nature" aus dem Jahr 2008 wiesen Kritiker auf die kümmerlichen Fortschritte des letzten (man kann schon sagen: „verlorenen") Jahrzehnts hin, um deutlich zu machen, dass die Grundannahmen des IPCC in Bezug auf Märkte und Technologien wenig mehr als kühnes Wunschdenken sind. Kaum überraschen kann die Tatsache, dass sich die „freiwillige" Verpflichtung der Bush-Regierung zu einer Reduktion des CO_2-Ausstoßes um 18 Prozent bis 2012 als schlechter Scherz erwiesen hat. In Europa kam es unterdessen Anfang 2008 trotz der Einführung des von der Europäischen Union so hoch gelobten Cap-and-Trade-Systems vor drei Jahren zu einem (in einigen Sektoren dramatischen) Anstieg der CO_2-Emissionen.

Auch gab es in den letzten Jahren nur wenige Hinweise auf einen automatischen Fortschritt im Bereich Energieeffizienz, der aber für die IPCC-

Szenarien eine unabdingbare Voraussetzung darstellt. Ein Großteil dessen, was die Szenarien als Effizienzgewinn durch neue Technologien annehmen, ist in Wahrheit nur das Ergebnis der Schließung von Schwerindustrien in den Vereinigten Staaten, in Europa und den ehemaligen Sowjetstaaten. Natürlich wird durch die Verlagerung energieintensiver Produktionsprozesse nach Ostasien die CO_2-Bilanz einiger OECD-Länder aufpoliert, doch sollten wir Deindustrialisierung nicht mit einer spontanen CO_2-Reduktion verwechseln. Die meisten Wissenschaftler sind der Ansicht, dass die Energieintensität seit dem Jahr 2000 eher gestiegen ist, die CO_2-Emissionen also weltweit ebenso stark anstiegen wie die Energienutzung, wenn nicht sogar noch stärker.

Zudem ist das Kohlenstoff-Budget des IPCC bereits überschritten. Ende September 2008 berichtete das über die Entwicklungen in diesem Bereich Buch führende *Global Carbon Project*, dass die Emissionen schneller ansteigen als selbst in den pessimistischsten Szenarien des IPCC angenommen. So stieg der Ausstoß von Kohlendioxid zwischen 2000 und 2007 jährlich um 3,5 Prozent – die IPCC-Prognosen gingen dagegen nur von 2,7 Prozent aus. Während der 90er Jahre hatte dieser Prozentsatz noch bei 0,09 gelegen. Mit anderen Worten: Wir bewegen uns bereits jetzt nicht mehr im Rahmen der IPCC-Grenzen, und für diesen unvorhergesehenen Anstieg der Treibhausgasemissionen könnte zu großen Teilen die Kohlenutzung verantwortlich sein.

Die Kohleproduktion hat im letzten Jahrzehnt eine tragische Renaissance erlebt, so dass der Albtraum des 19. Jahrhunderts jetzt auch das 21. Jahrhundert heimsucht. In China schuften fünf Millionen Bergbauarbeiter unter lebensgefährlichen Bedingungen, um den umweltfeindlichen Rohstoff zu gewinnen, der es Peking ermöglicht, durchschnittlich jede Woche ein neues Kohlekraftwerk in Betrieb zu nehmen. Aber Kohle boomt ebenso in Europa (für die nächsten fünf Jahre sind 50 neue Kohlekraftwerke geplant) und Nordamerika (wo nicht weniger als 200 neue Kraftwerke in Planung sind). In Großbritannien wird es mit Kingsnorth einen Kohlekraftwerk-Riesen geben, dessen jährlicher CO_2-Ausstoß die Emissionen von 30 Entwicklungsländern übersteigt. Ein ähnlich tragisches Beispiel ist ein geplantes Mega-Kraftwerk in West Virginia mit einem CO_2-Ausstoß, der den Abgasen von einer Million Autos entspricht.

Wissenschaftler wie Hansen und Reformer wie Al Gore, die davon überzeugt sind, dass das Überleben der Menschheit von einer drastischen und unmittelbaren Reduktion der CO_2-Emissionen abhängt, werden in den Trendprognosen wenig Tröstung finden. Im Rahmen einer beeindruckenden Studie über „Die Zukunft der Kohle", die im letzten Jahr veröffentlicht wurde, kamen Ingenieure des *Massachusetts Institute of Technology* (MIT) zu dem Schluss, dass die Nutzung von Kohle im Rahmen jedes denkbaren Szenarios zunehmen wird, selbst im Falle hoher Umweltsteuern. Investitionen in Technologien der CO_2-Abscheidung und -Speicherung (CCS) seien überdies „völlig unzureichend", so dass CCS-Technologien – immer vorausgesetzt, diese lassen sich überhaupt in der Praxis umsetzen – wohl frühestens ab 2030 eine sinnvolle Alternative für die allgemeine Energieversorgung darstellen können.

In den Vereinigten Staaten hat die jüngste „Umweltgesetzgebung" der Bush-Regierung nur den „perversen Anreiz" für die Energieversorger geschaffen, weitere Kohlekraftwerke zu bauen, in der „Annahme, dass die Emissionen dieser Kraftwerke von zukünftigen CO_2-Bestimmungen ‚ausgenommen' und ihnen freie CO_2-Kontingente zugesprochen würden." Inzwischen hat ein Konsortium von Kohleproduzenten, Kohlekraftwerks- und Eisenbahnbetreibern, die sich selbst *American Coalition for Clean Coal Electricity* nennen, im letzten Wahlkampf 40 Mio. US-Dollar ausgegeben, um sicherzustellen, dass beide Präsidentschaftskandidaten sich einmütig über die Vorzüge des zwar umweltfeindlichsten, aber günstigsten Brennstoffs auslassen.

Vor allem aufgrund der scheinbar unverwüstlichen Popularität der Kohle – eines fossilen Brennstoffs, der nachweislich noch Vorräte für die nächsten 200 Jahre liefert – ist das *Pew Center on Global Climate Change* der Ansicht, dass der „Kohlenstoffgehalt pro Energieeinheit in Zukunft wahrscheinlich noch ansteigen wird." So hatte das US-Energieministerium vor dem Zusammenbruch der Wirtschaft in der Tat einen Anstieg der nationalen Energieproduktion im Verlauf der nächsten Generation um mindestens 20 Prozent prognostiziert. Global gesehen wird der Gesamtverbrauch fossiler Brennstoffe, Schätzungen zufolge, um 55 Prozent ansteigen. Dabei soll sich der Umfang der internationalen Ölexporte verdoppeln.

Das Entwicklungsprogramm der Vereinten Nationen, das seine eigene Studie über die Zielsetzungen für nachhaltige Energien durchgeführt hat, weist darauf hin, dass es „bis 2050 einer weltweiten Reduktion der Treibhausgasemissionen um 50 Prozent im Vergleich zum Stand von 1990" bedarf, um die Menschheit aus der Gefahrenzone einer galoppierenden Erwärmung (die in der Regel als Temperaturanstieg um mehr als zwei Grad innerhalb dieses Jahrhunderts definiert ist) zu retten. Stattdessen werden die Emissionen jedoch laut Prognose der Internationalen Energieagentur aller Wahrscheinlichkeit nach über das nächste halbe Jahrhundert um fast 100 Prozent ansteigen. Damit hätten wir genügend Treibhausgase produziert, um auf einen Schlag gleich mehrere der kritischen Tipping Points zu passieren.

Die absehbaren Auswirkungen der Weltwirtschaftskrise

Die derzeitige Weltwirtschaftskrise – ein nicht vorhersehbares Ereignis, das die IPCC-Szenaristen in ihren Modellen nicht berücksichtigen – könnte einen kurzzeitigen Aufschub bringen, besonders da die gesunkenen Ölpreise eine Öffnung der Büchse der Pandora in Form einer Nutzung neuer Mega-Kohlenstoffreserven wie Ölsand und -schiefer bisher verzögern. Dieser Rückgang kann jedoch kaum die Zerstörung des Amazonas-Regenwalds aufhalten, da die brasilianischen Bauern bemüht sein werden, ihre Bruttoeinkünfte durch eine Erweiterung der Produktion zu verteidigen. Da zudem beim Strombedarf weniger Spielraum vorhanden ist als bei der Nutzung von Autos, wird der Anteil von Kohle am CO_2-Ausstoß auch weiterhin steigen. Außerdem ist die Kohleproduktion in den Vereinigten Staaten derzeit die einzige zivile Industrie bzw. der einzige Wirtschaftssektor, der eher Arbeiter einstellt als entlässt. Was noch gravierender ist: Die fallenden Preise für fossile Brennstoffe und die gelähmten Kreditmärkte nehmen den Unternehmen jeden Anreiz, in kapitalintensive Wind- und Solaralternativen zu investieren. An der Wall Street sind die Aktien im Bereich Öko-Energie schneller gefallen als der Markt insgesamt, und das Investitionskapital hat sich buchstäblich in Luft aufgelöst, so dass einigen der am meisten gefeierten Start-up-Unternehmen im Bereich „saubere Energien", wie Tesla Motors und Clear Skies Solar, jetzt der plötzliche Kindstod droht. Auch die von Präsident Barack Obama befürworteten Steuerentlastungen werden an dieser grünen Rezession wohl kaum etwas ändern können. So sagte ein Risikokapitalmanager im vergangenen Jahr gegenüber der „New York Times": „Wenn Erdgas nur noch sechs Dollar kostet, wirkt Windenergie plötzlich eher zweifelhaft und Solarenergie geradezu unfassbar teuer."

Da liefert also die Wirtschaftskrise dem Bräutigam wieder einmal einen perfekten Vorwand dafür, die Braut am Altar stehen zu lassen – oder wie sonst ließe sich erklären, dass einige der größten Unternehmen plötzlich nicht mehr zu ihren öffentlichen Bekenntnissen zu erneuerbaren Energien stehen? In den Vereinigten Staaten haben mehrere Mega-Versorger, wie Duke Energy und die Public Service Enterprise Group, Solar- und Windenergieprojekte auf Eis gelegt, die sie zuvor breit beworben hatten.

Regierungen und Regierungsparteien waren gleichermaßen bemüht, sich ihrer Kohlenstoff-Schulden zu entledigen. Bei der kanadischen Parlamentswahl im Oktober 2008 beispielsweise setzten sich die Konservativen, unterstützt von den westlichen Öl- und Kohle-Lobbys, erfolgreich gegen die „Grüne Wende" der Liberalen durch, die für eine nationale Umweltsteuer eingetreten waren. Gleichzeitig verabschiedete sich seinerzeit die Bush-Regierung in Washington von einer umfangreichen Initiative zur Förderung der Entwicklung im Bereich CO_2-Abscheidung.

Auf der angeblich umweltfreundlicheren Seite des Atlantiks prangerte kürzlich die Berlusconi-Regierung – die derzeit im Begriff ist, das italienische Versorgungsnetz von Öl auf Kohle umzustellen – das EU-Ziel einer Emissionsreduktion um 20 Prozent bis zum Jahr 2020 als „unbezahlbares Opfer" an, während die deutsche Regierung, der „Financial Times" zufolge, dem Vorschlag, Unternehmen für ihren Kohlendioxidausstoß zahlen zu lassen, durch die Unterstützung einer fast ausnahmslosen Befreiung für die Industrie einen harten Schlag versetzte. („Die Prioritäten haben sich durch diese Krise verändert", erklärte der Außenminister sichtlich verlegen.)

Allenthalben herrscht also Pessimismus. Selbst Yvo de Boer, der Leiter der UN-Klimarahmenkonvention, räumt ein, dass die „meisten vernünftigen Regierungen darauf verzichten werden, [der Industrie] neue Kosten in Form von CO_2-Emissionsgrenzen aufzuerlegen", solange die Wirtschaftskrise nicht überwunden ist.

Zwar gibt die Wahl Barack Obamas (und der gleichzeitige Aufstieg einer neuen Machtstruktur in Washington, die vornehmlich mit der IT-Branche in Verbindung gebracht wird) Hoffnung auf eine grüne Variante der „keynesianischen" Antwort auf die Wirtschaftskrise, die auf staatlichen Investitionen in erneuerbare Energien, Hybridfahrzeuge und ökologisch sinnvolle Arbeitsplätze basiert; der neue Präsident wird jedoch mit an Sicherheit grenzender Wahrscheinlichkeit größere Konfrontationen mit den mächtigen Kohle- und Energie-Lobbys vermeiden. Und selbst wenn Obama Washington letztendlich auf den Kurs des Kyoto-Protokolls bringen sollte, würde er damit doch nur auf einen Zug aufspringen, der laut allgemeinem Urteil nicht im Bahnhof ankommen wird und denen, die am dringendsten auf eine Anpassung an klimatische Veränderungen angewiesen sind, nur wenig Hoffnung oder Unterstützung bietet.

Die ökologische Schuld des Nordens

Selbst wenn also unsichtbare Kräfte und visionäre Regierungen das Wirtschaftswachstum wieder in Gang bringen sollten, werden sie doch kaum in der Lage sein, den globalen Thermostat rechtzeitig herunterzudrehen, um die rasante Klimaveränderung zu verhindern. Ebenso wenig kann man davon ausgehen, dass die G 7 oder G 30 dieser Welt erpicht darauf sind, das Chaos, das sie angerichtet haben, auch wieder aufzuräumen.

Klimadiplomatie auf der Grundlage des Kyoto-Modells geht davon aus, dass alle großen Akteure, sobald sie den IPCC-Konsens akzeptiert haben, anerkennen, dass die Kontrolle über den Treibhauseffekt die höchste Priorität besitzt. Das Phänomen der Erderwärmung hat nur leider nichts mit H.G. Wells' Klassiker „Krieg der Welten" zu tun, in dem die einfallenden Marsmenschen die Menschheit ganz demokratisch ohne Rücksicht auf Klassen- oder Rassenunterschiede zunichte machen. Die Auswirkungen der Klimaveränderung verteilen sich stattdessen in tragisch ungerechter Weise auf die verschiedenen Regionen und sozialen Klassen und richten den größten Schaden in den ärmsten Ländern an, die über die geringsten Ressourcen für eine nennenswerte Anpassung verfügen. Diese geographische Trennung von Emissionsquelle und Umweltfolgen steht einer vorausschauenden Solidarität im Weg.

Wie das Entwicklungsprogramm der Vereinten Nationen in seinem Bericht des Jahres 2007 betonte, ist die Erderwärmung vor allem eine Bedrohung für die Armen und Ungeborenen, die „beiden Bevölkerungsgruppen, die nur über sehr geringe bzw. gar keine politische Macht verfügen". Eine koordinierte globale Aktion in ihrem Namen setzt also entweder ein entsprechendes Empowerment dieser Gruppen durch revolutionäre Maßnahmen voraus (ein Szenario, das vom IPCC nicht berücksichtigt wurde), oder aber die Umwandlung der Eigeninteressen der reichen Länder und Klassen in eine aufgeklärte „Solidarität", die in der Geschichte ihresgleichen sucht.

Aus der *Rational-Actor*-Perspektive scheint die zweite Variante nur dann realistisch, wenn eindeutig bewiesen werden kann, dass es auch für privilegierte Bevölkerungsgruppen keinen „Notausgang" gibt, dass das öffentliche Ansehen im Hinblick auf völkerrechtliche Fragen Einfluss auf die Politik der Schlüsselländer hat, und dass die Reduktion von Treibhausgasen ohne größere Einschränkungen im Hinblick auf den Lebensstandard in der nördlichen

Hemisphäre erreicht werden kann. Leider ist jedoch keine dieser Voraussetzungen wirklich wahrscheinlich. Zudem mangelt es nicht an renommierten Apologeten wie den Wirtschaftswissenschaftlern William Nordhaus und Robert Mendelsohn von der Yale University, die ohne Skrupel erklären, es sei sinnvoller, Bemühungen um eine Emissionsreduktion aufzuschieben, bis die ärmeren Länder reicher und daher besser in der Lage sind, die Kosten selbst zu tragen.

Mit anderen Worten: Wachsende Umweltbedrohungen und sozioökonomische Turbulenzen könnten, anstatt heldenhafte Innovationen und eine internationale Zusammenarbeit zu fördern, die Eliten schlicht und ergreifend dazu veranlassen, sich noch rigoroser vom Rest der Menschheit abzuschotten. In diesem noch unerforschten, aber durchaus nicht unwahrscheinlichen Szenario würden globale Bemühungen um eine Emissionsreduktion stillschweigend unterbunden (wie es in bestimmtem Umfang bereits getan wurde), um Investitionen in eine selektive Anpassung zu begünstigen, die den Erdbewohnern der „Ersten Klasse" auch weiterhin einen komfortablen Lebensstil ermöglicht. Das Ziel wäre dann die Schaffung grüner, streng eingezäunter Oasen des permanenten Überflusses auf einem ansonsten öden und unwirtlichen Planeten.

Natürlich gäbe es immer noch Abkommen, CO_2-Kredite, Hungerhilfe und vielleicht sogar die vollständige Umstellung einiger europäischer Städte und kleinerer Länder auf alternative Energien. Die weltweite Anpassung an klimatische Veränderungen jedoch – die Billionen-Dollar-Investitionen in die urbane und landwirtschaftliche Infrastruktur der Länder mit niedrigem und mittlerem Einkommen sowie eine staatlich finanzierte Umsiedlung von zig Millionen Afrikanern und Asiaten voraussetzen würde – müsste sich im Hinblick auf die Umverteilung von Einkommen und Macht notwendigerweise auf eine Revolution nahezu mythischen Ausmaßes gründen. In der Zwischenzeit rasen wir, sehr viel schneller als wir uns vorzustellen wagen, auf den verhängnisvollen Zeitpunkt zu, der um das Jahr 2030 oder auch früher eintreten dürfte und an dem das Zusammenspiel von Klimaveränderungen, Öl- und Wasserverknappung und weiteren 1,5 Milliarden Menschen auf dem Planeten negative Synergien erzeugen wird, die jenseits unserer Vorstellungskraft liegen dürften.

Lassen Sie mich daher diese grundlegende Frage wiederholen: Werden die reichen Länder jemals die politische Bereitschaft und die wirtschaftlichen Mittel aufbringen, um die IPCC-Ziele zu erreichen bzw. um die ärmeren Länder bei der Anpassung an die mittlerweile bereits unausweichliche Erwärmung zu unterstützen, die sich derzeit in den gemächlichen Strömen der Weltmeere ihren Weg bahnt? Oder etwas anschaulicher ausgedrückt: Werden die Wählerinnen und Wähler der reichen Nationen endlich ihre derzeitige Bigotterie und die Abschottung ihrer Grenzen hinter sich lassen, um Flüchtlinge aus bereits vorhersehbaren Epizentren von Trockenheit und Verwüstung wie dem Maghreb, Mexiko, Äthiopien und Pakistan bei sich aufzunehmen? Werden die Amerikaner, die mit Blick auf die pro Kopf gezahlte Entwicklungshilfe geizigste Nation, bereit sein, sich selbst Steuern aufzuerlegen, die eine Umsiedlung von Millionen Menschen ermöglichen könnten, denen die Vertreibung

aus dicht besiedelten Deltaregionen wie Bangladesch aufgrund von Überschwemmungen droht? Und wird die nordamerikanische Agrarindustrie, die
voraussichtlich von einer globalen Erwärmung profitieren wird, freiwillig die
Sicherung der Ernährung der Weltbevölkerung zur obersten Priorität machen,
anstatt sich weiterhin an ihrer Verkäuferposition zu bereichern?

Marktorientierte Optimisten werden natürlich auf Carbon-Offset-Pro-
gramme wie den „Mechanismus für umweltverträgliche Entwicklung" hinweisen, die gemäß ihren Behauptungen grüne Investitionen in die „Dritte
Welt" sicherstellen. Die Auswirkungen dieses Mechanismus sind bisher
jedoch nicht der Rede wert. Das Programm subventioniert kleinere Wieder-
aufforstungsprogramme und den Ablass für Industrieemissionen, statt grundlegende Investitionen mit Blick auf die Nutzung fossiler Brennstoffe im häuslichen und städtischen Umfeld zu tätigen.

Zudem zöge der größte Teil der Entwicklungsländer es zweifellos vor, wenn
der Norden endlich damit anfinge, das Umweltchaos, das er angerichtet hat, so
gut es geht wieder zu bereinigen. Die armen Länder wettern zu Recht gegen
die Vorstellung, dass die größte Last hinsichtlich der Anpassung an anthropo-
zäne Verhältnisse gerade von denen getragen werden soll, die am wenigsten
zu Kohlenstoffemissionen beigetragen und den geringsten Nutzen aus zwei
Jahrhunderten industrieller Revolution gezogen haben.

In einer kürzlich veröffentlichten, sehr ernüchternden Studie der amerikanischen Zeitschrift „Proceedings of the National Academy of Science" hat ein
Forschungsteam versucht zu berechnen, welche Umweltkosten seit 1961 für
die wirtschaftliche Globalisierung in Form von Abholzung, Klimaveränderung, Überfischung, Ozonabbau, Verlust von Mangrovenwäldern und Expansion der Landwirtschaft entstanden sind. Nach Berücksichtigung der relativen
Kostenbelastungen kamen sie zu dem Ergebnis, dass die Wohlstandsländer
aufgrund ihrer Aktivitäten für 42 Prozent aller weltweit entstandenen Umweltschäden verantwortlich sind, aber nur drei Prozent der daraus resultierenden
Kosten tragen.

Und noch auf eine weitere Schuld werden die Radikalen aus dem globalen Süden zu Recht verweisen. 30 Jahre lang sind die Städte in der „Dritten
Welt" mit halsbrecherischer Geschwindigkeit gewachsen, ohne dass entsprechende staatliche Investitionen in Infrastruktur, Wohnungsbau oder Gesundheitswesen erfolgt wären. Dies resultiert teilweise aus den von Diktatoren
vereinbarten Auslandskrediten, deren Rückzahlung vom Internationalen
Währungsfonds durchgesetzt wurde, aber auch durch die Reduktion oder
Umverteilung staatlicher Ausgaben, die auf die Strukturanpassungsvereinba-
rungen der Weltbank zurückzuführen sind. Diese weltweite Hilflosigkeit und
soziale Ungerechtigkeit lässt sich in der Tatsache zusammenfassen, dass laut
UN-Habitat mehr als eine Milliarde Menschen derzeit in Slums leben, und
dass sich diese Zahl laut Schätzungen bis 2030 verdoppeln wird. Mindestens
ebenso viele fristen ihr Dasein im sogenannten informellen Sektor (ein Euphe-
mismus der Wohlstandsländer für Massenarbeitslosigkeit).

Aufgrund der demographischen Entwicklung wird die Weltbevölkerung
in den nächsten 40 Jahren um weitere drei Milliarden Menschen wachsen

(90 Prozent davon in den ärmsten Städten), und niemand, absolut niemand hat eine Ahnung, wie sich ein Planet voller Slums mit wachsenden Ernährungs- und Energiekrisen so an die zukünftigen Gegebenheiten anpassen soll, dass er sein reines Überleben sichern kann, von Glück und Menschenwürde gar nicht erst zu reden.[3]

Wenn Ihnen dieser Ausblick übertrieben apokalyptisch erscheint, denken Sie bitte einmal über die sehr wahrscheinlichen Auswirkungen der Erderwärmung auf die landwirtschaftliche Situation in den tropischen und subtropischen Ländern nach.

Einer der Pioniere der Wirtschaftsanalyse, die sich mit der Erderwärmung befassen, William R. Cline vom *Petersen Institute for International Economics*, veröffentlichte kürzlich eine Studie, in der er die wahrscheinlichen Auswirkungen der Klimaveränderung auf die landwirtschaftliche Produktion länderspezifisch untersucht. Durch die Verknüpfung von Klimamodellen mit Ernteprozessen und neo-ricardianischen Ertragsmodellen und unter Berücksichtigung einer CO_2-Düngung unterschiedlichen Ausmaßes bietet er den bisher differenziertesten Ausblick auf die mögliche Zukunft unserer Ernährungssituation in der zweiten Hälfte dieses Jahrhunderts. Und der ist düster. Selbst in den optimistischsten Simulationen geht Cline von einem Zusammenbruch der Landwirtschaftssysteme von Pakistan (minus 20 Prozent des derzeitigen Ertrags) und Nordwestindien (minus 30 Prozent) aus. Dasselbe gilt für große Teile des Nahen Ostens, des Maghreb, der Sahelzone, für Teile Südafrikas sowie für die Karibik und Mexiko. Laut Cline droht 29 Entwicklungsländern aufgrund der Erderwärmung der Verlust von mindestens 20 Prozent ihres derzeitigen Ernteertrags, während sich die Landwirtschaft im ohnehin schon reichen Norden im Durchschnitt auf eine Steigerung von acht Prozent freuen darf. Noch bedrohlicher wird dieser potentielle Verlust landwirtschaftlicher Kapazitäten in der „Dritten Welt" angesichts der Warnung der UNO, dass für die sichere Ernährung einer Weltbevölkerung, wie sie für die Mitte des Jahrhunderts erwartet wird, eine Verdoppelung der Nahrungsmittelproduktion erforderlich ist. Die derzeitige Lebensmittelkrise, die durch den Biotreibstoff-Boom noch verschärft wird, ist nur ein dezenter Vorgeschmack auf das Chaos, das sich schon sehr bald aus dem Zusammenspiel von Ressourcenübernutzung, hartnäckiger Ungerechtigkeit und Klimaveränderungen ergeben dürfte. Es besteht eine reelle Gefahr, dass die humanitäre Solidarität, ebenso wie das Eis der westlichen Antarktis, eines Tages bricht und nichts als einen Scherbenhaufen zurücklässt.

Plädoyer der Verteidigung: Optimismus der Phantasie

Trotz der synergistischen Wahrscheinlichkeit eines rasanten Bevölkerungswachstums, abrupter Klimaveränderungen, der Ölverknappung (und in einigen Regionen Wassermangel), des möglichen Zusammenbruchs ganzer Land-

---

3 Vgl. Mike Davis, Planet der Slums, in: „Blätter", 7/2006, S. 805-816. – D. Red.

wirtschaftssysteme und der geballten Folgen städtischer Verwahrlosung hat sich die akademische Forschung erst mit einiger Verspätung ans Werk gemacht. Zwar haben die deutsche Regierung, CIA und Pentagon ihre jeweiligen Berichte über die Auswirkungen einer durch verschiedene Faktoren begründeten Weltkrise auf die nationale Sicherheit der kommenden Jahrzehnte veröffentlicht,[4] ihre Erkenntnisse wirken jedoch eher einem Hollywood-Streifen entnommen als in irgendeiner Form vorhersehend.

Das kann allerdings kaum überraschen, denn wie im letzten Human Development Report der Vereinten Nationen formuliert, „gibt es in der Geschichte keine offensichtlichen Analogien zur Veranschaulichung der Dringlichkeit unserer Klimaproblematik". Auch wenn die Paläoklimatologie den Wissenschaftlern helfen kann, die nichtlinearen Auswirkungen der Erderwärmung zu berechnen, gibt es keinen historischen Präzedenzfall, auf dessen Grundlage wir besser verstehen könnten, was in den 2050er Jahren geschehen mag, wenn eine Weltbevölkerung von 9 bis 11 Milliarden Menschen mit Klimachaos und der Erschöpfung fossiler Brennstoffe kämpfen wird. Für die Zukunft unserer Enkel ist nahezu jedes Szenario denkbar – vom kompletten Zusammenbruch der Zivilisation bis hin zu einem neuen goldenen Zeitalter der Fusionsenergie.

Wir können jedoch sicher sein, dass die Städte zum *Ground Zero* dieser Entwicklung werden. Zwar haben Waldrodung und Exportmonokulturen eine wesentliche Rolle für den Übergang in eine neue geologische Epoche gespielt, der Hauptfaktor war jedoch der nahezu exponentielle Anstieg der CO_2-Emissionen in den urbanen Regionen der nördlichen Hemisphäre. Allein die Heizung und Kühlung der Gebäude in unseren Städten ist für geschätzte 35 bis 45 Prozent des derzeitigen CO_2-Ausstoßes verantwortlich, Industrie und Transportwesen in diesen Städten steuern weitere 35 bis 40 Prozent bei. In gewissem Sinne sind es also die Städte, die unsere ökologische Nische – die klimatische Stabilität des Holozäns – zerstören, welche ihre Entwicklung in der uns bekannten komplexen Form doch überhaupt erst möglich machte.

Allerdings ergibt sich hier ein bemerkenswertes Paradoxon: Die Merkmale, die urbane Umgebungen so umweltfeindlich machen, sind seltsamerweise auch in den größten Megastädten gerade die besonders anti- oder suburbanen Merkmale:

- explosive horizontale Erweiterung in Verbindung mit der Beeinträchtigung oder Zerstörung lebenswichtiger natürlicher Grundlagen (Grundwasserleiter, Wasserscheiden, Gemüsegärten, Wälder, Küstenökosysteme)
- nachgelagerte Verursachung von Müll und Umweltverschmutzung
- auf groteske Weise überdimensionierte Umweltwirkungen
- enorme Wachstumszahlen mit Blick auf Verkehr und Luftverschmutzung
- ein von Immobilienspekulanten und Städteplanern diktiertes Stadtmodell

---

4 Vgl. Global Trends 2025. Bericht des US-amerikanischen „National Intelligence Council" vom November 2008, dokumentiert in: „Blätter", 1/2009, S. 113-120. – D. Red.

- fehlende demokratische Kontrolle über Planung, Entwicklung und Steuermittel
- extreme räumliche Trennung nach Einkommen und/oder Hautfarbe
- unsichere Lebensumgebung für Kinder, ältere Menschen und Menschen mit besonderen Bedürfnissen
- Sanierung durch Zwangsräumung
- Zerfall der traditionellen Kultur einer urbanen Arbeiterklasse
- Krieg zwischen Polizei und Überlebenskriminalität
- Wachstum der Slums und informeller Arbeitslosigkeit in den Außenbezirken
- hohe Kosten für die Bereitstellung von Infrastruktur für die wachsende Stadtbevölkerung
- Privatisierung und Militarisierung öffentlicher Räume
- Abschottung der Reichen in sterilen Altstadtzentren oder eingezäunten Vorstädten

Die Merkmale hingegen, die wir, auch hinsichtlich kleinerer Städte und Orte, als „klassisch urban" betrachten, ergeben ein wesentlich positiveres Bild:

- urbanes Wachstum, das öffentliche Räume und lebenswichtige Natursysteme schützt
- klar definierte Grenzen zwischen Stadt und geschützter Landschaft
- Abfall wird recycelt und nicht exportiert
- strikte Vorschriften für die Nutzung von Kraftfahrzeugen
- Nutzung von Skaleneffekten [Größenvorteilen – D. Red.] bei Transport und Wohnungsbau im Sinne der Umwelt
- Förderung des Privatverbrauchs anstelle öffentlicher Prunkbauten
- Sozialisierung von Bedürfnissen und Identität im öffentlichen Raum
- Bezahlbare Verbindungen von den Vorstädten ins Stadtzentrum
- Gleichbehandlung bei öffentlichen Diensten
- umfassender öffentlicher und gemeinnütziger Wohnungsbau
- Heterogenität im Hinblick auf „Rasse" und Einkommen bei städtischem Wachstum
- effiziente progressive Besteuerung und Planung im öffentlichen Interesse
- hohe politische Mobilisierung und Bürgerbeteiligung
- Berücksichtigung der Anforderungen von Kindern, Senioren und Menschen mit besonderen Bedürfnissen bei der Planung öffentlicher Räume
- eine fruchtbare Dialektik zwischen Nachbarschaft und Weltkultur
- Förderung eines kollektiven Gedächtnisses anstelle von Markensymbolen
- räumliche Integration von Arbeit, Freizeit und Familienleben

Die utopisch-ökologische Kritik der modernen Stadt

Diese klaren Abgrenzungen zwischen „positiven" und „negativen" Merkmalen des Stadtlebens erinnern stark an die berühmten Versuche des letzten

Jahrhunderts, einen kanonischen Urbanismus bzw. Antiurbanismus zu definieren: Hier wären zu nennen Lewis Mumford und Jane Jacobs, Frank Lloyd Wright und Walt Disney, Le Corbusier und das CIAM-Manifest, der „Neue Urbanismus" von Andres Duany und Peter Calthorpe und andere. Niemand braucht jedoch „Stadttheoretiker", die ihre eloquenten Meinungen über die Tugenden und Untugenden der städtischen baulichen Umgebung und der Art und Weise, wie dort soziale Interaktionen gepflegt oder unterbunden werden, zum Besten geben.

Was bei solchen moralischen Bestandsaufnahmen oft vernachlässigt wird, ist die Verwandtschaft zwischen Sozial- und Umweltverantwortung, zwischen kommunaler Gesinnung und einem umweltfreundlicheren Urbanismus. Ihre gegenseitige Anziehungskraft ist nahezu unausweichlich. Die Bewahrung städtischer Grünflächen und Wasserlandschaften beispielsweise dient dem Erhalt lebenswichtiger natürlicher Elemente eines urbanen Metabolismus und bietet gleichzeitig ein Freizeit- und Kulturangebot für die breite Masse. Die Reduzierung von Staus in den Vorstädten durch bessere Planung und öffentliche Verkehrsmittel macht aus Hauptverkehrsadern wieder ruhigere Wohngegenden bei gleichzeitiger Reduktion der Treibhausgasemissionen.

Man könnte unzählige Beispiele anführen, und sie alle verweisen auf ein einziges Prinzip: dass die Grundlage für eine umweltfreundliche Stadt nicht unbedingt in einem besonders umweltfreundlichen Städtebau oder neuartigen Technologien liegt, sondern eher darin, dem allgemeinen Wohlstand eine Priorität gegenüber persönlichem Reichtum einzuräumen. Wie wir alle wissen, bräuchten wir eine ganze Reihe von Planeten, um die gesamte Menschheit in Vorstadthäusern mit zwei Autos und Vorgarten unterzubringen, und diese Beschränkung wird gelegentlich herangezogen, um die Unvereinbarkeit endlicher Ressourcen mit steigendem Lebensstandard zu verdeutlichen. In den meisten Städten, gleichgültig ob in reichen oder armen Ländern, wird die potentielle Umwelteffizienz, die sich aus einer dichten Besiedelung ergibt, völlig außer Acht gelassen. Städte bieten enorme ökologische Möglichkeiten, die bislang noch völlig verkannt und ungenutzt sind.

Wenn wir bereit sind, unsere Gesellschaft auf demokratischem Gemeinschaftsdenken statt auf individuellem, privatem Verbrauch aufzubauen, ist unser Planet sehr wohl in der Lage, alle seine Bewohnerinnen und Bewohner zu versorgen. Allgemeiner Wohlstand, der sich in großen Stadtparks, Museen mit freiem Eintritt, Bibliotheken und unbegrenzten Möglichkeiten für zwischenmenschliche Interaktion manifestiert, stellt eine Alternative zu einem hohen Lebensstandard auf der Grundlage einer materiellen, karnevalistischen Geselligkeit dar. Was von den Stadttheoretikern selten beachtet wird, ist die Tatsache, dass Universitätsgelände oft kleine quasi-sozialistische Oasen mit großzügigen Grünflächen sind, die alle Grundvoraussetzungen zum Lernen, für Forschung, Leistung und Schaffenskraft bieten.

Die utopisch-ökologische Kritik der modernen Stadt wurde von Sozialisten und Anarchisten ins Leben gerufen. Sie beginnt mit dem Traum des Gildensozialismus (inspiriert von den bioregionalistischen Ideen von Peter Kropotkin und später Patrick Geddes) von Stadtgärten für englische Arbeiter mit neuem

Standesbewusstsein und endet mit dem Beschuss des Karl-Marx-Hofs, des berühmtesten Gemeindewohnungsbaus im Roten Wien, während des österreichischen Februaraufstands 1934. Dazwischen liegen die Erfindung des Kibbuz durch russische und polnische Sozialisten, die modernistischen Sozialwohnungsbauprojekte des Bauhauses und die außerordentliche Debatte über den Urbanismus in der Sowjetunion der 1920er Jahre.

Diese radikale städtebauliche Phantasie wurde Opfer der tragischen Umstände in den 1930er und 40er Jahren. Auf der einen Seite steuerte der Stalinismus auf einen in Umfang und Struktur unmenschlichen Monumentalismus in Architektur und Kunst zu, der sich nur wenig von den wagnerianischen Auswüchsen Albert Speers im „Dritten Reich" unterschied. Auf der anderen Seite vernachlässigte die Sozialdemokratie der Nachkriegszeit die Ideen des alternativen Urbanismus zugunsten einer keynesianischen Massenwohnungsbaupolitik, die sich vor allem auf Skaleneffekte durch Hochhausprojekte auf günstigen Baugrundstücken in den Vororten konzentrierte und damit die traditionelle Arbeiterklasse ihrer städtischen Wurzeln beraubte.

Dennoch bieten die Diskussionen des späten 19. und frühen 20. Jahrhunderts über die „sozialistische Stadt" wertvolle Ansätze für eine Betrachtung unserer derzeitigen planetaren Krise. Nehmen wir zum Beispiel die Konstruktivisten. El Lissitzy, Konstantin Melnikow, Iwan Leonidow, Ilja Golosow und die Wesnin-Brüder sind heute vielleicht nicht mehr allgemein bekannt, aber sie waren brillante sozialistische Designer, die zwar durch die städtische Misere der jungen Sowjetrepublik und einen dramatischen Mangel an staatlichen Investitionen eingeschränkt waren, aber dennoch Vorschläge unterbreiteten, das eingeengte Leben in Stadtwohnungen durch großartig konzipierte Arbeiterclubs, Volkstheater und Sportkomplexe aufzulockern. Eine ihrer Prioritäten war die Emanzipation der Arbeiterfrauen durch die Organisation von Gemeinschaftsküchen, Kindertagesstätten, öffentlichen Bädern und Kooperativen aller Art. Sie stellten sich vor, dass die riesigen fordistischen Fabriken, und eventuell auch Hochhäuser, mit entsprechenden Arbeiterclubs und Freizeitzentren ausgestattet werden sollten, um einen „sozialen Ausgleich" für die neue proletarische Zivilisation zu schaffen, erarbeiteten gleichzeitig aber auch eine praktische Strategie, um den Lebensstandard der armen Arbeiter in den Städten innerhalb der ansonsten recht kargen Umstände etwas zu verbessern.

Angesichts der Dringlichkeit unserer Umweltprobleme könnte dieses Projekt der Konstruktivisten so umgedeutet werden, dass die egalitären Aspekte des Stadtlebens die besten soziologischen und physikalischen Voraussetzungen für eine Schonung der Ressourcen und eine Reduktion des CO_2-Ausstoßes bieten. Es gibt in der Tat wenig Hoffnung, die Treibhausgasemissionen zu reduzieren oder die menschlichen Lebensräume an das Anthropozän anzupassen, solange sich die Bewegung zur Kontrolle der Erderwärmung nicht mit dem Kampf für die Verbesserung des Lebensstandards und die globale Beseitigung der Armut verbindet. Im wahren Leben, jenseits der grob vereinfachenden Szenarien des IPCC, bedeutet das die Teilnahme am Kampf für eine demokratische Kontrolle über städtische Räume, Kapitalflüsse, Ressourcen und Massenproduktionsmittel.

Meiner Ansicht nach ist die innere Krise der heutigen Umweltpolitik darin begründet, dass es zu wenige mutige Konzepte gibt, die den Herausforderungen Armut, Energie, Biodiversität und Klimaveränderung durch eine ganzheitliche Vision des menschlichen Fortschritts begegnen. Auf Mikroebene hat es natürlich enorme Fortschritte in der Entwicklung alternativer Technologien und im Passivwohnungsbau gegeben, aber Prestigeprojekte in reichen Gemeinden und Ländern können nicht die Welt retten. Die Wohlhabenden können zwar aus einer Vielzahl unterschiedlicher biologisch sinnvoller Lebensentwürfe auswählen, aber was sollte letztendlich unser Ziel sein? Einer Reihe umweltbewusster Promis die Gelegenheit zu geben, ihren umweltfreundlichen Lebensstil zur Schau zu stellen, oder die Armen in den Städten mit Solarenergie, sanitären Anlagen, Kinderkliniken und öffentlichen Transportmitteln zu versorgen?

Jenseits der „grünen Zone"

Nachhaltige Stadtmodelle für den gesamten Planeten zu schaffen – und nicht nur für einige privilegierte Länder oder Gesellschaftsschichten – erfordert ein enormes Maß an Phantasie, wie es die Künstler und Wissenschaftler in den Glanzzeiten der Vhutemas und des Bauhaus bewiesen haben. Es erfordert eine kompromisslose Bereitschaft, über den Horizont eines neoliberalen Kapitalismus hinauszublicken und eine globale Revolution zu beginnen, die die Arbeitskraft der informellen Arbeiterklassen ebenso wie die arme Landbevölkerung nutzt, um eine nachhaltige Umstrukturierung ihrer Lebensbedingungen zu erreichen.

Natürlich ist das eine vollkommen unrealistische Vorstellung, aber entweder wir begeben uns heute auf eine hoffnungsvolle Reise und glauben daran, dass die Zusammenarbeit zwischen Architekten, Ingenieuren, Ökologen und Umweltaktivisten einen kleinen, aber entscheidenden Beitrag dazu leisten kann, die Schaffung einer neuen Welt etwas mehr in den Bereich des Möglichen zu rücken, oder wir ergeben uns in eine Zukunft, in der Planer und Architekten nur noch die Handlanger elitärer alternativer Lebensformen sind. Die „grünen Zonen" unseres Planeten mögen zwar reichhaltige Möglichkeiten für die Monumentalisierung individueller Visionen bieten, aber die ethischen Fragen von Architektur und Planung können nur in den Mietskasernen und Ballungsräumen der „roten Zonen" gelöst werden.

Ich bin daher der Auffassung, dass wir uns nur durch die Rückkehr zu einer explizit utopischen Denkweise Klarheit verschaffen können über die Mindestvoraussetzungen für den Erhalt humanitärer Solidarität angesichts des Zusammenspiels der unterschiedlichen planetaren Krisen. Ich glaube zu verstehen, was die italienisch-marxistischen Architekten Manfredo Tafuri und Francesco Dal Co meinten, als sie vor „einer Rückentwicklung zum Utopismus" warnten. Um jedoch unseren Horizont so weit öffnen zu können, dass wir in der Lage sind, die Herausforderungen des Anthropozäns zu meistern, ist es erforderlich, alternative Formen und Kombinationen von Mitteln, Praktiken und sozialen Beziehungen in Betracht zu ziehen. Dafür müssen wir uns aber von den wirtschaftspolitischen Überzeugungen befreien, die uns an die Gegenwart ketten.

Natürlich spreche ich heute zu Ihnen als ein in die Jahre gekommener Sozialist, der nach wie vor mit derselben Inbrunst an die Selbstemanzipation der Arbeiter glaubt wie Alaskas Gouverneurin Sarah Palin an die Karibujagd. Aber Utopismus bedeutet nicht zwangsläufig Millenialismus und ist auch nicht auf Volksreden und Kanzeln beschränkt. Eine der am meisten versprechenden Entwicklungen in diesem neuen intellektuellen Raum, in dem Forscher und Aktivisten über die Auswirkungen der Erderwärmung diskutieren, ist eine ganz neue Bereitschaft, sich dem Notwendigen zu verschreiben anstatt dem Machbaren. Immer mehr Experten vertreten die Ansicht, dass uns jetzt nur noch diese Alternative bleibt: Entweder wir kämpfen für die Umsetzung „unmöglicher" Lösungen für die immer komplexeren Probleme der Armut in Städten und der Klimaveränderung oder wir machen uns zu Komplizen eines Prozesses, dem die Menschheit letztendlich zum Opfer fallen wird.

Ich denke daher, dass wir aus dem am 11. September 2008 erschienenen Editorial der Zeitschrift „Nature" Mut schöpfen können. Im Anschluss an die Erklärung, dass die „Herausforderungen einer schleichenden Urbanisierung integrative, multidisziplinäre Ansätze und ein neues Denken auf den Plan rufen", fordern die Redakteure die Wohlstandsländer auf, eine Null-Kohlenstoff-Revolution in den Städten der „Dritten Welt" zu finanzieren. „Es mag utopisch erscheinen", schreiben sie, „die Einführung dieser Innovationen in den Ballungszentren der Schwellen- und Entwicklungsländern zu fördern, wenn sich viele der Einwohner kaum ein Dach über dem Kopf leisten können. Diese Länder haben jedoch schon bewiesen, dass sie ein Talent für technischen Fortschritt besitzen, zum Beispiel durch die Umgehung der Festnetzinfrastruktur mit Hilfe von Mobiltelefonen. Viele der ärmeren Länder haben auch eine langjährige Tradition, Gebäude an lokale Praktiken, Umgebungen und Klimabedingungen anzupassen – eine im eigenen Land gewachsene Methode integrativer Planung, die uns in der westlichen Welt leider abhanden gekommen ist. Jetzt haben diese Länder die Möglichkeit, ihre traditionellen Ansätze mit modernen Technologien zu verknüpfen."

Auch der Human Development Report 2007/2008 der UNO weist darauf hin, dass eine „zukünftige humanitäre Solidarität" auf massiven Hilfsprogrammen aufbauen muss, die den Entwicklungsländern die Möglichkeit geben, sich an drastische Klimaveränderungen anzupassen. Der Bericht fordert eine Beseitigung der „Widerstände gegen die schnelle Finanzierung von Low-Carbon-Technologien, die dringend erforderlich sind, um gefährliche Klimaveränderungen zu vermeiden […]. Wir dürfen die Armen dieser Welt nicht einfach sich selbst überlassen, während sich die Bürger der Wohlstandsländer in der Klimaschutz-Festung verschanzen […]. Um es ganz deutlich zu sagen: Die Armen dieser Welt, ebenso wie zukünftige Generationen, können sich die Selbstgefälligkeit und die Ausflüchte nicht leisten, die im Rahmen der internationalen Klimaschutzverhandlungen nach wie vor den Ton angeben." Eine Weigerung, entschlossen im Interesse der gesamten Menschheit zu handeln,

„käme einem moralischen Versagen gleich, das in diesem Ausmaß beispiellos in der Geschichte der Menschheit wäre".

Wenn Ihnen dies wie ein sentimentaler Schlachtruf oder ein Überbleibsel aus der 68er-Generation erscheint – sei's drum. Denn wer auch nur einige der Beweise aus dem ersten Teil dieses Vortrags akzeptiert, der muss, so er es wagt, einen „realistischen" Blick auf die Zukunftsaussichten der Menschheit zu werfen, genau wie beim Anblick des Kopfes der Medusa, auf der Stelle zu Stein erstarren.

VERZEICHNIS DER AUTORINNEN UND AUTOREN

Samir Amin, geb. 1931 in Kairo, PhD, Wirtschaftswissenschaftler, Professor em. der Universitäten Dakar/Senegal und Paris (VII), seit 1980 Direktor des Dritte Welt Forums in Dakar (aus: Blätter 6/2007).

Elmar Altvater, geb. 1938 in Kamen, Dr. oec. publ., Professor em. für Politische Ökonomie an der Freien Universität Berlin (aus: Blätter 3/2009).

Joachim Becker, geb. 1960 in Kassel, Dr. phil., Volkswirt und Politikwissenschaftler, ao. Professor am Institut für Außenwirtschaft und Entwicklung der Wirtschaftsuniversität Wien (aus: Blätter 6/2009).

Thilo Bode, geb. 1947 in Eching/Ammersee, Volkswirt, Dr. rer pol., langjähriger Geschäftsführer von Greenpeace International, seit 2002 von foodwatch (aus: Blätter 5/2009).

Mike Davis, geb. 1946 in Fontana/Kalifornien, PhD, Publizist, Professor für Geschichte an der University of California in Irvine (aus: Blätter 2/2009).

Heiner Flassbeck, geb. 1950 in Birkenfeld/Nahe, Dr. rer. pol., Chef der Abteilung für Makroökonomie und Entwicklungspolitik der UNCTAD, 1998/99 Staatssekretär im Bundesministerium der Finanzen (aus: Blätter 11/2008).

Nancy Fraser, geb. 1947 in Baltimore, PhD, Politikwissenschaftlerin, Professorin an der New School for Social Research in New York (aus: Blätter 8/2009).

Thomas L. Friedman, geb. 1953 in Minneapolis/Minnesota, Kolumnist der „New York Times" und dreimaliger Pulitzer-Preisträger (aus: Blätter 1/2009).

James K. Galbraith, geb. 1952 in Boston, PhD, Professor für Wirtschaftswissenschaften an der Lyndon B. Johnson School of Public Affairs an der University of Texas (aus: Blätter 7/2009).

Christiane Grefe, geb. 1957 in Lüdenscheid, Politikwissenschaftlerin, Reporterin der Wochenzeitung „Die Zeit" (aus: Blätter 6/2008).

Janna Greve, geb. 1979 in Marburg, Politikwissenschaftlerin, Entwicklungsstipendiatin des DED beim Netzwerk "Frau&Demokratie" in Cabo de Santo Agostinho / Recife, Brasilien. (aus: Blätter 1/2009).

David Harvey, geb. 1935 in Gillingham/Kent, PhD, Humangeograph und Publizist, Professor für Anthropologie am Graduate Center der City University of New York (CUNY) (aus: Blätter 7/2009).

Friedhelm Hengsbach, geb. 1937 in Dortmund, Dr. oec., Professor em. für Christliche Sozialwissenschaft an der Philosophisch-Theologischen Hochschule Sankt Georgen in Frankfurt a. M (aus: Blätter 5/2009).

Eric Janszen, Ökonom, Gründer von iTulip, Inc., ehemals Mitglied der Geschäftsführung von Osborn Capital, AutoCell, Inc., Bluesocket, Inc. und Trident Capital (aus: Blätter 5/2008).

Dieter Klein, geb. 1931 in Berlin, Dr. rer. oec., Prof. em. für Ökonomische Grundlagen der Politik an der Humboldt-Universität Berlin, Vorstandsmitglied der Rosa-Luxemburg-Stiftung (aus: Blätter 7/2008).

Ingrid Kurz-Scherf, geb. 1949 in Trier, Dr. rer. pol., Professorin für Politikwissenschaft und Direktorin des Zentrums für Genderstudies und feministische Zukunftsforschung an der Universität Marburg (aus: Blätter 5/2009).

Robert Misik, geb. 1966 in Wien, Publizist, schreibt u.a. für den Wiener „Standard" und „die tageszeitung" (taz), 2008 Preisträger des Österreichischen Staatspreises für Kulturpublizistik (aus: Blätter 2/2009).

Katja Pink, geb. 1969 in Frankfurt a. M., Rechtsanwältin in Berlin (aus: Blätter 5/2009).

Hauke Ritz, geb. 1975 in Kiel, Literatur- und Kulturwissenschaftler, Doktorand der Philosophie (aus: Blätter 7/2007).

Saskia Sassen, geb. 1949 in Den Haag, Dr. phil., Professorin für Soziologie an der University of Chicago und an der London School of Economics (aus: Blätter 6/2007).

Harald Schumann, geb. 1957 in Kassel, Dipl. Ing., Redakteur für besondere Aufgaben beim Berliner „Tagesspiegel", Juror des Otto-Brenner-Preises für kritischen Journalismus (aus: Blätter 6/2008).

Hans-Jürgen Urban, geb. 1961 in Neuwied, Dr. phil., Politikwissenschaftler, Geschäftsführendes Vorstandsmitglied der IG Metall (aus: Blätter 5/2009).

Gianni Vattimo, geb. 1936 in Turin, Dr. phil., Professor für theoretische Philosophie an der Universität Turin, 1999 bis 2004 MdEP („Democratici di Sinistra") (aus: Blätter 3/2009).

Ernst Ulrich von Weizsäcker, geb. 1939 in Zürich, Dr. rer. nat., Universitätspräsident i.R., 1998-2005 MdB (SPD), Dekan der Bren School for Environmental Science and Management an der University of California in Santa Barbara (aus: Blätter 2/2008).

Harald Welzer, geb. 1958 in Bissendorf/Osnabrück, Dr. phil., Direktor des Center for Interdisciplinary Memory Research in Essen und Forschungsprofessor für Sozialpsychologie an der Universität Witten/Herdecke (aus: Blätter 5/2008).

Christa Wichterich, geb. 1949 in Brühl, Dr. rer. pol., Soziologin, freiberufliche Publizistin und entwicklungspolitische Gutachterin (aus: Blätter 6/2007).

Otto Wiesmann, geb. 1955 in Marktheidenfeld/Bayern, Börsenhändler mit dem Schwerpunkt Ölhandel und Sachverständiger für Funk und Printmedien (aus: Blätter 7/2007).